한국교육은 왜 바뀌지 않는가?

Michael J. Seth 저
유성상 · 김우영 공역
심성보 감수

Education Fever:
Society, Politics, and the Pursuit of Schooling in South Korea

한국사를 전공한 외국인 교수가 보는 한국교육의 문제

학지사

Education Fever: Society, Politics, and the Pursuit of Schooling in South Korea
by Michael J. Seth

역자 서문

이 책의 원래 제목은 '교육열(Education Fever)'이다. '대한민국의 사회, 정치, 그리고 학교교육의 추구'라는 부제를 달고 있기도 하다. 저자인 세스 교수는 한국사를 전공한 역사학자이다. 흥미롭게도 한국사에 대한 그의 첫 저서는 한국교육의 근현대사에 대해 다루고 있다. 그는 근대적인 한국교육의 시작을 기술하기에 앞서 교육을 앞세운 유교적 전통을 논의하고 있지만, 책 내용의 핵심은 지난 100년간 한국 사회가 변화되어 오는 과정에서 교육체제가 어떤 과정을 거쳐 오늘에 이르게 되었는가에 맞추어져 있다. 그런데 그가 그려 내는 한국교육은 성취보다는 한국교육이 어떻게 이토록 변하지 않은 채로 남아 있는지에 초점이 맞추어져 있다. 즉, 세스 교수는 한국의 '교육열'을 지목하여, 한국의 교육체제가 변한 듯하지만 전혀 요동치지 않는 영역으로 남아 있도록 하는 요인이라고 본다. 그래서 우리는 이 책을 번역하면서 제목을 "한국교육은 '왜' 바뀌지 않는가?"로 수정하였다.

한국은 전 세계적으로 가장 유별나게 학교교육에 몰두하고, '좋은 교육'에 과도할 정도로 투자를 아끼지 않는 나라로 유명하다. 이를 우리는 '교육열' 때문이라고 본다. 한국 사회의 빠른 성장을 칭송하는 사람들은 한국인의 '교육열'이 일제강점기와 한국전쟁을 거쳐 온 지난 시간을 생산적이고 효율적으로 만들어 준 긍정적인 힘이었다고 인식한다. 한국의 교육열은 마치 배움에 목마른 사람들에게 배움의 기회가 주어지자 능력의 100%를 펼칠 수 있었다는 식의 드라마틱한 소재로 읽히고 있다. 그래서 한국의 발전에 관심을 가졌던 외국 교육학계에서는 한국 교육열의 정체가 무엇이고, 긍정적인 힘으로서 교육열의 원천은 무엇인지 밝히고자 애써 왔다.

그러나 다른 한편으로 '교육열'은 부정적인 의미로도 읽히고 있다. 한국의 교육열에는 지나친 경쟁을 부추기고, 교육체제의 본질이라고 할 수 있는 배움과 성장이 아닌 사회적 지위 이동을 위한 수단으로 교육을 보게 한다는 꼬리표가 달려 있다. 따라서 교육 기회를 향한 '열정(zeal, aspiration 또는 enthusiasm)'보다는 비정상적인 몸의 상태를 일컫는 '열병(fever)'으로 번역되곤 한다. 더욱이 교육열이 대학입학을 위한 치열한 경쟁을 불러온다는 점에서 '사교육' '치맛바람' '시험지옥' 등의 원인으로 '과도한 교육열' 혹은 '비정상적인 교육열' 등의 부정적인 수사어구를 동반하고 있다. 자기 성적에 만족하지 못해 생을 마감하는 아이들, 놀 시간 없이 학교와 학원, 과외 등 '시험과 문제풀이'에 끌려다니는 아이들, 무엇하나 스스로 결정하지 못하는 아이들, 주변을 돌아보고 친구를 보듬을 줄 모르는 아이들… 이러한 현상의 원인은 하나같이 지나친 '교육열'로 귀착된다. 한마디로 한국의 '교육열'은 고질적인 사회문제의 원인이 되었다.

도대체 교육열은 무엇일까? 교육열이 무엇을 의미하는 교육현상인지, 한국 사회의 독특한 특징적 양상인지에 대해서는 1990년을 전후하여 나타난 다양한 연구자들의 논쟁을 참고할 필요가 있다. 김용숙(1985), 신선미(1990), 김희복 (1992)의 실증연구에 이어 한국교육개발원(김영화 외, 1993)은 교육열의 개념을 다양하게 구분해 보고, 계층별 교육열의 실천 양상을 분석적으로 제시하고 있다. 여기서 우리는 한국의 교육열이 적어도 단일한 사회적 현상이 아님을 볼 수 있다. 교육열을 평생의 연구 주제로 삼아 온 이종각 교수의 저서와 논문에서는 교육열을 중립적인 위치에서 바라볼 수 있는 학술적 안목을 만날 수 있다(이종각, 2003, 2011, 2014 등 참조). 일련의 연구를 통해 이종각 교수는 교육열을 수식하는 부정적인 수사, 교육열에 대한 부정적 이해, 교육열의 부정적 결과를 있는 그대로 받아들이기보다는 교육열이라는 개념을 통해 한국 사회의 교육 실천양상을 보다 맥락적으로 이해할 수 있도록 주문하고 있다. 소위 교육열이 '한국토종 교육학연구'의 핵심 주제와 영역이 된다고 본 것이다. 이러한 개념적 · 실천적 논쟁에 더하여 한국교육개발원(현주 외, 2003)은 조기유학 등의 붐을 일으키는 사회적 현상을 학부모의 교육열로 개념화하여 제시해 주고 있다. 가정과 양육, 개인의 학습경험이라는 차원에서 '교육열'은 모든 사회구성원과 집단의 경쟁적 상황을 표현하는 한 용어라고 할 수 있다. 도대체 교육이 무엇이길래 배움을 둘러싸고 이런 경쟁적 상황이 연출되고, 또 특정하기 어려울 만큼의 모든 사회구성원의 삶을 휘어잡고 있는 것일까?

도대체 한국인들에게 교육이란 무엇일까? 교육은 규범적으로 (혹은 도덕적 차원에서) 늘 '해야 한다'는 당위성에 의지해 실천되는 '것'이었다. 오랫동안 이 '것'을 구성하는 목적과 의도, 세분화된 구체적인 목표, 교과화된 내용(지식), 교수–학습과정, 성과평가 그리고 이 모든 과정에 참여하는 주체는 너무도 당연히 '해야 한다'는 규범적 틀에서 벗어나기 어려웠다. 그리고 시간이 꽤 오래 흘렀다. 프러시아에서 시작되어, 이후 프랑스에서 발전한 공교육체제도 그 연한이 200년을 훌쩍 넘겨 오늘에 이르렀다. 그 사이 교육철학과 교육실천의 규범성은 시대에 대한 인식과 함께 큰 변화를 겪었다. 이제 교육의 당위적 규범과 제도적 틀을 있는 그대로 수용하는 사람은 드물다. 즉, 교육은 모든 사람에게 개별화된 삶의 프로젝트가 되었다. 여전히 학교라는 시공간에서 법과 제도에 따른 활동을 복잡하게 이어 가고 있지만, 그 속에서 무엇을 염원하고 자신의 소망을 위해 어떤 선택과 실천을 해 나가는가의 문제는 점차 개별화되었다. 그래서 교육실천을 표상하는 대표적인 사회기관으로서 학교를 둘러싼 논쟁은 이에 관심을 갖고 있는 사람 혹은 집단의 수만큼 많다. 이것이 바로 논쟁이 멈추기 어려운 이유이다. 그리고 사회가 교육이라는 이름으로 시끄러운 이유이기도 하다.

마땅히 교육이 어떠해야 한다는 방향과 실천 내용 자체만으로도 충분한 논란거리가 된다. 그런데 목표로서의 교육에 대한 방향에 합의한다고 하더라도 이 목표에 어떻게 도달할 것인지, 목표에 도달하기 위해 제대로 나아가고 있는지에 대한 논란 또한 복잡하기 이를 데 없다. 어쩌면 교육이란 것이 교육만의 가치와 논리적 구조로 다루어지지 않기 때문일지 모르겠다. 2019년 한국 사회를 뜨겁게 달구고 있는 '교육공정성' 논란은 대표적으로 교육이 교육적 가치로 인식되고 실천되지 않는다는 점을 잘 보여 주고 있지 않나 싶다. 공정한 교육을 이야기하면서 대학입시 전형을 어떻게 할 것인지, 고교체제를 어떻게 바꿀 것인지, 고등학교 학생부 기재 내용을 어떻게 조정할 것인지, 사교육을 어떻게 통제할 것인지에 온 국민의 눈과 귀가 쏠려 있지만, 따지고 보면 이는 교육제도와 정책의 문제가 아닌 교육제도와 정책을 대하는 국민들의 태도와 대응에 관한 것으로 교육의 문제를 넘어섰거나 교육 테두리 바깥의 이야기이다. 공정한 교육을 이루어야 한다는 목표에는 다들 공감하지만, 이를 어떻게 달성하고 구체적으로 실천할 것인가의 문제에 들어서면 합의를 이루기 어려워진다. 따라서 무엇을 어떻게 해야 한다는 당위적이고 규범적인 논의와 당위적으로 도달해야 할 규범적 목표로서의 교육에 대한 논의는 사회적 합의가 어려운 주제로 남게 된다.

교육이 중요하다고 하면서도 사회적 합의가 이루어지 않는 이유는 무엇인가? 교육에 관한 논쟁을 가만히 들여다보면, 다들 실질적이고 구체적인 이야기를 하고 있는 것 같다. 하지만 정작 그들의 생각과 주장은 아주 다른 추상적 구조에 기인하고 있다. 이는 사실 당연한 이야기가 아닐 수 없다. 철학이 다르면 그에 따른 생각, 판단, 행동이 달라지는 것 아니겠는가? 이상하게 들릴지 모르겠지만, 나는 이런 시끄러움과 끝없는 논쟁을 불러일으키는 것이 교육의 본질이 아닌가 싶다. 적어도 어떤 형태의 전체주의적 독재 정치가 등장하지 않는다면 말이다. 그래서 우리 주변의 수많은 교육방향에 대한 토론, 교육문제 해결을 위한 정책적 방안, 사회변화에 발맞추기 위해 교육의 변화를 도모해야 한다는 목소리에 마음을 빼앗기지 않으려 한다. 즉, 주어진 교육 문제를 둘러싸고 무엇을 어떻게 바꿀 것인가에 대한 논쟁의 끝은 보이지 않을 것이고, 그래서 교육을 어떻게 바꾸고 또 교육이 상황을 어떻게 바꿀 수 있는가에 관한 논의는 각 주장의 교육개념에 달린 문제라고 인정하자는 것이다. 한 가지 안타까운 점은, 교육행위를 하는 많은 사람이 자신의 교육철학을 체계적이고 일관된 방식으로 정의하지도, 심지어 인식하지도 않는다는 것이다. 즉, 교육의 실천적 행위는 보다 큰 인식적 구조와 철학적 개념에서 비롯되지만, 대부분의 사람에게 교육은 자신의 좁은 경험세계에서 구성되고 실천되는 것 이상도, 그 이하도 아니다.

다시 우리의 교육문제로 돌아와 보자. 대학입학 전형으로 수시가 적절할까, 정시가 적절할까? 수시와 정시의 비중을 어떻게 정하는 것이 좋을까? 수시의 경우 학생부종합전형(학종)에서 교과전형과 비교과전형의 비중을 어떻게 하는 것이 좋을까? 비교과항목을 아예 빼 버리는 것이 좋을까? 공정성이라는 가치에만 부합한다면 교육평가로서의 입시정책은 성공한다고 볼 수 있을까? 고교체제를 다양화하는 것이 좋을까, 아니면 단순화하는 것이 좋을까? 자사고와 특목고를 일반고로 전환한다면 국제고와 과학고/영재고는 그대로 두어도 좋을까? 학교 체제는 그대로 두고 고교입시에서 학생선발권만 부여하지 않는다면 괜찮을까? 고교평준화제도는 유지되는 것이 좋을까? 암묵적으로 지켜 오고 있는 3불제도(기여입학제, 고교등급제, 대학본고사)는 유지하는 것이 좋을까? 흥미롭게 이런 질문 하나하나에 한국 사회 전체가 휘청할 정도로 흔들린다. 그리고 이 질문들은 모두 단 하나의 문제로 귀결된다. "누가 스카이대학(서울대, 고려대, 연세대)에 입학할 것인가?" 지난 100년에 걸쳐 우리 사회는 '대학 입학', 더 정확히 표현하면 '명문대학 입학'에 목숨 거는 사회였다. 시간이 지나면 각자의 흥미와 관심사, 자신의 적성에 어울리는 일을 찾도록 하는 사회가 될 것이라고 생각했지만, 한국 사회는 여전히 '명문대 입학'과 이를 통한 '사회적 지위 획득'에 목숨 거는 사회로 남아 있다. 그리고 이 문제에서 조금이라도 밀리면 안 된다는 사회적 압박과 함께 경쟁적 싸움에 내몰리고 있다. 이 싸움의 주인이 마치 아이들인 것 같지만, 안타깝게도 이 싸움의 주인은 아이가 아닌 학부모였고, 지금도 그렇다.

우리 삶의 경험에 근거한 교육은 늘 새롭고 도전적 주제를 다루는 듯하다. 그러나 많은 사람의 삶과 직결된 교육논쟁을 살펴보면 그다지 새로운 것이 없다는 점을 발견하게 된다. 어떤 것은 불과 몇십 년 전 근대 사회에서, 어떤 것은 100년 전, 혹은 1000년 전의 과거, 심지어 2000년 전 고대 사회의 교육 논쟁을 다시 반복하고 있기도 하다. 한국 사회에서 이런 반복된 모습을 보여 주는 대표적인 것이 '교육열'이 아닌가 싶다. 도이힐러 교수(2018)의 『조상의 눈 아래에서』는 한반도에서의 엘리트계층이 적어도 1500년 동안 변화하지 않았다는 주장을 담고 있으며, 적어도 오랜 사회계층의 유지 및 이동에 교육, 특히 유교적 질서와 고전교육은 중심적 역할을 했다고 할 수 있다. 교육열을 주제로 다루고 있는 대부분의 연구에서도 그 근원을 '유교적 전통'에서 찾고 있다. 많은 연구자가 고려시대에 도입되고 조선시대에 꽃을 피운 유교와 이를 기반으로 당시 엘리트를 선발했던 과거시험이 우리나라 교육열의 토대라고 본다. 그러나 이에 대해 다른 의견을 제시하는 경우도 있다. 정순우 교수는 조선 유교적 전통에 터한 교육의 사회사 전문가로 조선시대에는 지금의 교육열과 비교될 만한 경쟁적 교육은 드물었다고 주장한다. 오히려 조선시대가 저물어 가는 시기에 반유교적 사회상 속에서 교육기회를 둘러싼 경쟁적 모습이 등장했다고 본다.

한국의 교육열은 오늘을 사는 우리에게 어떤 의미가 있을까? 2020년 오늘의 교육열은 이전 시대와 비교하여 무엇이, 어떻게 같고 또 다를까? 도이힐러 교수처럼 1500년 전으로부터 거슬러 내려오는 문헌고증을 한다면 무엇이 같고 다른지에 대해 흥미로운 발견을 할 수 있으리라 확신한다. 그러나 역사학자가 아닌 입장에서 이를 위해 어디서, 어떻게 시작해야 할지 모르겠다. 대신, 지난 100여 년 동안 한국 사회를 둘러싸고 일어난 교육의 변화 양상을 '교육열'로 개념화한 세스 교수의 글을 통해 '무엇이, 어떻게 같고 달라졌는지' 확인할 수 있을 것이다. 나는 세스 교수의 이 책을 6~7년 전에 처음 접하였다. 하와이대학교 수학경험이 있는 정봉근 박사께 추천받은 이후였다. 그리고 매년 서울대학교 교육학과에서 영어로 진행하는 '한국교육(Education in Korea)' 강좌에서 이 책을 교재로 사용하였다. 이 책의 내용에서 처음 나의 관심을 끌었던 부분은 1960~1970년대 교육팽창시기에 국가가 어떤 역할을 담당했는가를 기술한 부분이었다. 시간이 좀 더 지나니, 해방 직후 미군정시기 혼란한 한국 사회에서 교육이 어떻게 하나의 제도로 만들어지게 되었는지를 기술한 부분에 관심이 집중되었다. 그리고 결국에는 세스 교수가 그토록 강조하고 있는 교육열의 요인이자 주체로서 한국 학부모의 역사사회적 구조를 보여 주는 점에 주목하게 되었다.

전 세계의 이목을 집중시킬 만큼의 비약적 팽창과 규모의 성장을 이어 온 한국의 교육은 '변화'라는 단어 하나로 담아내기 어려울 만큼 대단한 성취임에 분명하다. 그러나 그 이면에는 이를 추동해 온 사회적 집단, 교육적 동력으로서의 '학부모', 더 정확하게 이야기하면 '힘 있는 중상층 학부모'의 '교육열'로 교육이 늘 이리저리 흔들리는 모습을 볼 수 있다. 나는 우리 사회의 교육이 흔들리는 이유도 여기에 있다고 생각한다. 가정의 사회경제적 배경이 학교선택과 교육성취도에 영향을 미쳐 결국 사회에서 인정하는 명문대 입학, 선호되는 사회적 지위 획득에 연계되는 길은 이들 '영향력 있는 학부모'의 손에 달려 있는 것이다. 세스 교수가 그려서 보여 주는 지난 100년의 교육역사를 따라가 보면, 학교교육의 길을 닦고 통제하며, 또 조정할 수 있는 능력이 국가에게는 없어 보인다. 이를 두고 세스 교수는 한국교육의 독특한 특징을 두 가지로 요약해서 보여 준다. 한국교육은 세계에서 가장 비싼 비용을 치러야 하는 교육체계이고, 한국 정부는 가장 강력한 국가주도 발전의 본보기처럼 보이지만 적어도 교육문제에 있어서는 학부모의 힘에 늘 밀리는 연약함을 보여 왔다. 교육열의 개념을 어떻게 정의하건, 교육열의 실천 양상의 다양성을 어떻게 범주화하건 한국 사회의 교육열은 결국 '학부모의 교육에 대한 태도와 개입'에 관한 것임을 부정할 수 없다. 이쯤 되면 한국 토종 교육학 연구의 기치를 내건 이종각 교수가 최근 '학부모교육운동'에 팔을 걷어붙이고 나선 이유를 충분히 이해할 수 있다.

그러고 보면, 우리 사회에서 교육을 둘러싼 구조는 거의 바뀐 것이 없어 보인다. 겉모습은 많이 바뀌었지만, 무엇이 교육이고, 또 교육다운 교육을 위하여 어떻게 노력해야 하는가에 대한 힘겨루기에서 늘 '교육다운 교육을 향한 주장'은 맥없이 패배를 당해 왔다. '내 아이'를 향한 '교육적 열망'은 병적이었다. 미치도록 자신의 일에 몰두하는 사람을 당해 낼 수 있을까? 그것도 남의 일이 아닌 '내 일' 때문에 자신을 온전히 헌신하고 있는 사람을 말이다. '자식의 일'이 '자신의 일'이 되어 버린 우리 사회의 교육열정은 이렇게 '열병'이 되어 오늘에 이어지고 있다. 자녀의 교육문제를 해결해 줄 수 있는 사람은 교육정책가도, 교사도, 교육전문가도 아니다. 한국 사회의 교육을 향한 병적인 열망은 이 문제의 해결자를 '학부모'로 형성시켜 왔다. '좋은 교육'에 대한 다른 의견이 소통되기 어려운 구조가 고착되어 온 것이다. 따라서 자기 자녀의 일이라면 한 지역의 교육정책을 책임지고 있는 교육감에게 폭력을 휘두를 만큼 용기 있는 행동을 하게 되고, 교육을 이유로 험한 욕설을 내뱉게 되는 것이다. 그 이유를 물을 필요는 없다. '자기 자녀'의 일이기 때문이다. 적어도 세스 교수가 바라본 한국교육의 자화상은 이렇듯 자녀의 교육 앞에 철저히 자신이 드러나지 않는 학부모의 열망과 헌신이 고스란히 드러나 있다.

이러한 한국의 '교육열병'에 균열이 나고 그래서 변화가 생길 수 있을까? 교육문제, 특히 입시를 둘러싼 논쟁은 예나 지금이나 변함없이 이어지고 있다. 더욱이 학제에 대한 논쟁, 대학정원에 대한 논쟁, 교육예산 규모에 대한 논쟁, 교육자치의 범위에 대한 논쟁, 교사단체의 성격에 대한 논쟁, 교육의 다양성의 범위문제, 국가와 민족의 정체성 반영의 정도 문제, 교육평가와 결과의 활용문제, 교육의 국가책임범위 문제 등은 앞으로도 끝없는 논쟁을 불러올 주제들이다. 이 점에 있어 과거 어느 한 시점에 단행되어 지금은 당연시되는 두 교육정책, 즉 중학교무시험제도(1969년)와 고교평준화정책(1974년)을 주목해 볼 필요가 있다. 이것 이외에도 한국교육에 획기적 변화를 가져온 교육정책이 없는 것은 아니지만, 적어도 이 두 정책만큼은 의미 있는 변화로 받아들일 필요가 있다. 내가 이 두 정책을 중요하게 생각하는 이유는 다음의 두 가지이다.

첫째, 이 두 사건을 둘러싼 사회적 논쟁은 끝이 없었지만, 이 두 제도적 변화의 기준은 교육기회를 둘러싼 경쟁을 해소하는 데에 맞춰져 있었다. 1960년대만 하더라도 '3당 4락'은 대입을 앞둔 고등학생들의 이야기가 아니라 중학교 입시를 앞둔 당시 초등학생들의 이야기였다. 전국에 소재한 명문중학교에 입학하는 것이 곧 운동장을 마주하고 서 있는 명문고등학교, 그리고 명문대학교 입학으로 연결되는 상황이었다. 학비가 없어 중학교는 꿈도 못 꾸는 사람들이 있었지만, 적어도 자녀의 명문대 입학을 기원하는 학부모들에게 명문중학교 입학은 선택이 아닌 필수였다. 당시 신문들은 사교육과 문제풀이에 지친 초등학생의 모습을 묘사하고 있다. 적어도 중학교와 평준화를 통한 고교체제의 개편은 당시 초등학교 및 중학교 학생들의 삶을 정상적으로 돌려보내는 계기가 되었다.

둘째, 어마어마한 사회적 저항에도 불구하고 정부가 이를 시행하겠다고 정하고 단행했다는 점이다. 이 두 정책에 반대했던 사람들은 소위 '중산층 학부모'들이었다. 이들은 명문대학교 입학을 위한 나름 '정해진 길(pipeline)'을 해체하겠다는 것에 결사적으로 저항하였다. 중상층 학부모에 맞서 학생의 정상적 삶을 되찾겠다고 했던 사람들도 학부모운동에 기인한다. 당시 법적 테두리에 갇힌 교사운동은 미진했고 학생에게는 순응적 태도가 일반적이었다. 정부의 판단과 정책 단행은 정치적인 결정이었을지는 몰라도, 저항하는 교육세력 사이에서 갈팡질팡하지 않았다. 이 두 사건을 통해, 교육의 변화는 대중적 지지를 얻는 교육원칙에 입각해 정부의 제도적 이행 결단으로 이루어짐을 알 수 있다. 이 둘의 합일을 이루기 위해 거치는 결정 과정의 소란은 우리 모두가 감내해야 할 숙의적 학습으로 받아들여야 할 것이다.

그래서 "한국교육은 '왜' 바뀌지 않는가?"라는 도발적 제목으로 출간되는 번역서를 내면서 다시 "한국교육은 언제, 어떻게 바뀔 수 있을까?"를 묻지 않을 수 없다. 이 책의 저자인 세스 교수에게 이 질문을 했었다. 그러자 자신은 역사학자이기 때문에 미래를 내다보는 것에 불편함을 느낀다는 대답을 보내왔다. 역사학자도 아니지만 나 또한 그렇다. 사회과학 연구자로서 나는 사회문제를 해결하기 위한 방안을 제시하기보다 소위 문제라고 이야기하는 현재의 사회현상을 어떻게 이해하고 설명하는 것이 좋은지 묻고 밝히는 것이 더 필요하다고 믿는다. 따라서 한국교육을 어떻게 바꿀 것인가, 그래서 어떤 모습으로 바뀐 한국교육을 만들지 고민하기보다는 한국 사회와 한국사람, 그리고 한국교육이 어떻게 지금까지 이런 모양, 이런 양상으로 만들어져 왔고 또 실천되고 있는지 이해하는 것이 중요하다고 여긴다. 아마 한국교육의 변화를 위한 좋은 방안과 전략이 부족하거나 없기 때문이라고 봐야 할 것이다.

그러나 오늘의 우리 모습을 잘 이해하고 설명하다 보면 마땅한 교육철학과 변화의 방향을 제시할 수 있을 것이고, 대중적 지지가 결합된 철학과 변화의 방향에 토대해 이를 실현하기 위한 효과적 전략과 집합적 행동을 만들어 낼 동력을 얻을 수 있으리라 믿는다. 따라서 한국교육의 변화를 위한 '언제'에 관한 질문은 적절하지 않다고 본다. 또 답할 수 있는 문제도 아니라고 본다. 우선해야 할 문제는 내일, 내년, 10년 뒤의 것이 아니라 바로 지금 당장의 우리를 보고 설명하는 것이어야 한다. 적어도 이 책의 발간으로 지난 100년을 돌아보며 한국 사회와 한국교육에 대한 이해의 지평이 넓어졌으면 좋겠다. 우리 공역자들의 앎의 지평이 넓어지고 오늘 우리 사회의 교육문제를 설명하는 인식의 변화가 생긴 것처럼 말이다.

꽤 오랜 독서와 논평의 대상으로 이 책을 대하다가 막상 번역서로 내놓으려 하니 번역의 글을 통해 학식의 부족함이 드러나는 게 아닌가 싶어 부끄러운 마음이 앞선다. 책 속의 오점과 부족한 글솜씨는 오롯이 번역을 담당한 우리 공역자의 실력 때문임을 고백한다. 앞으로 보다 나은 자료가 될 수 있도록 그 어떤 조언도 감사한 마음으로 받을 것이다. 무엇보다 이 번역서를 발간하면서 한국 근현대에 대한 역사적 지식과 안목이 낮은 공역자들의 글을 꼼꼼하게 읽고 감수해 주신 심성보 선생님께 고개 숙여 감사 인사를 드린다. 변함없이 교육을 통해 사회의 희망적 비전을 실천함으로써 후배들에게 귀감이 되는 선생님의 모습만큼, 이 책이 선생님의 교육철학과 역사적 안목에 기대고 있음을 고백하지 않을 수 없다. 감수자로서 선생님의 교육적 혜안이 독자들의 마음에 싹을 틔우기 바란다. 그리고 이 책을 소개해 주고 지금도 후학 양성에 애쓰고 계신 정봉근 선생님께 감사 인사를 드린다. 학자의 태도로 교육공무원으로서의 삶을 사는 것이 쉽지 않았으리라 짐작되면서도, 현대 한국교육정책의 흐름에서 이 책의 의미를 꼼꼼하게 짚어 후학들을 다독이셨던 모습을 기억할 것이다. 교육사를 전공하는 신진학자로 원고를 검토해 준 이상무 교수에게도 고마움을 전한다. 마지막으로, 대중서로서의 인기를 누리기 어려운 주제와 내용에도 불구하고 흔쾌히 출판을 받아 준 학지사 사장님 및 번역원고의 교정과 편집을 맡아 준 학지사 안정민 선생님과 편집진에게 감사 인사를 드린다.

2020년 3월

공역자를 대표해

유성상 쓰다

한국 독자들에게

이 책(『Education Fever』)이 발간되고 20여 년이 지난 지금 대한민국은 괄목할 만한 변화를 겪어 왔다. 한국은 더 부유한 국가가 되었다. 생활수준에 있어 대체적으로 서유럽 국가라든가 일본 등의 다른 선진국들을 거의 따라잡은 듯하다. 한국의 민주주의는 더 성숙해졌고 보다 더 글로벌한 사회가 되었다. 대중문화가 생산 · 유통 가능한 물품이 되면서 한국은 이제 유명한 대중문화 수출 국가 반열에 오르기도 하였다. 그러나 명문대 학위와 권력을 획득하는 데 전 국가적으로 매몰되어 있는 '교육열'과 함께 이것이 양산해 내는 문제는 별로 바뀐 게 없이 그대로 남아 있다.

1945년 당시 한국은 전체 인구의 절반은 아무런 교육도 받지 못했고, 중등교육을 이수한 성인이라고 해 봐야 20명 중 1명꼴이었던 국가였다. 그런 한국이 전 세계적으로 가장 교육수준이 높은 국가로 탈바꿈한 사실은 극적인 경제성장을 통한 국가발전에 비견되는, 아니 이를 뛰어넘을 만큼의 놀라운 성과가 아닐 수 없다. 이러한 교육적 성취는 계속되어서 2010년대에 이르도록 한국에 비견될 선진국이 없을 만큼 25~34세의 고등학교교육뿐만 아니라 대학교육에 이르도록 가장 높은 이수율을 보이고 있다. 여기에 더해, 한국은 국제학업성취도 비교평가에서도 가장 높은 수준의 읽기, 수학, 과학 성적을 거두어 왔다.

그런데 대한민국의 교육은 이전과 똑같은 문제로 변함없이 괴로움을 겪고 있다. 방과후 수업과 학원, 과외 수업에 어마어마한 비용이 드는데, 대부분의 한국 가정은 다른 선진국과는 비교할 수 없을 정도로 자녀의 사교육비에 월 소득의 상당 부분을 지출한다. 자녀들에게 딱 맞는 학원 및 과외교사를 맞춰 주고 공부 진도를 매번 확인해 주는 '한국 전업 엄마들'의 역할은 악명이 자자해 직장 노동자라든가 전문가로서의 자기 경력을 쌓아 가려는 여성들은 아예 결혼을 하지 않으려는 경향이 나타난다. 학생들의 부담 또한 줄어들기는커녕 더 커지고 있다. 국가간 비교연구에 따르면 한국의 청소년은 명문대학교 입학을 위한 경쟁에 매달려 공부하는 데 그 어떤 국가의 청소년보다 많은 시간을 투입하고 있다. 몇몇 연구에 따르면 중등학교 학생들은 학교수업과 여타 다른 유형의 공부에 하루 평균 13~14시간을 보내고 있는 것으로 나타난다.

학교교육을 향한 사회적 요구로 인해 중등학교 학생들의 학업성취도가 높아진 것은 사실이지만, 한국 대학들의 성과는 다른 나라의 대학에 비해 그다지 신통치 않다. 그 결과 최고의 교육을 원하는 학생들은 여전히 해외 대학을 찾아 떠나고, 명문대학의 입학기회가 좌절된 학생들은 또 다른 기회를 찾아 한국을 떠나고 있다. 한국보다 더 많은 해외 유학생을 보내는 국가가 인도와 중국 정도 밖에 없다면 믿겠는가? 여기에 더해, 고등교육을 위해 각 가정이 투자하는 지원은 그에 걸맞은 이익을 가져다주지도 않는다. 다시 한 번 말하지만, 한국의 대학들은 전 세계 대학 순위에서 그다지 인상적인 성과를 내고 있지 못하다.

학교교육 이외의 부수적 교육에 소요되는 어마어마한 비용 때문에 명문대학교 입학을 목표로 한 경쟁에서는 소위 부잣집 아이들이 상당히 유리하다. 이에 따라 사회경제적 배경이 나은 아이들이 입시에서 유리하다는 진단과 함께 이를 극복하기 위한 정책 방안을 고안하는 일, 그리고 학생들의 입시 압박감을 경감시키기 위한 방안이 무수히 등장하였다. 그러나 한마디로 다 소용없는 일이었다. 2019년 10월 25일, 문재인 대통령은 결코 다루기 쉽지 않은 이 문제를 논의할 또 한 번의 각료회의를 열었다. 아니나 다를까, 앞선 정부의 경우와 마찬가지로 입시 개혁을 내세운 대통령의 선언에 수많은 비판과 함께 제언이 잇따랐다. 그러나 한국 사회에서 대학 입시를 향한 경쟁이란 게 자신이 졸업한 대학의 학위에 따라 대체로 자기 삶의 기회가 결정되는 지위와 학벌사회라는 뿌리 깊은 문제에 기인하고 있기 때문에, 어떻게든 입시 체제를 바꿔 보고자 했던 대부분의 시도는 늘 실패할 수밖에 없었다. 교육에 있어서 공정성과 평등한 기회를 강조하던 경향은, 1990년대 초 신자유주의의 영향과 함께 점차 경쟁적인 글로벌경제에서 유능한 인재를 길러 내야 한다고 믿은 교육정책가들이 균질적이고 평등한 교육시스템을 벗어나고자 했을 때에만 잠시 주춤했을 뿐이다. 물론 한국교육이 유지해 온 균질성은 점차 증가하는 다문화 인구로 인해 도전에 직면하고 있다. 국제적 기준에서 보자면 한국은 상당히 단일한 사회임에 틀림없지만, 2002년부터 2010년에 이르는 짧은 기간 동안에는 한국 이외의 민족적 배경을 가진 아이들의 숫자가 두 배로 늘어났다. 이 때문에 학생들의 다양한 배경을 교육적 상황에서 인정하고 수용해야만 하는 다문화적 접근이 대두되었다.

이 책이 발간된 이후 지난 시기 동안 이러한 문제를 해결하자고 상당히 많은 정책방안과 교육개혁이 시도되었지만, 이전 시기의 정책과 마찬가지로 더 나은 성공을 보여 주지는 못한 듯하다. 한국의 '교육열'이 줄어드는 기미가 보이지 않는 한, 학교교육은 여전히 변함없이 경쟁적일 것이고 또 아주 비싼 비용을 치러야 하는 채로 남아 있을 것이다. 적어도 가까운 미래까지 우리가 원하는 변화는 생기지 않을 것이다. 아마도 '교육적 무기 경쟁'은 결코 줄어들지 않을 것이고 대학 입시를 둘러싼 논쟁은 여전히 뜨겁게 전개될 것이다.

2019년 10월

저자 마이클 세스

저자 서문

1999년 11월 17일, 엄청나게 긴장된 분위기가 한국 전역을 감싸고 있었다. 특별대책위원회는 오직 이 하루를 위해 준비해 왔다. 전날 밤, 김대중 대통령은 TV에 출연해 국가 차원에서 모든 준비를 마쳤다고 발표했으며, 많은 공무원이 이날을 위해 봉사하고 있었다. 수만 명의 경찰이 특별임무를 부여받았다. 그 수는 서울에서만 13,000명에 이르렀다. 모든 공항에서 비행기 이착륙이 제한되었고, 소음을 유발하는 어떠한 건설 작업도 금지되었다. 이런 아주 특별한 노력이 이 하루 동안 시행되었다.[1] 이날은 바로 대학입학수학능력시험이 시행되는 날이었다. 지난 몇 주간 불교 사원은 소원을 비는 부모와 학생들로 가득 찼다. 실제로 교회와 사원은 그들의 1년 예산의 상당 부분을 부모와 학생들의 열망이 담긴 기부금으로 충당한다. 점집과 부적을 파는 노점상, 행운의 사탕이나 엿 등이 하나의 사업으로 자리 잡고 있다. 젊은이들은 초등학교 때부터 바로 이날을 준비해 왔다. 부모들은 언제부터라고 특정할 수는 없지만, 가계 수입의 상당 부분을 이날의 시험을 위해 희생해 왔다.

대학입학수학능력시험(이하 '수능시험')은 한국인들이 '교육열'이라 부르는 현상이 무엇인지 가장 생생하게 보여 주는 사례라고 할 수 있다. 한국에서 교육은 국가적인 강박 현상이다. 어디에나 학원이라 불리는 입시준비기관이 있으며, 이곳에서 초 · 중 · 고등학생들은 저녁 늦게까지, 심지어 주말에도 공

1) Korea Herald, 18 Nov. 1999; 한국일보, 1999년 11월 18일.

부를 한다. 모든 학원 주변지역에는 교과서와 참고서, 그리고 대학입시준비 문제집을 파는 상점들이 있다. 성인들 또한 자기 계발을 위해 야간에 공부를 하고 있다. 부동산 가격은 지역이나 양질의 주택 등과 같은 고유한 욕망만큼이나 지역 학교의 평판에 따라 달라진다. 한국의 가족들은 자기 자녀의 교육에 엄청나게 투자하며, 아이들과 청소년들은 자기 시간의 상당 부분을 공부와 시험 준비에 쏟아붓는다. 교육은 어디서나 대화의 주제로 자주 등장하며, 어른들은 자녀 혹은 손자가 명문학교에 입학하는 것을 매우 큰 자랑거리로 여긴다. 어느 국가에서 교육이 중요하지 않을까마는, 한국인들의 학교교육을 향한 강렬한 집착은 어쩌다 찾아오는 외국인들에게도 눈에 띄는 아주 특별한 현상이다. 나는 이 현상을 분명한 사실로 확신할 수 있다. 서울에 있는 한 대학에 영어강사를 하러 한국에 처음 왔을 때, 나는 한국이라는 나라와 문화에 대해 아는 것이 거의 없었다. 그러나 내가 만난 한국인들에게 교육이 얼마나 중요한 것인지 발견하는 데에는 그리 오랜 시간이 걸리지 않았다. 이후 나는 중등영어교사들을 대상으로 한 교직연수 프로그램에 참여해서 지방 도시와 시골 학교를 방문하였다. 여기서 교육적 성취에 대한 관심이 서울이라는 도시 중산층에만 국한된 것이 아니라 한국 사회 전반에 걸친 현상이라는 것을 분명히 보고 느낄 수 있었다.

제도권 교육을 향한 이러한 집착은 일본으로부터 독립한 이후 반세기 동안 엄청난 교육적 변화를 가져왔다. 35년 동안의 일제 강점기가 끝난 1945년, 한국 성인의 대다수는 비문해자였다. 대중적 초등교육이 시작된 지는 얼마 되지 않았고, 성인 인구 중 5%도 되지 않는 사람들만이 중등 혹은 그 이상의 교육을 받았을 뿐이다. 일제 강점기 동안 한국에는 단 1개의 대학밖에 없었다. 그러나 해방 후 50년이 되자, 대부분의 한국인이 글을 읽고 쓸 줄 알며, 모든 어린이가 초·중등교육을 받고 있고, 한 연령대의 90%가 넘는 인구가 고등학교를 졸업한다. 180개가 넘는 전문대학과 대학교가 있으며, 고등교육 이수자 비중은 유럽 대부분의 국가보다 높다. 적어도 국제학력비교평가에서 드러난 학업성취도 수준은 대단히 높으며, 한국 초·중등학생들의 수학, 과학 능력 또한 세계에서 가장 뛰어난 축에 속하는 것으로 평가되고 있다.[2)]

20세기 후반에 국가 주도의 급격한 교육팽창을 한국만의 고유한 현상이라고 할 수는 없다. 이 기간 동안 국가교육제도는 남·북한 모두에서 놀라운 속도로 발전하였다. 학교교육의 성장은 한국에서 '교육적 혁명'이라 불리는 현상의 하나였다. 이런 현상은 제2차 세계대전 이후 전 세계적으로 나타난 국가교육제도의 확장과 더불어 다른 개발도상국에서도 나타난 현상이었다. 1945년 이후에는 많은 신생독립국가가 등장하면서 국가적인 목표로 보편적 문해화를 받아들이는 현상이 나타났다.[3)] 그러나 한국의 교육적 발전은 이러한 교육적 혁명의 맥락 위에 놓더라도 그 발전의 강도에서 단연 돋보인다. 실제로, 1950년대부터 한국은 일반적 교육 수준과 경제 발달 수준 간의 상관관계가 극도로 높아서, 1인당 국민소득이 비슷한 다른 나라들보다 월등히 높은 교육적 성취를 나타내고 있다.[4)] 경제적으로 주요 산업국가로 발전한 나라로서, 한국은 비슷한 정도의 경제규모(GNP)를 가진 다른 국가들에 비해 교육적 성취가 높게 나타난다. 즉, 한국의 교육은 전 세계가 찬미해 마지않는 급속한 경제발전에 보조를 맞추었을 뿐만 아니라 오히려 경제발전을 앞서 왔다.

한국교육은 대부분의 다른 개발도상국과 다른 순서로 발전해 왔다. 상위 단계의 학제를 구축하기 전에 전체 학령인구의 수를 일정한 단계로 끌어올리

2) 1997년, 41개국의 13세 학생들에게 수학과 과학에 대한 국제적인 시험 조사가 있었다. 한국의 학생들은 수학에서 싱가포르에 이어 2위, 과학에서 4위를 기록했다(The Economist, 20 March 1997, 21-23.).

3) John W. Meyer, Francisco O. Ramirez, Richard Robinson, and John Boli-Bennett, "The World Educational Revolution, 1950~1970, " in National Development and the World System, ed. John W. Meyer and Michael T. Hannan(Chicago: University of Chicago Press, 1979), 37-55.

4) 56개 극빈국의 초등학교 평균입학률은 1950년 37%에서 1960년 53%, 1970년 72%로 증가했다. 중등학교 입학률은 5.3, 9.4, 그리고 17%이다. Meyer et al., eds., 40. 한국의 경우 1945년도 입학률로 한다면(1950년 통계는 신빙성이 약하다), 초등학교 진학률이 대략 37%에서 1960년에는 96%, 그리고 1965년에 100%를 달성했다. 중등학교 진학률은 1945년 4%에서 1960년 29%로 상승했다.

는 데 중점을 두었으며, 교육 내용과 질이 일정하게 유지되어야 한다는 점을 크게 강조하였다. 이러한 목표를 지속적으로 추구해 온 국가들이라면 아마 일본 및 다른 '아시아 호랑이들(홍콩, 타이완, 싱가포르)'과 같은 몇몇 국가뿐이었다.[5] 이 국가들이 공유하는 학교교육의 또 다른 특징이라면, 긴 공부시간, 엄격한 규율, 경쟁적인 입학시험의 성공 여하에 달린 교육적 성취, 엄격하고 강력한 훈련 과정을 거쳐 높은 역량 수준을 가진 교사들이다.

발전을 이루는 데 경제, 정치, 교육의 상호 간 인과 관계를 정확히 밝히는 것은 불가능하다. 그러나 1960년대 후반에는 세계에서 가장 가난한 나라 중 하나였던 한국이 1996년에 이르러 산업 발달을 이룬 국가들의 모임인 OECD (Organization for Economic Cooperation and Development)에 가입한 것을 볼 때, 교육에 대한 한국의 지속적인 노력이 국가의 산업 발전에 공헌했다는 점은 명백하다. 한국의 교육제도는 교사의 권위와 치열한 경쟁에 주안점을 둔 매우 경쟁적인 학교입학시험에 기반을 두고 있으며, 높은 수준의 문해력을 갖추고 훈육된 노동력을 산업현장에 공급하였다. 궁극적으로 한국의 교육제도는 경쟁이 지배하는 자본주의적 산업사회에 준비된 사람들을 양산해 냈다. 이는 교육발전의 순차적 성격과 보편적 학교교육이 달성한 가치, 목표가 널리 확산되면서 많은 사람이 교육적 성취을 위해 치열한 다툼에 참여했기 때문이다. 상대적으로 교육기회와 질의 편차가 적었다는 점이 한국에서 나타난 상대적으로 공평한 부의 분배를 설명할 수 있으며, 사회적 불만과 혼란을 낳을 수 있는 하층민의 무지와 빈곤을 막았다. 한국은 국민들을 좋은 학교를 나온 엘리트로 만들기 위한 노력에 자원을 집중하기보다는 일반 대중에 대해 공통의 교육 수준으로 끌어올리는 것을 강조하면서 다른 개발도상국들에게서 특징으로 나타난 교육격차를 피해 왔다. 국가적으로 통일된 교육제

5) Paul Morris and Anthony Sweeting, eds., Education and Development in East Asia(New York and London: Garland Publishing, 1995).

도와 균일한 교육내용을 부과할 수 있을 만큼 능력 있는 강력한 중앙집권적 정부는 최소한 교육이 발전 목표뿐만 아니라 공유할 수 있는 가치를 만드는 일에 도움을 주었다.[6]

한국교육의 성공은 역사적으로 매우 주목할 만하다. 한국은 35년간의 일본 식민지 지배가 갑자기 무너지고 나서 미국과 구소련, 내부적인 불안에 의해 분단되었다. 3년이라는 짧은 미군정 기간 이후, 대한민국이라는 독립 국가는 만연한 빈곤과 내적인 긴장 속에 놓여 있었으며, 대한민국 정부의 합법성과 민족주의적 자격에는 의문이 제기되었다. 한국은 시장과 대부분의 산업 기반을 상실한 상태였으며 북한과 일본으로부터 들어온 피난민 문제를 해결해야 하였다. 가장 비극적인 일은 해방되자마자 끔찍하게 파괴적이었던 한국전쟁(1950~1953)을 겪은 것이다. 경제 회복은 더디게 진행되었고, 실제 경제 성장은 1960년대부터 이루어졌다. 외견상으로는 국가의 정치적 혼란, 경제적 무질서, 전쟁이 간간히 역사에 개입되었지만, 1945년부터 교육발전은 빠르게 진행되었으며 중단 없이 지속되었다.

한국의 교육발전은 어떤 면에서 성장만큼 놀라운 다른 특징을 가지고 있다. 아마 가장 중요한 것은 경쟁적인 시험이 만연했다는 점인데, 한국인들은 이를 종종 '입시광풍'이라고 말한다.[7] 이와 비슷한 일본의 국가적 현상을 일본인들은 '시험지옥'이라 불렀다. 한국 역시 이러한 시험지옥을 가지고 있으

6) 경제발전과 교육발전을 연결하는 종합적인 시도로는 McGinn, Donald Snodgrass, Yung Bong Kim, Shin-bok Kim, and Quee-young Kim, Education and Development in Korea(Cambridge, Mass.: Harvard University Press, 1980)가 있다. 이 연구는 김영봉 외, 한국의 교육과 경제발전(연구총서 38). 한국개발연구원, 1984로 번역되었다.

7) (역자 주) 입시광풍은 원문의 examination mania를 번역한 것이다. 이 examination mania는 우리말로 직역하면 '시험광'이라는 말이 가깝다고 볼 수 있는데, 저자인 마이클 세스가 여기서 말하고자 하는 바는 상위학교 입시뿐만 아니라 사회 전반적으로 시험이라는 제도에 과도하게 몰입된 현상이다. 여기서는 이러한 현상을 지칭할 때 언론에서 상대적으로 가장 널리 사용한 단어인 '입시광풍'으로 번역하였다.

며, 이것은 학교교육과 사회를 형성하는 것만큼 중요하였다. 대중과 관료들 모두 역사적으로 깊은 뿌리를 갖고 있는 입시 준비가 학습의 중심이 되는 것에 비판적이다. 그러나 50여 년간 이어져 온 개혁의 노력은 이러한 현상을 해결하기보다는 오히려 문제를 확장하는 결과를 낳았다. 아마 가장 흥미로운 것은 이러한 '입시광풍'을 사실상 모든 국민이 겪었다는 점이다. 모든 지역, 사회적 배경을 막론하고 한국의 가족은 긴 시간 자녀들의 입시를 지원하며 엄청난 희생을 치르고 있었다. 한국은 세계에서 가장 광적인 입시 문화를 가지고 있다고 볼 수 있다.

한국 교육발전의 또 다른 주요한 특징이라면, 국가가 교육을 경제발전의 필요에 맞추고자 지속적으로 노력하였으나, 그 시도는 상당한 정도로 실패했다는 점이다. 한국은 종종 국가주도 경제발전의 모델로 여겨지고 있지만, 실제로 정책입안자들은 경제개발계획에 맞춘 교육과정과 학교제도를 만드는 일에 그다지 성공하지는 못하였다. 비록 잘 훈련된 고학력 노동자의 양성이 한국이 산업화 국가로 변화한 현상을 설명하는 주요한 요소이지만, 교육발전은 경제발전을 위해 실제로 필요했던 기업가나 기술자보다는 학교교육과 학위를 향한 대중적 수요를 이끌어 내는 계기가 되었다. 결과적으로 정부가 추진했던 기술 및 직업 훈련의 촉진과 산업화에 직접적으로 필요한 인력을 충족시키려 한 시도는 각종 어려움에 맞닥뜨렸다. 교육과 경제성장을 조정하려는 정책안들이 교육적 성취를 향한 대중의 열망에 역행할 때, 긴장이 조성되고 저항에 부딪혔다. 국가가 교육을 경제개발계획에 맞추고자 했을 때 직면했던 어려움은, 한국이 지난 시기 국가적인 발전을 통제하는 데 한계가 있었음을 시사한다. 또한 국가가 사회 변화를 이루어 내는 데 있어 대중의 요구가 중요한 역할을 담당한다는 점을 강하게 드러낸다.

한국의 학교교육이 엄청난 비용을 치르게 된 요인은 학교교육의 빠른 성장만큼이나 두드러졌던 경쟁적인 시험에 대한 집착, 경제발전을 위한 권위주의적 교육제도 등이다. 전 세계 그 어떤 국가도 한국처럼 가계수입의 큰 몫을 교육에 쓰지는 않는다. 언뜻 보면 칭찬할 만한 일이지만, 이 비용이 50년간 지속된 혹독한 입시경쟁으로 인해 계속해서 상승한 것이라는 사실은 그다지 칭찬할 만한 일로 보기 어렵다. 상급학교로의 진학과 일류 명문학교에 들어가기 위한 경쟁은 개인과외, 학원, 그리고 교장 · 교감이나 교사에게 주는 뇌물 등에서 막대한 비용을 발생시켰다. 이 비용의 규모는 정확히 측정하기 불가능하지만 엄청나다는 것은 확실하며, 수백만 한국인에게 엄청난 재정적 어려움을 가져왔다. 뿐만 아니라 교육제도와 일반 경제 영역에서도 많은 변칙을 만들어 냈다. 교육재정에 있어 두드러지게 나타난 또 다른 특징은, 정부가 비정상적일 정도로 교육비의 대부분을 학생과 학부모에게 직접 떠넘겼다는 점이다. 교육재정의 부족은 공공연한 일이었고, 국가는 교육발전의 많은 부분을 학교교육을 향한 대중적 수요에 의존해 왔다.

더욱 역설적인 것은, 독재를 포함해 억압적이었던 몇몇 대통령은 교육을 정권을 정당화하고 지배력을 공고히 하려는 수단으로 이용했음에도 불구하고, 이러한 권위주의적 국가의 교육이 성공적으로 발전해 왔다는 점이다. 한국의 학교는 중앙집권적인 교육제도, 고도로 정치화된 교육과정, 엄격하고 군사화된 학교교육에도 불구하고 반정부적인 교사들과 학생들을 길러 냈으며, 이들을 정치적 지배 수단으로 이용하려고 했던 바로 그 권위주의적 정부를 약화시키는 역할을 하였다. 더욱이 해방 이전부터 해방 이후 수십 년 동안 한국의 특징이라 할 수 있었던 권위주의적 정권의 오랜 지배 전통에도 불구하고, 한국은 성공적인 민주화 과정을 개혁의 선봉에 섰던 학생들, 교육자들과 함께 시작하였다.

1980년 말부터 교육발전의 양상이 몇 가지 중요한 변화를 겪기 시작한다. 급속한 교육팽창의 시대는 끝나고 교육수준을 개선하는 방향으로 변하기 시작하였다. 한국이 민주주의로의 변화를 이행하는 동안, 학교를 가장 노골적으로 정치적인 목적을 달성하기 위해 이용하는 일은 막을 내렸다. 학교교육은 이전보다 정치색이 옅어졌으며 통제의 강도도 약화되었다. 그리고 교육정책을 만드는 데 민간시민단체가 좀 더 중요한 비중을 차지하게 되었다. 교육자, 관료, 일반 시민이 교육개혁을 논의하였다. 40년간 정신없이 교육제도를 확장해 오면서 방치했고, 정치적 긴장 때문에 생긴 심각한 교육문제들을 해결하기 위해 몇몇 개혁안이 시행되었다. 그러나 교육적 성취에 대한 국가적인 집착은 조금도 수그러들지 않았으며, 이것은 여전히 한국 사회의 특징으로 남아 있다.

이 책은 한국 사람들의 특이한 '교육열'이 한국을 교육발전으로 이끈 주요한 힘이라는 점을 밝히려고 한다. 더 나아가 학교교육을 향한 이러한 집착은 학습과 지위에 대한 전통적인 유교적 전통과 서양에서 소개된 새로운 평등주의 사상의 산물이라는 점과, 복잡하면서도 종종 모순적인 방식으로 구시대적인 이상과 체제가 상호작용한 것이라는 점을 말하고자 한다. 특히 교육적 성취를 위한 치열한 경쟁은 일본에 의해 도입된 제도와 관행, 그리고 20세기 후반 한국의 정치적 특징과 사회적 혼란에 의해 만들어졌다고 주장할 것이다.

한국의 놀라운 교육발전과 교육에 대한 전국민적 집착은 많은 연구자의 관심을 끌었으나, 영어로 된 체계적인 연구물이 없었다.[8] 이 책은 그 빈틈을 채우고자 하는 것이다. 교육발전은 한국의 근대적 변화의 중심에 있었고, 그것은 또한 20세기 중후반에 일어난 복잡한 사회적 · 정치적 변화의 한 부분이자 산물이었다. 그래서 한국의 교육열에 대한 조사는 한국 사회사의 중요한 부분이며, 급속한 경제, 사회 및 정치적 변화에 대한 더 나은 이해를 제공한다. 더욱이 한국은 개발도상국의 '성공신화'로 여겨져 왔기에, 이 주제의 의미는 한반도를 넘어서는 것이라 할 수 있다. 이 연구는 경제적 · 사회적 발전과 독재 정부에서 민주적 사회로의 이행 및 교육사상과 교육제도의 역할에 대한 이해를 더해 줄 것이다.

---

8) 예외적인 연구는 McGinn 등(1980)이지만, 이 연구는 주로 교육과 경제발전 사이의 관계에만 초점을 맞추고 있으며, 1975년까지의 기간만을 다루고 있다.

이 연구는 한국 '교육열'의 원인을 측정하고 조사하기 위해서 역사적 접근을 택하였다. 자료는 영어와 한국어로 쓰인 2차 문헌, 교육에 대한 정부의 공식적인 통계자료 및 보고서, 60명 이상의 교사와 교육 관료를 공식적으로 인터뷰한 것을 토대로 추출하였다. 여기에 언급된 몇몇 자료는 영어와 한국어로 된 논문들에서 나온 것이다. 추가적으로, 교육문제에 대한 대중적 논쟁은 신문, 정기간행물, 국회회의록, 한국의 다양한 배경에 대한 비공식적인 면담을 통해 조사하였다. 교육에 대한 의견을 얻기는 쉽다. 교육적 문제에 대한 집착은 언론에 보도된 교육적 이슈들에 대해 부여된 중요성에 반영되어 있다. 그것은 한국인과의 대화에서 더 잘 드러났다. 내가 인터뷰한 한국인 수십 명 중 그 어떤 사람도 교육문제를 논의함에 있어 주저하거나, 그들의 삶 혹은 한국 사회에서 교육의 중요성에 대해 자기 의견을 강력히 피력하지 않는 경우가 없었다.

이 연구는 한국의 교육발전을 형성한 복잡하고 모순된 유산을 기술하기 위해 한국교육의 연대기적 배경으로 시작한다. 제1장은 왕조 시기와 일제 강점기를 다루며, 그들의 교육제도와 사고방식의 유산에 대해 알아본다. 여기서는 일제 강점기가 교육과 사회 발전에 지대한 영향을 미친 사회적 혼란의 시기를 열었음을 제안한다. 제2장에서는 1945년 일제 강점기에서 벗어난 직후의 시기를 다룬다. 한국은 분단되었고, 3년간의 미군정 시기는 전통적이고 식민적 개념과는 모순되는 교육의 개념을 촉진시켰다. 그래서 제3장의 초점은 1948년부터 1951년까지 한국의 학교교육제도가 결정되는 과정에 있다. 이 과정에서의 논쟁은 교육에 대한 그들의 전통적인, 식민지적인, 미국적인 신념이 어떻게 자리 잡고 있었는지의 범위를 드러낸다.

1948년 대한민국 정부 수립 이후 수십 년간의 교육발전은 주제별로 다뤄질 것이다. 제3장은 1945년 독립 이후 벌어진 급속한 교육팽창의 범위와 성격을 다루며, 이러한 확장의 대부분을 이끈 사회적 요구를 탐색할 것이다. 여기서는 끊이지 않는 교육 수요의 원인이 무엇인지 보여 줄 것이다. 제4장에서는 한국의 교육발전 너머에 어떠한 긴장과 갈등이 있었는지 알아보려 한다. 그것은 교육발전을 경제성장 전략과 대응시키려는 국가와 자기 자녀를 위해 고학력을 추구하며 기술교육을 열등한 것으로 여기는 부모들 간의 갈등이다. 제5장에서는 학교교육이 중점을 두고 있는 매우 경쟁적인 시험에 의해 만들어진 '입시광풍' 현상을 다룰 것이다. 제6장에서는 거의 보편화된 방과후 개인 교습과 학원수업이 포함된 엄청난 교육비용을 살펴볼 것이다. 이 장에서는 또한 정부가 교육에 대한 대중적 수요를 이용하여 학교교육의 재정적 부담을 학생과 학부모에게 전가시킨 현상을 분석한다. 제7장에서는 연속적이었던 한국의 독재정권이 교육을 어떻게 정치적인 교화와 통제의 수단으로 이용했는지를 서술하려 한다. 독재정권은 자주 공부 시간을 빼앗기는 것을 싫어하는 한국 가족의 목표와 충돌하였다. 게다가 학교에서 가르치는 민주적 이상과 매우 비민주적인 국가 실태 사이의 불일치는 학생과 교사들에게 냉소주의와 반발을 불러일으켰다. 제8장에서는 한국이 민주적이고 번영한 국가가 된 1980년대 후반부터 1990년대의 변화를 조사한다. 이 장에서도 또한 한국의 대중, 국가, 사회 사이의 상충하는 이상과 목표 때문에 생기는 계속되는 모순과 긴장을 살펴본다. 그리고 21세기의 시작에 직면한 교육발전 과제들을 탐색하면서 결론을 맺는다.

이러한 설명은 한국이 좋은 학교제도를 갖춘 국가로 단시간에 변모하는 데 성공한 현상을 이해하는 것에 도움을 줄 것이다. 또한 빈곤하고 독재정부를 가진 국가였던 한국이 아시아의 가장 민주적이고 번영한 나라 중 하나로 성장한 것에 대한 이해를 좀 더 도와줄 것이다. 그러나 한국인의 교육에 대한 집착은 그 자체로 가치가 있는 매우 매혹적인 이야기이다.

주요 번역 용례

이 책에 쓰인 학술용어의 경우, 영어로 번역되어 기술되어 있기 때문에 한국어로는 다르게 기술된 용어가 영어로는 동일하게 기술된 경우, 혹은 그 반대의 경우가 종종 발견된다. 이 경우, 모두 한국어 공식 명칭을 따라 구분하거나 통일해서 번역하였으며, 대부분 교육부에서 출판한 공식 문서에서 쓰인 용어에 맞춰 기술하였다.

▶ elementary school의 경우, 1941년부터 1995년까지 '국민학교'라는 명칭이 사용되었지만, 이 책에서는 '초등학교'로 통일해 번역하였다. 다만, 19세기 말에 설립되었던 소학교의 경우는 그 명칭을 그대로 사용하였다. 소학교 역시 학제상으로는 초등교육기관에 해당하지만, 당시 소학교는 입학한 학생, 교육의 목적 등 여러 면에서 지금의 근대적 초등교육기관과는 다르기 때문이다.

▶ entrance examination의 경우, 직역하면 '입학시험', 즉 '입시'로 번역되지만 상황에 따라 그 시대의 공식명칭을 따라 번역하였다. 예컨대, College entrance examination의 경우, 시대에 따라 '학력고사' '선발고사' '수학능력시험'으로 구분해서 번역하였다.

▶ formal learning, formal education의 경우, 직역을 하면 '공식적 교육'이지만, '공교육public education'과 혼동될 수 있어 '제도권 교육'으로 번역하였다. 그리고 formal schooling의 경우도 학교교육으로 번역하였다.

이 책에서 쓰인 formal learning/education의 의미는 맥락상 체계적으로 조직된 형태의 학교교육을 의미하기 때문이다.

▶ Korea의 경우, 저자인 마이클 세스 교수는 모든 시대에 걸쳐 Korea로 기술하고 있다. 그러나 이 책에서는 일제 식민지 시기까지는 '조선'으로 번역하였고, 간혹 '전근대 한국'으로 직역하기도 하였다. 해방 이후부터는 '한국'으로 통일하는 것을 원칙으로 하되, 1945년부터 1950년대까지 시기를 서술한 부분에서는 문맥에 따라 '남한'이라는 용어도 병기하였다.

▶ vocational education의 경우 실업계 교육 혹은 직업교육 등으로 번역된다. 이 책에서는 한국의 vocational high school이 실업계 고등학교로 불린다는 점을 감안하여, vocational education을 '실업교육'으로 통일해 번역하였다. 더불어 이와 대비되는 academic high school의 경우도 '일반 고등학교'가 아닌 '인문계 고등학교'로 번역하였다.

차례

제1장 1945년까지의 한국교육

교육에 대한 전 국민적 집착은 언제, 어떻게 시작되었을까? 한국인은 교육 전문가건 그렇지 않건 상관없이 모두가 자신들의 '교육열'과 사회의 교육적 변화를 한국의 문화적 유산으로 본다. 실제로, 한국은 20세기에 이르기까지 수 세기 동안 전통적으로 제도권 교육과 학문이 사회의 중심적인 역할을 해 왔었다. 유교와 결합된 이러한 전통은 1500년도 더 전에 중국에서 들어왔다. 한반도의 통일을 전후한 7세기 즈음, 유교는 국가의 지배 이데올로기로 자리 잡았다. 유교의 중심 주제는 '학식 있는 사람들'에 의한 지배이며, 학식을 갖췄다는 말은 능력과 덕을 갖춘 사람을 의미했다. 고려는 중국 당나라 시절 만들어진 과거제도를 958년에 채택하였다. 고려 왕조(918~1392)를 거치면서 교육에 대한 관심은 시험과 유학 경전 학습, 그리고 도덕적 훈련을 준비하는 수단으로 자리 잡았다. 이러한 과업을 지원하기 위해 국립대학인 국자감이 982년 창설되었고, 1127년에 인종은 모든 주(州)와 현(縣)에 학교를 짓도록 명령하였다.[1] 조선 왕조(1392~1910)의 등장과 함께 유교 이데올로기는 서양 학자들이 신유학이라 부른 형식으로 강화되었고, 과거제도는 실제로 조정의 고위 관료가 되기 위한 유일한 통로가 되었다.[2]

전근대 한국에서 교육은 자기 수양과 지위, 권력 획득의 방식을 위한 수단으로 인식되었다. 한 개인은 윤리 지향적인 유교 경전에 기반을 둔 공부를 통해 덕이 있는 사람이 될 수 있었다. 그런 다음 도덕적 본보기이자 교사, 그리고 다른 사람들에게 자문으로서 비공식적인 역할을 할 수 있었고, 사회에서 지위와 영향력을 강화할 수 있었다. 다른 동아시아 국가들과 마찬가지로, 당시 한국인들은 문학적이고 학술적으로 축약된 경전의 본문을 이해하기 위한 문자 그대로의 엄청난 노력을 칭송하였다. 더욱이 유교 경전과 문학적 능력의 숙달에 기반한 과거제도는 그들에게 부여된 관료 직위와 사회적 지위 및 특권을 배분하는 데 중심적인 역할을 했다.

조선 초기의 지도층은 충성심을 확립하고, 정통성을 유지하며, 관료를 선발하기 위한 수단으로써, 매우 포괄적인 학교 네트워크를 구축했다. 기초교육은 서당, 서재로 불리는 마을 학교나 개인 교습을 통해 제공되었다. 서당의 기원은 알려져 있지는 않으나, 조선보다 앞서 나타났다. 서당은 보통 교사의 집에서 소수의 마을 소년을 대상으로 구성되었고, 보통 7세나 8세쯤에 들어간 10세나 12세 이하의 어린 소년들로 이루어져 있었다. 학생들은 각각 적어도 4~5년간 각자의 속도에 맞춰 공부했으며, 정해진 교육 기간이 있는 것은 아니었다.[3] 조선 초기의 지도자들은 이러한 서당과 같은 학교들이 국가교육제도 밖에 있었음에도 불구하고,[4] 서당의 설립을 장려하였다. 그 이유는 서당

1) 김용일(1984). **한국교육사**, 82.

2) (역자 주) 마르티나 도이힐러(2018). **조상의 눈 아래에서** 참조.

3) James Palais, *Politics and Policy in Traditional Korea, 112*, 326 n.9; 김용일, 102.

4) (역자 주) 서당은 조선의 대표적인 민간교육기관이지만, 공식적으로 조선이 관리한 학교는 아니었다. 물론 이는 서당에 따라 다르며, 국가가 직접 서당의 훈장을 관리했다는 기록도 존재한다.

을 관립학교에 들어가기 위해 재능 있는 젊은이들을 선발하고 준비시키는 수단으로 여겼기 때문이다.[5] 서당은 20세기에 들어설 때까지, 조선에서 가장 일반적인 교육기관으로 남아 있었다.

더 상위 단계에서는, 향교라 불리는 관립 지방학교가 학생들의 과거시험 준비를 위해 존재했다. 이들 향교는 각 지역마다 설립되었으며 여기에는 서울의 5개 구역 중 4군데에 존재했던 사학(四學)이 포함된다. 사학(四學)은 합쳐서 160명이 정원이었으나, 조선 후기에는 단지 100명의 학생만을 받았다.[6] 그리고 300개가 넘는 향교(이 수치는 시대마다 달라진다.)는 지방 곳곳에 존재했다. 향교의 학생 수는 15세기에 경국대전으로 정해졌으며, 지역의 행정 단위(부, 목, 군, 현 등)에 따라 30명에서 90명 사이였다. 학생들은 16세 정도에 향교에 입학하여 대략 18~19세 정도에 소과(사마시)에 응시할 수 있었다. 이와 함께 향교에 입학하는 것은 선망받는 유학의 지위를 가졌다는 것을 뜻하면서 군역을 면제받고 과거시험에 응시할 수 있는 자격까지 포함하는 것이었다. 조선교육의 정점은 소과를 통과하고 국립대학(성균관)에 들어가는 것이었다. 성균관 학생들은 입학 당시에 보통 18세나 19세였고, 종종 20세에서 23세 사이였지만, 다양한 연령대에서 더 높은 단계의 과거시험인 대과에 합격하기 위해 경쟁했다.[7]

조선 학교제도의 기본적 구조는 15세기 초에 만들어졌지만, 이후 상당한 변화가 있었다. 관립 학교는 19세기 말까지 그 기능을 계속했음에도 불구하고 점차 쇠퇴했으며, 상위단계 학교교육의 주체로서의 역할은 16세기 중반부터 등장한 민간 교육기관인 서원(書院)에 의해 도전받게 된다. 서원은 각 지역의 행정 중심지에 위치했던 향교와는 달리, 지방 곳곳에 확산되었다. 이

5) Palais, 326 n.9.
6) (역자 주) 사학의 정원은 각 100명으로 합쳐서 400명이었다가 조선 후기에 각 5명으로 줄어든다.
7) 손인수, **한국교육사**, 2, 1:276-278, 281-283; Palais, 112; 김용일, 81.

들은 시골로 내려간 지식인들의 피난처로, 학자와 관료들을 모시는 성지로, 그리고 학습의 중심지로서 역할을 수행했다. 대략 680여 개의 서원이 18세기 후반에 존재했으며, 이들 서원은 1864년 이후 대원군이 중앙정부로 권력을 집중시키기 위해 시행한 서원철폐령으로 인해 대부분 없어질 때까지 정치적 붕당의 주요 근거지였다.[8)]

제도권 교육의 강조가 전근대 교육에서 비롯된 유산의 전부는 아니다. 조선 교육은 여러 분야에서 현재 한국 교육과 닮아 있으며, 아마 가장 비슷한 점은 양쪽 모두 학생들이 치열한 시험을 준비하는 일에 중점을 둔다는 것이다. 교육이 비록 그 자체로 중요하다 할지라도, 실제로는 사회 계층이동과 지위 선택의 수단으로 인식되었으며, 높은 경쟁률을 가진 시험이 계속해서 지위 선택의 수단으로 제공되었다. 조선시대에 낮은 단계의 시험, 즉 소과는 학생들이 경전에 대한 지식(생원) 혹은 문장력(진사) 중에서 선택할 수 있던 시험이었다. 이 시험을 통과하는 것은 관직을 보증하지는 않았지만 관직진출 자격과 군역면제라는 확실한 특권을 가져다주었다. 가장 중요한 것은 최상위 단계의 시험인 문과에 합격한 사람만이 고위 관직에 진출할 수가 있었다는 점이다. 권력과 특권을 얻기 위해 문화적으로 인정된 다른 방법이 존재하지 않는 사회에서, 과거시험은 너무나 중요하였다. 역사가들은 과거시험이 평민들에게 얼마나 열려 있었는지, 그리고 양반이라는 귀족 엘리트 중에서만 관직을 할당하는 데 기여했는지 여부에 대해서는 의견이 엇갈리고 있다.[9)] 하지만 과거제가 제한된 숫자의 관료를 선발하는 주요한 장치였으며, 결과적으로 과거시험을 준비하는 것을 중심으로 제도권 교육이 이루어졌다는 점에는

8) Palais, 113-131.

9) Yong-ho Choe(1987). The civil examinations and the social structure in early Yi Dynasty Korea, 1392~1600. Seoul: Korean Research Society, and "Commoners in Early Yi Dynasty Civil Examinations: An Aspect of Korean Social Structure", *Journal of Asian Studies 33*(4), 611-632.와 타나베 마나부, 한국근대교육사 참조.

모두가 동의한다.

조선시대 교육의 또 다른 특징은 능력주의의 이상이 함축된 제도와 혈통과 친족관계가 강조되고 세습귀족이 지배하는 사회 사이의 모순이었다. 조선은 대단히 뛰어난 유교 국가였다. 성리학은 중국의 송대에 발전하였고, 조선은 14세기부터 성리학을 신봉하는 사회가 되었다. 성리학에서는 모든 사람이 완전한 성인(聖人)이 될 수 있다고 강조했으며, 모든 사람은 교육을 통해 발전할 수 있으며, 도덕적 계몽을 성취할 수 있다고 가정했다. 능력과 덕은 경전의 숙달과 자기 수양, 그리고 개인의 행동을 통해 가장 잘 증명될 수 있다고 보았다. 이러한 이데올로기에 따라, 학교와 과거제도는 이론적으로 천민을 제외한 모든 계층에 개방되었다. 그러나 과거와 학교 입학에의 접근을 모두 제한하는 많은 관행이 생겨났으며, 게다가 시험을 준비하는 일은 수년 이상의 공부가 필요했다. 그래서 오랜 기간 공부에 전념할 수 있고, 교사를 고용할 수 있을 만큼 재력 있는 부모를 둔 학생들이 매우 유리했다. 그리고 기존 연구에 따르면, 당시 조선 사회에서 강하게 강조된 것은 가족의 혈통과 항렬, 상하를 구분하는 위계관계였다. 실제로 과거제도와 학교는 양반귀족들 사이에서 관직과 밀접하게 연결된 권력, 특권, 지위를 배분하는 수단이었다.

오랫동안 지속되었던 조선왕조 사회는 이 양반 계층이 지배하였다. 세습 집단인 양반은 사회를 통제하는 관료, 학문을 맡은 학자들, 경제를 지배하는 지방의 지주들로 구성되어 있었다. 이들은 매우 폐쇄적인 카스트였음에도 불구하고, 스스로를 학자이자 도덕적인 지도자로 여긴 양반의 가치는 점차 사회 전반으로 퍼져 나갔다. 양반이라는 이상향은 교육적인 성공을 통해 미덕, 도덕적 우수함, 그리고 특권을 주기적으로 재확인받았는데, 이렇게 양반이라는 이상은 중산층, 심지어 하위 계층의 한국인들에게 여전히 이상적 모델로 남아 있다.

결과적으로 유교 이데올로기와 사회적 선택 장치로서의 시험제도의 활용은 전근대 한국 사회가 제도권 교육을 집착에 가까울 정도로 중요하게 여기는 사회로 만들었다. 이 점을 지적한 것은 17세기에 항해 중 난파되어 13년을 한국에서 보낸 최초의 서양 사람인 한 네덜란드 상인이었다.

> "귀족과 자유민은 제 아이들의 교육에 대단한 관심을 기울인다. 그들은 아이들을 교사에 맡겨 읽고 쓰는 법을 배우게 한다. 이 나라 사람들은 [교육]에 매우 열성적이며 방식은 부드럽고 기발하다. 교사들은 학생들에게 이전 학자들의 가르침을 제공하고, 계속해서 훌륭한 학문적 명성을 얻은 사람들의 예를 들어 준다. 소년들은 공부하는 데 밤낮으로 헌신한다."[10]

한국 남성들의 문해력은 아마 전근대 기준으로 상당히 높았을 것으로 보이며, 이 문해율은 대부분 18~19세기에 올랐던 것으로 보인다. 이것이 암시하는 것은 양반 계층 사이에 교육을 촉진시킨 민간 교육기관의 성장이다. 또한 조선 후기 서당에 등록된 학생의 숫자가 증가했다는 몇몇 증거가 있으나, 아직 연구 중인 사안이다. 분명한 것은, 적어도 이러한 엘리트 가족들은 많은 비용을 교육과 시험 준비에 헌신했다는 점이다. 그들은 이러한 방식으로 현대 한국의 가족들과 매우 유사하게 행동했다.

전근대 한국의 또 다른 유산은 학자인 교사가 차지한 높은 지위이다. 종교는 한국 사회에 있어 중요하지 않았다. 사원과 사제보다는 학교와 교사가 윤리적 자문으로서 주요한 역할을 했으며, 학자는 거의 신성한 지위를 차지했다. 학식이 있는 사람은 교사나 학자 이상의 역할을 하였다. 이들은 사회의 도덕적인 조정자이자 마을뿐만 아니라 국가 차원의 지도자였다. 그래서 공부가 차지하고 있는 가치는 매우 높았다.

교사, 학자, 성실한 학생들에게 부여된 도덕적 권위가 한국교육에 제공한 또 다른 유산의 기반은 '저항'이었다. 학자들에게 왕을 비롯한 조정에 대해 비

10) Young-ho Choe, 98.

판하는 것은 그들의 의무였다. 유교는 세상을 도덕적인 질서로 인식했기 때문에 관료와 지배자의 부적절한 행동은 그들의 지위를 위협했다. 학자들과 하급 관료들은 상소를 작성하여 왕과 각료들을 도덕적 관점에서 비판하곤 했다. 성균관 학생들은 권위 있는 위치에 있는 사람들이 윤리적 기준을 준수하지 않거나 부적절하게 의식을 수행하고 있다고 느꼈을 때 항의 시위를 했다. 성균관 학생들은 집단적 저항의 방식으로 주기적으로 학교에서 철수했다(공관). 19개의 주요한 사건들이 숙종(1674~1720) 재위기간에 기록되어 있으며, 20여 개가 순조(1800~1834) 재위기간에 기록되어 있다.[11] 교육과 학문을 도덕적 권위와 동일시한 이러한 전통은 한국교육에 있어 가장 오래 남아 있는 특징 중 하나였다.

20세기 이전 문화의 또 다른 여러 특성들은 여전히 한국에서 학교교육의 특징으로 남아 있다. 고대의 문화적 양식을 불러일으킨 서원에서의 스승-제자의 관계는 현대 고등교육에 고스란히 나타나고 있다. 기계적 암기, 도덕적 훈련, 그리고 기본적으로 남성의 행동으로서의 학교교육 개념의 강조는 계속해서 한국교육의 모습을 만들고 있다. 기술교육과 장인에 대한 경멸이 특징이었던 조선 왕조 시대의 교육 또한 지금 한국에 만연해 있다. 의사, 천문학자, 역관, 그리고 다른 필요한 전문가들을 위한 전문직 기술 시험(잡과)이 존재했음에도 불구하고, 그들은 명망을 거의 얻지 못했다. 교육은 기본적으로 전문화된 것이 아니었으며, 여전히 대부분의 한국인들은 학문적인 성격의 교육을 선호하고 있다.

국가가 신뢰할 수 있는 소통 수단과 조직 효율성이 결여되었음에도 불구하고, 국가를 위해 봉사하는 것은 엘리트들의 목표였으며 조선 사회를 지배했던 원리였다. 상업보다는 행정에 우선을 둔 서울을 제외하고는 정치적, 문

11) 이희권(1978). 조선전기 공관연구. **사학연구 28**. 1-30., 이희권(1980). 조선후기의 공관권당연구, **사학연구 30**. 31-64. 참조.

화적인 중심지는 존재하지 않았다. 정치적 중요성을 지닌 다른 지역의 중심지도 존재하지 않았다. 양반계층의 구성원들은 궁극적으로 사회적 지위와 권력, 보장된 부와 특권을 위해 과거시험과 정치적 모의를 통해 경쟁했다. 독립적인 종교 집단이나 사회 집단과 같은 주요 2차적 기관들이 부재했기 때문에 한국은 중앙정부가 상류 계층의 대부분을 끌어들이는 소용돌이인 국가였다.[12] 따라서 한국이 근대 시기로 접어들 때에, 제도권 교육은 정부의 관직을 배분하고 사회적 지위를 확인 혹은 확보하는 유산으로 받아들여진 것이다.

근대화 초기

19세기 말 외국 세력이 침투하면서, 조선에는 큰 변화가 나타나게 되었으며, 더불어 서구식 교육제도를 시행하게 되었다. 1876년 일본의 함포에 의한 개항에 이어 수년간 국제 무역과 외교를 개방하면서 한국에는 새로운 유형의 학교가 등장하기 시작했다. 1883년 원산학사를 시작으로, 몇몇 부유한 한국인들은 특히 주요 항구도시를 중심으로 기존과는 다른 사립학교를 설립했다.[13] 조선 조정은 1881년부터 몇몇 교육기관을 시험적으로 시행하면서 외국의 지식과 기술을 소개하였다. 아마 가장 두드러진 일은 1880년대 초부터 개화파로 불렸던 집단이 관립학교를 서구식으로 시행하는 일과, 유교식 교육과정에 근대적 교육과정을 추가하거나 근대적 교육과정으로 대체할 것을 강력히 권고했다는 것이다. 그러나 이러한 개혁의 노력은 1894년 이전까지는 일시적이었거나 체계적이지 못했다. 새로운 방식의 생각과 학습은 특히 일

12) 소용돌이라는 개념은 그레고리 헨더슨(Gregory Henderson)이 발전시킨 것이다.

13) 신용하(1974). 우리나라 최초의 근대학교 설립에 대하여, **한국사연구**, Vol 10.

본을 비롯한 몇몇 서구 국가를 여행해 본 극히 소수의 조선인에게만 나타났던 모습이었다. 대부분 미국인 선교사들이었던 외국인들의 노력으로 1886년에 배재학당이라는 학교가 설립되었다.[14)]

한국의 교육에 매우 큰 영향을 끼친 두 외국 세력은 일본과 미국이었으며, 이들은 근대 한국의 시작에 많은 영향을 주었다. 근대화 초기에는 일본의 영향력이 더 강했는데, 다른 분야와 마찬가지로 대부분의 조선인 개혁가들은 일본에서 얼마간 머문 경험을 공유했고, 후쿠자와 유키치(福沢諭吉)와 그의 게이오 의숙에서 많은 일본인 교육개혁가들과 긴밀한 관계를 가졌다. 더욱이 1894년에 많은 수의 일본 상인들과 투기꾼들이 한국의 도시에 나타났고, 가족을 데려오거나 일본인 학교를 세운 경우도 있었다.[15)] 결과적으로, 이 일본식 모델은 멀리 있는 개념이 아니라 문화적 전통을 부분적으로 공유한 이웃 나라인 일본이 조선의 교육 기관을 근대화시키기 위해서 무엇을 했는지를 보여 주는 예시이다.

일본의 영향에 비해 상대적으로 정도가 덜했지만 미국의 영향도 상당했다. 먼저, 미국인 선교사들은 그들의 학교에 학생을 끌어들이는 데 큰 난관에 부딪혔다. 메리 스크랜튼(Mary Scranton)이 설립한 이화학당을 예로 들면, 처음에는 단지 기생 1명만이 등록했을 뿐이었다.[16)] 점차 몇몇 조선인들이 이러한 선교사 학교에 관심을 갖기 시작했고, 많은 수가 기독교인이 되어 20세기 한국의 교육개혁에 주요한 동인으로 작용했다. 몇몇 조선인들은 미국으로 가기 시작했는데, 미국 교육제도를 경험한 지식인 계급을 구성했다. 이러한 개척자 역할을 한 학생들 중에는 이후 한국의 초대 대통령인 이승만이 있었다. 그러나 1945년 이전의 한국교육에 대한 미국의 영향은 일본과 비교할 때

14) 손인수(1980). **한국개화교육연구**, 서울: 일조각, 68-80, 357-382.

15) Harry Bang[Pang Hŭng-gyu]. "Japan's Colonial Education Policy in Korea, 1905~1930"(Ph. D.diss., University of Arizona, 1971), 69-73.

16) 손인수, **한국개화교육연구**, 130, 132.

그다지 크지 않았다.

근대적 국립학교를 세우려는 노력이 1894년부터 1906년까지 이어졌다. 청일전쟁(1894~1895)으로 한반도에 진출한 일본은 개화파가 활용될 상황을 만들어 냈다. 조선 개혁가들은 서구 제도를 받아들인 일본을 모방하고자 했으며, 이들 친일파는 1894년 갑오개혁을 실시했다.[17] 갑오개혁은 조선의 정부 기구를 근대적으로 재조직했다. 이 개혁의 일환으로 학무아문이 설립되었으며, 학무아문은 학교제도를 관리했다.[18] 학무아문은 이듬해 학부로 명칭을 변경했으며, 학무국과 편집국으로 나뉘어졌다. 학무국은 초·중등학교 제도에 대한 규정과 기준을 마련하였으며, 편집국은 교과서 검정을 준비하였다.

새로운 제도하에서, 소학교는 5~6년의 초등학교 단계의 학교로서 국가에 의해 설립되었다. 소학교는 3년의 심상과와 3년의 고등과로 나뉘었는데, 6년간의 교육이 불가능할 수 있는 지역을 위해 유연성을 둔 것이다. 중등교육기관은 중학교로 불리었으며 7년으로 구성되었는데, 4년의 심상과와 3년의 고등과로 나뉘었다. 또한 영어와 일본어를 전문적으로 공부하는 4년제 중등학교와 프랑스어와 러시아어, 독일어를 전문적으로 공부하는 5년제 중등학교가 있었다. 한성사범학교는 새로운 학교의 교사를 양성하고자 설립되었다. 이러한 학제는 천천히, 그리고 점진적으로 시행되었다. 새 소학교규정은 1895년에 제정되었고, 한성사범학교관제 역시 같은 해에 제정되었으나 중등학교관제는 4년 후까지 제정되지 못하였다. 여러 단기 기술학교가 추가로 설립되었는데, 상업학교와 상공학교, 전무학교, 우무학교, 그리고 가장 영향력 있던 광무학교가 있었다. 이러한 기술학교들은 정부의 즉각적인 필요를 충

17) 초기 한국교육개혁자들의 관점과 행동에 대해서는 '손인수, 한국개화교육연구'와 '노인화, 대한제국시기 관립학교교육의 성격 연구, 1989, 이화여자대학교 대학원 박사학위논문' 참조.

18) 손인수, 한국개화교육연구, 81; 정재철, **일제의 대한교육식민지교육정책사**, 서울: 일지사, 1985, 206.

족시키기 위해 만들어졌으며, 다른 신식 공립학교에 비해 전통과의 단절이 덜했다.[19]

새로운 교육제도에는 일본의 영향이 반영되었다. 이는 이후 일제 강점기 교육제도의 전초가 되었다. 이론적으로 이것은 매우 중앙집권적인 시스템이며, 학부가 교육과정을 정하고, 교과서를 발행 및 검정하며, 교사자격을 부여하고, 학교 관리에 있어 세세한 규정들을 제정하는 것이다. 교과서를 예로 들면, 정부가 발행한 국정교과서와 정부가 승인한 검정교과서 이 두 범주로 나뉜다. 이러한 제도는 20세기 말까지 지속되었다. 양쪽 모두 편수국에서 모든 교과서의 내용을 직접 통제한다. 학교는 기본적으로 정부로부터 재정지원을 받으나, 곧바로 사적인 기부, 수업료, 정부 보조금 제도가 마련되었다. 이는 곧 국가의 규제를 받으나 민간의 재정적 지원을 받는 익숙한 방식의 시스템이 되었다.[20]

초창기에 이러한 교육제도의 성취는 보잘것없었다. 1904년의 공교육은 서울에 집중되었으며, 수도권에서 작은 규모로 시행되었을 뿐이다. 작은 규모였을 뿐이다. 서울에는 고작 7~8개의 소학교가 있었을 뿐이며, 각 학교마다 40명에서 80명의 학생이 있었고, 대략 8명의 교사와 평균적으로 30명의 소년들의 출석이 보고되었다.[21] 이후 2년간, 몇몇 새로운 학교가 설립되었으며, 1906년 72명의 한성사범학교 졸업생들이 조선의 학교에서 가르치고 있었다.[22] 그러나 신식 학교의 학생 수는 전체 학생 수에서 매우 적은 수를 차지하고 있을 뿐이었다. 대다수의 학생들은 여전히 서당이나 다른 전통적인 교육기관에 다니고 있었다. 공교육개혁은 느리게 진행되었고 여러 어려움을 겪고 있었다. 교육비는 극도로 부족했는데, 한 보고서에 의하면 1903~1904년에

19) 노인화, 220.

20) Ibid., 54, 60.

21) "The Educational Needs of Korea," Korea Review 4, 10(October 1904): 443-452; 노인화, 70.

22) 노인화, 52.

군부의 예산은 4,000,000달러였는 데 반해 학부의 전체 예산은 단지 60,000달러에 불과했다.[23] 신식 공립학교들은 대중적으로 인기를 끌지 못했으며, 학부모뿐만 아니라 정부 관료들의 저항에 부딪혔다.[24]

그러나 한국인들은 교육에는 저항하는 태도를 보이지 않았다. 오히려 빈곤과 혼란의 시기에도 사립학교는 급격한 속도로 성장했다. 1900년 이후 수많은 사립 교육 및 문화 단체가 많은 수의 학교를 설립하고 운영하기 위해 만들어졌다. 경기, 충청지역 교육연합인 기호흥학회와 서북학회는 그중에서 가장 큰 단체였고, 이들은 1905년 이후 수천 명의 회원들을 거느렸다. 기호흥학회는 전현직 관료들에 의해 강력하게 지원받았으며, 전통적인 유교적 가치, 근대 과학, 세계사, 지리를 포함한 혼합적인 방식의 교육을 시행했다. 여기는 왕족들 중에서도 상당한 재정적인 지원을 받은 증거가 있다. 서북학회는 양반과 평안도 지방의 상인들로부터 지원을 받았다.[25] 사립학교의 확산은 동시에 미국 선교사들의 활동과 종교계 학교의 빠른 확산을 불러왔다. 결과적으로, 1909년 말 한국에는 1,300여 개의 '근대식' 사립학교와 823개의 종교계 학교가 운영되고 있었다.[26]

조선왕조 말기에 이러한 사립학교의 괄목할 만한 성장은 여러 맥락 속에서 보아야 한다. 1894년 과거제도의 폐지는 기존 교육제도에 심각한 충격을 주었고 특히나 고등교육단계에서 그러했다. 교육은 더 이상 사회적, 정치적 출세에 최고의 방안이 아니었다. 새로운 교육제도는 명성과 목적성이 결여되었으며, 대중적 지지를 얻지 못해 허우적대었다. 그러나 교육의 개념이 도덕

---

23) "The Educational Needs of Korea," Korea Review 4, 11(November 1904): 484.

24) Ibid., 488. 이 기사는 한국이 교육공백상태에 빠져 있으며, 과거의 시스템은 무너진 반면에 새로운 시스템은 "민중들의 관심을 끌지 못하고 있다."라고 전했다.

25) 김은주(1987). 대한제국기의 교육 근대화 과정에 대한 연구. 연세대학교 대학원 석사학위논문. 78; 손인수, 한국교육사, 2:556.

26) 정재철, 225.

적 자기수양 이외에 국가적 재건의 방법으로 여겨지기 시작했다. 실제로, 교육을 장려했던 가장 큰 조직 중 하나는 1905년에 설립된 대한자강회였다(이듬해 대한협회로 개명한다). 다른 조직들도 근대식 교육과정을 받아들인 많은 사립학교를 설립했다. 주로 양반계층 구성원들과, 상업, 전문직, 종교계의 사람들은, 한국교육의 근대화에 상당한 열망을 보였다. 그래서 새로운 국가주도의 시스템이 그다지 좋은 성과를 내고 있지 못했어도, 학식 있는 조선인들은 교육근대화와 개혁을 위한 지원을 아끼지 않았다.

여기서 또 주의 깊게 보아야 할 점은 교육의 전통적인 가치와 관습이 여전히 강하게 남아 있었다는 점이다. 당시 사용되었던 교과서를 조사해 보면, 근대화 초창기 교육의 범위가 여전히 계승된 가치에 기초하고 있음을 알 수 있다. 교과서로 수업하는 것은 몇몇 근대 지리적 정보를 제외하고는, 주로 유교적이고 윤리적인 분위기였으며 전통적이고 교훈적인 방식에서 크게 달라진 점은 없었다. 종이와 삽화의 질은 매우 좋았는데, 이점은 책과 종이제작에 대한 한국인의 오랜 존중이 반영된 것이라 할 수 있다.[27] 서당은 여전히 마을과 도시에서 운영되고 있었다. 한 가지 흥미로운 발전상은 혼합된 문자체계인 국한문혼용체를 사용하기 시작한 것이다. 오랫동안 경시되어 왔던 고유문자인 한글이 중국의 문자인 한자와 같이 쓰였는데, 쉽게 익힐 수 있는 한글을 사용하는 것은 기초문해능력을 획득하는 것을 더 쉽게 할 수 있었다.

근대 초창기의 교육 실험은 이후 한국에 알맞은 제도를 찾고자 한 시도들의 전조가 되었다. 근대교육을 향한 국가의 노력은 그리 대단하지는 못했고, 당시 정부의 쇠약함을 드러냈다. 이는 수백 개의 학교를 설립해 근대 과학과 서양의 지리, 역사, 문화, 언어를 소개했던 진보적인 민간 영역의 노력과 대조를 보였다. 그러나 정부와 민간에서의 교육개혁 프로그램은 일본이 자신

27) 학무국은 교과서에 사용될 종이의 질에 대한 세부적인 규정을 발표했다. 서울효제초등학교(1987), 효제 구십이년사, 54. 참조.

들의 필요에 맞게 한국 사회를 조직화하려 한 노력에 압도되었다.

일제 강점기의 한국교육

처음 5년간의 간접 지배와 이후 35년간의 직접 지배로 이루어진 일본의 40여 년간의 한국 지배는 한국의 교육발전을 이해하는 데 중요하다. 그 이유는 종합적이고, 근대적인 국가교육제도가 일제 강점하에 시행되었기 때문이다. 처음부터 일본이 지배한 한국교육의 특징으로는 고도의 중앙집중화, 세밀한 교육계획, 교사 및 교육종사자들의 전문성을 들 수 있다. 교육발전은 순차적으로 진행되었으며, 기초적인 교육에 집중하고 난 뒤에 중등교육기관과 고등교육기관이 느린 속도로 성장했다.

그러나 일본인들은 일본에 이익이 되는 정책을 수행하기 위해 적대적으로 한국인들을 통치했던 정복자이자 외부인이었다. 그들은 지배력을 공고히 하기 위해 수만 명의 일본인 관료로 이루어진 행정기구와 헌병대를 거의 모든 마을과 지역에 두었으며, 상당한 수의 군대 주둔지를 만들었다.[28] 식민지 정부의 교육제도는 강력하고, 강압적이며, 착취적인 국가 조직의 일부였으며, 그것의 최우선 목적은 일본제국의 필요에 부응하는 것이었다. 결과적으로, 식민지 총독부와 한국 민중 사이에 교육정책에 대한 긴장감이 고조되었다. 교육정책은 한국인 사이에 식민주의자들에 대한 씁쓸한 유산이 되었으며, 일제 강점기가 끝나고 반세기가 지나도록 강력하게 남아 있다.

식민지 교육정책의 두 가지 특징은 한국 사람들이 일제 강점기에 대해 느끼는 분노와 좌절감에 크게 기여하였고, 해방 이후 한국의 교육발전에 크게

28) 1939년 한국에는 65만 명의 일본인(부양가족 포함)이 살고 있었다. 고용된 사람들 중 41%가 총독부 공무원(주둔 군사기지는 제외)으로 일했다. Andrew Grajdanzev, Modern Korea(New York: Institute of Pacific Relation, 1944), 76-79.

영향을 끼친 것으로 보인다. 첫째, 일제 강점기에 초등 단계를 넘어선 교육에 대한 접근은 일본제국에 대한 한국의 종속적 지위와 마찬가지로 제한되었다. 식민지 관료들은 한반도 사람들 대부분에게 기본적인 읽고 쓰는 능력과 셈하기 능력 이상은 필요가 없다고 보았다. 고등교육에 대한 이러한 제약은 일본이 무너졌을 때, 한국에서 그동안 억눌렸던 교육 접근성에 대한 수요를 폭발시켰다. 둘째, 교육은, 한국인들을 일본제국의 신민으로 세뇌시켜 나중에 그들을 일본 문화에 동화시키기 위해 사용되었다. 강제적 동화는 민족주의적 분노를 남겼고, 교육이 강력한 중앙집권적 국가에 의해 정치적 도구로서 이용된 점은 북한과 남한 정부 모두에게서 공통적으로 나타난 방식이었다.

교육 기회의 제한

한국인들에게 낮은 단계, 비전문적인 학교교육을 강조한 일본의 교육정책은 1945년 이후 교육에 대한 대중적 추구를 이끌어 내는 데 공헌한 긴장과 좌절을 만들어 냈다. 총독부 관료들은 가정교육의 중요성을 강조하고 한반도에서 종합적인 공교육 제도를 만들어 내는 한편, 고등교육에 대한 한국인의 접근을 제한하고 낮은 단계의 학교만을 제공했다. 교육의 목적은 처음부터 식민지 조선의 발전 단계에 더 '적합하다'고 여겨지는 제도를 만드는 것이었다. 일본인 정책 담당자들이 가지고 있던 지배적인 시각은 식민지 조선은 후진적인 사회이고, 그래서 이러한 후진적인 사회는 제국의 종속적인 위치에 있어야 한다는 것이었다. 조선은 원자재와 값싼 노동력의 원천일 뿐만 아니라, 일본 상품의 시장으로 역할을 해야 했기 때문에 기초적인 교육이 조선인들에게 필요한 전부였다.

조선총독부는 1911년, 조선에 대한 직접적인 지배권을 얻자마자 「조선교육령」을 반포하였는데, 당시 식민지 조선교육에 대한 포괄적인 계획이었으며, 일본인들과 분리되고 불평등한 성격을 가진 교육이었다. 새롭게 조직된 학무국은 두 가지 유형의 교육제도를 운영했다. 하나는 일본인 거주자를 위한 교육제도였으며 다른 하나는 식민지 조선인들을 대상으로 한 교육제도였다. 일본인 거주자들은 일본 본토와 동일한 교육을 받았으며, 6년의 초등의무교육에 이어 5년의 중등 혹은 기술학교, 3년의 대학예비교육 혹은 고등기술학교로 되어 있었다. 이 모든 것은 일본 본토와 동일한 교육과정을 사용했다. 조선인들에게 초등교육은 4년제 '보통학교'로 제한되어 있었다. 이 '보통학교'를 졸업한 학생들은 4년제 '고등보통학교' 혹은 4년제 '실업학교'로 진학할 수 있었다. 학교교육이 14년으로 되어 있던 일본인들과는 달리, 조선인에 대한 교육은 공무원들을 훈련시키기 위해 고안된 '전문학교'를 제외하고는 8년으로 제한되었다.

「조선교육령」에 의하면, 조선인들에 대한 교육체제의 목적은 '국민도덕을 함양하고, 국민생활에 필요한 보통지식을 얻게 함으로써, 충량한 황국민을 육성하는 데 있으며, 동시에 반도의 현재 시세와 민도에 맞는 교육'을 하는 것이었다.[29] 이것은 조선인들을 전문직이나 공무원으로 준비하게 하는 것이 아니라, 기초 문해력을 갖추고 저급한 기술 업무에 필요한 '독립적 기예'를 남자들에게 제공한다는 것이었으며, 여학생들에게는 '절개와 가사와 같은 여성적 덕목을⋯⋯ 육성하는 것'이었다.[30] 학교에서 가르칠 일본인 교사들이 선발되었으며, 교사의 권위는 교실에서 칼을 차고 있는 규정으로 강조되었다. 조선인 교사들은 양성되지 않았고, 한성사범학교는 폐교되었다. 일본어가 교수 언어였으며, 일본 역사와 지리가 필수과목으로 지정되었다. 그러나 교육과정은 일본 학교의 것과 같지 않았는데, 조선에는 인문 교과에 더 적은 시

29 Government-General of Chosen, Annual Report on Reforms and Progress in Chosen 1910~1911(서울: 총독부, 1911), 201.

30) Ibid.

간이 배정되었다. 조선인들은 이 당시에 교육에 큰 우선순위를 두지 않았기 때문에, 총독부는 1911년 제1차 조선교육령에 따라 매우 소수의 '보통학교'와 더 적은 수의 '고등보통학교'를 설립했을 뿐이었다.[31]

일제 강점기 초기에 총독부는 학업을 장려하기보다는 교육에 대한 국가의 통제를 확보하는 데 더 많은 관심을 보였다. 이를 위해 1911년 10월 20일, 데라우치 마사타케(寺内正毅) 조선총독은 모든 사립학교를 총독부 학무국의 감독하에 두는「사립학교규칙」을 공포했다. 이 규정에 구한말 한국인 개혁가들에 의해 설립된 많은 학교가 포함되었는데, 이들 대부분은 근대식 교과를 가르치던 학교였다. 이들 학교에서 조선어가 교수 언어로 허용되었지만, 일본어가 조선어와 같이 사용되고 교사와 교과서가 학무국에 의해 승인된 경우에만 운영을 계속할 수 있었다. 이「사립학교규칙」은 점차 부담으로 작용해서, 1911년에서 1920년 사이에 많은 학교들이 점차 문을 닫게 되었다. 이는 이전 10여 년 동안 사립학교가 급격하게 증가한 것과는 대조를 보이는 것이었다. 당시 식민지 조선에서 근대적 학교교육에 대한 수요가 이러한 사립학교들에 의해 충족되었던 것은 분명했지만, 식민지 규정은 조선인 교육기관의 운영을 계속해서 방해했다.

선교사들에 의해 운영되던 종교계 학교들은 그나마 사정이 나은 편이었다. 1915년 공포된「사립학교규칙」은 모든 사립학교의 교사에게 일본어로 가르칠 수 있도록 충분한 일본어 능력을 갖도록 요구했고, 교육과정, 교과서, 학교행정에 대한 감독을 강화했다. 새 규정에 대한 외국인 선교사들의 강력한 반발과 외교적 문제를 일으키고 싶지 않았던 일본의 바람으로, 이 규칙의 시행은 10년간 유예되었다.[32] 그러나 결국 외국인이 세운 종교계 학교들은

31) 손인수, 한국개화교육연구, 628-632.; Donald K. Adams, "Education in Korea 1945~1955"(Ph.D.diss., University of Conneticut, 1956), 24-41. '보통학교'에서는 법으로 정해진 4년 대신 2~3년의 교육을 받았다.

일본에 의한 강력한 규제를 받게 되었으며, 새로운 학교를 설립하기는 어렵게 되었다. 결과적으로, 일제 강점기 첫 10년 동안 사립학교의 수는 급격하게 감소하게 되는데, 종교계 학교는 1909년 823개에서 1920년 279개로 감소했으며, 비종교계 학교는 1,300개에서 410개로 줄어들었다.[33] 규모가 작은 학교들은 특히 더 심한 타격을 받았는데, 재정과 조직에 대한 일련의 규제들 중 상당 부분을 충족시킬 수 없었기 때문이다. 교사가 일본어에 능숙해야 한다는 압력이 사립학교에 지속해 가해졌음에도, 교사 중에 그런 사람은 거의 없었다. 윤치호와 안창호와 같은 교육계 유명 인사에 대한 체포와 망명 또한, 사립 교육재단이 학교를 지원하는 일을 방해하였다.

1920년대에는 교육발전을 위해 좀 더 포괄적인 정책이 시행되었다. 1919년 3월 1일, 조선에서 일제에 항거하고 독립을 지지하는 시위가 일어났는데, 이 3 · 1운동을 계기로 일본은 '문화 통치'라 불린 정책을 개시했다. 이 새로운 자유주의적 정책은 조선의 온건 민족주의 지도자들과의 협력을 목표로 했으며, 총독부는 1922년 「제2차 조선교육령」을 반포한다. 새 「조선교육령」은 한성사범학교를 다시 설립하도록 했으며, 초등교육연한을 4년에서 6년(몇몇은 5년)으로, 중등교육연한을 5년으로 연장하였고 3년의 대학예비과정 혹은 고등기술교육과정을 두었다. 「제2차 조선교육령」으로 조선인은 일본인과 같은 교육 연한을 받게 되었으며, 분리하되 같게 한다는 것이 기본 원칙이었다. 이 새로운 자유주의적 정책의 상징으로, 총독부는 일본인 교사들이 학급에서 칼을 차게 한 것을 중단했다. 사립학교규칙이 개정되면서, 조선어 사용이 허용되었고 종교과목과 조선의 문화와 관련된 선택과목도 가능해졌다. 그러나 여전히 모든 교과서와 교사는 학무국의 승인을 받아야 했으며, 일본어, 수신,

32) Harace H. Underwood, Modern Education in Korea(New York: Columbia University Press, 1926), 195-205; James Ernest Fisher, Democracy and Mission Education in Korea(New York: Columbia University Press, 1928), 65-93.

33) Bang, 186.

일본사는 모든 학교단계에서 필수과목이었다.[34] 조선인의 정서를 반영한 제2차 조선교육령은 모든 일본인, 조선인 학교에 의무적으로 해당되었으며, 조선 역사와 지리 과목이 개설되었다.

1922년 이후에도 조선인에게 교육은 의무가 아니었지만, 총독부는 학교를 확장시키려고 하였다. 이러한 시도는 기초교육에 대한 강조, 적은 지출, 신중한 계획 등을 특징으로 하였다. 교육 접근성의 확대는 일련의 단기계획에 따라 시행되었는데, 첫 번째로 1922~1928년 동안 2개 면에 1개 학교를 두는 것을 목표로 하였다. 이 목표가 달성되고 난 1929년에는 1개 면에 1개 교를 두는, 1면 1교제를 선언하여 1936년에 완성시키는 것을 목표로 하였다.[35] 예상한 바대로, 교육발전은 대도시 지역에서 더 빠르게 진행되었지만, 지역적 격차와 도농 간 격차를 줄이기 위한 노력이 계속되었다. 1930년대에는 시골 지역에 간소화된 학교인 간이학교가 도입되었는데, 가난하고 외딴 지역에 학기와 시간을 줄인 초등교육을 제공해 약간의 기초교육을 확보하기 위해서였다.[36] 1935년에는 조선인 초등학생 학령 아동의 17.6%가 공식적으로 학교에 다니고 있었다. 1937년에는 미나미 지로(南次郎)가 새 총독에 부임하면서, 보통학교 취학률을 두 배로 올리기 위한 5개년계획을 수립하였다. 이는 1953년까지 60%의 취학률을 달성하고자 했던 10년 계획에 따른 것이었다. 5개년계획은 또한, 시골의 간이학교를 없애고자 했으며, 모든 초등단계 학교를 6년제로 하려고 했다. 실제로 이 계획은 1942년에 목표했던 취학자 수를

34) 정재철, 345-347.

35) 1930년의 마을은 평균 만 명의 인구를 가졌을 것이라 추정된다. 학생들은 걸어서 학교에 다녔기 때문에, 마을 학교는 근처 마을에 사는 아이들만 다닐 수 있었다. Patricia Tsurumi, "Colonial Education in Korea an Taiwan," in The Japanese Colonial Empire: 1895~1945, ed. Ramon H. Myers and Mark R. Peattie(Princeton, N.J.: Princeton University Press, 1984), 305; Won-mo Dong, "Japanese Colonial Policy and Practice in Korea, 1905~1945" (Ph.D.diss., Georgetown University, 1965), 384.

36) Ibid., 394.

초과해 달성하였다.[37]

총독부는 새로운 정책을 통해 조선인에게 더 많은 교육 기회를 제공하고 그들의 민족적 관점을 고려하겠다고 약속했지만, 실제로는 조선인의 교육 기회 요구를 계속해서 거절했다. 학교는 원하는 모든 사람이 등록할 수 있을 정도로 빠르게 설치되지는 못했다. 결과적으로, 1930년대에는 보통학교에 들어가기 위한 경쟁이 치열해졌는데, 특히 도시 지역에서 많은 공립 보통학교들이 입학 시 면접시험을 요구했다.[38] 더욱이 이미 지어진 학교들은 재정이 열악했고, 재조일본인들이 다니는 학교에 비해 질적으로 낮은 수준이었다. 조선인들은 1922년 이후에 일본인 학교에 입학할 수는 있었다. 그러나 1930년 이후 보통학교가 좀 더 일반화되었음에도 불구하고, 실제로는 상대적으로 극히 적은 숫자의 조선인 학생이 일본인이 다니는 소학교에 다닐 수 있었다.[39]

수천 개의 비인가 학교가 설립되었다는 것은 교육의 확산이 수요를 맞추지 못하고 있다는 점을 드러낸다. 이 학교들 중 몇몇은 1인 교사 학교였는데 아마 어느 가정집에서 가르쳤던 것으로 보이며 근대적 교육과정과 직업훈련을 제공했다. 1920년 이후, 관공립 혹은 종교계 학교를 졸업한 젊은이들은 야학을 설립했다.[40] 사립학교 중 가장 많은 수는 전통적인 마을 학교인 서당이었다. 1920년대까지 서당은 대부분의 한국 아이들에게 학교교육의 가장 주요한 형태로 남아 있었다. 1912년에 실시된 조사에 따르면, 당시 16,450개의 서당에 141,604명의 학생이 다니고 있었다. 7년 후에는 23,556개의 서당이

37) Ibid., 395.

38) 1991년 9월, 서울에서 홍웅선과 인터뷰; 1991년 9월, 서울에서 김영돈과 인터뷰; Russell Anthony Vicante, "Japanese Colonial Education in Korea, 1910~1945: An Oral History" (Ph.D. diss., State University of New York at Buffalo, 1987).

39) 정재철, 348-353; 김용일, 149-158.

40) Pae Chong-gun, a study of changes in Korean national education under Japan.

집계되었으며, 학생 수는 268,607명이었다. 총독부는 서당을 이용할 수단을 강구했다. 1918년 총독부는 교사들에게 일본어 특별수업 참여를 의무화하는 법안을 통과시켰지만, 이것과 서당을 '근대화'하려는 다른 시도는 큰 효과가 없어 보였다.[41] 서당의 숫자는 1920년대까지 꾸준히 증가해서, 1930년대에 가장 높은 등록자 수를 기록했다.[42] 기초교육을 제공했던 서당과 비인가 학교 수의 증가는 1920년대와 1930년대의 교육수요 상승을 일본의 의도적인 교육 확대 속도가 만족시키지 못했음을 보여 주고 있다. 그러나 비인가 학교와 서당은 정식으로 인정받지 못했다. 오직 근대식 교육만이 새로운 사회에서 성공을 위한 기회를 제공해 줄 수 있었기 때문에, 이들 학교들은 사회적 지위상승의 수단으로서 기능할 수 없었다.

교육발전이 느리게 진행된 것에 대한 불만은 엘리트 계층과, 수는 적지만 꾸준히 증가하던 대도시의 중산층 사람들에게 가장 두드러지게 나타났다. 교육 확산은 중등, 고등교육 수준에서는 더욱 느리게 진행되었는데, 이는 조선인을 일본제국에 대한 종속적 역할로 묶어 두려고 한 의도적인 정책이었다. 이 정책의 결과, 사립과 종교계 학교들이 상당한 제약에도 불구하고 식민지 조선에 있는 중등 및 고등교육기관의 절반을 차지하게 되었다.

고등교육단계 학교의 대부분은 전문학교(專門學校)였는데, 일반대학과정이 아닌 기술전문학교였다. 이들은 2~3,000명을 넘지 않는 학생 수를 등록받아 상대적으로 작은 규모였으나, 해방 후 한국에서 매우 중요한 역할을 하게 된다. 이화여자전문학교는 1945년 이후 한국 최고의 여자대학교가 되었고, 보성전문학교와 연희전문학교는 고려대학교와 연세대학교가 되었는데, 이 두 학교는 현재 한국의 최고 명문사립대학교이다.

41) Hamakichi Takahashi, Chosen kyoiku shiko[Survey of Korean education](Keijo: Chosen Sotokufu 1927), 458-459.

42) Pae, 18-30. (역자 주) 서당 등록자 수가 가장 높았던 시기는 1930년대이지만, 서당의 숫자가 가장 높았던 시기는 1920년대이다(오성철, 2000).

상류층과 상류지향적인 조선인들에게 가장 큰 문제는 고등교육이었다. 조선총독부는 1922년 조선에 대학과 대학예비학교를 세우고, 조선인과 일본인 거주자들에게 개방한다는 계획을 발표했다.[43] 경성제국대학(Keijo Imperial University, 이하 경성제대)은 1924년 설립되어 1946년까지 한국의 유일한 대학교였다. 그러나 경성제대는 조선인들에게 분노의 상징이 되어 버렸다. 교수진은 대부분 일본인들로 채워졌으며, 학생 수에 있어 조선인과 일본인의 숫자는 균형이 맞지 않았다. 조선인에게도 엘리트 교육의 정점인 제국대학 입학이 개방되었지만, 그것은 단지 극소수에게만 허용된 것이었다. 대학 입학은 매우 어려웠는데, 조선인 지원자의 합격률은 단지 10%에 불과했으며, 이는 일본인 지원자 합격률인 40%와 매우 비교되는 것이었다.[44] 이러한 조선인에 대한 고등교육 접근 제한은 조선인 엘리트들에게 커다란 분노를 발생시켰다.

식민지 정부의 이러한 제한 정책은 복선형제도[45]와 연결되었다. 중등단계에서의 학교교육은 소수의 대학예비학교와 공업, 농업, 수산, 사범학교 등의 여러 실업학교 경로로 구분되었다. 조선인들은 이러한 복선형제도를 극소수 특권층을 향한 경제적, 사회적 진출을 제한하고 어린 아이들에게 지나친 압력을 가하는 것으로 보았다. 또한 이 복선형 제도는 실업교육에 대한 전통적인 인식을 강화시키는 역할을 했던 것으로 보인다. 식민지 통치에 의해 만들어진 엄격한 계급제하에서, 실업학교로 진학한 사람들은 낮은 급료와 지위를

43) 이는 임한영의 박사논문 "The Development of Higher Education in Korea during the Japanese Occupation" (Ph.D.diss., Columbia University, 1952)에서 아주 상세하게 연구되어 있다.

44) Adams, "Education in Korea," 47. 한국인 차별은 일본인과 일부 서양인들에 의해 인정되고 심지어 보호되기도 했다. Henry Burgess Drake, Korea of the Japanese(London: John Lone and the Badly Head, 1930), 138-139. 참조. 한국인 학생들의 개인적 경험에 대해서는 임한영(1952), 183-184, 190, 192. 참조.

45) 주로 중등교육단계에서 인문계와 실업계 학교를 나누어 서로 다른 목표를 가진 교육을 제공하는 체제. 이 경우 실업계 교육은 주로 대학진학을 목표로 하지 않는 종결교육의 성격을 갖는다.

받는 운명에 놓여 있었다. 야망이 있는 가족들에게 실업계 학교 진학은 실패를 의미했다. 이러한 인식은 해방 이후 한국의 정책개발자들이 교육과 경제개발계획을 조정하는 데 직면했던 가장 큰 장애물 중 하나였다.

한국인의 고등교육기회 접근에 대한 일본의 기록을 보면, 영국의 인도에 대한 기록이나 미국의 필리핀에 대한 기록과 비교할 때 전반적으로 보잘것없다.[46] 고등교육의 확대가 수요를 충족시키기에는 너무 느렸기 때문에, 점점 더 많은 조선인 학생들이 고등교육을 받기 위해 일본으로 갔다. 1925년에는 조선인 고등교육기관 재학생의 13.8%가 일본에 있었고, 1935년에 그 수치는 47.3%, 그리고 1940년에는 61.5%였다. 일본의 중등학교에 다니는 조선인 학생들의 수 또한, 인상적이었는데, 1940년에 일본에 있는 20,824명의 조선 학생들 중 71.6%가 중등학교 학생으로 등록되어 있었다. 여기서 반드시 지적해야 할 점은, 일본 정부가 조선 학생들의 이러한 교육 탈출에 도움을 주거나 원조를 한 적은 거의 없었으며, 그들 대부분에게 비싼 생활비는 무거운 짐이었다.[47] 하지만 급속히 증가한 조선인들은 언어적 장벽을 극복하고 교육 기회를 얻기 위해 재정적 희생을 하고 있었는데, 그 이유는 그들의 조국인 식민지 조선에서 교육수요의 증가가 교육기회를 넘어서는 현상이 모든 학교 단계에서 벌어지고 있었기 때문이다.

고등교육 접근 제한은 조선인들에 대해 행정직 및 교사직에 종사할 기회를 제한한 것과 유사했다. 관료 조직은 여전히 일본인들에 의해 지배되었다. 1915년에 고등문관의 29.9%가 조선인이었고, 1920년에는 31.4%였다. 그러나 1935년에는 오히려 23.5%로 감소한다. 심지어 중간 위치의 관료에서도 조선인이 차지하는 비율은 상승하지 못했다.[48] 조선인 학교에서도 일본인

46) Dong, Won-mo. "Japanese Colonial Policy and Practice in Korea, 1905~1945." (Ph.D.diss., Georgetown University, 1965)의 여러 곳에 나온다. 1922년 이후 중등교육은 지방정부의 책임이었으나, 그 결과는 매우 보잘것없었다.

47) Ibid., 427-429.

교사가 대부분이었는데, 이 경향은 갈수록 심해졌다. 1922년 29%의 공립학교 교사가 일본인이었는데, 10년 뒤에는 30%가 일본인이었고, 1938년에는 44%로 증가했다.[49] 이 현상은 해방 이후 심각한 문제가 되었다. 그러나 조선인들에게 가장 심각했던 문제는 명예와 특권, 고등교육, 그리고 공직에 진출할 수 있는 종래의 방법이 차단당한 것이었다. 이러한 좌절감은 1938년 이후 전시정책에 의해 악화되었는데, 일제는 초등교육기관을 확대하고 있는 와중에도 고등교육기관의 수를 더욱 제한했고, 교육과정을 뜯어고쳐 인문학 교과 비중을 줄이고 저급한 기술교육과 직업훈련을 확대했다. 그 결과는 분노, 좌절, 그리고 학교교육, 특히 고등교육에 대한 불만이었다. 이는 제2차 세계대전 이후 수십 년 동안 한국의 '교육열'을 설명하는 데 있어 핵심적인 요소가 되었다.

교육과 정치적 통제

앞에서 언급한 대로, 일제 강점기가 한국교육에 남긴 또 다른 중요한 유산은 강력한 이데올로기가 교육에서 강조되었다는 점이다. 교육은 국가적 목표인 부국강병과 국가에 복종하고 충성을 요구하는 이데올로기 주입에 이바지하였다. 일제 강점기 교육의 주요한 목표는 처음부터 한국인들에게 일본 제국주의 이데올로기를 주입하는 것이었으며, 식민지 관료들은 종종 이에 대해 솔직하게 언급했다. 총독부가 발간한 한 간행물을 보면 '보통학교의 목

48) Ibid., 164. 고위공무원은 일본 관료조직에서 가장 높은 두 단계를 말하는데, 칙임관과 친임관이 이에 해당한다. 그리고 중간단계 공무원은 판임관 혹은 이와 동등한 자격을 말했다. 1943년에 칙임관 중 12%만이 한국인이었다. 박문옥(1958). 한국정부론. 서울: 박영사. 116-117.(역자 주: 실제는 14.2%로 기록되어 있다.)

49) Chosen Nenkan 1941(Keijo [Seoul]: Keijo Nipposha), 551-552.

적은 교육을 제공하는 것이 아니라 그들을 선량하고 충성스러운 제국의 신민으로 만드는 것'이라고 언급되어 있다.[50] 총독부는 학습을 장려하는 것보다 이른바 '불온사상이 한국인들에게 주입되는 것'의 위험성에 더 큰 관심을 가졌다.[51]

1920년대에는 비교적 조금 더 자유주의적이고 관용적인 정책이 시행되었으나, 1931년 이후에는 군국주의와 대외침략적 경향이 대두되었으며, 교육의 정치적이고 이데올로기적 성격이 더욱 강화되었다. 1937년 중 · 일전쟁 발발 이후 일제는 교육을 통해 조선인을 단지 국가에 충성하게 하는 것을 넘어, 새로운 정체성을 만들고자 특별히 노력하였다. 총독부는 1938년 제3차 조선교육령을 반포했는데, 이것은 교육제도를 개편하고 조선인들을 일본 문화에 동화시키고자 한 것이었다. 새 조선교육령에 명시된 교육 목표는 다음 세 가지였는데, (1) 국가정책의 명확성, (2) 일본과 조선의 내선일체, (3) 인내와 훈련이었다.[52] 이것이 의미하는 바는, 조선인 학교를 일본의 학교조직에 동화시키고, 교육과정을 거의 같게 만드는 것이었다. 보통학교는 소학교로, 고등보통학교는 중학교로 개명해서 일본의 학교명과 동일하게 했다. 조선인들은 일본인 학생들과 같은 과목으로 수업을 받게 되었는데, 조선어 과목은 소학교의 경우 1~3학년까지는 주당 4시간, 4~6학년에는 주당 2시간으로 제한되었으며, 중학교의 경우는 주당 1~2시간이었다. 이와 대조적으로, 일본어 교과는 소학교 학생들에게는 주당 10~12시간이 배정되었으며, 중학교 학생들은 주당 6~7시간이었다. 1941년에는 모든 학교에서 조선어 교육이 금지되었고, 학교 내에서의 조선어 사용도 금지되면서 조선인의 정체성에 대한 일말의 양보조차 사라지게 되었다. 같은 해, 일본과 조선의 모든 소학교는

50) Chosen Nenkan 1941(Keijo: Keijo Nipponsha), 551-552.

51) Adams, "Education in Korea" p. 33 참조. 비슷한 언급이 다른 여러 연구에서 드러난다. 예컨대, Government-General of Chosen, Annual Report 1912~1913, 207-208.

52) Government-General of Chosen, Annual Report 1937~1938, 86.

'국민학교'로 개칭되었다.[53]

이 당시 교육은 강제동화정책을 위한 도구였다. 일본의 초국가주의와 군국주의가 학교에 만연하게 되었고, 교육과정에 애국주의적 요소가 더욱 짙어졌다.[54] 조선사는 일본사로 대체되었고, 수신과목에 대한 중요성이 강조되었는데 이 과목에는 일본의 국가주의가 크게 강조되고 있었다. 사립학교는 점차 문을 닫거나 일본 당국의 감독하에 들어가게 되었다. 총독부는 종교 교육을 금지했고, 모든 조선인이 신사참배를 하도록 했다. 종교계 학교의 문을 닫았고 외국 선교사들을 추방했다. 1940년 이후 조선어 사용을 금지하고 일본어를 엄격히 강제한 것이 의미하는 바는, 조선인이 운영하던 많은 학교들은 문을 닫아야 한다는 것이었다. 학생들은 교육칙어가 낭독되는 집회에 참석해야만 했고, 매일 일본 천황에 충성을 바친다는 서약을 해야만 했다. 애국주의적 주제가 교과서를 지배했고, 교양 과목에 할당된 시간은 다시 줄어들었으며 실업계통 과목이 더 강조되었다. 1943년 제4차 조선교육령은 모든 수업에서 조선어 사용을 금지했고, 중학교 연한을 4년으로 단축시켰으며 실업교육을 강조했다. 새 조선교육령은 일본인이 세운 학교가 아닌 모든 교육기관을 없애고자 하였는데, 이를 위해 모든 전문학교의 명칭을 강제로 변경시켰다.

교육의 군사화는 더욱 심해졌으며, 엄격해졌다. 중등학교와 대학교에 강제 군사훈련이 도입되었다. 정치 집회는 학교교육의 일부가 되었으며, 많은 수의 조선인 청소년을 전쟁에 동원했다. 총독부는 점진적으로 학생들을 전쟁에 끌어들였는데, 1938년 4월에 일본 정부는 군 복무를 원하는 조선인 학생들을 대상으로 한 특별학생자원단을 조직했다. 1943년 5월에는 모든 조선인 학생들이 육군에 자원할 수 있도록 허용했고, 그해 10월에는 해군에도 허용되었

53) 정재철, 427-430, 439. 463.

54) Ibid., 463-496.

다. 자원입대하는 학생의 수가 얼마 되지 않았기 때문에, 일본은 1943년 11월에 군복무를 의무화하는 법안을 만들게 되었다.[55] 1940년 10월, 모든 학생단체들은 자동으로 국민총동원연맹의 지부가 되었다. 학생들은 전쟁물품 보급을 위한 금속품 수집이나 애국 집회에 참가하는 것과 같은 교과 외 활동에 점점 더 많은 시간을 할애해야 했다. 대학생들은 농민과 지역민에게 전쟁 보급을 설명하기 위해 시골로 보내졌고, 학기 기간이 단축되었으며, 중등학교 학생의 경우 군사지역에서 의무적으로 일하도록 했다. 1942년 이후, 많은 학생이 일본에 징집되었으며, 반면에 조선에서는 근로보국대(勤勞報國隊)라는 학생노동단체가 공군기지, 방위시설 등을 짓기 위해 결성되었다.[56] 1945년 봄까지, 사실상 초등 단계 이상의 교육에서 교실 신축은 중단되었고, 학생들은 노동과 군 복무에 종사해야만 했다.[57]

전시 기간의 교육은 일본이 만들어낸 중앙집중적 교육제도의 정점이었으며, 강력하고 강압적이었던 준-전체주의 국가의 무기였다. 학교 조직은 중앙 관료에 의해 지배되었고, 중앙 관료들은 마을 학교와 마을이나 인근 경찰서에까지 영향을 미쳤다. 학무국과 자치 단체를 관할하는 내무국, 경찰이 밀접한 관계를 맺고 있었다. 내부 보안, 조선인에 대한 불신, 그리고 내외적으로 일본 당국의 독재적인 행보로 인해 1931년 이후, 교사들이 보안담당자에게 보고하고, 군인들이 학생을 훈련시켰으며, 교육, 국방, 내무 조직 간의 구분이 모호해졌다.

일제 강점기 동안 교육법 및 규정은 전문적인 공무원에 의해 만들어졌으며 하급자들과 많은 협의 없이 관료적 지휘체계 속에서 이어져 나갔다. 지휘체계는 학무국에서 지방 장관인 도지사로 이어졌는데, 도지사는 지방정부의 교

56) Ibid., 468-475.

57) 김용일, 164.

58) 김국환(1977). 일제식민지하 고등교육정책에 대한 연구, 연세대학교 석사학위논문, 85-86.

육행정 관리를 통해 지방교육에 상당한 권한을 행사했다. 도 아래 단위인 시와 군에서는 지방교육위원회를 주재했다. 시장이나 군수는 학교장과 고위교육인사와 직접 접촉했으며, 많은 한국 교사들에게 매우 강력하고 권위 있는 인물로 기억되었다. 내무국 관료들은 법질서 유지와 중앙집중적이고 효율적인 경찰력을 감독하는 책임을 지고 학교와 국가통제의 수단이 밀접하게 엮이도록 교육공무원들과 긴밀하게 일했다.

아마도 일본의 식민지적 유산을 이해하는 데 있어 중요한 것은 역시나 그들이 만들어 낸 중앙집중적인 국가의 특성과 범주일 것이다. 일본인들은 중앙집중적인 국가의 효율성과 힘, 특히 경찰과 감시 기구를 크게 증대시켰다. 영국과 프랑스가 그들 식민지에 만든 보통의 인력 투자와는 대조적인데, 대략 246,000명의 일본인이 공무원, 경찰, 군대, 국가지원사업 및 조직에서 일했다. 이는 비슷한 크기와 인구를 가졌던 베트남을 프랑스가 식민지로 관리하고 통제하는 데 필요했던 인원의 10배가 넘는 수였다.[58] 결과적으로, 그들은 지배하는 사회와 멀리 떨어진 국가를 만들어 냈다. 교육적, 행정적 진보에 대한 사회의 요구가 어느 정도로 무시되었는가는, 국가가 사회로부터 가지고 있던 자율성과 사회에 대한 착취적인 성격 둘 다를 증명한다. 결과적으로 이는 구해진이 한국에서 국가와 사회 사이의 적대적인 관계라고 묘사한 유산을 남겼다.[59] 이것 역시 해방 이후 한국의 교육발전에 중요한 영향이었을 것이다.

58) Grajdanzev, 75-79; Bruce Cummings, The Origins of the Korean War, vol. 1: Liberation and the Emergence of Separate Regimes, 1945~1947(Princeton, N.Y.: Princeton University Press, 1981), 12.

59) Hagen Koo, ed., State and Society in Contemporary Korea(Ithaca, N.Y.: Cornell University Press, 1993). 231-236.

일제 강점기 교육의 또 다른 유산들

일제는 강점기 동안 한국의 교육발전에 여러 경로로 영향을 주었다. 식민지 교육은 규율을 매우 강조했고, 학급에서의 교수방식은 기계적인 암기와 소리 내어 따라 하는 것에 기초를 두고 있었다. 이러한 방식은 언제나 중국 문자의 암기와 고전으로부터의 인용 능력을 학습과 동일시한 한국인들에게는 낯설지 않았다.[60] 새로운 요소라면, 학교의 의례, 깔끔한 교복, 아침조회 시 줄을 맞춰 서는 것, 그리고 교실과 화장실을 깨끗이 하는 것과 같은 학생의 의무를 수행하는 것 등이었다. 이 모든 것들이 학교를 규율, 질서, 청결함의 표본으로 만드는 것들로 장려되었다. 이러한 관행들은 한국 학교교육의 엄격하고도 잘 통솔된 성격을 만드는 데 계속적으로 공헌해 왔다.

조선총독부는 많은 조선인을 만족시키기에는 너무나 느리게 교육제도를 확장시켰지만, 그 전문성은 상당한 수준이었다. 교원 자격은 매우 높은 수준을 요구했으며 엄격하게 집행되었다. 1930년대에 조선인 교원들은 일본인 교원과 동일한 기준을 적용받았으며, 이는 최소한 3년의 중등교육(사범학교)을 받았다는 것을 의미했다. 높은 수준의 교원양성과정은 교사에 대한 전통적인 존경심을 높이고 교실에서의 교원의 권위를 강화시키는 데 기여했다. 아마도 한국의 미래만큼 중요했던 것은 잘 훈련받고, 거의 군대생활과 같은 교사 훈련과정일 것이다. 오늘날까지 나이 든 한국 사람들은 그들이 겪었던 일본인 교사에 대해 경외감과 존경심을 가지고 회상하고 있다.[61] 한국에서

60) 저자가 1991년 여름 김영돈, 홍웅선과 인터뷰함. 일본인 교원 양성은 Benjamin Duke(1973). Japan's Militant Teachers. Honolulu: University of Hawaí Press. 19. 참조.

61) 1991년 여름, 서울에서 한 은퇴교사와 인터뷰함. (역자 주) Bom Mo Chung의『Development and Education: A Critical Appraisal of the Korean Case』(2010, SNU Press) 참조.

의 교원양성과정은 일본과 마찬가지로 총독부의 강력한 감독 아래 이루어졌다. 사범학교는 총독부가 직접 운영하였고, 교원양성과정은 충성심과 규율을 강조했는데, 이러한 것들이 제국의 젊은이들을 가르치는 교사에게 적합하다고 여겨졌다. 정신적 · 육체적 훈련을 크게 강조했으며, 아침조회는 군 장교들이 이끌었다. 이러한 훈련은 교실 내에서도 이어졌는데, 심지어 보통학교의 교사들도 규율, 충성심, 그리고 육체적이고 정신적인 수양을 강조했다. 교육제도는 이러한 관리감독하에서 공정하고 효율적으로 운영되었다.

일제 강점기 교육의 여러 다른 특성들은 한국교육의 중요한 특징이 되었는데, 그것은 학급 내 유대감, 내적 효율성, 동아리 활동의 강조이다. 학급 친구들 간의 유대감은 언제나 한국교육의 특징이었다.[62] 학생들 간의 끈끈한 유대감은 식민지교육의 몇 가지 다른 특징들에 의해 강화되었다. 많은 식민지와 개발도상국에 있는 학교들과는 달리, 일단 시작한 후에 중퇴하거나 뒤처지는 학생은 거의 없었으며, 실패한 학생의 수는 상대적으로 적었다. 게다가 학생들은 대개 같은 나이에 입학했다. 위의 두 가지 요소 모두 학급 친구들 사이의 유대감을 강화시켰다. 실제로, 이러한 유대감은 그들이 서로 평생동안 서로 돕고 지원해 주는 관계로 남는다. 이러한 유대감의 형성에 도움을 준 것은 학업적으로 부진한 학생들이 다른 무언가(스포츠, 노래, 예술)에 뛰어나고 학생들 사이의 경험과 상호 존중을 공유하는 기반을 제공할 수 있도록 한 동아리 활동의 강조였다.

행정적으로 볼 때, 일제 강점기 조선의 교육제도는 모든 학교가 경성의 학무국에 의해 만들어진 동일한 교육과정과 세부적인 규정을 따르는 동질적인 제도였다. 교육은 순차적으로 발전하였는데, 교육발전의 방향은 동질적인 대중교육제도를 만들려는 것이었다. 모든 사람을 일정한 수준에 이르게 하는 것과 교육과정, 교과서, 교원양성에 대한 엄격한 통제에 중점을 둔 것

62) Yong-ho, Choe, Civil Examinations, 32-36.

은 교육 수준이 일관성이 있다는 것을 의미했다. 식민지 당국은 모든 조선인에게 해당되는 동질적인 기초교육제도를 만드는 것에 대해 지속적인 관심을 보였다.

일본인들은 또한, 복잡한 교육재정체계를 남겼다. 일본 학생들을 위해 유지된 별도의 교육체제는 국고에서 많은 보조금을 받는 반면, 조선인 학교는 다양한 수입원에 의존했다. 이전 향교의 재산에서 나오는 수입이나, 몇몇은 황실지원금, 수업료, 기부금, 국고보조, 그리고 지역 수입이 모두 학교교육에 기여했다.[63] 1920년 이후, 교육체제의 확장과 함께, 지역의 '학교'세뿐만 아니라, 건물, 가구 및 토지에 부과되는 지방세 수입의 절반 이상이 공교육 재정으로 지원되었다. 지방세는 지역유지와 명사들로 구성된 학교회계위원회, 지역모금단체, 부의회에 의해 징수되었다.[64] 그러나 지역 단위로 모금된 돈은 결코 충분하지 않았고, 단지 총독부로부터 약간의 지원이 있을 뿐이었다. 총독부는 경찰과 교도소에 대해 교육보다 더 많은 돈을 썼다. 예를 들어, 1930년대 중반 교육은 총독부 예산에서 단지 6%를 차지할 뿐이었다.[65] 결과적으로 상당한 양의 돈이 수업료와 개인적인 기부금에서 나와야 했다. 1945년 이후에 한국이 교육체제를 구축했을 때, 한국교육은 예산부족과 비용부담을 부모에게 넘기는 이러한 방식을 이어받았다.

일제 강점기 교육의 또 다른 특징은 치열한 입학시험에 대한 높은 의존성이다. 학생들은 중학교, 대학교에 들어가기 위해 입학시험을 치렀다. 상위 단계의 학교 접근성이 제한되었기 때문에, 입학하기 위한 경쟁은 치열했다. 심

---

63) Jong Hae Yoo, "The System of Korean Local Government", *in Korea under Japanese Colonial Rule: Studies of the Policy and Technique of Japanese Colonialism,* ed. Andrew Nahm(Kalamazoo, Mich.: Western Michigan University, Institute for International and Area Studies, Center for Korean Studies, 1973), 55-59.

64) Dong, 384; Yoo, 62.

65) 총독부 총예산 184, 100,000엔 중 단지 3,186,000엔이 교육에 쓰였을 뿐이었다. Government-General of Chosen, Annual Report 1933~1934, 43-45.

지어 보통학교 단계에서도, 특히 도시 지역에서는 구술시험이 부모와 학생에게 시행되었다. 그래서 시험에 대한 압박은 모든 단계에서 느껴지는 것이었다.[66] 시험에 대한 압박은 한국교육에서 전혀 새로운 것이 아니었으며, 오히려 일제 강점하에서 그 규모와 범위가 확대되었다. 여전히 일본의 소학교 학생들에게 압박을 주었던 악명 높은 '시험지옥'은 적어도 교육발전의 가능성을 본 한국의 도시 엘리트들에게 이식되었다. 시험에 대한 압박은 중앙집중적이고 복선형 학제에 의해 더욱 확대되었는데, 이 점에 대해서는 추후에 설명할 것이다. 교육열이 높은 가정에서 태어난 아이들에게는 초등교육단계에서부터 좋은 성적과 명문대학에 들어가기 위한 좁디좁은 길에 들어가기 위한 엄청난 압박이 가해졌다. 중학교 입시점수는 어린 학생의 향후 삶에 주어질 기회를 결정하는 커다란 요인이었다. 시험은 제도를 운영하는 데 공정성을 부여했고 교사와 교장의 권위를 강화시켰지만 결국 입학시험에 초점을 두는 것은 한국교육의 주요한 문제 중 하나였다.

일본이 조선의 학교교육을 독점한 것은 아니었다. 언급한 바와 같이, 미국 선교사나 미국에서 교육받은 조선인이 운영했던 사립학교들도 남아 있었다. 총독부가 조선에서는 고등교육에 거의 투자하지 않았기 때문에, 사립학교가 고등교육단계에서 매우 중요한 위치에 있었다. 1935년에 73.6%의 후기중등교육기관 중 73.6%가 사립이었으며 종합대학이 아닌 고등교육기관, 즉 전문학교였다.[67] 이들 전문학교는 총독부로부터 의심을 받고 있었으며, 결국에는 대부분의 학교가 문을 닫아야 했다. 그러나 몇몇 학교는 외국인 선교사들의 보호에 힘입어 살아남을 수 있었다.[68] 많은 한국인이 이러한 종교계 학교

66) 저자가 1991년과 1992년 서울과 호놀룰루에서 인터뷰했던 한국 노인들은 여전히 이 시기 학교에 들어가기 위한 극심했던 가족의 압박을 기억하고 있다. 교육에 대한 사회적 수요가 꽤 강렬했음은 분명하며, 적어도 도시 지역에서는 확실하다. 그리고 1930년대에 근대 교육제도가 사회적, 경제적 지위 상승의 더 나은 수단으로 널리 인식되었다.

67) Dong, 162.

를 통해 교육, 사회, 정치에 대한 서구적 사상에 노출되었다는 것은 매우 의미 있는 일이다. 전통적인 학교교육에 대해 미국의 영향을 받은 또 다른 반례가 존재했다는 것은, 제2차 세계대전 이후 한국에서 미국에 의해 추진된 교육개혁이 수용될 수 있었던 방법을 준비하는 데 도움이 되었다.

소용돌이에 빠진 사회: 제2차 세계대전의 유산

한국의 교육과 사회는 일제 통치 말기의 제국주의와 전쟁에 극심한 영향을 받았다. 중국에서 일본 제국주의가 전쟁을 통해 식민지를 건설할 때, 일본은 더욱 강압적이었고 교육은 더 정치화되고 군사화되었다. 1931년 만주 점령으로 이듬해 괴뢰국인 만주국이 탄생하면서 한반도는 일본 열도에서 중국 본토로 이어지는 교두보가 되었다. 식민지 조선의 산업은 특히 북부지역을 중심으로 발전하게 되었으며, 만주국과 조선 북부 지방의 새로운 산업 중심지에서 많은 조선인들에게 고용 기회가 생겨났다. 새로운 산업 중심지에서 생겨난 고용 기회는 많은 조선인들에게 고향을 떠날 수 있는 기회로 다가왔다. 1937년 일어난 중 · 일전쟁으로 인해 이러한 경향은 가속화되었으며, 분쟁이 격화되면서 식민지 조선을 포함한 일본의 자원은 전쟁에 총동원되었다. 총독부는 전쟁 물자를 보급하기 위해 조선에 대대적인 전시동원에 착수했고, 전쟁을 돕기 위한 교육을 지시했다.[70] 한국의 교육발전에 미친 일본의 유산을 이해하는 데 있어 이렇게 큰 사회적 격변보다 중요한 것은 없다. 일본의 만주 점령으로 인해 대대적인 국내 및 국외 이주가 시작되었다.[71] 일본은

68) 정재철, 390-398.

69) Ibid., 417-420.

70) Carter Eckert, "Total War, Industrialization, and Social Change in Late Colonial Korea," *in The Japanese Wartime Empire*, 1931~1945, ed. Peter Duus, Ramon H. Myers, and Mark R.

그들의 수요를 위해 만주뿐만 아니라 광물이 풍부한 한반도 북부 지방의 개발이 필요했다. 1937년 중국을 침공하면서 만주로의 이주가 빨라졌고, 이는 모든 종류의 노동력에 대한 엄청난 수요로 이어졌다. 처음에 농부와 노동자의 이주는 자발적이었다. 많은 가난한 한국인들은 북부 지방과 만주에서 발전하고 있던 광산과 공장의 일자리를 찾아 고향을 떠났지만, 곧바로 한국, 일본, 중국과 일본이 새롭게 점령한 다른 곳으로 수백만 명의 한국인들이 강제로 동원되었다. 1940년대 초반에 계속되었던 이 거대한 사회적 격변의 규모는 엄청난 것이었다. 브루스 커밍스(Bruce Cummings)에 따르면, 1944년에 조선인들 중 11.6%가 조선 밖에서 살고 있었고, 20%의 조선인은 외국이나 혹은 자기가 태어난 도(道)와는 다른 도(道)에서 살고 있었다.[71] 1945년에 이르면 2백만 명의 조선인이 일본에서 일하고 있었고, 이들은 전체 산업노동력의 4분의 1을 차지했다. 커밍스에 따르면, "성인인구의 40%가 이렇게 고향에서 '뿌리 뽑혔다'는 것을 의미했다."[72]

이러한 거대한 이주현상은 일상적 삶의 틀을 깨고 수백만 명의 조선인들에게 새로운 경험과 가능성을 열어 주었다. 20세기의 포괄적인 사회 변화에 대한 그림을 그리기 위해서는, 그 이전에 한국 사회에 대한 추가적인 연구가 필요하지만, 1945년의 한국이 소용돌이 속에 있었던 사회였음은 분명하다. 1945년 이후 교육발전은 수백만의 실직자들, 불안에 떠는 시민들, 그리고 대부분이 문맹인 농민 가정이지만 전쟁 중에 도시에서의 삶과 공장에서의 일상에 노출된 국가에서 발생한 일이었다. 일제 강점기 말기는 전통적인 조선 사회를 뒤흔들어 놓았고, 해방 이후의 정치적 소용돌이와 내전에 의해 더욱 동요되었다.

Peattie(Princeton, N.J.: Princeton University Press, 1996), 12-37.

71) Cumings, Origins of the Korean War, 1:53-61.

72) Bruce Cummings, Korea's Place in the Sun: A Modern History(New York: W.W.Norton, 1997), 177.

제2장

교육제도의 설립과 시행, 1945~1951

교육적 성취를 향한 대중의 열망은 한국 사회의 특징 중 하나이다. 이는 일제 강점기가 끝난 직후 불과 몇 년 만에 터져 나왔다. 일제 강점기에 제한되었던 교육 접근성이 철폐되었으며, 새로운 교육사상이 미국인들과 미국에서 수학한 한국인들에 의해 소개되었다. 그리고 교육제도의 기본적 체계를 만드는 문제가 논의되었다. 이러한 교육 '개혁'은 미군정 3년간 시행되었다. 1949년에서 1951년 사이에 한국정부는 새로운 학교제도를 만들어서 교육적 성취를 향한 대중적 열망에 불을 지피고 방향을 설정하고 이를 촉진하는 데 기여한 것으로 보인다.

1945년에서 1951년은 또한, 급격한 변화의 소용돌이가 휘몰아치던 시기였다. 1945년 8월, 일본의 항복은 38도선을 경계로 하여 미국과 구소련의 지배를 받는 지역으로 나뉘는 결과를 가져왔다. 미군은 동년 9월 남쪽에 도착해 미군정(U.S. Military Government in Korea: USAMGIK)을 실시했고, 그해 9월에 북쪽에서는 조선민주주의인민공화국이 선포되었다. 그동안 만주와 일본, 북한에 있던 수십만의 한국인들이 남쪽으로 내려와 피폐했던 새 국가의 혼란을 가중시켰다. 이승만을 대통령으로 한 새로운 국가, 대한민국은 극심한 경제적 어려움, 혼란한 국내정치, 민중봉기에 맞닥뜨렸고, 1950년에는 전쟁을 맞게 되었다. 이러한 격변의 시기에 한국의 교육체제가 마련되었으며, 일제 강점기 동안 억눌려 있던 대중의 교육 수요가 강력하게 분출되었다.

미군정과 교육발전

미국이 한반도 남쪽 지역을 점령했던 기간은 단지 3년에 불과하지만, 교육에는 상당한 영향을 주었다. 그 이유 중 하나는 미군정 기간 동안 교육이 가장 중요한 가치 중 하나였기 때문이다. 미국은 두 개의 분명한 목표를 설정하고 있었는데, 두 가지 목표 모두 교육제도가 국가와 사회의 특징을 결정한다는 믿음에 기인한 것이었다. 하나는 한국의 학교교육에서 일제의 파시스트, 군국주의, 전체주의적 성격을 제거하고 국민만들기(Koreanize)와 민주주의를 시행하는 것이었다. 두 번째는 모든 젊은이에게 교육 기회를 제공하여 한국이 번영하는 사회가 될 수 있도록 문해력을 갖추게 하고 자신의 잠재력을 실현할 수 있도록 하는 것이었다. 이러한 목표를 실현하기 위해 미군정은 미국식 진보교육 이념을 소개하고, 한국어 교과서와 교육과정을 만들었으며, 일본의 지배가 끝나자마자 나타난 교육에 대한 엄청난 수요를 감당하고자 했다.

그러나 미국은 한국에 대한 미군정 통치를 제대로 준비하지 않았기 때문에 이러한 것은 매우 어려운 일이었다. 사실 일본의 갑작스러운 패전은 한국과 미국을 모두 놀라게 했다. 브루스 커밍스가 지적한 대로 미국의 한국지배는 결과적으로 예상 못한 우연적 사건이었다.[1] 예를 들어, 존 하지(John Hodge)

장군과 그의 부대가 1945년 9월 6일 한국에 도착했을 때, 그들 중 한국 전문가는 단 한 명도 없었다. 심지어 하지 장군과 그의 부하들에게는 한국인 통역자조차 없었다. 이런 상황에서 미국인들은 제대로 알지도 못하는 사회를 재편성하고 개혁해야 했다. 그러나 미국인들은 기본적 비전을 가지고 있었는데, 평화적이고 민주적인 반공국가를 만드는 것이다. 교육은 이러한 비전에 매우 중요한 요소였다. 결과적으로, 지방자치보다는 중앙집권적인 교육정책이 미군정의 관심을 끌었다. 그리고 학교교육을 장려하고 새로운 이념을 생각하는 한국인들의 노력에 대해 미국인들은 많은 응원과 지지를 보냈다.

미군정의 교육정책은 독일과 일본에 시행했던 정책을 기반으로 하였다. 근본적인 원칙은 민주적인 교육제도가 민주주의 사회를 만드는 데 필수적이라는 것이었다. 한국에서 민주주의 교육제도를 실행하기 위한 일련의 노력은 '새교육운동'이라 불리었다. 새교육운동은 미국의 진보주의 교육철학자인 존 듀이(John Dewey)에 그 뿌리를 두고 있는데, 이것은 모두를 위한 평등한 기회를, 그리고 자립과 개인의 책임감을 강조했다. 새교육운동은 능동적 발달을 위해 교실에서의 학생 참여를 강조했고 모든 질문에 절대적으로 맞고 틀린 답은 없다고 가르쳤으며, 또한 문제해결의 실용적 접근을 장려했다. 그것은 개개인의 차이를 인정하는 교육철학이었고, 학생들이 스스로 생각하는 법을 배워야 한다는 믿음이었으며, 변화가 바람직하다는 생각이었다. 한국에서 새교육운동 지지자들은 진보적 문화 정체성 속에서 사회 질서의 재건을 위한 기반을 제공하는 것으로 새교육운동을 바라보았다.[2]

미국이 소개한 교육 개념들은 민주주의의 전달자라는 그들의 임무와 관련이 있었다. 민주적 학교교육의 핵심적 요소는 미국의 지방자치에 기반을 둔 교육체제였다. 각 지역과 마을이 교육을 통제하며, 고도의 중앙집권적이

1) Cummings, *Origins of the Korean War, 1:* 101-131.

2) McGinn et al., 35.

고 관료주의적인 교육제도를 가지고 있던 독일과 일본과는 반대로, 권위주의적 통제에서 벗어나는 것이 교육에 있어 필수적인 것으로 고려되었다. 미국의 진보주의 교육은 부모, 지역사회의 지도자, 교사가 무엇을 가르치고 어떻게 가르칠지 결정하는 새로운 모델을 제시했다. 이는 중앙집권적이지 않은 교육행정을 요구하였고, 이는 교사들과 학교가 상당한 권한을 부여받는다는 것을 의미했다. 미국인들뿐만 아니라 한국인 교육자들 역시 일본이 한국에 이식한 교육제도가 이러한 진보주의 교육제도와 정확히 반대된다고 보았다. 일본식 교육은 질문보다는 권위를 개인의 발전보다는 순응을 강조했다. 민주적이기보다는 엘리트적이었으며, 지역의 참여를 허용하기보다는 중앙집권적이었다.

교육개혁을 관리하기 위해서, 미군정은 이중적인 권력구조를 만들었는데, 미국인들이 중요한 행정적 위치를 차지하게 했다. 가장 중요한 자리인 미군정 학무국장은 락카드(E. N. Lockard)가, 부국장은 폴 에렛(Paul. D. Ehret)이었다.[3] 미국인들이 각 부처와 지방교육사무국의 장을 맡았다. 그러나 각 부처마다 한국인 파트너를 두었는데, 이들은 자문가로 활동했다. 왜냐하면 학무국의 미군정관료 그 누구도 한국어를 할 줄 몰랐고, 한국에 대한 배경지식도 없었다. 그들은 이들 자문들에게 상당 부분을 의존했다. 미군정 초기, 영어를 유창하게 말하고 미군정의 교육 목적에 공감하는 두 명의 한국인 교육자가 중요한 위치에 있었다. 한 명은 오천석이고, 다른 하나는 유억겸이었다. 유억겸은 락카드의 자문이었고, 컬럼비아 대학교 교육대학(Teachers College, Columbia University)을 졸업한 오천석은 에렛의 자문이었다. 유억겸은 1947년에 죽기 전까지 아마도 미국인들과 일한 가장 영향력 있는 교육

---

3) 일제 강점기 유억겸의 민족주의적, 교육적, 그리고 기독교적 운동의 참여에 대해서는, Kenneth M. Wells, New God, New Nation: Protestants and Reconstruction Nationalism in Korea, 1896~1937(Honolulu: University of Hawaii Press, 1990), 66, 119, 161 참조.

자였을 것이다. 그는 한국의 유명한 학자이자 개혁가였던 유길준의 아들이며, 동경제국대학 법학과를 졸업했다. 그리고 연희전문학교에서 1937년부터 1945년까지 부학장으로 근무했다. 그는 기독교인이자 교육운동가로 오랜 기간 활동했다. 그와 오천석은 미국의 진보주의 교육에 대해 잘 알고 있었는데, 영어에 능통한 소수의 한국교육자들은 미국의 교육적 이상을 이해하고 적극적으로 수용하게 하는 데 매우 중요했다. 미군정 당국은 곧 이들에게 교육개혁의 책임을 맡겼다.

한국인들은 미군이 도착하기 이전부터 한국교육을 재조직할 필요성에 대해 논의하고 있었다. 1945년 9월, 유억겸, 오천석, 그리고 미국에서 교육받은 두 명의 또 다른 중요한 교육자인 백낙준, 김활란은 한국교육위원회(Korean Committee on Education)를 조직했다. 한국에서 가장 부유한 사람 중 한 명이자 교육 독지가였던 김성수가 의장을 맡았다. 오천석에 따르면, 이들은 단지 몇 번의 모임만을 가졌음에도 불구하고, 미국의 교육제도를 본떠서 만든 교육제도를 포함한 전면적 교육개혁 작업에 대해 논의했다.[4] 김성수에 이어 유억겸이 의장을 맡았으며, 이 한국교육위원회는 1946년 5월까지 학교 재개 및 일본인 인사 해임, 그리고 교육행정가 임명 등의 사안에서 미군정 교육당국의 자문 그룹으로 지속되었다. 위원회의 추천으로, 미군정은 1945년 11월부터 1946년 봄까지 조선교육심의회(National Committee on Educational Planning)를 조직했다.[5] 이 위원회의 목적은 '민주적 원리와 실제에 기초한 한국교육의 기본 철학'을 발전시키는 것과 '민주주의에 따른 한국교육'을 재조직하기 위함이었다. 이를 위해, 위원회의 업무는 '한국의 고유한 문화적 목적과 현대적인 미국의 교육적 영향 사이의 균형에 근거한 것'이었다.[6] 10개

4) 오천석(1964), **한국신교육사**, 서울: 현대교육총서출판사, 104, 108-109.

5) Ibid., 108-109.

6) USAMGIK, Summation of the U.S.Army Military Government Activities in Korea(Seoul: General Headquarters, Commander-in-Chief, U.S. Army Forces, Pacific, March 1946), 19.

의 하부위원회(분과)가 설립되었는데, 이 위원회들의 장은 최규동, 조동식, 장리욱, 윤일선, 최현배 등으로 전후 한국의 교육계 명사 인명록이나 다름없었다.[7] 이 하부 위원회들이 4개월간 숙고한 끝에 1946년 3월 제출한 보고서가 미군정에 의해 승인되었다. 결과적으로, 미군정하의 교육개혁에 대한 노력은 작지만 열정적인 한국인 교육자들이 가졌던 모임의 결과였다.

위원회의 보고서에서는 한국교육을 미국교육에 좀 더 가깝도록 변화시킬 것을 권고하고 있다. 가장 눈에 띄는 것은 6-3-3-4 학제의 도입을 제안한 것이었다. 6년제 초등교육을 보편적으로 하고, 그 뒤를 이어 3년제 중학교, 3년제 고등학교, 4년제 대학교육으로 이어지는 것이었다. 위원회는 인문계와 실업계, 두 갈래의 중등학교 학제를 단일 계열의 학제로 바꿀 것을 추천했다. 이러한 움직임은 학교교육을 진보주의 교육자들이 민주주의 교육의 핵심적 요소로 지지하는 동등한 기회의 원칙에 따르도록 하고자 함이었다. 미국인들은 이 제안을 승인하자마자, 단일한 교육구조(단선형 학제)[8]와 중학교와 고등학교의 분리 및 아동들에게 초등학교를 마치자마자 장래 직업을 결정짓게 했던 기존 학제를 폐기할 것을 추천했다. 미국인들은 또한, 실업계열의 학생이 대학에 진학할 수 있도록 어떠한 유형의 중 · 고등학교와 수업도 종결교육이 되어서는 안 된다고 제안했다. 이러한 유연성은 이미 당시 미국에 널리 퍼져 있던, 아동에게 더 많은 자유와 책임을 갖도록 하고, 개인주의를 촉진시키는 등 민주주의 사회에 기초가 되는 미국교육의 이론과 맞닿아 있는 것이었다. 게다가 미국인 자문단은 여학생들에게도 동등한 교육 기회의 제공을 지

---

7) Eiko Seki, "An Endeavor by Koreans toward the Reestablishment of an Educational System under the U.S. Military Government," *East-West Education* 5, 1(Spring, 1986): 34-43.

8) (역자 주) 학제 운영에 있어 인문계/실업계 등의 계열구분이 없는 학제. 우리나라의 경우 인문계/실업계 고등학교 구분이 존재했다는 점에서 완전한 단선형이라 보기는 어렵지만, 실업계 고교 졸업생들의 대학진학이 가능했다는 점에서 단선형 학제의 요소가 강했다고 볼 수 있다. 독일과 같이 복선형 학제를 운영하는 경우, 실업계 학교 진학생들의 대학진학이 제도적으로 막히는 경우도 있다.

지했으며, 중등교육단계에서 남녀공학이 필요하다고 주장했다.[9]

새교육운동의 가장 중요한 지도자라 볼 수 있는 사람은 아마 오천석일 것이다. 문교부의 지원 아래, 오천석은 1946년 경성대학(전 경성제국대학)에서 하계세미나를 개최했다.[10] 그중 한 세미나에서는 진보주의 교육의 개념을 수백 명의 한국인 교사들에게 소개했다. 효제초등학교에서 윤재천에 의해 시행된 다른 워크숍에서는 이러한 새교육운동의 개념을 초등학교 교사들에게 소개했다.[11] 워크숍과 세미나, 그리고 각종 교수 방법들은 한국인 교육자들 사이에서 열렬하게 받아들여졌는데, 이미 한국인 교육자들 사이에서 새로운 교육이론에 대한 폭넓은 관심이 있었기 때문이었다.

그러나 미군정하에서 민주주의 교육에 대한 아이디어를 실제로 적용하거나, 위원회가 제안한 개혁들을 이행한 경우는 거의 없었다. 미국인들은 일본인들에 의해 만들어진 학제를 급격하게 변화시키려고 하지 않았으며, 권위주의적이고 중앙집중적인 교육행정을 눈에 띄는 변화 없이 유지했다. 그들은 1946년에서 1947년에 몇몇 행정적 변화를 만들어 내었으나, 이것은 상대적으로 온건한 변화였다. 학무국은 더 미국적인 느낌이 나는 문교부로 명칭을 변경했으며 산하에 8개의 부처를 두었다.[12] 학교사무국을 개편하는데 있어 가장 중요한 혁신은 보통학교국, 고등교육국, 성인교육국으로 분리시킨 것이며, 고등교육국과 성인교육국의 설치는 해당 분야에 중점을 둔 것을 반영한 것이다. 1946년 10월에, 지방의 문교행정은 내무부에서 지방 교육청으로 이관되었으며, 이러한 변화는 교육에 있어 일반행정의 간섭을 약화를 의

9) Adams, Education in Korea, 65-78; Byung Hun Nam, "Educational Reorganization in South Korea under the United States Army Military Government 1945~1948." (Ph.D.diss., University of Pittsburgh, 1962), 3-97.

10) Seki, 44.

11) 효재국민학교, 78.

12) United States Department of the Army, Educator's Guide to Korea(Seoul: Reports and Analysis Branch, Civil Affairs Division, 1 April 1948), 6-7.

도한 것이다. 그러나 여전히 고도로 중앙집권적인 제도가 지속되어 교과서와 교사에 대한 중앙의 통제가 계속되었다.

미군정은 지방교육위원회 제도를 시행하는 데에도 실패했다. 한국에 있던 대부분의 미국인 교육자들은 미국을 모델로 한 교육위원회를 만드는 것이 민주주의 교육과 풀뿌리 민주주의를 건설하는 데 필수적이라고 보았다. 교육위원회 설립은 교육재정문제를 해결하는 하나의 방법으로 여겨졌는데 지역사회로 책임이전을 신속히 할 수 있기 때문이었다. 1946년에서 1947년의 학교에 대한 한 조사에 따르면, 초등학교 재정의 61.7%가 중앙정부로부터, 38.3%가 지방정부로부터 왔다. 중등학교의 경우 이 수치는 53.6%와 46.4%였다. 이후의 보고서들은 중앙정부지원금의 비율이 점차 감소하고 있다는 것과 공적 자금이 점차 지방 재원으로부터 마련되었다는 것을 보여 주고 있다. 미군정은 지역 세수 구조에는 별다른 변화를 만들지 않았고, 기존의 일본식 세수 구조는 부적절한 것으로 드러났다.[13] 더욱이 세금 징수는 일본의 붕괴와 수십만의 한국인들의 유입으로 인한 혼란으로 인해 계속해서 비효율적이었으며 지방의 세수는 감소하고 있었다. 학교교육은 점점 개별 학교의 주도하에 비공식적으로 부과된 기금과 수업료의 지원을 받게 되었다. 이를 해결하기 위해, 일부 한국인 대표자들이 1947년 5월에 모임을 갖고 지방교육세의 신설을 요청했다. 이 제안은 문교부와 지방교육자문단의 지지를 받았는데, 이들은 교육의 지방자치와 지방교육세의 신설 모두를 주장했다.[14] 1948년 1월, 교육목표위원회는 '한국에서의 민주주의 교육의 확산과 이를 이루기 위한 방법을 제안하기 위한' 목적으로 실행되었다.[15] 이 위원회의 권고는 1948년 5월에 발표된 3개의 법령에 담겨 있다. 법령 216호는 각 군마다 교

13) Hiroshi Abe, U.S. Educational Policy in Korea, East-West Education 6, 1(Spring 1986).

14) 이 제안은 문교부와 지방교육위원회 위원들의 지지를 받았는데, 이들은 학교운영의 지방자치와 지방교육세 신설을 주장했다.

15) USAMGIK, Summation, January 1948, 203.

육구를 설치하도록 했으며,[16] 법령 217호는 각 시/군마다 1개의 교육위원회를 두도록 했고, 지방 자치와 정책 입안에 대한 독자적인 권한을 부여했다. 각 교육위원회는 교육감을 두어 위원회를 관리하도록 했다. 법령 218호는 새로운 재정지원제도를 시행했는데, 그것은 각 교육구의 거주자들에게 세금을 징수하여 이 세금을 필요한 곳에 쓰도록 하되, 공립학교비의 주된 원천이 되도록 한 것이다.

만일 미국이 이러한 법령을 적극적으로 이행했다면, 교육의 지방자치제를 구축할 수 있었을지도 모르겠다. 중앙 정부는 여전히 교원 자격과 교과서, 그리고 교원 양성을 감독하는 권한을 갖고 있었지만, 그것은 교육의 지방 통제, 지원, 참여의 수단인 지방의 학교위원회에 의해 검토되거나 수정될 수 있기 때문이다. 미국인들은 이러한 지방자치제가 민주적 가치를 고양하고, 지역의 필요에 따라 시스템을 세밀하게 조정할 수 있다고 믿었다. 미군정은 '한국교육 프로그램의 주요 내용은 지역 단위의 민주주의 교육'이라고 단언했다.[17] 그러나 미국은 결국 이 법령을 실행에 옮기지 않았고, 미군정이 1948년 8월에 끝났을 때, 한국교육의 행정구조는 거의 변한 것이 없었다.

영향력 있던 교육자들이 대체로 지지했음에도 불구하고, 왜 미국이 한국의 교육을 좀 더 미국식으로 재건하지 않았는가 하는 의문이 생기지 않을 수 없다. 이는 부분적으로 미군정 기간이 짧았다는 데 이유가 있다. 미군정은 제안된 개혁안을 실행할 시간이 절대적으로 부족했고, 다른 많은 문제들을 다루는 데 관심을 집중할 수밖에 없었다. 예를 들어, 1945년 가을부터 학생 취학률이 급등하기 시작하면서 동시에 심각한 교사부족 문제가 있었다. 1946년과 1947년 사이에, 미군정은 편의상 기존의 제도에 큰 변화를 가하지 않았고, 이미 있던 학교들을 계속 사용했다. 하지만 미국 정부가 한국의 미군정이 기

16) USAMGIK, Official Gazette, 29 May 1948.

17) USAMGIK, Summation, March 1948, 190.

대한 만큼의 지원을 해 주지 못했다는 점도 중요하다.

일본의 미국교육사절단은 다양한 미국교육전문가들과 일본의 전문가들과 함께 일본의 교육개혁에 필요한 것이 무엇인가에 대해 체계적이고 상세한 조사를 수행했다. 비슷한 노력이 한국에서는 성공적이지 못했다. 1946년 초, 락카드는 학무국의 미군 관료들과 미군 인사, 그리고 한국인 교육자들로 미국교육원조추진심의회를 조직했다. 이 위원회는 '미국의 교육원조 프로그램(Program of Educational Aid from America)'이라는 보고서를 작성해서 전쟁부와 국무부로 보냈다. 이 보고서는 미국교육전문가들을 자문단으로 보낼 것과, 100명의 미국 교사들을 한국으로 초청해 교사연수를 맡기고, 100명의 한국인 교육자와 300명의 한국인 학생들을 미국으로 보내 교사연수와 공부를 하게 할 것을 요청했다. 1946년 3월에, 6명으로 구성된 도미교육사절단은 3개월 동안 미국 교육자들과 정부 관료들과 만남을 가졌다. 1946년 6월 17일에는 미국의 연방교육국(U.S. Office of Education)은 한국교육의 재건을 돕기 위해 한국에 사절단을 보낼 것을 권고하였으나, 이것은 하지 중장의 상관인 더글라스 맥아더 장군에 의해 거부되었다. 그는 사절단 파견은 시기상조이며 통일을 위한 기본적 문제들이 해결될 때까지 연기되어야 한다고 제안했다. 미국은 미소공동위원회를 통해 한국의 상황에 대한 협상이 계속되는 동안 단독정부를 구성하는 것처럼 보이는 것을 두려워하여, 미군정에 필요했던 교육재건에 관해 많은 지원을 하지 못했다.[18]

1년이 지난 후에야 미국교육사절단 파견이 승인되었는데, 큰 규모는 아니었다. 단지 8명이 9개월 동안 한국에 머무는 것이기 때문이었다. 안트조사단(Arndt Commission)이라고 알려져 있는 이들 사절단은, 마지막에는 4명으

18) 1946년 6월 26일자 편지에 의하면, 맥아더는 교육사절단 구성에 반대했는데, 미소공동위원회의 회담 재개 이전에 별도의 행정부를 만드는 것으로 해석될 여지가 있는 행동이었기 때문이다(Abe, 28). 이 당시 미국 관료들은 여전히 한국의 분단은 일시적일 것이라 전망했다.

로 줄어들었으며 겨우 18일 동안 한국에 머물렀다. 한국에서의 짧은 체류기간 동안, 이들은 미군정 관료들, 한국인 교육자들과 한국교육에 있어 필요한 점에 대해 이야기했다. 이들이 미국으로 돌아간 뒤인 1947년 6월 20일, 안트조사단은 55쪽으로 구성된 '대한 교육 · 정보조사단 보고서(Report of the Educational and Informational Survey Mission to Korea)'를 발표한다. (같은 기간 미국이 일본에 파견했던) 교육사절단의 보고서가 교육개혁에 대한 구체적인 골자를 제시했던 것과는 달리, 이 보고서는 한국어의 로마자 표기법 표준화, 서울대 공대 설치, 미군정 관계자와 한국인 교육자 간의 사회적 교류 확대와 같은 사소한 부분에 국한되어 있다. 여기에는 중요한 권고가 하나 있었는데, 국립서울대학교 내에 교원연수소(Teacher Training Center)를 설립하는 것이었으며 이 교원연수소는 이듬해 바로 시행되었다. 그러나 대체로, 안트조사단은 영어를 구사할 줄 아는 한국인에 계속 의존했고, 교육개혁의 성공적 수행에 필요한 새로운 진보적인 교육자들을 훈련시킬 재원이 부족했던 미군정에 거의 도움을 주지 못했다.[19] 워싱턴과 도쿄에 있던 미국의 입장에서 한국은 부차적이었고 예상하지 못했던, 원하지 않는 책임이었기 때문이다. 미국은 한반도의 미래에 대해 불확실하게 생각했고, 한반도에서 가능한 한 빨리 철수하고자 했기 때문에 한국에 대해 지속적이고 헌신적인 노력을 하지 않았다.

미군정기 전면적인 교육개혁의 실패 원인은 한국의 정치적 안정에 대한 미국의 우려와 공산주의 세력의 전복에 대한 두려움이었으며, 이 때문에 일제의 유산인 중앙집중형 제도를 포기하지 못했다. 미군정은 처음부터 어려움에 부딪혔다. 1945년 8월 15일 일본의 항복 이후 몇 주만에 인민위원회라는 대중적인 조직이 결성되었다. 인민위원회는 한국의 모든 도(道)와 115개

---

19) Abe, 28-33; United States Department of the Army, Report of the Staff of the Teacher Training Center(Seoul: Reports and Analysis Brance, Civil Affairs Division, 1 April 1949) 참조.

시 · 군의 절반이 넘는 곳에서 조직되었으며, 서울에서 조선인민공화국을 선포했다. 이 자치정부조직 안에는 다양한 배경을 가진 사람들이 포함되었지만, 공산주의자들과 좌익 세력이 지배적이었다. 이에 놀란 미군은 조선인민공화국과 인민위원회 승인을 거부했고, 1946년 2월에 보수적인 한국민주당이 창설되었다. 1947년 5월에 미군정은 38선 이남에 과도정부를 만들었는데 여기에서 일하는 사람들은 논란의 여지가 없이 반공적 성향을 지닌 보수주의자들이었으며 대부분 일제 강점기 치하에서 봉사했거나 성공했던 한국의 지주들이거나 관료들이었다. 따라서 미군정에 의해 만들어진 한국정부의 구성원은 일본에 협력해 왔던, '부역자'라는 딱지가 붙은 사람들이었으며 애국심에 의문부호가 붙은 사람들이었다. 이들은 식민지 총독부하에서 하급관료로 일했던 사람들이었기 때문에 그들의 민족주의적 자격 또한 의심받았다. 다른 한편으로, 공산주의자들은 체포되거나 지하에서 활동했다. 1945년에 공산주의자들이 나타났을 때, 그들은 외세의 억압에 저항한 명성을 갖고 있었고, 이를 통해 특히 학생과 교사들 사이에서 대중적 지지를 누리고 있었다. 대중적 불만과 좌익 세력의 확산에 직면한 미군정 당국은 기존 경찰력에 점점 더 많이 의존하게 되었는데, 이들은 일제 강점기에 확장되고 훈련받았으며 고도로 중앙집중화된 조직이었다. 한국의 치안부대(남조선 국방경비대)는 전국노동자평의회(전평)의 파업을 진압하는 데 이용되었다. 전평은 1945년 가을에 결성되어, 1946년 8월에는 거의 60만 명의 회원을 거느린 단체로 성장하였는데, 경찰은 전평의 지도자들을 체포함으로써 노동운동을 탄압하였다.[20] 1946년 가을, 전국의 남부 지역에서 약 6만 명이 참가했던 소요가 한국군과 미군에 의해 진압되었고 1947년 3월에 한국에서 공산당 활동은 금지되었으며 공산당 지도자들은 체포되었다.

20) Byung Hun Nam, 147; 이재오(1984), 해방후 한국학생운동사, 서울: 형성사.

교육은 이 시기의 특징이라 할 수 있는 좌익과 우익 사이의 정치적 갈등에 뒤얽히게 되었다. 고등학생과 대학생에 의한 파업과 항쟁이 이 시기 주요한 사회문제였다. 미군정이 시작된 직후, 많은 학생단체와 모임들은 공산주의와 다른 급진적인 모임에 동조했고, 미군정에 적개심은 아니더라도 의심스러운 태도를 보였다. 학생들이 주도했던 많은 시위들은 그들이 자주 일본의 부역자 혹은 미국의 꼭두각시라고 비난했던 학교 당국으로 비난의 화살을 겨냥했다. 다른 파업과 시위들은 직접 미군정과 경찰을 향한 것이었다. 학생 시위의 첫 번째 파도는 1946년 1월, 2월에 일어났다. 대부분의 한국인들은 즉각적인 독립을 기대했으나 1945~1946년 겨울에 한반도의 미군 점령지역, 즉 남한지역이 적절한 시기 동안 미국과 소련의 협력과 함께 독립을 준비하기 위해 유엔의 신탁통치로 남아 있게 된다는 사실을 알고 크게 실망했다. 또한 미국이 이 기간을 이용해 점령 지역인 남쪽 지역에만 국가를 건설할 것이라는 의혹도 있었다. 학생들은 특히 미군정 보호기간의 연장에 항의했고, 미군정에 대항한 시위는 대부분의 대학과 고등학교를 중단시켰다. 1946년 5월, 미군정은 학생의 정치적 시위를 금지함으로써 학내 혼란에 대응했지만, 이 조치를 강제하지는 못했다.[21] 일제 강점기에 산발적으로 일어났던 학생운동은 미군정하에서는 만성적으로 일어났는데, 한국정부를 부도덕하고 부패하며 반애국적이라 비판했다. 한국정부는 이들의 급진적 성향을 두려워했으며, 정부와 학생 간의 적대적인 관계가 시작되었다. 이 긴장감은 다음 반세기 동안 한국교육의 특징으로 자리 잡게 되었다. 미군정은 이러한 시위들에 대해 학생들을 퇴학시키고 학교를 폐쇄하는 것으로 대응했다. 1947년 초까지, 전국의 고등학교와 대학 중 57개가 학내 소요로 인해 폐쇄되었다.[22]

---

21) Byung Hun Nam, 147.

22) 이재오, 74, 88-92. 예컨대, 미군정의 학내캠퍼스 소요에 대한 두려움은 미군정의 summation, April 1946, 19. 참조.

국립서울대학교 문제(국대안)는 미군정을 괴롭혔던 정치적 불안함을 보여준다. 1946년, 학생들은 '친일파'라는 딱지가 붙어 있던 장리욱(張利郁, 서울대학교 3대 총장)의 서울대학교 총장 임명에 저항했다. 장리욱은 당시 다른 저명한 교육자들과 마찬가지로 자랑스럽지 못한 과거를 가지고 있었는데, 그는 태평양전쟁 때 일본의 자동차공장에서 관리자로 일했던 전력이 있었다. 서울대학교 총장에 임명된 이후, 그는 학생들이 요구했던 대학입학절차 참여를 거절해 학생들로부터 더한 반감을 사게 되었다.[23] 학생들은 1946년 8월「국립대학교안(국대안)」이 시행될 것이라는 발표에 항의하여 동맹휴학으로 맞섰다. 이 국대안은 국립대학교인 서울대학교가 중앙정부(문교부)의 직접적인 감독을 받는다는 것을 의미했다. 많은 학생과 몇몇 교수들은 이 국대안이 교육기관의 자치권을 상실함과 더불어 보수적인 중앙 관료주의에 종속될 것을 우려했다.[24] 결과적으로, 당시 한국의 유일한 종합대학교였으며, 이후 한국의 대학들 중 가장 명문대학으로 남아 있는 서울대학교는 미군정 3년 동안 끊임없는 혼란의 소용돌이에 빠져 있었다.

미군정이 학생시위와 싸우는 동안에도 한국교육자들 중에서 체제 전복적인 성향을 가진 사람들의 뿌리를 뽑아 버리려 했다. 한국인 교사들은 일제 강점기가 끝나자 재빨리 조직화되었는데, 1945년 9월 초에 400여 명의 중등교사들이 민주주의 교육을 촉진시키기 위한 단체를 결성했다. 이 단체와 다른 모임들이 결합해 만든 단체가 조선교육자협회였다.[25] 조선교육자협회는 한국역사에서 처음으로 만들어진 교사들의 풀뿌리 조직이었고, 불법조직이었던 조선노동조합전국평의회(이하 전평)와 조선인민공화국(북한)과 연관된 조직이었다. 학교 현장에 대한 공산주의자들의 영향을 우려하면서, 미국인들

---

23) 장이욱(1975). **나의 회고록**, 서울: 샘터, 217-220.

24) Ibid., 232.

25) 한국교육연구소(1994). **한국교육사: 근현대편**, 서울: 한국교육연구소, 450-451.

은 한국교원단체총연합회(당시 조선교육연합회)를 1947년에 창설했다.[26] 표면상으로 독립적이고 전문적인 집단이었으나, 이들은 정부의 통제와 교사들의 교화를 위한 수단이었다. 교사들은 자동으로 교총에 가입되었으며, 봉급의 일부가 공제되었고, 다른 모든 교사단체는 폐쇄되었다. 반체제 교육자들에 대한 더 큰 탄압으로, 미군정은 1947년 9월 100여 명의 교사들을 체제 전복적인 정치적 성향을 가지고 있다는 이유로 체포했고, 1,100명의 '좌익 교사'들을 교단에서 축출했다.[27] 학교교육을 '민주화'시키려 한 미국의 노력은 한국에서 반공주의적 정치 질서를 만들려 한 노력과 충돌했다.

그러나 미군정의 이러한 각종 규제는 한국교육의 확산과 국민만들기를 가능하게 했다. 교육을 통한 국민만들기는 주로 한국인 교육자들의 주도하에 매우 열정적으로 수행되었다. 24개의 자음과 모음으로 된 한글 사용을 촉진하는 것에 대부분의 노력이 투입되었다. 1942년 10월 불법화되어 많은 회원들이 감옥살이를 했던 한글학회(구 조선어학회) 회원들은 1945년 8월 25일 긴급회의를 열었다. 2달 후, 그들은 한글을 사용한 최초의 한국어 교과서를 출판했다. 수년간 한글표준화 문제가 합의에 이르지는 못했지만, 학회 회원들은 1946년 6월 국어정화위원회를 조직해 교과서 출판 및 일반적인 한글 자료 쓰기에 대한 지침을 작성하였다. 한글은 독특한 문자 체계로, 한국인에게는 자부심의 원천이자 민족 정체성과 특수성의 상징이었다. 신문이나 글을 읽는데 반드시 필요했던 수 천 글자의 한자를 익혀야 하는 것에 비해 한글은 배우기가 상대적으로 쉬웠기 때문에 문해력을 쉽게 키울 수 있게 했다. 그러나 한문을 능숙하게 구사한다는 것은 오랫동안 교양있는 사람의 표식이자 양반 엘리트들이 가지고 있던 자부심의 원천이었기 때문에, 많은 한국인들은 한글만을 사용한다는 것을 꺼려 했다. 활발히 확산되었던 한글전용운동은 1940년

26) 대한교육연합회(1987). 대한교련40년사, 서울: 대한교육연합회, 4.

27) 한국교육연구소(1994). 441, 454-457.

대 후반과 1950년대의 성인 문해율의 급격한 상승을 설명할 수 있게 해 준다. 이 시기에 교수용어는 일본어에서 한국어로 대체되었으며 교과서 및 학습자료는 모두 한국어로 기술되었다. 그리고 한국사와 한국지리, 한국문학이 교육과정에서 중심축에 위치하게 되었다.

학교교육의 확산이 시작되었다는 점은 미군정 3년 동안 가장 놀라운 현상이었다. 미군정은 민주주의적 교육에 필요한 각종 지원을 받지 못했음에도 불구하고, 수백만의 한국인들을 위한 교육기회를 제공하는데 있어 인상적인 발전을 주도했다. 배움의 통로는 모든 단계에서 넓게 개방되었다. 초등학교에 재학하는 학생의 비율은 40% 미만에서 70%가 넘는, 거의 두 배가 되었다.[28] 중등교육은 더 폭발적인 비율로 확산했다. 1945년 이전에 중등교육은 극소수의 특권층만 받을 수 있었지만, 해방 후 2년 만에 중등학교의 숫자는 62개에서 250개가 되었으며, 취학률은 6배가 증가했다.[29] 1945년 5월에는 3,039명의 학생들이 38선 이남의 19개의 고등교육기관 중 하나에 다니고 있었지만, 1947년 11월이 되자 20,545명의 학생이 29개의 전문학교와 대학교에 다니고 있었다.[30] 성인교육은 사실상 존재하지 않았던 것과 다름이 없었지만, 수천 개의 학교와 프로그램으로 발전했다.[31] 문해율은 여성의 경우 약 20%, 남성의 경우 25%로 공식적으로 추정되었는데(부풀려진 수치임에는 의심의 여지가 없다), 1947년 말까지 71%로 증가했다.[32]

이러한 성취가 더욱 놀라운 이유는 교사와 학습 교재가 턱없이 부족했었기

28) 1945년 학교취학률과 관련한 수치는 다양하다. 여기서는 맥긴(McGinn et al.)의 수치를 기반으로 했다.

29) Byung Hun Nam, 129.

30) USAMGIK, Summation, March 1948, 191.

31) Ibid., 191-192.

32) Ibid., 190. 애덤스(Adams)는 심지어 더 높은 77%라는 수치를 제시한다. 이 수치는 미군정 보고서에 기록된 것으로, 믿기에는 지나치게 높은 수치에 기반을 두고 있다. 추가적인 문제는 문해율을 정하는 기준이 불분명하다는 것이다.

때문이다. 학교가 이렇게 급격하게 확대된 상황에서, 충분한 숫자의 교원을 공급하는 일은 어떤 경우건 간에 큰 문제가 되겠지만, 교원 부족 문제는 한국에서 1945년 이전에 전체 교사의 40%에 달했던 13,782명의 일본인 교사를 대체해야 했다는 사실 때문에 더욱 심각했었다.[33] 게다가 기존의 많은 한국의 초등학교 교사들은 중등학교 교사로 승진하거나 학교 관리직이 되었는데, 이러한 교사의 부족 문제를 해결하기 위해 미군정은 단기교원연수소를 신설했다. 1945~1946년에 제대로 훈련받지 못했던 7,500명의 교사가 교원연수소의 현직(교원)연수프로그램에 참여했다. 미군정 당국은 또한, 사범학교의 교원연수소를 같은 기간동안 7개에서 12개로 확대했으며, 학생들의 숫자는 4배로 증가했다.[34]

진짜로 힘든 일은 교과서를 공급하는 문제였다. 일본어로 쓰인 대부분의 기존 교과서들을 교체해야만 했기 때문이다. 교과서를 번역해야 했고, 동시에 한국사에 걸맞은 내용으로 바꿔야 했으며, 또한 민주적 가치를 담은 내용으로 구성되어야 했다. 그리고 교수용어로 한문보다는 한글을 어느 정도 범위로 사용할지에 대한 결정도 내려야 했다. 이러한 문제들은 거의 모든 펄프 공장이 38선 북쪽에 위치하는 바람에 야기된 종이 부족으로 인해 더욱 악화되었다. 그럼에도 불구하고, 꽤나 훌륭한 교과서들이 편찬되었다. 사실 이들 교과서 중에 상당수는 서둘러 쓰였거나 일본과 미국 교과서를 번역한 것에 지나지 않았지만 적어도 임시방편으로나마 공급할 수 있었다. 1945년 9월과 1948년 2월 사이에 미국의 원조로 1천 3백만 권의 교과서가 인쇄되어 배포되었다.[35]

이러한 성과들을 오로지 미군정의 정책이나 활동 덕에 일어난 것이라 할

33) 미군정이 시작할 당시에는 15,000명의 일본인 교사들이 남한 지역에 있었다. USAMGIK, Summation, May 1946, 83.

34) Byung Hun Nam, 117.

35) USAMGIK, Summation, February 1948, 200.

수는 없다. 이러한 현상들은 교육 기회의 제약이 제거되고 난 다음 발생했던 문해능력을 갖기 위해 일어난 격렬한 물결과도 같은 현상의 일부였다. 이러한 폭발적인 열정으로, 수백 개의 사립 초·중등학교뿐만 아니라 고등교육기관이 설립되었다. 이들 중 대부분은 가난하고 인력이 부족했다. 일부 부도덕한 설립자들은 교육을 향한 열정을 이용해 최소한의 수업만 시행하고 수업료를 징수했지만, 다른 대부분의 학교들은 진실하고 애국적인 사람들에 의해 운영되었다.[36]

한국인들에 의해 조직된 '문맹퇴치운동'은 공부에 대한 전국적인 열정을 보여 주는 또 다른 증거이다. 방학 기간 중에, 수천 명의 학생들이 도시와 시골, 보통은 고향으로 가서 비공식 학교(간이학교)를 세우고 성인들에게 기초적인 문해교육을 실시했다.[37] 대학생들은 '공민학교'를 설립해서 성인 문맹자들을 가르쳤다. 1947년 5월에, 8,703개의 공민학교에 16,905명의 교사와 773,677명의 학생들이 있다고 조사되었다. 성인문해운동에 조직적 구조와 최소 기준을 시행하기 위해, 1946년 봄에 미군정 문교부는 지방행정단위에서 성인교육과를 설립했으며, 이들은 당시 수백만의 한국 성인들의 문해력 향상 노력을 감독하는 지역 대표자들로 구성된 서울의 본부를 통해 지도·감독을 받았다.

미군정은 자발적으로 이루어진 대중교육운동을 가능한 한 대부분 지원했다. 그러나 문교부는 야학에서부터 민간교육재단에 이르기까지, 모든 곳에서 일어난 새로운 학교와 교육프로그램을 따라가기조차 버거웠다. 이 시기의 교육 통계는 오류가 많아 교육확장의 규모를 측정하기 어렵게 만들고 있으며, 게다가 한국전쟁으로 인해 많은 기록들이 파괴되었다.

앞서 언급된 바와 같이, 해방 직후 몇 년 동안 한국은 사회적으로 굉장히

---

36) Monika Kehoe, "Higher Education in Korea," Far Eastern Quarterly 7(February 1949): 184-185.
37) USAMGIK, Summation, June 1947, 86.

혼란스러웠다. 해방과 함께 엄청난 수의 한국인들이 고국으로 돌아왔기 때문이었다. 식민지 때 만들어졌던 산업 시설들은 한국전쟁으로 인해 폐쇄되거나 생산력이 감소되었으며, 핵심적 역할을 하던 일본인 기술자들과 관리자들이 떠났기 때문이다. 2천만 명의 인구 중 150만 명은 태평양전쟁 이전에 주로 일본과 만주에서 일하던 노동자였다. 여기에 전쟁 기간 일본으로부터 강제 징용된 수십만 명이 포함되어 있다. 추가로 북한 지역에서 100만 명이 들어왔는데, 많은 수가 일본의 중국 침략 이후 새롭게 건설된 산업단지에 일하기 위해 갔던 사람들이었다.[38] 결과적으로 1947년에 남한 지역 사람의 8분의 1, 성인들 중 최소한 6분의 1은 해방 이후 해외로부터 경제적 혼란에 빠져 좌파의 억압과 반체제 운동으로 얼룩진 나라로 귀환한 사람들이었다. 이러한 무질서와 고난으로 인해 벌어진 혼란과 불안은 과소평가될 수 없다. 실제로 1930년대 후반 일본의 전시 동원으로 시작된 사회적 격변은 정치적 긴장과 폭압에 의해 악화되었고, 해방 이후 해외에 거주하던 사람들의 유입으로 지속되었다. 이러한 문제에도 불구하고, 해방 후 몇 년간은 또한, 낙관적이고, 애국주의적이며, 그리고 미래에 대한 희망이 넘치던 때였다. 무엇을 해도 가능하다고 생각했을 때이며, 학교교육의 기회를 얻기 위한 열망이 당시 낙관적이었던 사회의 한 모습이었다.

남쪽에서 미군정의 교육정책은 어떤 면에서 매우 성공적이었다. 미군정은 교육내용을 한국에 맞게 바꾸려고 했고, 많은 한국인 교육자들이 열정적으로 새로운 교육적 개념을 소개했다. 또한 미래 한국교육 발전을 위해 중요한 점은 한미 교육자들 사이의 긴밀한 협력 방식이었다. 가장 극적인 성과는 제도권교육의 발전이었다. 미군정 3년간, 학교 취학률은 다른 어떤 시기보다도 빠르게 증가했다. 기본권으로서 보편, 의무교육 개념이 선포되었으며 새로운 공화국의 제헌헌법에 포함되었다. 활발한 '문맹퇴치운동'은 적어도 수백

38) Cumings, Origins of the Korean War, 1: 54-60.

만 명에게 처음으로 문해력 증진의 첫걸음을 가져다주었다. 교육의 이러한 폭발적인 확산은 어떤 특정한 교육정책이나 조치보다는 그동안 억눌렸던 사회적 요구가 분출되었기 때문이었다. 미군정은 교육을 장려했으며, 교육을 성장시키는 데에 어떠한 장애물을 두지 않았고, 급증하는 학생들을 수용하기 위해 노력했다는 점에서는 교육발전에 기여했다고 말할 수 있을 것이다.

한국교육의 여러 특징들 중에서 이른바 입학시험의 강조와 부적절한 학교 교육재정 보조방식 등은 기본적으로 변하지 않은 채로 남았다. 가장 두드러진 특징은 미군정이 교육을 민주화시키고 탈중앙집중적으로 만든다고 말했지만, 그들은 오히려 고도로 중앙집권적이고 관료적인 교육제도를 지속시켰다는 점이다. 문교부는 여전히 교육과정과 교사자격을 관리하고, 교과서를 편찬하고 승인했다. 또한 계속해서 교원연수과정을 면밀히 감독하고, 교사자격을 인증하고 교사를 임명했다. 그리고 공·사립을 막론한 모든 학교의 세부적인 규정을 만들어 냈다. 모든 중요한 결정에는 지방자치적 참여가 사실상 거의 없었다. 교육 관료들은 대부분 일제 강점기에 만들어진 권위주의적이고 독재적인 국가행정방식에 훈련된 사람들이었다. 더욱이 정치적 안정에 대한 집착과 정치적 반대파들에 대한 조직적인 탄압에 몰두한 미군정은 식민지 체제의 강압적 성격을 유지했다. 국가적으로 촉진된 민주적 이상과 반대파와 교사, 그리고 국가에 의해 정치적·사회적으로 혼란을 불러온다고 간주된 사람들을 강압적으로 제거하는 잔인한 방식 사이에는 커다란 간극이 있었다. 이러한 민주적 이상과 권위주의적 통치의 실제 간의 모순은 독립 이후 한국의 특징으로 계속되었다.

이러한 민주적 이상과 권위주의적 실제 간의 괴리, 그리고 대부분의 한국인들이 지금까지 받아 왔던 교육방식이 갑자기 신뢰를 잃고 부적절하다고 여겨진 상황에서 미군정은 교육에 대한 새로운 시각을 제공하여 한국 사회에 큰 영향을 미치게 되었다. 한국인 교사들은 대체로 미국인 교육자들에게 호감을 가지고 있었고 좋은 평을 내렸다. 미국식 교육에 대한 커다란 열망과 이상, 많은 관심과 논쟁이 일어났다. 전근대와 일제 강점기 한국교육의 특징인 권위적이고 교사 중심적이며, 반복된 암기와 암송을 강조한 학교교육과는 대조적으로, 진보주의 교육자들은 아동 중심적인 학습과 아동의 질문을 촉진시키는 좀 더 유연한 교수 방식을 강조했다. 더 중요한 것은, 이 새로운 학제가 엘리트주의와 빠른 계열 구분을 피함으로써 보다 더 민주적인 사회를 만들어낼 것이며 모든 학생이 최상위 단계에 진입할 수 있도록 경쟁할 수 있는 동등한 기회를 제공할 수 있었다는 점이다. 또한 지방에서 교육구를 설립하고 학교운영위원회를 선출하여 수직적인 통제에서 벗어나고, 학교체제로 하여금 위에서부터의 영향에 덜 노출되게 할 뿐만 아니라, 더 많은 학부모와 지역 사회의 참여를 학교에 제공할 수 있었다.

한국교육에 미친 미국의 영향이 3년 동안의 미군정 기간 동안 교육을 재건하려 했던 한정된 노력을 훨씬 넘어선 데에는 여러 가지 이유가 있다. 미군정의 몇몇 시도들은 선교사들로부터 시작된 한국교육에 대한 미국의 영향력이 점점 더 커졌다. 더욱이 미국은 민주적이면서 강력하고 번영한 사회를 건설하기 위한 교육의 힘에 대한 낙관적 태도를 가져다주었다. 한국인들은 이러한 낙관적 태도를 쉽게 받아들였는데, 그 이유는 제도권 교육의 변화된 가치에 대한 믿음이 교육에 대한 전통적인 믿음과 부합되었기 때문이다. 한국인들은 교육이 민주주의 사회를 위한 민주적 시민을 양성할 수 있다는 말에 쉽게 동의할 수 있었다. 그 이유는 한국인들이 교육은 윤리적이고 더 나은 인간과 사회를 만들 수 있다고 생각했기 때문이었다. 미국인들은 한국인들의 교육에 대한 이러한 관념을 강화시키고, 여기에 민주주의 교육이라는 새로운 관념을 추가시켰다. 게다가 미국은 강력했던 일본을 물리친 힘을 가진 사회라는, 한국인들이 본보기로 삼을 만한 성공적인 사회의 모범을 제시해 주었다. 한국인들은 더 나은 지식을 얻고자 하는 열망과 함께, 미국의 정치와 교육 이데올로기를 사회 재건을 위해 사용할 지식의 원천으로 받아들였다.

결과적으로, 1948년의 한국은 근대교육에 대한 두 개의 기본적 모델을 가지고 있었다. 하나는 식민지 일본의 모델이었고 다른 하나는 미국식 모델이었다. 교육기본법의 제정 과정에서 이 두 개의 모델은 일부는 받아들여지고, 다른 일부는 거부되거나 수정되면서 새로운 한국의 교육제도의 뼈대가 되었다.

교육체제에 대한 논쟁: 교육자와 교육적 이상

1948년 여름 한국은 새로운 국가를 설립하고, 미군정에 의해 조금은 수정된 일제 강점기 교육체제를 유산으로 물려받았다. 이는 정부 수립 이전을 위해 미국식 제도를 따른 학교교육의 개혁작업을 계승한 것이었다. 한국정부의 첫 번째 과업 중 하나는 향후 수십 년간 운영될 학교제도를 결정하는 것이었다.

학제 관련 논쟁의 중심에는 두 개의 주요한 쟁점이 있었다. 하나는 엘리트 선발경로가 있는 복선형 학제를 유지하거나, 조기 계열구분과 초 · 중등학교 단계에서 종결식 교육이 없는 더 열린 미국식 학제를 받아들이는 것이었다. 미국식 학제는 몇몇 한국인들에게 기존 제도를 파괴하고 한국에 적절한 구조적 발전을 막는 위험스러운 개혁으로 받아들여졌다. 이들은 해방 이전의 교육을 잘 유지할 수 있게 전문화된 복선형 학제를 지지했다.

두 번째 주요 쟁점은 교육의 지방자치화였다. 미국식 교육제도의 많은 지지자들의 목표는 각 지역의 학교위원회 설치였다. 이들은 강력한 문교부의 필요성을 인정하면서, 선출된 학교위원회에 일정한 권한을 부여해서 민주적이고 진보적 교육의 이상을 실현하기를 바랐다. 지방자치제에 반대하는 사람들은 문교부의 역할을 가능한 한 제한하거나 혹은 이러한 실험을 전혀 하지 않기를 바랐다. 그들은 강력하고, 중앙집중적이며, 일관성을 갖춘 행정부가 지방자치보다 더 필요하다고 주장했으며 지방자치단체의 무질서와 무능함이 초래할 위험을 바라지 않았다. 더욱이 내용과 제도의 균질성이 중앙의 통제와 감독 없이 가능할 수 있겠는가? 이러한 우려를 동반한 것이 바로 교육의 자율성에 대한 문제였다. 이는 문교부와 학교운영위원회가 지방 정부와 경찰을 모두 관리하던 일반행정부서, 특히 내무부로부터 독립하는 것을 의미했다. 또한 전문적인 교육자들이 정부 내 비교육기관의 간섭 없이 의사결정과 고용 보장의 권한을 가지고 교육제도를 만든다는 것을 의미했다.

교육자들은 또한, 미국의 교수 방법론을 채택할지 말지에 대해서, 그리고 채택한다면 어떻게 적용할 것인지에 대해 관심을 기울였다. 미국식 교수 방법이 한국에 적합한지, 미국식 교수 방법이 민주적이고 번영한 사회를 만들고 도덕적인 시민을 양성할 수 있는지, 교육과정의 유형에 관해 논의했다. 그러나 교육에 대한 공적 논의는 주로 고등교육에 대한 접근성을 얼마나 높여야 하는지, 그리고 얼마나 중앙집중적이고 균질화된 체제가 되어야 하는지에 초점이 맞춰져 있었다.

교육조직의 체제에 관해서도 많은 논의가 있었다. 1948년 한국에서는 3개의 주요 교육 단체인 새교육연구회, 조선교육연구회, 문화교육협회가 각자 자신들의 교육적 이상을 주장하였다. 이들 중 가장 큰 조직이었던 새교육연구회는 새교육운동의 지지자들로 구성되었다. 지도자들 중에는 오천석과 윤재천이 있었는데, 이들은 미군정기에 진보적 교육개혁을 실제로 추진했던 인사들이었다. 이들은 1948년부터 주요 잡지인『새교육』과, 교원 워크숍, 팸플릿, 교과서, 신문 기사를 통해 그들의 관점을 전파했다. 새교육연구회의 지도자들은 그들이 참된 새교육을 소개한다고 생각했으며, 그것은 아동중심의 교실과 개별학습, 그리고 한국의 전통적인 유교식 교육의 타파에 있었다. 이 단체의 구성원 거의 모두가 교실에서의 교수학습과 사회의 민주화에 관심이 있었고, 교실의 구조와 사회 사이에 직접적인 연관이 있다고 생각했다. 실제로, 그들이 교육에 관해 쓴 모든 글들은 민주적 사회의 건설과 함께 논의되고 있는 원칙과 방법과 깊은 관련이 있었다.

새교육연구회의 회장은 주기용이었는데, 제헌의회에 참여했던 사람이었다. 그는 일본에서 교육을 받았으며, 일제 강점기에 현재 북한 지역에 있는 오산중학교의 교장으로 근무했었다. 주기용은 미군정에 기꺼이 협력했던 사람이었다. 그러나 일제 식민지 시절 교육을 받았고, 공직에 복무했던 사람들 가운데서도 이례적인 사람은 아니었다. (박정희) 군사정권 시기에 그는 문교부에서 복무했으며 교육개혁을 위해 노력했다.[39] 그는 새교육연구회 회장에 오른 직후, 취임 목표를 '교육재건'의 수행이라고 선언했다. 그는 기존 한국 학교의 경직된 좌석 배치를 새롭고 유연한 좌석배치와 대조시켰는데, 이러한 좌석배치에 따라 학생들은 서로 마주 보며 움직이고, 소그룹을 구성하고, 개별적으로 학습하며, 상황과 필요에 따라 교사와 마주할 수 있었다. 학급 운영은 학생 개개인의 필요에 맞출 수 있도록 융통성 있게 조절되었는데, 이는 새로운 한국 사회가 개인이 각자의 필요에 따라 융통성과 상호 조정에 기반을 둔 것과 같은 것이었다. 교사의 지도를 받았다 하더라도, 학생들이 문제의 해결책을 모색했으며 다른 민주적 사회의 시민들과 마찬가지로 그 결정에 궁극적인 책임을 가지도록 했었다.

미국식 이상을 추구했던 진보주의 교육이 한국의 교육사상에 굳건한 뿌리가 된 것은 분명하다. 그러나 진보주의 교육을 둘러싸고 이를 지지했던 한국인들과 미국인들 사이의 교육철학에는 분명한 차이가 있었다. 한국인 교육자들은 대부분 교육의 도덕적 요소를 고민했다. 주기용은 '삶 중심' 교육에 관해 썼는데, 그것은 '새교육'의 기본 원칙 중 하나에 불과했고, 다른 하나는 '도덕 중심'의 교육이었다. 교육은 반드시 민주적 가치와 실용적 문제 해결능력을 가르쳐야 하지만, 또한 도덕적, 윤리적 기초가 반드시 포함되어야 했다. 교사는 도덕적 청렴함의 표본이 되어야 하며, 학생들의 윤리적 의식 발달을

39) 황석천 외(1982). 역대국회의원총람, 서울: 을지사, 847.

장려했다. 민주주의 교육과 민주적 사회는 윤리적 원칙에 그 뿌리를 두어야 했다.[40] 주기용의 입장은 많은 한국인 교육자들을 대표하는 생각이었는데, 교육에 대한 새롭고 흥미로운 관점은 교육의 전통적 개념인 도덕함양과 병행되었다. 개인에 대한 진보주의자들의 관심은 개인의 윤리적 계몽이라는 유교적 목적과 같이 서게 되었다.

이러한 듀이 사상과 유교 사상의 혼합물은 새교육운동의 또 다른 대표적 인물인 오천석에게서도 찾아볼 수 있다. 그는 교육자 집단의 전형적인 인물로, 미국의 진보주의 교육의 도입을 전폭적으로 지지하고 진정으로 이해했던 인물이었다. 오천석은 평안도 지방에서 1901년에 태어났으며, 개신교 목사의 아들이었다. 그는 꽤 오랫동안 미국에 머물려 학업에 정진했다. 코넬대학교(Cornell University)와 노스웨스턴대학교(Northwestern University)에 다녔고, 컬럼비아대학교의 교육대학(Teachers College, Columbia University)에서 교육학 박사를 취득했다.[41] 1932년 한국에 돌아온 후, 그는 1941년 상하이로 강제 망명하기까지 보성전문학교에서 교편을 잡았다. 그의 배경은 다른 여러 진보주의 교육자들과 다를 바 없는데, 그는 북한 지역 출신이며, 그곳은 전통적 요소가 가장 약화된 지역이었다. 또한 그는 기독교인이었으며 서구에서 공부한 사람이었다. 그는 친서구적인 교육개혁가였으며, 보수적인 기질을 가지고 있었다. 그리고 개혁에 대한 접근 방식은 점진주의적이었고, 정치적으로는 반공주의자였다.

오천석은 모든 사람에게 기회를 부여할 수 있는 단선형 학제와 남녀공학제, 지방학교위원회에 권한을 위임하는 것을 지지하였다. 진보주의적인 교사들은 그들의 자율성을 통해 아이들에게 문제를 해결할 수 있고 결정할 수 있는 충분한 기회를 제공하려 했다. 오천석은 교육의 목적을 민주적 사회

40) 주기용(1949, 3월). 교육재건, 새교육 2호, 26-30.

41) 손인수, 한국교육사 1, 805-806.

를 만드는 데 있다고 보았다. 따라서 "교육자들은 민주화의 십자군이 되어야 하며, 부패와 맞서 정화를 확보해야 한다… 민주주의는 형식의 문제가 아니라 마음의 문제"라며 민주화 과정은 "교사의 의식 개혁에서 출발해야 한다."고 주장했다.[42] 교사들은 민주적 사고방식을 개발해서 민주주의 교육 방식에 적용해야 하며, 그런 다음 젊은이들의 '민주적 행동, 가치관, 사상'을 고양시켜야 한다. 교육은 민주적이고 진보적이며 번영하는 사회의 기초로서, '법과 제도'에 의해 이루어질 수 없고, 단지 민주주의 교육을 통해 '민주적 사고'를 개발함으로써 이루어진다.[43] 오천석은 또한 지방교육자치제의 지지자였으며 이승만정권 내내 교육의 중앙 관료주의적 통제에 대한 강력한 반대자였다. 그는 이렇게 교육정책에 대한 진보주의적 견해, 평등주의, 교직원의 자율성, 지방자치, 듀이 교육철학을 대표했다.

'민주주의 정신'이라는 오천석의 개념은 인격도야의 형태로 교육에 깊이 내포된 사상이었다. 그는 되도록 유교적 단어를 쓰지 않았는데, 그것은 그가 유교를 진보의 장애물로 여겼기 때문이었다. 그렇더라도 그는 민주주의 교육이 윤리적 교육과 나누어질 수 없다고 주장했으며, '민주주의 정신'은 도덕적 원칙에 부합되는 것이었다. 그의 교육받은 시민이라는 이상은, 대부분의 교육자들과 마찬가지로 교육이 사회에서 지도자적인 덕망을 준비하는 도덕적 수양이며, 존경을 받을 만한 학구적인 신사라는 양반적 이상에 다가서게 하는 것이었다.

새교육연구회의 구성원들이 친미적 성향이 강했다는 점은 놀랄 만한 일이 아니었다. 미국인들은 한국의 교육을 일본 교육의 경직성, 형식주의, 권위주의로부터 해방시켜 준 사람들이었다. 미국인들은 전쟁에서 승리했었고, 이 승리는 우수한 교육 원리에 기반한 더 발전한 사회의 산물로 간주되었다. 새

42) 오천석(1960), 민주교육을 지향하여, 서울: 현대교육출판사, 14.

43) 오천석(1960), 민주교육을 지향하여, 14, 302; 새교육 1957년 1월, 1957년 정유년 교육계의 전망.

교육의 열렬한 지지자였던 강길수는, "우리 교육자의 의견과 견해를 경청해야 한다."고 썼다. 그는 전문성을 갖춘 교육자에 의해 교육제도가 운영되어야 한다는 의견을 발표했다. 이 글에서 그는, 미국 교육은 교사의 자율성과 교사의 전문성을 존중하고 지방자치를 선호하기 때문에 관료주의적 통제로부터 자유롭다고 썼다. 이러한 융통성은 개인의 자유를 보장해 주고, 한국의 재건에 실질적인 문제해결 접근을 가능하게 해 줄 것으로 보았다.[44] 교육개혁이 사회개혁의 일환이라는 데는 모두가 동의했다. 3대 문교부장관이자 불교철학자인 김법린은 "새교육의 기본 원칙은… 사회의 필요성에 교육을 적용하는 것"이며, "교육개혁은 사회개혁을 추구해야 한다."는 대부분의 협회 구성원들의 견해를 되풀이했다.[45] 회원들은 미국에서 영감을 받은 새로운 교육을 통한 사회의 민주적 개혁을 지지했다.

반면에, 이승만 대통령의 첫 번째 문교부장관이었던 안호상에 의해 1946년 8월에 창설된 조선교육연구회는 민족주의적 성격을 강하게 드러냈다. 안호상과 심태진, 손진태, 사공환 등 핵심 구성원들은 새교육의 반대자로 여겨졌으며, 1946년에서 1949년까지의 짧은 기간 동안 교육에 대한 전통주의적 관념을 고취시키고자 노력했다. 조선교육연구회의 잡지인 『조선교육』과 편집장이었던 김기오는 민족 부흥을 위한 교육을 강조했다.[46] 조선교육연구회 회원들은 미국으로부터 너무 노골적으로 빌려 오는 것에 대해 비판적이었다. 『조선교육』에는 한국이 냉전에 참여하게 된 것에 대해 분개를 표현하는 글이 자주 실렸다. 예컨대, 심태진은 한국이 그들만의 독특한 문화를 기반으로 하여 미국이나 소련의 교육체제와는 다른 한국만의 교육체제를 발전시킬

44) 강길수(1957). 교육행정, 서울: 풍국학원, 291-311.

45) 서울특별시교육위원회(1953). 대한교육연감 4286, 서울: 서울특별시교육위원회, 94.

46) 이 조직은 민주교육연구회로 창립되었다가 1946년 12월 명칭을 변경한 것이다. 홍웅선(1991). 광복후의 신교육운동, 1946~1949: 조선교육연구회를 중심으로, 서울: 대한교과서, 45-63. 참조.

것을 강력하게 주장했다. 안호상은 새교육에 대해 한국을 위해 "전혀 적절하지 않다."고 일갈하였다.[47] 조선교육연구회 회원들은 교육에 있어 윤리적 내용에 대해 매우 크게 강조했으며, 새 교육개혁이 규율과 도덕성을 파괴하는 것이 아닌가 하는 우려를 자주 나타내었다. 한춘섭은 일본어와 일본어 중심의 수업을 빠르게 없애 버린 것은 좋은 일이나, 많은 개혁이 너무 빠르게 진행되고 있으며, 이로 인해 많은 문제가 야기되고 있다고 생각했다. 그는 교육개혁에 접근하는 데 있어 좀 더 신중해야 할 필요를 주장하였다.[48] 사공환은 자유주의적인 미국교육의 이상이 지나치게 빨리 소개되면, 규율의 부재를 가져올 것으로 생각했다. 따라서 도덕교육의 회복을 필요로 했으며, 교사의 권위를 더욱 세울 수 있는 교육개혁이 필요하다고 보았다.[49] 사공환을 비롯한 그 밖의 사람들은, 특히 서울대학교 학생들의 급진주의와 학교 내 좌익 인사들에 의한 활동을 두려워했다. 도덕과 규율 붕괴에 대한 그들의 우려는 이 시기의 정치적 긴장의 맥락 속에서 보아야만 한다. 많은 사람들은 체제안정을 유지하기 위해서는 어떠한 형태로든 일본식 국가체제의 엄격한 통제가 부활되어야 한다고 생각했다. 공산주의자들의 활동에 대한 두려움, 미국의 자유주의에 대한 의심, 민족주의 이념을 중심에 둔 교육의 개념이 이들 많은 교육자들의 특징이었다.

안호상은 이 모임의 배후에 있는 주요 인물이었으며 가장 두드러진 극단적 민족주의 교육자였다. 그는 당대 한 학생이 한국의 지도자들 중에서 '한국적 파시스트에 가장 가까운 인간'이라 불렀으며 종교적 민족주의로 유명하다.[50] 그는 일본, 중국, 독일, 영국에서 오랜 기간 공부하였다. 그의 주된 관

---

47) Ibid., 66-69.

48) Ibid., 202.

49) 사공환, 새교육 2호, 1949년 3월호의 17-22. 사공환은 그의 논의를 19세기 독일 교육학자인 요한 프리드리히 헤르바르트(Johann Friedrich Herbart)의 교육학에 기반을 두고 있다. 헤르바르트는 모든 교육은 도덕교육으로 시작한다고 가르쳤다.

심사는 철학이었으며, 1924년부터 1929년까지 독일의 예나대학교(University of Jena)에 재학하면서 철학 박사학위를 취득했다. 해방 전, 그는 혜화에 있는 보성전문학교에서 근무했으며, 한국철학회의 회장이기도 했다.[51] 1946년부터 그는 또한, 서울대학교에서 강의했으며, 1945년 이후 한국에서 생겨난 가장 큰 학생군사조직이었던 이범석의 대한민족청년단에서 일하기도 했다. 그는 이승만 대통령의 문교부장관으로 임명된 후 약 1년 동안 조선교육연구회 회장을 역임했다.

안호상은 많은 저술을 남긴 다작가로서, 정치적, 윤리적, 교육학적으로 한국의 고유한 양식을 만들고자 노력했다. 그는 미국과 소련 모두와 선을 그으면서, 그 자신이 '한백성주의'라 부른 것을 지지했다. 한백성주의는 한국적 특색을 가진 민주주의로서, 사회계급과 폭력을 옹호한 '소련식 민주주의', 그리고 개개인이 각자의 이익을 추구하기 위해 만들어진 '미국식 민주주의'와 구별된다. "미국식 민주주의는 개인으로 하여금 돈을 벌도록 한다."고 그는 외쳤는데, "그것은 극도로 이기주의적이며 공산주의와 물질주의적 관점을 공유한다."고 보았다.[52] 다른 한편으로, 한백성주의는 민족(국가 혹은 종족)의 이익을 위한 개인의 도덕성 개발에 기초를 두었다. 안호상에 따르면, 한국은 자신의 역사와, 고유한 방식의 민주주의를 발전시켜야 하는데, 이것은 만장일치, 합의, 민족의 요구에 대한 개인의 복종에 바탕을 둔 것이다. 한국식 민주주의의 뿌리는 고대 신라의 관료 합의체인 화백제도와 청년 전사들의 모임인 화랑도에 있다. 한국식 교육은 민족적, 국가적 자부심을 가르치고 한국식 민주주의를 만들어 내야만 하였다. 한국 학생들은 자신들이 같은 혈통이라는 점을 배워야 하며, 각 개인은 사회적 계급을 초월한 민생 경제를 발전시키

50) Bruce Cummings, The Origins of the Korean War, vol.2: The Roaring of the Cataract, 1947~1950(Princeton, N.J.: Princeton University Press, 1990), 214.

51) 안호상(1953). 민주주의의 역사와 종류, 서울: 일민출판사, 59-60.

52) Ibid., 53-54.

기 위한 민족의 복리를 위해서 일해야 한다.[53] 이를 위해 한국교육은 외세의 영향으로부터 자유로워야 한다.

> 단군 한배검 때로부터 고구려, 백제, 신라에 이르기까지 우리의 민족주체성이 확고한 까닭에 우리의 역사와 문화와 나라는 빛났던 것이다. 그러나 고려 중엽부터 외래의 종교와 사상 때문에 우리의 민족주체성이 흐려지기 시작하여 이씨 조선에선 더욱 심했으며 또 포악한 일제의 식민정책을 거쳐 미소의 군정이 들어오자 우리 민족주체성은 거의 다 없어질 정도에 이르렀다. 대한민국정부가 수립된 이상에는 우리는 무엇보다 먼저 민족주체성을 찾아 통일독립의 기반을 세우지 않으면 안 된다. 민족주체성이 교육에서만이 아니라 정치, 경제, 문화 등의 발전과 대한민국의 앞날을 좌우하게 된다. 그러므로 우리의 교육은 우리 민족주체성을 되찾는 동시에 인간 자신을 찾으며 또 세계인류 전체에 타당한 보편적 이념하에 행해져야 할 것이다.[54]

안호상이 보기에 미국식 교육은 한국에 적합하지 않았다. 미국식 교육은 '인종 전시장' 사회인 미국을 위해 발달한 것이었고, 그래서 단일민족국가인 한국 사회에는 적합하지 않았다고 본 것이다.[55] 더욱이 미국식 교육은 정신 및 도덕적 내용이 전혀 없었다. 한국교육은 반드시 '마음과 정신을 발달'시켜야 하며, 이를 통해 '개인과 사회 모두 민주적으로 변할 것'이고, 이것이 한국의 정체성에 부합해야 한다는 것이다.[56] 안호상은 '미친놈'이라며 미국식 교육의 지지자들을 비난했는데, 이 말은 친미적이라는 의미와 미친 사람이라는 중의적 의미를 갖고 있었다. 반면에 좌파들에게는 '소경놈'이라며 비난했는

---

53) 안호상(1947). **우리의 부르짖음**, 서울: 문화당, 117.
안호상(1961). **민주적민족론: 한백성주의 이론**, 서울: 오문각, 239.

54) 한국교육십년사간행회(1959). **한국교육십년사**, 서울: 한국교육십년사간행회, 44-45에서 인용.

55) 안호상(1961), 239.

56) 안호상(1953). 54.

데, 이 역시 친소적이라는 의미와 장님이라는 의미를 갖는 말장난이었다.[57]

안호상의 철학은 국가사회주의, 제2차 세계대전 이전 일본의 이데올로기를 연상시키는 미신적 민족주의, 유교적 계몽주의, 약간의 초국가주의가 섞여 있는데, 그것은 전후 한국인 작가들에게 매우 인기를 끌었다. 특히 철 지난 국수주의적 환상을 볼 때, 안호상은 조금 기이한 사람이었다. 그럼에도 불구하고, 그는 많은 한국인들과 명확한 국가적 정체성과 목적을 찾으려 필사적인 노력을 했으며 새롭고 이국적인 사상이 이러한 노력을 저해할 수 있다고 우려했다.

몇몇 조선교육연구회 회원들은 과거를 언급하는 것을 더욱 조심스러워했다. 진단학회에도 속해 있었던 손진태는 "우리는 옛것에 대해 과도한 존경심을 가지고 있다."고 말했다. 그는 한국인들은 봉건적 과거의 유산으로부터 벗어나 교육과 역사를 발전시키기 위해 계급 차별, 여성 차별, 노동에 대한 경시를 극복해야만 한다고 보았다.[58] 그러나 그는 한국 역사에 대한 자부심을 드러냈으며, 좌파와 친미파 모두의 특징이라 여긴 외국 것의 무비판적인 수용을 거부했다. 대부분의 민족주의 교육자들은 과도한 외국의 영향을 경계하고 사대주의에 대한 경멸감을 공유했으며, 한국의 통합을 위해 민족주의에 기반을 둔 교육을 연구하였다.

한국교육의 주요 인사 중 한 명이고『문화교육협회』를 설립한 백낙준은, 비록 농부의 아들이긴 했지만 오천석과 비슷한 배경을 가지고 있었다. 북쪽의 평양 지역의 기독교인으로, 백낙준은 12년 동안 미국에서 공부했다. 그는 프린스턴신학교를 졸업하고 예일대학교에서 1928년 철학 박사학위를 취득했다.[59] 한국에 돌아온 후, 그는 종교계 학교인 신성학교의 교장으로 근무했

57) 홍웅선(1991). 69에서 인용함.

58) 손진태, 새교육 1, 2호(1948), 47-56.

59) 백낙준: 학회 기록(Record of Paek Nak-chun), 3-9.

다. 미군정 기간 동안, 백낙준은 열정적으로 미국을 도왔고 이후 교육에 대한 미군정의 노력에 대해 찬사를 보냈다. 그가 문교부장관으로 일하던 때, 문교부는 미군정으로부터 '가장 잘 조직화된' 조직이라는 자부심을 드러냈다. 그는 교육을 '사회 변화를 촉진하는' 것이고, 사회를 더 민주적으로 만들어 내는 것이라 주장했다. '민주주의의 개념은 체계적이거나 공식화된 것이 아니고', 교실에서 시작된 행동과 가치관의 문제라고 주장했다.[60] 전쟁 직후 수년간, 백낙준은 교육의 확대와 새로운 교육 이론 및 실제의 보급에 완전히 몰두하여 노력했고, 한국전쟁 당시 문교부장관을 역임했다. 그는 진보적이고 미국 교육자들과 사이가 좋은 것으로 인식되었으며, 또한 민족주의적 이념과 그 당시 안호상의 교육사상과 닮았던 한국식 교육을 지지했다. 그가 말한 한국식 교육은 한국 고유의 문화적 전통에 기반을 두어야 하며, 이것은 안호상이 말했던, 고대 신라의 화랑도 이상과 닮아 있었다.[61] "우리는 반드시 인격교육을 실행해야 한다."라는 것은 윤리적인 것에 기반한 교육이었으며, 국가에 봉사하기 위해 학생 개개인이 도덕심을 발달시켜야 한다는 것이었다.[62] 백낙준은 '사상의 통일'을 지지했는데, 이것은 한국인들이 그들의 '기본 정신을 개발하고 아이들을 가르치기 위한' 것이었다. 이것은 또한 교육이 반드시 내용과 질적인 면에서 통일되어야 함을 뜻했는데, 대부분의 교육자들에 의해 강조된 것이었다.[63] 모호하면서 때때로 신비주의적인, 백낙준은 안호상과 그의 지지자들과 마찬가지로, 근본적으로 보수적인 성격을 나타냈다. 그것은 공산주의와 싸우기 위하여 전통에서 쓸모 있는 과거를 찾는 것이다. 그러나 안호상과는 달리, 백낙준은 기본적으로 미국의 영향력을 호의적으로 바라보았으며, 이에 관해 우려하지는 않았다. 1940년대와 1950년대를 거치면서,

60) 백낙준(1954). 한국교육과 민족정신, 서울: 한국문화협회, 33.
61) Ibid., 62.
62) Ibid., 88.
63) Ibid., 24, 87.

백낙준은 교육개혁 세력이자, 새교육과 자유민주주의 사상의 지지자로 여겨지게 되었다. 그러나 그는 자유주의 교육자와 보수주의 교육자 사이의 구분이 얼마나 모호한지를 드러내는 좋은 사례이다.

진보주의 교육과 민족주의적 관심, 그리고 더 전통적인 유교적 교육 가치와 혼합하려는 경향은 유석창의 사상과 활동에서 나타난다. 유석창은 다른 많은 교육개혁자들과 마찬가지로 북한의 함평 지역 출신이다. 그는 경성의학전문학교 출신이었으며, 이후에 농촌, 농업, 기술교육을 장려하는 데 적극적이었다. 그의 저서에서 주된 주제는 한국이 실용적 과학, 기술 능력을 한국의 교육체제 안에서 개발할 필요에 대한 것이었다. 그러나 그는 과학 교육을 장려하기 위해 설립한 건국대학교가 인문교양교육기관으로 압도되는 것을 막지 못하였다.

유석창의 교육론은 전통주의적 논조가 매우 강하게 드러난다. 그는 한국 교육이 학생 개개인의 입지(立志)를 개발시켜야 한다고 썼다. 이 입지는 한국을 강하고 부강한 국가로 변모하게 해 줄 수 있으며, 학생들이 교육의 두 가지 원칙인 성(誠)과 인(仁)을 길렀을 때에만 가능하다. 훌륭한 시민, 우수한 기술자가 되기 위한 정신적 기초를 개발하기 위해서, 교육은 반드시 70%의 인문주의와 30%의 실용적 내용으로 구성되어야 한다.[64] 시험에 대한 유석창의 교육철학은 유교보다는 덜 진보적이다. 그는 개인의 완성과 그것이 사회를 변화시키는 힘에 대한 신뢰의 수단으로써 교육에 대한 유교적 확신을 드러낸다. 의사로서의 경력과 전문기술자에 대한 양반 조상들의 경멸감을 버렸음에도 불구하고, 유석창은 교육이 기술 혹은 직업교육보다는 인문적이고 일반교육에 치중해야 한다는 사상을 고수했다. 실제로 유석창은 사회적 지위가 그의 높은 학력과 가문에 기반을 두었던 양반 출신이자 박학다식한 사람이었다.

64) 손인수, 한국교육사 2, 795-804; 유석창(1987), 조용한 혁명을 위하여, 서울: 나라기획.

한국의 교육자들은 많은 공통점을 가지고 있었다. 이는 부분적으로 좌익 세력에 대한 탄압에 기인했는데, 표현할 수 있는 견해의 범위에 제한이 가해졌기 때문이다. 그러나 더 중요한 것은 한국인 교육자의 대부분이 교육을 통해 부강한 나라를 만들 수 있다는 관점을 공유했기 때문이다. 이러한 교육에 대한 거대한 신앙은 전통적인 유교적 믿음에 강하게 영향을 받았다. 교육에 대한 이 엄청난 신념은 개인과 사회를 변화시키는 교육의 역할에 대한 전통적인 유교적 신념에 의해 크게 영향을 받았다. 이러한 신념은 교육을 통해 부유하고 강력한 국가를 만들고자 한 일본식 사상과 모두를 위한 교육이라는 미국의 교육적 이상에 의해 확대되었다. 게다가 한국에서 교육과 관련된 저작들을 보면, 지식인과 교육자를 국민의 양심으로 보는 전통적인 관점을 공유하고 있으며, 교육을 사회의 지도층이 되는 합법적인 수단으로 보았다. 동시에, 그들은 교육 내용의 균질화를 위해 노력했다. 이후의 사건들을 통해 입증되듯이, 이러한 믿음은 엘리트들에게만 국한된 것이 아니었다. 한국 사회의 모든 계층에서 교육은 새로운 국가를 만드는 기반이자, 가장 열심히 공부한 사람들이 도덕적 · 정치적 · 사회적 지도력을 갖는 근거라는 신념이 있었다. 이것이 신생 국가인 대한민국에서 교육 문제가 공적 담론장의 주변부가 아닌 중심이 된 이유이다.

새로운 교육체제 만들기

교육발전 과정에서 가장 핵심적인 것은 새 공화국의 수립 직후 만들어진 학제였다. 이 학제는 이후 수십 년간 학교교육에 대한 사회적 수요를 제공하고 촉진시킨 제도였기 때문이다. 독립한 남한의 첫 번째 과업 중 하나는 교육제도가 설계된 국가 차원의 교육법을 제정하는 일이었다. 1948년 이승만 대통령은 안호상을 문교부장관으로 임명했다. 문교부장관으로서 안호상이 추진한 첫 번째 일은, 1949년 가을학기가 시작하기 전까지 새로운 학제를 마련하는 것이었다. 문교부는 1948년 말에서 1949년 초까지, 여러 차례에 걸쳐 교육법 제정을 논의하기 위한 준비 모임을 열었다. 안호상은 백낙준, 오천석 등이 포함된 전국 최고의 교육자들을 모아 위원회를 결성하고, 1949년 5월에 학제를 규정한 교육법을 만들었다.[65] 교육자들은 몇 번의 수정과정을 거쳐 학제의 기본 골자를 합의하게 되었다.[66] 교육법은 미국식 학제의 본질적 특징을 유지했는데, 그것은 6-3-3-4 기간학제, 단선제 중등학교, 그리고 학년의 시작을 9월에 시작해 이듬해 6월에 끝나도록 했으며, 또한, 지방교육위원회를 설치하도록 했다. 결과적으로는 미군정의 제안에서 거의 변한 것이 없었다.

대부분의 주요 교육자들은 처음에 미국식의 개방적 교육제도를 받아들였다. 이후 오천석을 비롯한 몇몇 사람들은 1950년대 후반과 1960년대에 그들이 만들어 내고자 했었던 교육제도를 향한 열망을 조금은 수정했지만, 이전의 경직된 일본식 제도로 돌아가고 싶어 하는 사람은 거의 없었다. 더욱이 대부분이 교사의 독립성을 보장하고 지방자치제도를 지지했다. 그러나 이들은 실제 공무원으로 일하면서 권위주의적 대통령 밑에서 충성스럽게 일했으며 고도로 중앙집중적이고 정치화된 교육제도를 관장했다.

교육법을 제정하는 것은 구상하는 것보다 더 어려웠다. 문교부장관은 1949년 9월 28일 교육법 초안을 의회에 제출하면서, 1년 반 동안 이어진 전국적인 토론을 시작했다. 의회는 문교부의 제안을 받아들이는 것 대신에, 국회문교사회위원회를 통해 자체적으로 교육법 초안을 작성했다. 문교사회위원회 초안은 6년제 초등학교를 유지했지만, 중등학제를 두 개의 경로로 만들었다. 3년 혹은 4년의 중학교, 2년간의 대학예비과정 혹은 4년간의 고등실업

65) 강길수, 314.

66) 동아일보, 1949년 11월 24일.

학교가 그것이다. 후자의 경우 교육이 종결되지만, 전자의 경우 4년제 대학이나 전문대학에 진학하게 된다.[67] 이 초안은 국회에 제출되어 10월 26일 논의에 회부되었고, 문교부의 초안은 문교사회위원회에서 거부되었다. 문교부 관료들과 지지자들은 그때 법 개정을 위해 19개월간 싸웠는데, 결과적으로 성공한 투쟁이었다.

제헌국회는 교육법을 10월 27일부터 11월 30일까지 5주간에 걸쳐 논의했다. 법안 통과를 위한 회의가 11월 초부터 매일 아침마다 열렸으며, 교육기본법은 11월 중순부터 국회의 가장 주요한 안건이 되면서 다른 법안들의 처리를 지연시켰다. 좀 더 신속한 처리를 위해 오후에도 회의가 추가로 열렸다.[68] 이해에 다른 어떤 법안도 이렇게 긴 시간이 할애되어 논의된 경우가 없었다. 교육정책의 근본적인 차이점들이 토론의 중심에 올랐다. 제헌국회의 초안은 학생들을 실업계 학교로 조기에 구분한다는 점에서는 본질적으로 전전(戰前) 일본의 학제와 닮아 있었다. 반면, 문교부의 초안은 단선형 학제라는 미국식 학제의 본질적 특징을 유지하였다. 보편적 교육, 의무교육, 초등교육 6년제라는 점에는 합의가 되었으나, 다른 구체적인 부분에서는 거의 합의를 이루지 못했다.

민족주의적 감정은 점점 격렬해졌으며 양쪽 모델의 지지자들은 각자 그들이 한국의 교육제도를 만들고 있으며, 자신들은 순전히 빌려 온 교육제도를 시행하는 것이 아니라고 신중하게 주장했다. 서로 상대방의 입장을 무비판적으로 외국의 제도를 빌려 왔다고 공격했는데, 아이러니하게도 양쪽 모두가 서로에게 '일본식'이라는 오명을 붙였다. 문교부의 입장은 '다른 모든 나라에서 시행하고 있기 때문에 한국에도 적절한 제도'라는 것이었으나,[69] 반면

67) 강길수, 315.
68) 동아일보, 1949년 9월 21일.
69) 국회사무처, 국회속기록, 1949년 10월 31일, 553.

에 제헌국회는 문교부의 안은 지나치게 미국식 제도라 한국에는 맞지 않는다고 공격했다. 문교부 안을 만든 사람들은 미국의 영향을 받은 일본의 1947년 교육법을 단순히 그대로 번역했다고 비난받았다. 문교부를 비판한 사람들은 "지금 우리에게 필요한 것은 진정한 한국의 교육법이지 다른 나라의 법을 복제하는 것은 아니다."라고 말했다. 안호상은 이러한 비판에 맞서, 한 신문과의 인터뷰를 통해 "일본식이건 미국식이건 간에, 우리는 가장 좋은 것은 무엇이든 채택할 것이다."라고 대답했으며, 문교부의 제안은 "일본식과는 거리가 멀다."라고 덧붙였다.[70] 반대 입장에 서 있던 사람들은 제헌국회의 초안이 제2차 세계대전 이전 제국주의 일본의 학제를 고수한 것이라 맹렬하게 비난했다. 민족주의적 미사여구 아래, 복선형 학제를 유지할지 혹은 더 개방적인 미국식 학제를 채택할지에 대한 논쟁과 지방교육위원회를 통한 지방자치적 교육제도를 만들 것인지가 중요한 두 개의 논의거리였다.

단선형 VS. 복선형

미국식 모델(문교부 초안)과 일본식 모델(국회 초안) 사이의 가장 두드러진 차이점은 전자가 상급학교 진학에 대해 강조를 하는 반면, 후자는 엘리트주의적 접근을 했다는 데 있었다. 학제가 상위 단계에 얼마나 개방적이어야 하는지가 교육법을 제정하는 데 중요한 주제였다. 인문계 중등학교와 실업계 중등학교가 분리되어야 한다고 주장한 정치가, 공무원, 교육자들은 일반적인 3년제 중학교는 한국에 맞지 않는 사치스러운 제도라고 보았다. 더 나아가 그들은 직업훈련에 더 중점을 두어야 한다고 강조했다. 이러한 논의는 국회에서 상당히 무게감 있게 다루어졌으며, 11월에는 2년제 대학예비학교와 실

70) 조선일보, 1949년 9월 21일.

업계 중등학교 졸업생을 위한 고등기술학교가 뒤를 잇는 4년제 인문계 중학교 혹은 실업계 중학교 안을 강력하게 추진했다.[71] 이러한 주장이 실용적이었을 수는 있지만, 그들은 당시 한국 전역에서 벌어지고 있었던 교육 접근성의 확대를 향한 전방위적 압력에는 역행하고 있었다.

이와 연관되어 있던 것이 중학교와 고등학교의 분리 문제였다. 문교부 초안은 미국식으로 중등학교를 3년제 중학교와 3년제 고등학교로 나누어서 고등학교 단계에서만 경로 구분을 두었다. 그러나 이러한 방식에 문제점이 제기되었다. 왜냐하면 기존 중등학교들을 중학교와 고등학교 분리해야 했으며, 이는 중복행정을 야기할 수 있기 때문이었다. 더욱이 서울과 같은 주요 도시들에서 자녀를 명문중학교에 입학시키는 데 성공한 학부모들은 중학교와 고등학교 분리를 반대했다. 그 이유는 자녀들이 다시 인문계 고등학교에 입학하기 위한 경쟁을 할 수도 있기 때문이었다.

학제 문제는 계속된 논쟁에도 분명한 결론을 내지 못했고, 어지러울 정도로 수많은 수정안이 제시되었다. 어떤 수정안은 단선형 학제를 유지할 것을 제안했지만 4년제 중등학교 연한을 줄일 것을 제안했고,[72] 대부분의 국회의원들은 인문계, 실업계 두 종류의 단일한 중등학교기관을 원했으며, 또 다른 사람들은 초등학교 학생들에게 직업을 결정하도록 강요한다며 반대했다.[73] 실업계 중등학교를 지지하는 사람들은 실업교육을 조기에 시행할 필요성과 더불어 인문계 학생들은 길고 엄격한 대학준비교육을 받을 필요가 있다고 주장했다.[74] 또한 많은 사람들이 중 · 고등학교의 분리를 없애서는 안 된다고 강력히 반대했다. 미국 교육이론가들에 따르면, 중학교에서는 학생들의 일반적 능력을 개발하고 아이들의 적성과 흥미가 무엇인지 결정할 수 있도록

71) 국회사무처, 국회속기록, 1949년 10월 31일, 553.

72) Ibid., 1949년 10월 31일, 559.

73) Ibid., 1949년 11월 25일, 1181.

74) Ibid., 1949년 11월 5일, 794; 동년 11월 25일, 1181.

더 긴 시간을 부여하는 반면에, 고등학교 학생들은 직업을 준비하는 데 적합한 수업을 선택해서 듣도록 해야 한다고 보았다. 중등학교단계에서 직업교육을 강화하고 중학교와 고등학교의 구분을 없애는 것은, 기존의 중학교가 좀 더 퇴보하는 것으로 여겨졌다. 또한 이 당시는 일본이 미국식 제도를 받아들이고 많은 국회의원들이 수정된 형태로 다시 제출하려 했던 것과 같은 제도를 버렸던 때였다.

문교부 계획에 대해서, 단선형 학제 속의 복선형 중등학제가 훨씬 더 실용적이라는 반대 의견이 등장했다. 이영준이 이끄는 문교사회위원회에서, 국회초안 지지자들은 그들이 높은 전문성 기준에 대한 국가적 필요성을 충족시키는 학제를 구축하고 있다고 생각했다. 한국에는 기술적 능력을 갖춘 자격있는 전문가를 양성하는 것과 가장 명석하고 재능이 넘치면서 엄격하게 훈련된 사람들이 신생 국가를 이끌어 나갈 수 있도록 하는 학제가 요구된다고 본 것이다. 이영준 위원장은 1945년 이후 급속한 팽창의 결과로 인해 교육 수준이 떨어지고 있다고 우려했으며, 미국인 개혁자들이 지나치게 빨리, 한국의 상황을 고려하지 않고 개혁을 추진해서 궁극적으로는 지적, 기술적 능력뿐만 아니라 국가의 도덕성과 정신까지 위태롭게 했다고 보았다.[75]

복선형 학제 반대자들, 주로 오천석, 백낙준, 강길수 등과 같은 교육전문가들과 국회의 지지세력 및 언론 등은 중·고등학교 분리 대신에 단일 중학교제를 시행하는 것과 후기 초등교육을 인문계와 실업계로 나누는 것은 새롭게 태어난, 민주적이고 평등한 사회를 만드는 데 성가신 장애물로 보았다. 그들은 이것이 공평한 기회의 원칙을 파괴하고, 계급의식으로 이어져서 부자들에게 이익이 될 것이라 우려했다. 당시 한국의 가장 영향력 있는 조간지인 조선일보는 '4-2년제 학제는 계급의식을 악화시킬 것이며… 이를 제정하는 것은 실수가 될 것'이라며 우려했다.[76] 복선형 학제의 옹호자들은 현실적으

75) Ibid., 1949년 11월 4일, 746.

로 대부분의 한국 아이들, 특히 농촌 지역의 아이들은 학교에 다닐 여유가 없기 때문에 '동등한 교육이라는 원칙은 단지 이상에 지나지 않는 것'이라며 반박했다. 실제로 당시 한국교육은 복선형 교육제도를 따르고 있었는데, 하나는 가난한 사람들을 위한 기초적인 교육과 부자들을 위한 상위교육이 그것이었다. 대부분의 시골 학생들은 초등교육 이후 실용적인 훈련을 기대할 수 있었다.[77]

한국의 주요 교육자인 오천석, 강길수, 현상윤(당시 고려대학교 총장) 등이 복선형 학제에 대해 반대하는 언사와 글을 발표하는 등의 강경한 반대에도 불구하고, 단선형 중등학교 학제는 받아들여지지 못했다. 미국식 학제가 차질을 빚은 원인은 여러 가지가 있다. 중등학교의 교장과 소유자들은 그들이 가지고 있는 교육기관들을 나누는 것을 원하지 않았다. 특히 이것이 교육기관들을 별도의 관리기구 밑에 두는 것을 의미하는 경우에는 더욱 그랬다. 더욱이 부모와 교육자들은 두 번의 입학시험을 치러야 한다는 사실을 매우 싫어했다.[78] 다른 요인은 1948년 5월 10일에 선출되어, 주로 무소속 의원들과 소수의 정치단체회원들로 구성된 제헌국회의 구성이었을 수 있다. 제헌의회의 의원들을 대개 교육 수준이 높은 경향이 있었는데, 그들 중 10분의 1은 어떠한 제도권 교육을 거친 것은 아니었으나, 절반 이상이 전문학교나 4년제 대학 등의 고등교육을 이수했다. 나이가 많은 의원들 중 다수는 조선말에 교육을 받은 사람들이었지만, 대부분 일제 강점기에 일본이나 한국에서 고등교육을 받은 사람들이었다. 서구에서 교육을 받은 사람은, 이들 중 몇몇이 종교계 학교에 다녔음에도 불구하고 14분의 1에 불과했다. 직업별로 살펴보면, 공무원 출신이 가장 많은 수를 차지했는데 3분의 1이상이 일제 강점기에 공

76) 조선일보, 1949년 11월 17일.

77) 국회사무처, 국회속기록, 1949, 553-554.

78) 강길수, 314-324.

무원으로 일했었다. 두 번째로 많은 직업군은 교육자였는데, 국회의원의 약 18%를 차지했다.[79] 대부분의 교육자들이 6-3-3-4 학제를 지지했음에도 불구하고, 다수의 다른 국회의원들은 그들이 교육을 받았던 혹은 근무했던 방식에 더 가까운 제도를 지지했다. 결국 1949년 11월 26일, 국회는 여유 있는 득표 차로 6년의 초등교육과, 4년의 인문계 중등학교 혹은 실업계 중등학교가 뒤를 잇도록 한 6-4-2(4)-4제를 통과시켰다.[80] 인문계 중등학교에 진학한 학생들은 2년제 대학예비과정에 진학하여 4년제 대학에 진학하도록 했다. 실업계 중등학교 학생들은 2년 혹은 4년제 실업학교에 진학하는데, 그 단계에서 종결되도록 했다. 사범학교는 엄격한 국가 감독 아래 놓였으며, 교사가 되기 위한 전문적인 경로를 유지하도록 했다. 이러한 학제는 중등학교가 5년에서 4년으로 줄어들긴 했지만, 거의 일제 강점기 시기와 동일했다. 이 제도를 지지한 사람들은 건전하고 실용적인 결정이라고 보았다. 이 계획을 입안한 사람 중 하나인 이채익은 "한국과 같은 가난한 나라를 위해서는… 아주 짧은 시간 내에 교육을 마친 훈련된 사람들이 필요하다."고 설명했다.[81]

교육법 논쟁의 구체적인 내용들은 평등주의, 대중교육과 엘리트교육 간에 무엇이 더 중요한지에 대한 논쟁을 보여 주고 있다. 예컨대 많은 사람들이 실업교육을 한국 근대화의 열쇠라고 생각했으며 그들은 경제의 다양한 분야의 요구를 충족시킬 수 있는 유연하면서도 실용적인 학제를 고안했다. 문교사회위원회의 안은 산업시설을 이용하고 민간기업에서 일할 수 있도록 실용적인 2~4년제의 고등실업학교를 구상했다.[82] 이 계획은 받아들여졌지만, 얼마 지나지 않아 많은 우려가 제기되었는데, 실업계 학교 학생들이 대학에 진학하

79) Chi-young Pak(1980), Political Opposition in Korea, 1945~1960, Seoul: Seoul National University Press, 68-81; Institute of Social Sciences, Korean Studies Series 2.

80) 국회사무처, 국회속기록, 1949년 11월 26일, 1186.

81) Ibid., 1185.

82) Ibid., 1949년 11월 3일, 643.

는 것이 불가능할 수 있었기 때문이었다. 이영준은 1~3년제 농업중학교를 소개하면서, 이러한 학교들은 실용적이어야 하며, 학업에 대해 지나치게 초점을 두어 온 종래 교육의 문제점을 개선하기 위한 변화라고 주장했다.[83] 이 제안도 이항발 의원의 반대에 의해 실패로 돌아갔는데, 그는 시골 학생들이 고등교육을 받고자 할 때 불이익이 없을 균일한 국가 교육을 주장했다.[84] 실용적 직업훈련에 대한 수요를 더욱 강조하면서, 국회는 고급의 기술교육을 가르칠 초급대학을 설립했는데, 기존 고등실업학교와 어떻게 다른지에 대해서 상당한 혼동이 있었다.[85]

결국 복잡해진 실업계 학교제도는 많은 문교부 관료와 교육자들의 불만에도 불구하고 교육법에 포함되었다. 문교부 관료들은 평등성 원칙이 파괴되었을 뿐만 아니라, 실업교육 그 자체가 악화될 수 있다고 주장했다. 그 이유로는, 학생들이 어린 나이에 실업계 혹은 인문계 학교를 결정해야 했으며 계열변경을 사실상 힘들게 했기 때문에 실업학교를 기꺼이 선택할 학생이 거의 없을 것이라 보았기 때문이다. 오히려 이러한 실업학교제도가 인문계 학교를 선호하는 경향을 더 강화시킬 것으로 보았다. 결과적으로, 대부분의 부모들은 자기 자녀를 잠재적 보상이 더 큰 인문계 학교로 밀어 넣으려 할 것이기 때문에, 인문계 학교와 실업계 학교를 통합시키는 것만이 인문계 선호 현상을 막을 수 있다고 본 것이다.[86] 이미 고학력 실업자가 사회문제가 되고 있었지만, 기본적인 기술자의 공급은 부족했다.[87] 문교부 초안을 작성했던 사람 중 하나인 유진오는 국회의 제안이 국가에 실용적 가치가 있는 교육을 만들기 어렵게 할 것이며, 이른바 간판주의 문제, 이른바 필요한 교육을 받기 위

83) Ibid., 633.

84) Ibid., 634.

85) Ibid., 1949년 10월 31일, 557.

86) 동아일보, 1949년 9월 21일.

87) 동아일보, 1949년 11월 17일.

해 학교를 가기보다는 명성에 따라 학교를 선택하는 경향을 강화시킬 것이라며 비난했다.[88] 유진오는 이러한 현상이 엘리트주의를 강화시킬 것이며 한국 사회의 민주화에 역행하는 조치가 될 것으로 보았다.

교원양성문제도 엘리트주의와 대중교육 간의 대립이 벌어진 또 다른 분야였다. 엘리트주의 지지자들은 중등단계에서 별도의 교사양성학교와 전문대학을 두려고 했으며, 자격기준을 높게 설정하고자 했다. 다른 사람들은 교원양성과정에서 좀 더 자유로운 분위기를 만들고 자격기준을 낮추고자 했으며, 교사부족문제에 대응하기 위해 고등사범학교와 대학을 통합시키기를 원했다. 1949년 교육법에서 이 문제는 중학교 졸업생들에게 입학자격을 부여한 2년제 사범학교와 중등단계 학교를 졸업한 학생을 입학 대상으로 하는 대학단계의 사범대학으로 절충되었다. 6년간의 후기중등교육이 요구되었던 고도로 전문적인 훈련과정 대신(그리고 임용 교사의 숫자를 제한할 수 있었다), 초등학교 교사들은 단지 2년간의 전문 교육과정만이 필요했다. 그리고 중등학교 교사들은 대학 단계의 교육을 받을 수 있었다.

한글전용과 한문 사용 간의 문제 역시 해결되지 못했다. 처음에 한자는 한글과 같이 배우게 되어 있었다. 1960년대와 1970년대에 정부는 한글전용화와 한글교육으로 전환했지만, 문교부가 1980년대와 1990년대에 다시 정책을 전환하면서, 한자와 한글을 같이 가르치도록 했다.

지방교육자치

무질서를 두려워하던 미군정은, 1945년부터 교육을 중앙집중적 통치의 도구로 사용하였다. 그러나 앞에서도 언급했지만, 미국 교육자들은 지방교육

88) 동아일보, 1949년 11월 17일.

자치를 민주주의 사회의 필수적인 요소로 보았다. 그들은 고도로 중앙집권적인 제도가 권위주의적 파괴나 조작에 취약하다고 믿었고, 제2차 세계대전 이전의 독일과 일본에서 독재정권이 수립된 중요한 이유로 보았다. 각 지방의 교육위원회는 권위주의적 사회의 이러한 수직적 통제를 깨뜨리고, 교육정책과 실행에 대한 대안적 관점을 제시하는 것을 통해 교육을 자극하고 민주화시킬 수 있었다. 교육에 대한 새로운 미국식 사상에 자극을 받은 한국인들에게 지방교육위원회의 도입은 매우 중요한 문제였다.

지방교육자치 문제는 지방자치제라는 더 큰 문제와 밀접하게 연관되어 있었다. 이 두 가지 이슈는 행정의 문제 자체를 넘어서, 식민지 시대로부터 물려받았던 중앙집권적 관료 국가에 대한 직접적인 공격이었다. 지방자치제는 한국의 정치적 정책과 실행 속에서 시행되었던 적이 전혀 없었기 때문에, 한국의 국가적 전통에 도전하는 것이었다. 지방자치법은 1945년 8월 20일에 제헌국회에 첫 번째로 제출되었는데, 독립한 지 겨우 5일이 지난 뒤였다. 1949년 1월 31일에는 국회에서 준비한 초안이 논의를 위해 주 논의안건으로 제출되었다.[89] 지역 단위에서 의사결정을 공유할 수 있는 선출제 기구를 만들자는 기본적인 제안은 받아들여졌다. 초안에 있어서 갈등의 쟁점은 각 행정 단위의 장이 지명되는지 혹은 선출되는지, 직접선거로 할 것인지 간접선거로 할 것인지, 지역 기관들이 경찰을 감독하는 정도, 지방공무원을 해임할 권한을 도지사에 둘 것인지 대통령 혹은 내각에 둘 것인지, 지방자치의 정확한 구성 단위, 공무원과 유권자의 자격, 시행할 날짜 등이었다.

1949년 8월 15일에 통과된 이 법은 중앙정부의 권한을 제한하려는 쪽의 조건부 승리였다. 사실상 모든 지방자치단체의 관료들은 시 · 도의회에 의해 선출되며, 도지사와 서울시장도 이에 포함되었다. 지방의회는 직선제로 선출되며, 공무원에 대한 제한은 거의 없었다. 한국은 13개의 광역단체와 115개의

89) 국회사무처(1971), 국회사, vol.2, 서울: 국회사무처. 1:138.

시/군으로 구분되고, 이들은 다시 읍과 면 단위로 구성되었다. 지방행정의 최소단위는 읍과 면이었으며 행정수반은 내무부에 의해 임명되었지만, 지방의회는 지역에서 직접 선출되었다. 이승만은 이 법에 거부권을 행사했으며, 오랜 논의와 협상 끝에 수정안을 1949년 8월 19일 통과시켰다. 여기서는 도지사와 시장이 내무부에 의해 임명되도록 했으며 지방의회의 경찰통제권 또한, 제한되었다.[90] 따라서 새로운 체제 하에서는 내무부를 통한 중앙관료제가 여전히 지방을 통제하는 강력한 기구였으며 경찰 또한, 내무부의 통제를 받았다.

초등교육을 감독하기 위해 지역 단위에서 선출된 교육위원회와 중등교육을 감독하기 위한 9개의 지역위원회를 설치하도록 한 미국식 교육지방자치제 법안이 1948년 8월 20일 국회에 제출되었다. 이날은 지방자치법이 제출된 날과 같은 날이었으며, 1949년 문교부와 국회 초안에 포함되었다. 문교부는 국회에 지방교육자치제가 필요한 3가지 이유를 들었는데, 관료주의적인 '엄격한 통제'를 피하고, 지역에 알맞은 교육을 보장할 수 있으며, 그리고 행정절차에 대중적 참여의 보장을 통해 교육정책에 대한 국가적 인식을 발전시키기 위함이었다.[91] 교육법의 지방자치조항이 논의되고 난 뒤 몇 주간 지방교육자치제 지지자들은 비슷한 이유로 지방교육위원회의 필요성을 옹호했다. 안호상과 문교부 관리들은 지방교육자치제를 강력하게 주장했으며, 반면에 이영준과 후임자인 이규갑, 김상한 등은 문교부초안과 교육법에 반대했다. 오천석, 강길수, 백낙준과 유진오 등을 비롯한 교육자들은 민주주의 교육의 필요성, 지역사회의 학교참여(아동중심교육, 지역중심교육에 대한 논의에 듀이 사상의 영향을 반영), 그리고 민주적 가치의 모범이 되는 학교제도에 대해 이야기했다.[92] 입법자들과 교육자들은 관료주의적 권위를 제한하는 것과 교

90) Ibid., 1: 138-140.

91) Ibid.

육재정지원을 위한 지방의 보조를 높일 필요성에 대해 말했다. 중앙정부가 교육에 충분한 재원을 마련할 수단이 없다는 것은 이미 널리 알려졌던 것이기 때문에 지방의 재정보조 필요성에 대해서는 거의 이의가 없었다. 국회의원 권태희는 '재정정책에 참여할' 지역 기관을 만들어 교육행정의 책임을 나눠야 할 필요성에 대해 말했다.[93] 그 당시 한국교육에 대한 가장 강력한 비판은 미군정기에 학교에 재학하는 학생들의 부모로부터 후원금을 모아 재원을 확보하는 수단이었던 학교 후원회 조직에 관한 것이었다. 이 학교기반조직의 요금, 이른바 후원회비는 학부모들에게 많은 부담을 주었기 때문에 논란의 대상이 되었다. 1949년 6월에, 안호상은 지방교육위원회의 설립이 지역공동체가 대안적인 자금을 모으고 후원회비 부담을 줄일 수 있게 해 줄 것이라는 바람을 드러냈다.[94] 지방 재원을 찾을 필요성은 학부모가 후원회비를 내지 못해 자살한 15세 소녀에 대한 신문기사가 보도된 후 부각되었다. 지방교육자치는 교육 지원을 위해 후원회비 의존을 낮추는 가장 실제적인 수단이라 주장되었다.[95]

그러나 지방교육자치의 주된 논쟁거리는 교육을 통제하는 일반관료기구의 역할을 제한할 필요성에 대한 것이었다. 이영준은 교육위원회와 교육구를 만드는 것은 '교육행정을 보호하는 가장 좋은 수단'이라고 설명했다.[96] 문제는 학교의 행정을 교사, 교육자, 학부모의 손에 유지하고, 학교가 권위주의적 통제 수단이 되는 것을 막는 것이었다. 교육구를 설립하는 것만이 '일반행정', 즉 '비교육자들로부터 진정한 교육행정을 방해하는 것'을 막을 수 있다는

92) 국회사무처, 국회속기록, 1949년 11월 3일, 638; 오천석, 한국신교육사, 432-434; 강길수, 392-393.

93) 국회사무처, 국회속기록, 1949년 11월 31일, 552.

94) 동아일보, 1949년 6월 3일.

95) 국회사무처, 국회속기록, 1949년 10월 31일, 558.

96) Ibid., 560.

것이다. 이후 문교사회위원회 의장이 된 권태희는 "우리는 반드시 일반행정에 구속되지 않은 교육의 일관성을 보장해야만 한다."고 주장했다. 독일, 이탈리아, 일본은 교육자와 지역사회와는 무대한 중앙관료에 의해 교육이 정치적으로 조종되었던 예시로 인용되었다.[97] 더욱이 교육구의 설립은 중앙관료에 의해 강요되는 정치적 압력으로부터 교사들의 안전을 보장할 것으로 주장했다.[98]

교육법에 의거하여 각 시도마다 교육위원회가 설치되었다. 시교육위원회는 초등교육을 담당했고 도교육위원회는 중등교육을 맡았다. 그럼에도 불구하고, 한국의 교육제도는 여전히 고도로 중앙집중적이었다. 1952년에 시 · 도의 지방의원을 뽑는 선거가 시행되었고, 당선된 의원들은 동시에 시 · 도교육위원회 위원으로 임명되었다.[99] 그러나 이 위원회는 학교에 실질적인 영향력을 거의 행사하지 못했으며, 주로 지역의 세수를 높이는 데 도움을 주는 수단으로 여겨졌다. 지방교육위원회는 그것을 행정의 낭비적 중복으로 보던 관료들에게 공격을 받아 1961년 폐지되었다. 한국의 중앙집권적이고 다소 권위주의적인 전통은 지방자치제도의 시행을 불리하게 한 원인 중 하나였다. 지방교육자치제의 효율성에 대한 헌신의 부족은 또한, '행정의 통일성'이라 불린 결과였다.[100] 모든 아이들이 상위학교로 진출하기 위해 평등하고 공정한 기회를 가질 수 있는 평등주의적 사회를 만들기 위해서는 교육이 동일하고 표준화되어야 한다는 합의가 있었다. 이 점에서 지방교육자치제는 교육 내용과 기준에 있어 불평등을 가져올 위험이 있었다. 많은 한국인들은 지방교육위원회에 열성적으로 참여하지 않았는데, 그들은 중앙정부가 통제하는 획일적인 교육제도가 모두에게 동등한 기회를 보장할 수 있다고 믿었기 때문이다.

---

97) Ibid., 551.

98) Ibid., 1949년 11월 3일, 655.

99) 동아일보, 1949년 11월 11일.

100) 조선일보, 1949년 11월 11일.

이어진 교육법 개정

교육법, 학교기본법, 사회교육법이라 불리는 교육 관련 3개 법안은 1949년 11월 말에 의회를 통과하여 12월 31일에 공포되었다. 국회의원의 다수가 문교사회위원회 의장인 이영준과 문교사회위원회 안을 지지했다. 이들은 미국식 학제를 닮은 제도를 1945년 이전의 일본식 학제와 비슷하게 수정했다. 미군정의 제안에서 변하지 않은 점은 대학은 4년제로 하는 것과, 의대의 경우는 6년제로 둔 것이다. 성인교육에 대한 규정은 기본적으로 문교부 초안을 따랐다. 더 중요한 점은, 교육의 지방자치제 원칙을 다소간 타협하여 교육위원회를 간접선거로 선발하게 했고 지방단체의 장이 교육위원회의 의장이 되도록 했다는 점이었다. 그러나 평등주의 이상과 연결된 6–3–3–4 시스템은 사라졌으며, 그 결과로 제정된 교육법은 안호상과 문교부 관료들, 대한교육연합회 지도자들과 문교부 초안을 지지했던 교육자들에게 실망감을 안겼다. 문교부 초안 작성에 참여했던 현상윤은 "우리 제안에서 변경된 것에 대해 놀랐다."고 언급했다.[101] 이들의 초안은 국회에서 다수의 지지를 받지 못했는데, 국회는 급진적인 교육개혁에 대해 문교부 관료들보다 관심이 없었다.

문교부 초안이 실패했던 이유는 국회와 이승만 행정부 간의 사이가 좋지 않았기 때문인 탓도 있었다. 이승만 대통령과 이범석 총리 누구도 이 법안을 적극적으로 지지하지 않았지만, 행정부와 국회 사이의 긴장은 확실히 교육법의 통과를 쉽게 하지는 못했던 요인이었다. 관료주의적 요소 역시 문교부 초안을 가로막았다. 교육법 논의 과정에서 문교부 초안은 국무총리와 다른 각료들 간의 회의인 국무회의 안건으로 올라가기 전에 논의되었는데, 문교부초안은 격렬한 토론 이후에야 합의가 되었다. 내무부 장관은 지방교육위원회

---

101) 동아일보 1949년 12월 1일자에서 참조.

에 반대했으며, '행정의 일관성'을 방해할 것으로 주장했다. 재경부 장관 역시 반대했는데, 그는 이러한 학제가 지나치게 이상주의적이고 많은 비용이 든다고 보았다.[102] 실제로, 교육법 입안자들이 다루지 않은 가장 심각한 문제는 가난한 국가가 이러한 야심 찬 공교육제도에 자금을 조달할 수 있는 방법이 무엇인가였다. 국가 및 지방정부의 재정적 한계와 초등교육 이후 상위 단계의 학교에서 수업료 징수의 필요성, 그리고 모든 단계의 교육에 있어 개인의 분담금이 필요하다는 논의가 널리 받아들여졌다. 비록 소수가 교육재정에 대한 적절한 조치가 없다는 점에 대해 비판을 제기하였으나, 재정 지원의 문제는 받아들여지지 않았다.[103]

문교부는 그들의 초안이 불행히도 좌절되고 나서, 거의 곧바로 교육법 수정작업에 착수했다. 대한교육연합회의 지원 아래 일련의 회의가 각 도에서 열렸다. 이러한 회의를 통해 교육법 수정을 위한 특별위원회인 학제수정심의회를 조직했고, 6-3-3-4 학제의 복원을 촉구했다.[104] 1950년 2월 9일에 문교부 수정안, 즉 최초의 문교부 초안이 국회에 다시 제출되었다. 이때 문교사회위원회의 새 의장이었던 권태희는 수정안의 대부분을 지지하는 입장을 밝혔는데, 그 내용은 고등학교를 모두 3년으로 만드는 것, 고등학교 입학자격을 중학교 3년을 마친 자로 제한하는 것, 학교 개학일을 9월 1일로 변경하는 것 등이었다. 안호상은 그 당시 일관된 교육제도를 만들 필요성에 대해 자세히 설명했다.[105] 뒤이은 논의 과정에서, 수정안 지지자들은 최우선 원칙이 교육발전을 위한 평등한 기회라고 주장했다. 비록 3년제 고등학교가 인문, 실업, 농업, 수산고등학교로 나뉘었지만, 어떠한 고등학교에 진학한 학생들

102) 조선일보, 1949년 11월 11일.

103) 국회사무처, 국회속기록, 1949년 11월 3일, 642.

104) 대한교육연합회, 대한교육사 1947~1973, 59-60; 조선일보, 1950년 2월 10일.

105) 국회사무처, 국회속기록, 1950년 2월 9일, 552.

에게도 대학입시에 응시하는 것이 허용되어야만 했다. 그리고 모든 학생들은 대학입시를 대비할 수 있도록 공통핵심교과를 이수해야만 했다. 복선형 중등학교제도를 지지하는 사람들은 우수한 전문성과 현실적인 학교교육에 대한 접근방식의 예로 독일의 실업학교(realschule)와 김나지움(gymnasium)의 분기형 중등교육을 언급했다. 그들은 또한, 국가경제가 수용할 수 있는 범위 내에서 고등교육기관의 정원을 제한할 필요가 있다고 말했다. 그들은 이미 대학졸업자가 초과되었다고 우려했다.[106] 그러나 이들의 제안은 엘리트주의적이며 진보적이지도 못하고, 일본조차 거부했던 불명예스러운 학제로 퇴행한다는 공격을 받았다. 따라서 복선형 학제는 거부되었고 후기중등학교제도는 수정되었다. 2년제 대학예비학교와 2년 혹은 4년제 고등기술학교를 대신한 문교부의 3년제 고등학교 안이 1950년 2월 9일 승인되었다. 새로운 제도는 6-4-3-4 제도로, 6년제 초등학교, 4년제 중학교, 3년제 실업 혹은 인문계 고등학교, 4년제 대학으로 이루어졌다. 일관되게 동등한 기회에 중점을 두면서, 국회의원들은 고등학교 입학시험 응시자격을 중학교 학생들에게만 부여하자고 한 권태희의 제안을 무시했다.[107]

그러나 문교부가 완전히 성공한 것은 아니었다. 문교부가 4년제 중학교를 3년제의 미국식 중학교로 바꾸려고 한 것과 신학기 시작을 미국식으로 9월 1일로 하고자 했던 것은 실패했다. 결국, 교육법을 추가적으로 개정하고자 한 노력이 한국전쟁 발발(1950년 6월 25일) 이후에 이루어졌는데, 1951년 2월에 임시수도였던 부산에서 열린 전시국회에서 교육법 개정에 대한 논의가 재개되었다. 2월 19일 3개의 수정안이 제시되었는데, 중학교를 4년제에서 3년제로 단축시키는 것, 초급대학을 4년제에서 2년제로 단축시키는 것, 9월 1일을 신학기로 되돌리는 것이었다. 여기서는 마지막 사항을 변경하는 것만 실패했

106) Ibid., 554-555; 조선일보, 1950년 2월 12일.

107) 조선일보, 1950년 2월 10일.

는데, 신학기 시작일은 기존대로 4월 1일로 정했으며, 이후에 3월 1일로 변경되었다. 결국, 6-3-3-4 학제의 지지자들이 승리했으며 학년의 시작을 9월에서 이듬해 6월까지로 하려고 한 것만 제외하고는 문교부 초안의 주요한 사항이 모두 수용되었다.[108] 요약하자면, 문교부의 교육전문가들과 대한교육연합회 및 다른 미국식 교육제도의 지지자들은 한국의 교육제도에 미국식 요소의 대부분을 받아들이는 데 성공했다.

마지막으로 반영된 부분은 주요 교육자들 대부분이 지지했던 교육의 이념, 즉 교육이 균질적이고 많은 사람들이 접근할 수 있어야 한다는 점이었다. 심지어 미국식 이상을 무비판적으로 받아들이는 것을 강력하게 반대했던 안호상도 상위 단계의 교육에 가능한 많은 사람들이 접근할 수 있어야 한다고 믿었다. 그래서 이러한 목적을 가진 교육법 초안의 '미국식' 특징들을 적극 지지했으며, 문교부 초안을 반대하는 사람들을 한국인들을 뒤처지게 했던 일본식 제도의 폐해를 지속시키려 한다고 비난했으며, 실업계 학교의 계열분리에 대해 아이들에게 지적으로 열등한 교육을 시키려는 것으로 의심했다. 그는 미국식 교육 방법과 미국의 번역된 교과서와 교육자료에 지나치게 의존하는 것에 대해서는 반대 입장을 고수했지만 미국식 제도의 동질성에 대해서 민족적 통합과 '한국적 정신과 마음의 통합'에 도움이 된다고 말했다.[109] 문교부가 제안한 교육법은 대한교육연합회에 의해 조직된 집회에 의해 촉진되었다. 전문적인 교육자들의 명성과 초반의 실패 이후의 지속적인 노력은 문교부의 제안을 지지하는 충분한 수의 국회의원을 설득하는 데 도움이 되었을 것이다. 논의 과정에서 주목할 점은 이승만 대통령이나 이범석 총리가 학제 논의 과정에 분명한 지시를 한 적이 없었다는 점이며, 이 둘은 모두 국가교육제도에 대한 명확하고 일관성 있는 관점을 갖고 있지는 않았다. 당시 이

108) 국회사무처, 국회속기록, 1951년 3월 7일, 서울교육특별시위원회(1955), 대한교육연감, 16.
109) 동아일보 1949년 6월 3일 인터뷰기사, 조선일보 1949년 9월 21일 인터뷰기사 참조.

승만에 대한 지지도가 국회에서 낮았던 점을 감안한다면, 그의 지원이 부족했다는 것은 교육법 수용에 있어서는 아마도 거의 방해가 되지 못했을 것이다. 더욱이 미국식 제도의 수용은 부분적으로는 이 시기 한국에서 미국의 위신과 일본이 그들 스스로 미국식 학제와 비슷한 개혁을 도입하고 있다는 사실에 기인했다.

가장 중요한 점은, 문교부의 단선제와 교육 접근성 확대 요청은 한국 대중들의 보편적 욕망을 반영했다는 것이다. 이 시기 동아일보와 조선일보를 비롯한 주요 언론들은 문교부가 제안한 학제를 지지했다. 언론은 결과적으로 대도시의, 자녀들의 교육 기회에 높은 중점을 둔 중산층 지식인들의 입장을 반영했다. 1950년 봄에 실시된 국회의원 선거를 통해 당선된 사람들은 이러한 대중적 요구를 완전히 무시할 수는 없었다. 이후 개방된 학제에 대한 폭넓은 지지도는 이후에 정부가 고등교육 접근성을 제한하고 중등교육의 계열구분을 다시 시도할 때, 극심한 대중적 반대로 다시 재확인되었다.

비록 상당수의 관료들과 국회가 좀 더 엘리트주의적 접근을 선호했을지라도, 승리한 쪽은 고등교육의 기회를 개방해야 한다고 한 쪽이었다. 왜냐하면 그것이 진보적으로 보였을 뿐만 아니라 결과적으로 교육 기회에 대한 대중적 열망에 부합했기 때문이었다. 더욱이 한국의 낙후된 경제적 조건에 맞추기 위해 고등교육과 학교교육에 대한 접근의 기회를 제한하는 것은 근대적이고 발전한 학제 설립의 목표를 절충시키는 일이라는 이유로 거부되었다. 무엇보다도 엘리트주의적인 학제를 만들고자 한 시도는 한국 민중들의 교육 기회를 향한 열망과 상충되었다. 대다수 한국인들을 위한 즉각적인 전망이 무엇이었던 간에, 출세의 사다리를 오르려는 희망이 부정될 수는 없었다.

교육제도의 확장

일제 강점기가 끝나고 난 직후 수년간 진행된 교육재건사업은 학교교육의 폭발적인 성장을 촉진시켰다. 어느 국가도 1945년 이후 몇십 년간 한국처럼 모든 단계의 교육에 있어 급속한 팽창을 보인 적은 없는데, 10여 년 동안 수백 개의 초등학교와 중등학교, 수십 개의 전문대학과 대학교가 설립되었으며, 학교교육은 그 후에도 계속해서 엄청난 확장세를 보였다. 당시 한국은 성인들 가운데 중등교육을 이수한 사람이 1/20 미만이었고, 대다수가 제도권 교육을 받지 못했던 국가였다. 그리고 제대로 된 교원양성교육을 받은 교사와 연구시설이 전무했던 국가가 지금은 세계에서 가장 문해율이 높고, 고도로 훈련된 교사가 있으며 고등교육 진학률이 가장 선진국에 근접한 국가가 되었다. 교육발전은 한국전쟁 기간 동안 중단되었으나, 이후 부패한 이승만정권 시기의 경기침체, 이승만정권을 붕괴시킨 혁명을 거쳐 1961년에서 1987년까지 한국을 지배했던 군사정권 기간 동안 계속되었다.

교육발전의 양상은 정부의 변화와 국내외적 위기들에도 불구하고 상당히 일관성 있게 진행되었다. 공공정책은 고등교육의 확대를 적극적으로 추진하기 전에, 먼저 초등학교, 중등학교 순으로 보편적이고 동일한 기준을 마련하는 데 집중하였으며, 교육이 순차적으로 발달할 수 있었다. 교직 수요가 학교의 수용력을 압박했음에도 불구하고 일제 강점기 교육의 특징이었던 교원의 상당히 높은 전문성은 유지되고 향상되었다. 엄격하면서도 균질적인 국가적 교육과정이 1950년대 중반 만들어졌고 이후 고착되었다. 또 다른 한국교육의 특징은 높은 수준의 내적 효율성이었다. 일단 학생들은 학교에 입학한 후에, 학교에서 성적을 향상시키고 학사일정에 맞춰 졸업하게 된다. 학교교육의 균등한 접근을 위한 지속적인 노력이 이루어졌고, 학교 간의 수준도 균일하게 하고자 했다.

초등교육의 강조

개발도상국들 중에 한국보다 더 지속적인 발전을 이룬 국가는 거의 없다. 한국은 먼저 제한된 자원을 초등교육에 쏟은 뒤, 1960년대와 1970년대에 중학교교육의 보편화를 시행했고, 그러고 나서 고등학교교육의 보편화에 초점을 맞췄다. 이렇게 순차적인 교육발전을 위한 헌신적 노력에는 기초 단계의 학교교육을 보편적이면서도 동일한 수준과 내용으로 하려는 정책이 수반되었다. 이것이 가져온 중요한 결과는, 교육에 대해 전국민적으로 집착에 가까울 정도의 관심과 더 높은 단계의 교육을 받을 기회가 상당한 수준으로 모든 아이들에게 개방되었다는 점이다.

이러한 순차적 발전 정책은 1948년부터 시작되었다. 미군정 기간 동안 모든 교육 단계에서 교육을 발전시키고자 하였지만, 이승만정부가 우선시하던 것은 초등교육의 보편화였다. 1948년 한국에서는 사립초등학교가 법으로 금지되었기 때문에 초등학교는 중·고등학교나 대학과는 달리 공립학교만이 존재했다. 기초적인 교육을 제공하는 것은 국가의 책무라는 인식은 대한민국 설립과 함께 시작되었다. 「제헌헌법」 제16조는 초등교육은 보편적이고 의무적이라고 선언하였으며, 정부는 수립 이후 불과 몇 주 후에 국회에 초등교육의 보편화를 위한 방안을 마련 중이라고 밝혔다.[1] 1949년에 정부는 6년간의 초등교육 보편화 계획을 발표하고 이후 초등교육 취학률이 1956년까지 학령인구의 약 95%에 이를 수 있도록, 교실 건설, 교사 채용 및 훈련, 그리고 입학장려운동 등 야심 찬 계획의 시행이 계획되어 있었다. 한국전쟁의 발발은 이 계획을 엇나가게 만들었지만, 초등교육에 대한 국가의 책무는 여전히 남아 있었다.

초등학교 취학자 수는 정부수립 이후 첫 2년간 급속히 증가했다. 부모들은 아이들을 기꺼이 학교에 보내려고 했지만, 교사부족, 시설부족, 재정부족 문제가 만연했다. 문교부는 교사 부족 문제를 해결하기 위해 상당히 큰 규모의 교원연수 프로그램을 시행했다. 이 프로그램은 미국인 자문단의 지휘하에 서울대학교의 교원연수센터(TTC)에서 시행되어, 교사 부족 문제의 해결에 조금이나마 도움이 되었다. 이 시기에 교실 및 교사 부족 문제는 2부제, 심지어 3부제 수업을 발생시켰기 때문에, 몇몇 학교의 교사들은 아침 일찍 수업을 시작해 저녁까지 수업을 해야만 했다. 학급 중 상당수는 100명 이상의 학생이 있는 거대 학급이었고, 그래서 한 학급 이상을 맡은 교사는 엄청난 수의 학생을 담당하고 있었다. 사용 가능한 공간은 어디든 교실로 활용되었다. 예를 들어, 학교는 이전 일본인들의 재산이었으나 당시 정부 관할로 되어 있는 공장과 건물들을 사용할 수 있도록 승인을 받았다.[2] 재정적인 문제에 관해서, 정부는 학교 후원회 조직에 의존했다. 또한 개별 학교는 다양한 형태의 수업료

1) 국회사무처, 국회속기록, 1948년 10월 30일.

2) 국회사무처, 국회속기록, 1948년 11월 27일.

와 '기부금'을 통해 운영되었다. 이는 부모가 자녀의 교육재정에 커다란 역할을 하고 있음을 의미했는데, 교육비를 가족의 책임으로 전가하는 것은 애초부터 한국교육의 기본적인 특징이었다.

초등교육의 보편화는 상당히 진전되어 1950년에 초등학교에 등록한 학생 수는 242만 6천 명이었다. 한국전쟁으로 인한 하락세가 있었지만, 감소한 숫자가 얼마나 되는지는 정확하게 알기 어렵다. 학생들은 흩어지거나 쫓겨났기 때문에 전쟁 때의 수치는 신뢰할 수 없으며, 많은 학교가 임시로 운영되어 출석을 정확히 기록하기 어려웠다. 그러나 분명한 것은, 1945년에 시작한 초등교육의 급속한 확대가 전쟁 직전까지 계속되었다는 점이다.

정부는 보편적인 기초교육의 시행을 1949년 12월 1일 「교육법」을 통해 의무화함으로써 먼저 주도적인 역할을 하였지만, 이승만정부에서 이 목표를 달성하는 데 성공할 수 있었던 것은 국가 주도에 대한 대중의 압력 때문이었다. 가능한 한 빨리 보편적인 초등교육과 문해력을 달성해야 할 필요에 대해서는 대체로 의견이 일치했다. 대도시[3]에 사는 한국인들은 모든 계층에서 그들의 아이들을 학교에 보내기를 열망했고, 심지어 가장 외딴 시골 지역의 주민들도 상당한 열정을 가지고 그들의 아이들을 위한 교육기회를 수용하였다. 놀랍게도 여전히 시골에 사는 사람의 대다수는 문맹이거나, 혹은 반문맹이었지만, 자신의 아이들을 전혀 망설임 없이 학교에 보냈다. 학교 직원들은 학생 모집에 아무런 어려움이 없었으며, 심지어 여자아이들도 기초적인 교육을 받을 자격이

3) (역자 주) 일반적으로 대도시의 기준에 대한 설명은 다음과 같다. "우리나라에서도 20세기 중·후반의 경제개발 시기에 급격한 이촌향도 현상으로 도시인구가 빠르게 증가했다. 이때 서울 및 6대 광역시(부산, 대구, 인천, 광주, 대전, 울산)와 같은 곳이 인구이동의 중심점으로 기능, 농촌에서 유출된 인구를 받아들이며 급속한 인구성장을 경험했다. 또한 주변지역의 행정적 중심기능 및 정치, 사회, 문화 등 각종 기능을 중추적으로 수행함으로써 독자적인 도시 세력권을 형성하는 대도시로 발달하게 되었다."(한국민족대백과사전) 그러나 본문에서 자주 사용하는 대도시는 시대에 따라 다른 기준을 갖는 것으로 해방 후 서울과 부산을 중심으로 한 지역을 일컫는 표현에서, 산업화를 거치는 1970~1990년대에 인천, 대구, 광주, 울산, 대전이 편입되어 지칭되는 지역을 의미한다.

있다는 생각을 일반적으로 가지고 있었다. 가장 주요한 문제는 교육시설의 확장과 충분히 훈련받은 교사의 수요를 충족시키는 일이었다.[4]

1949년 초부터 보편교육을 위한 조치가 충분하지 못하다는 불만이 이승만 정부를 향해 제기되었다. 언론은 1950년대 내내 초등학교가 충분히 신설되지 못하고 있다고 계속해서 정부를 비판했다. 교실 부족 문제는 한국전쟁으로 더욱 악화되었다. 1952년에 시작된 유엔한국재건단(United Nations Korean Reconstruction Agency: UNKRA)과 미군 및 민간단체들의 도움으로, 학교의 재건과 수리가 1952년에서 1955년 사이에 빠르게 진행되었으며 많은 수의 새 학교가 설립되었다. 그러나 한국언론은 재건사업의 속도가 너무 느리다고 비판하였으며, 실제로 과밀학급의 문제는 참혹한 수준이었다. 조급한 언론들은 문교부가 의무교육 6개년계획을 되살리는 속도가 느리다고 비판했다. "한국인들은 초등학교를 필요로 하며" "새로운 의무교육계획이 필요하다." 등이 1953년 10월에 동아일보가 내걸었던 사설이었다.[5] 이에 대응하여, 문교부장관은 의무교육 6개년계획을 만들어 1954년 초 국회에 제출했으며, 이는 신속하게 승인되었다. 이 계획 하에서, 1954년 초등학생 전체 취학률은 38.84%, 1955년에는 91.76%, 1959년에는 96.13%로 증가하였다. 또한 학급 수를 매년 4,000개 확대하며, 교육 인력을 취학 학생 수보다 더 빠른 비율로 늘려서 학급 규모를 줄일 것을 요청했다. 이를 위해 지역 학교운영위원회의 감독 아래 전국적으로 학령아동을 취학시키는 계획이 시행되었다. 교사는 부모들이 아이들을 학교에 등록시켰는지를 확인하기 위해 동네를 돌아다녀야 했다. 시장에 등록 절차를 홍보하기 위한 가판대가 설치되었고, 몇몇 경우에는 자원봉사자들에게 이웃들을 설문조사하여 등록 명단에서 빠진 아이들이 있는지를 보고하도록 했다.[6]

4) 1991년 7~11월 사이, 서울에서 전직 학교교사들을 인터뷰함.

5) 1953년 10월 8일, 동아일보

6년제 의무교육제도를 지속하는 동안, 초등학교 취학률은 1954년에서 1959년까지 매년 6%씩 증가했다. 학생 수는 1954년에 267만 8,734명에서 1959년 354만 9,510명으로 증가했다(〈표 3-1〉 참조). 초창기 수치는 7세보다는 다소 많은 학생이 포함되어 있는데, 이들은 이전에 취학 기회를 놓쳤던 학생들이다. 그러나 1960년에는 학생 수치의 절대다수가 7세에 등록했던 학생들이다. 1959년까지 초등학교 학령인구의 96%를 등록시킨다는 목표를 달성

표 3-1 한국의 학교 취학자 수, 1945~1960 (단위: 천 명)

연도	초등학교	중학교	인문계 고등학교	실업계 고등학교	대학 및 전문학교
1945	1,366	53	16	12	8
1946	2,159	81	25	19	10
1947	2,183	129	40	29	14
1948	2,426	181	56	41	–
1949	2,771	210	64	48	–
1950	2,658	249	76	57	–
1951	2,073	174	53	40	–
1952	2,369	312	59	74	31
1953	2,259	324	86	93	38
1954	2,679	420	113	111	63
1955	2,947	475	142	123	78
1956	2,997	459	154	135	90
1957	3,171	440	156	128	84
1958	3,316	398	159	120	74
1959	3,358	472	161	110	76
1960	3,662	529	164	99	93

출처: 문교부, 문교통계요람, pp. 336-339.

Note: 중학교와 고등학교는 1945년과 1951년이 결합되어 있고, 취학률이 나뉘어 제시되어 있지는 않다. 이 수치는 McGinn et al, 132에서 제시된 추정치이다.

6) 서울교육특별시위원회, 대한교육연감 4288, 93-95.

하면서, 의무교육 6개년계획은 첫해에 엄청난 성공을 거두었다. 6년을 모두 감안하면, 취학률 수치는 87%에 가깝다. 남학생의 수치는 더 높고, 여학생의 수치는 더 낮았다. 그러나 여학생의 취학률은 남학생의 그것보다는 훨씬 빠르게 증가했다. 1953년에 138만 5,376명의 남학생과 87만 3,937명의 여학생이 초등학교에 취학하고 있었는데, 1960년에는 이 차이가 197만 6,881명에서 164만 4,386명으로 좁혀졌다. 중도탈락자의 비율은 극도로 낮았다. 1960년에 90%가 넘는 초등학교의 학생들이 6학년까지 차례대로 진학하였다.[7]

표 3-2 주요 국가들의 GDP와 학교 취학률과의 관계, 1960

국가	GDP/Capita	초등학교	중등학교	고등교육기관
한국	155	96	29	4.7
에콰도르	216	81	11	2.6
이집트	129	58	16	4.7
인도		61	17	1.2
이란		39	11	.9
이라크	216	51	19	2.0
모로코	164	39	5	.5
파키스탄	68	34	9	1.4
파라과이	164	62	10	2.6
페루	208	81	18	4.1
필리핀	175	91	29	10.8
태국	–	84	13	1.9
터키	190	67	14	2.9
베네수엘라	1,043	100	23	4.0

출처: McGinn et al., 64, 150-151; International Monetary Fund, International Financial Statistics 14(January 1961).

Note: 취학률은 학령인구아동 중 각 단계의 첫 학년에 등록한 아동의 비율이다. 이 비교의 신뢰성은 나라별 학제의 다양성으로 인해 한계를 갖는다. 예컨대 태국의 초등학교는 4년제이며, 한국이 보여 주는 비정상적인 낮은 중퇴율은 감안되어 있지 않다.

7) 문교부(1963). 문교통계요람, 서울: 문교부, 336-337; 서울교육특별시위원회(1961), 대한교육연감 4294, 347-351.

1960년대 초반에 박정희 대통령은 이 수치를 100%로 만들고자 했다. '제1차 의무교육시설확충 5개년계획'(1962~1966)은 보편교육의 완성을 주요 목표로 삼았다. 초등학교 취학자 수는 1961년 385만 5,000명에서 1970년 574만 명으로 증가했으며, 이 기간에 6년 취학률은 사실상 보편화되었다(〈표 3-2〉에서 한국의 GDP와 취학률을 다른 국가들과 비교해 놓았다). 이후에, 새로운 인구학적 경향이 초등교육 제공의 문제를 경감시켰다. 1960년대에 정부는 매우 강력하고 성공적으로 인구계획정책을 추진하였고, 이후 출생률은 매우 급격히 하락했다. 그 결과로 1970년 이후 초등교육 학령아동의 수가 줄어들었고, 취학자 수도 줄어들었다.

초등교육의 보편화는 상당히 큰 문제를 초래했다. 서울에서 30킬로미터 정도 떨어진 도시인 수원에서 1953년에 벌어진 경우를 예로 들어 볼 수 있다. 수원에서도 한국전쟁 기간에는 많은 학교가 문을 닫았다. 1952년 12월 31일에 모든 학교가 다시 문을 열었지만, 그중 상당수가 시설을 제대로 갖추지 못했다. 많은 교육 시설들이 파괴되거나 손상되었을 뿐만 아니라 학생 수가 두 배 이상 증가한 학교가 많았는데, 전쟁 중에 이 도시로 옮겨 온 사람들 때문이었다. 예컨대 신풍초등학교의 경우를 보면, 취학자 수가 전쟁 전 거리에서 수업했을 때보다 세 배가 많았다. 학생들은 가능한 한 모든 곳에서 모여서 수업을 해야 했는데, 성냥공장이 학교로 이용된 경우도 있었다. 한 학급의 학생 수는 100명이 넘었고, 교사들은 날씨가 좋은 날에는 야외에서 수업하는 것을 선호했다. 교과서와 학습자료 공급이 부족했고, 대부분의 교실이 칠판을 갖추지 못하고 그저 가마니를 바닥에 깔아놓은 경우도 더러 있었다. 일부 학생들은 거리에서 담배를 파는 등의 방법을 통해 부모를 경제적으로 도와야 했기 때문에 학교에 제대로 출석할 수 없었다. 그러나 학교 교사들은 학생들을 학업에 뒤처지지 않을 만큼 충분히 보내도록 설득할 수 있다고 보고했으며 또한, 학생들에게 주변 친구들이 학교에 결석하지 않도록 해 달라고 요청하기도 했다. 이는 아이들을 학교에 등록시키고 머물게 하는 데 매우 성공적이었다. 1953년 말, 수원의 한 학교에서 몇몇 학생들을 면담한 기자는 그들이 학업을 진지하게 받아들이고 있다는 것을 발견했고, 학생들 대부분이 더 많은 교육을 받길 원한다고 말했다.[8] 제반 조건들은 1950년대 말에 들어서자 다소 나아졌으나, 1960년대에도 여전히 한국의 학급은 세계에서 가장 큰 규모로 남아 있었다.

이승만 정권이 초등교육을 강조한 데에는 경제적인 이유도 일부 있었다. 초등교육을 시행하는 것은 상대적으로 덜 비쌌기 때문인데, 시설비가 적게 들고 고도로 훈련된 교사가 필요하지는 않았기 때문이다. 정부는 의무교육과 무상교육의 필요성을 초등교육으로 제한할 것을 주장하면서 교육 예산의 대부분을 초등교육에 배당했다. 문교부 및 다른 부처의 관료들도 계속해서 한국과 같은 가난한, 세계에서 가장 낮은 1인당 국민소득과 인구 대부분이 농업에 종사하는 국가에서는 다른 방식을 택할 여유가 없다고 주장했다. 실제로 미국식 교육제도 수용을 반대하는 입장에서 이러한 반대 의견을 제기했는데, 그들은 미국식 교육제도가 고등교육의 불필요하고 무분별한 확장을 불러온다고 주장했다.

또한 초등교육을 최우선시한 국가 정책은 '교육의 기회균등'이라는 슬로건에 부합하였다. 이것은 부분적으로는 동일한 교육기회의 원칙과 모든 한국의 젊은이들이 교육사다리의 첫 단계에 접근할 수 있어야 한다는 것을 의미했다. 정치적 요인 역시 초등교육의 확장에 영향을 미쳤다. 한국정부는 혼란한 사회와 북한이라는 경쟁체제에 도전을 받는 분단국가라는 현실에 직면해야 했다. 이승만정권은 새로운 국가에 대한 충성심을 주입하고 국가의 권위를 모든 지역에 확대하기 위해 새로운 교육제도가 가능한 빨리 전체 취학연령인구를 포함하도록 했다. 국가는 모든 젊은이들을 포용하고 대한민국의 시민으로 양성할 광범위한 교육제도가 필요했다. 이러한 관점에서 볼

8) 조선일보, 1953년 6월 9일.

때, 보편적 초등교육은 국가가 사회를 통제하기 유용했다. 보편교육의 추진은 그 자체로 탄력을 받아, 일제의 식민체제가 기본적인 보통교육의 체계적인 확대를 약속했던 1930년대 후반과 같은 국가주도적인 성격으로 되돌아갔다. 1938년부터 1948년까지 초등수준의 학교교육은 계속해서 확장되었으며, 1948년 새로운 정부를 수립한 세력은 보편적인 초등교육이라는 목표를 「제헌헌법」에 포함시킬 것을 약속했다.

한국의 정부수립 직후 2년간의 이러한 긴장과 함께, 한국전쟁의 발발은 국가의 힘을 강화하고 동시에 초등교육의 확산이라는 약속을 이행함으로써 국가를 정당화시킬 필요성을 강조했을 뿐이었다.

중등교육과 고등교육

중등교육은 빠른 속도로 확산되었지만, 정부수립 초창기 때부터 국가만큼이나 민간의 주도로 이루어진 결과라는 점에서 초등교육의 확산과는 달랐다. 이때 문을 연 중등학교의 절반은 사립이었다. 실제로, 이승만정부의 과제는 중등 및 고등교육의 성장을 촉진하는 것 못지않게 그 학교들을 통제하는 것이었다. 1945년에서 1950년 동안 중학교 진학자는 5만 3천 명에서 24만 9천 명으로 다섯 배가 증가했다. 한국전쟁이 끝나고 난 뒤, 중학교 진학자는 이전과 같이 폭발적인 속도는 아니었지만 다시 급속도로 증가했다. 중학교 진학자 수는 1952년 29만 3,286명에서 1955년에는 48만 295명으로 증가했는데, 중학교로 몰려든 적정학령 초과자 수가 한국전쟁 이후 줄어들면서 그 상승세가 완만해졌다. 중학교 진학자 수는 1950년대 말에 다시 증가해 1960년에는 52만 8,593명이 되었다(〈표 3-1〉 참조).[9] 이 당시 대부분의 중학교 학생

9) 문교부, 문교통계요람, 368-369.

들은 초등학교에서 바로 진학해 온 경우였다. 이는 각 학년마다 학생들의 나이가 같다는 것을 의미했으며, 나이에 따라 존중하는 습관이 강하게 남아있는 한국 사회에서 학급의 유대감을 강화하는데 중요한 요소였다.

중학교 진학자 수는 1952년부터 1960년까지 매년 대략 8%씩 증가했으며 고등학교 진학자 수 역시 비슷한 양상을 보였다. 해방과 한국전쟁 사이에 4배가 증가한 후부터 증가세가 둔화되었지만, 1952년에 13만 3천 명이 1960년에는 26만 3천 명으로 두 배가 증가했다. 한국전쟁 이후에도 고등교육의 확장은 빠르게 진행되었는데, 취학자 수가 1952년 3만 1천 명에서 1960년에 9만 3천 명이었다.[10] 교육기관의 취학자 수를 연령대 비율로 대응시켜 계산해 보면, 중학교는 1953년에는 21.4%이고 1960년에는 33.3%이며, 고등학교의 경우는 1953년에 12.4%이고 1960년에는 19.9%이다. 그리고 고등교육단계에서는 1953년에 3.1%, 1960년에는 6.4%였다.[11] 정부가 비록 초등교육에 우선순위를 두었지만, 1960년의 중등교육과 고등교육단계에서의 취학자 수는 한국의 경제개발 수준에서 상당히 높은 수치였다.

정부의 정책적 우선순위가 초등교육에 있었기 때문에 중등교육기관 특히 고등전문학교는 민간에서 많은 양의 자금을 지원받아 조직되었다. 사립재단들은 중·고등교육 단계에서 많은 학교를 세웠다. 한국에서 중등단계 학교의 40%에서 50%는 민간에서 건립되었다. 일반적으로, 학교교육의 단계와 수준이 높을수록 사립학교가 차지하는 비율은 더 높다. 예를 들어, 1945년에 3만 7천 명의 9~12학년 학생들이 공립학교에 재학하고 있었던 것에 반해, 1만 2천 명의 학생들이 사립학교에 재학하고 있었다. 그러나 1960년에 공립, 사립 인문계고등학교는 각각 8만 명의 학생들이 재학하고 있었다. 대조적으로, 1945년 가을에 사립초등학교에는 단지 1만 4천 명의 남학생과 1만 1천

10) Ibid., 340-341. 또한 1960년 고등교육기관 취학자 수는 101,000명이었다.

11) 이 수치는 유네스코 보고서에 기초해 요약되었으며, McGinn, 47 참조.

표 3-3 한국의 공/사립학교 취학자 수, 1945~1960

	남/녀 취학자 수(천 명)	
등록학교	1945	1960
공립초등	904/429	1966/1633
사립초등	14/11	3/4
공립중학교	–	262/62
사립중학교	–	137/66
공립인문고	19/18	51/30
사립인문고	7/5	54/26
공립실업고	20/NA	64/3
사립실업고	4/1	23/5

출처: 서울교육특별시위원회(1961). 대한교육연감 4294. p. 348.

명의 여학생이 재학중이었지만, 공립초등학교에는 90만 4천 명의 남학생들과 42만 9천 명의 여학생들이 다니고 있었다. 이승만정권 시기에도 작은 규모였던 사립 초등교육은 1960년까지 계속해서 그 규모가 축소되었는데, 1960년 당시에 3천 명의 남학생과 4천 명의 여학생이 사립초등학교에 다니고 있었을 뿐이며, 전체 초등학생 수의 1% 미만이었다(〈표 3-3〉 참조).

초등교육의 보편화는 박정희정권 때에 이르러 거의 완성되었으며 교육에 대한 정부의 관심은 점점 중등교육으로 바뀌기 시작했다. 1961년, 정부는 의무교육을 9년으로 확장하려는 계획을 발표했다. 첫 단계로, 문교부는 1963년 중학교 입학시험을 폐지하기로 결정했다. 그러나 이 계획은 '제1차 의무교육시설확충 5개년계획' 첫해에 중단되었는데, 중학교의 수가 너무나 부족했기 때문이었다. 의무교육은 실제로 6년이었지만, 1968년 중학교무시험제 도입 이후 중학교 수는 급속도로 팽창하였다. 이후 10년 동안, 중학교 취학률은 사실상 보편화되었으며 국가는 고등학교의 확충에 노력을 기울이기 시작했다.

중학생 수는 1961년에서 1980년까지 4배 더 증가했다. 중학교 학령인구

표 3-4 한국의 학교 취학자 수, 1961~1995

(단위: 천 명)

연도	초등학교	중학교	인문계 고등학교	실업계 고등학교	고등교육기관
1961	3855	621	180	102	134
1965	4941	751	254	172	106
1970	5749	1318	315	275	201
1975	5749	2026	648	474	297
1980	5599	2471	932	764	615
1985	4856	2782	1266	885	1277
1990	4868	2275	1490	810	1490
1995	3905	2481	1246	911	1756

출처: 대한민국 문교부. 교육통계연보, 1971, 1981, 1996. 서울: 문교부.

중 중학생 비율은 1960년 33%에서 1980년에는 95%로 증가했는데, 1970년대 가장 가파르게 상승했다. 1995년에는 이 수치가 99%에 이르렀다. 중등학교 취학률은 1960년에서 1980년까지 5.5배가 증가했다. 1961년에는 5명 중 1명의 고등학교 연령대 학생이 학교에 취학하고 있었지만, 1980년에는 거의 3분의 2에 달했는데, 이 역시 1970년대에 가장 급격하게 증가한 것이다. 그 이후, 고등학교 취학률은 이전보다는 급격하지 않지만 꾸준하게 증가했는데, 1990년대 말에는 90%에 이르렀다(〈표 3-4〉 참조).

해방 이후 20년 동안 전문대학과 대학교의 숫자가 급격하게 증가한 것은 정부의 정책 때문이 아니라 대중의 요구 때문이었다. 1948년 수치에서 대학생 수의 2/3은 사립대 재학생이었으며 이 수치는 1950년대에도 유지되었다. 이는 한국전쟁 직후 국립대학제도가 실시되었음에도 불구하고 나타난 수치이다. 1958년에 38개의 사립전문대학과 대학교가 설립되었고,[12] 1960년에

12) Republic of Korea, Office of Information and Research, Korean Report: Reports from the Cabinet Ministries of the Republic of Korea(Washington, D.C.: Korea Pacific House, 1952~1959), 6: 95-96.

5만 명의 남학생과 1만 4천 명의 여학생들이 사립대학 혹은 사립전문학교에 재학 중이었던 반면, 국공립대 및 전문학교 재학생은 남학생 3만 명, 여학생 2천 명에 불과했다.[13] 순차적 개발이라는 국가적 정책에 따라, 한국의 정책 담당자들은 고등교육단계의 취학자 수를 통제하고자 했다. 그럼에도 불구하고, 1990년대에 2/5의 청소년들이 고등학교에서 대학으로 진학했으며, 이 수치는 90년대 말까지 계속해서 상승했다.

결과적으로, 국가의 기초교육 강조는 개발도상국의 특징으로 종종 나타나는 지역과 사회계층 간의 극심한 불균형을 제거했다. 이는 사회적 통합에 기여했고 새롭게 산업화되는 경제에 필요한 기술과 문해력을 갖춘 노동자를 제공했다. 또한 고등교육에 대한 수요와 고등학력 소지자의 과잉공급을 억제하려는 국가의 노력 사이에 긴장을 유발시켰다. 개방형 학제는 교육을 통한 성공의 가능성이 청년들에게 넓게 열려 있다는 것을 의미했다. 하지만 대학 졸업장을 따기 위한 경쟁을 더 치열하게 만들어 버렸고 한국의 '교육열' 강도를 더 심하게 만들었다.

교원연수

한국의 교육은 단지 양적으로만 급격히 팽창하기만 한 것이 아니다. 교육의 질적인 성장 역시 이루어졌는데, 이는 교원의 자격기준을 향상시키려는 노력에 기인한 것이었다. 1940년대 말에서 1950년대 초, 외국의 연구자들은 한국 교사들이 훈련을 거의 받지 못했다며 질적 수준에 대해 상당히 비판하는 입장이었다. 초등교사의 대부분은 중등교육 이상을 이수하지 못한 상태였으며 교원양성교육은 질적인 수준에서 불가피하게 타협해야 했다. 이

13) 서울교육특별시위원회(1961), 대한교육연감 4294, 349.

는 해방 이후 한국의 빠른 교육 확장과 일본인 교사들이 본국으로 돌아가면서 경험 많은 교사를 상당수 잃게 되었기 때문이었다.[14] 1952년에, 중등교사들 중 1.5%만이 대학교육을 받은 경험이 있었으며, 대학을 졸업한 초등교사는 0.1%에 불과했다. 비록 개발도상국에게서 전형적으로 나타나는 현상이지만, 이러한 수치들은 선진국에서 발견되는 교원양성 수준에는 훨씬 미치지 못한 것이었다. 유네스코-운크라 한국교육사절단은 모든 교사가 최소한 고졸 이상 그리고 최하 1년간의 대학교육을 받아야 한다고 생각했다.[15]

미국으로부터의 원조와 함께, 한국정부는 한국전쟁이 끝나자마자 교원의 수준을 높이기 위해 노력했다. 1953년에 미국교육사절단은 문교부와 함께 3년간 현직교사 대상으로 교원연수를 시행하였는데, 1955년에 끝나기까지 5만 9,365명의 교사 중 1만 8,300명의 교사가 참여하였다.[16] 1954년 1월에, 문교부는 모든 사범학교를 2년제 대학으로 상향조정하는 안을 발표했으며,[17] 2개월 후 문교부는 교육대학 졸업자는 교원으로 복무해야 한다고 발표했다.[18]

1950년대 초에 문교부의 규정을 보면, 교원은 1급 정교사 혹은 준교사 자격이 부여되었다. 1급 정교사의 경우 사범학교나 2년제 대학 학위와 3년의 현직경험이 요구되었다. 1951년부터 초등교원은 사범학교 학위가 요구되었

14) Educational Planning Mission to Korea, Rebuilding Education in the Republic of Korea: Report of the UNESCO-UNKRA Educational Planning Mission to Korea(Paris: Unesco, May 1954), 105; Elaine Milam Barnes, "The Schools of Taegu, KyongsangPukto Province, Korea, in 1954~1955: An Investigation into the Interaction between Culture and Education"(Ph.D.diss., University of Maryland, 1960), 95; Elizabeth Cecil Wilson, "The Problem of Value in Techinical Assistance in Education: The Case of Korea, 1945~1955"(Ph.D.diss., New York University, 1959).

15) Educational Planning Mission to Korea, 146; McGinn et al., 52.

16) Korean Commision for UNESCO, Korean Survey(Seoul: Dong-a Publishing, 1960), 146.

17) 동아일보, 1954년 1월 17일.

18) 서울교육특별시위원회(1955). 대한교육연감 4288, 35.

으며 중학교 교사는 2년제 교육대학 학위, 그리고 고등학교 교사는 4년제 사범대학 학위가 요구되었다. 이러한 자격을 결여한 교원은 준자격 교원으로 분류되었고, 180시간의 교원연수를 받고 시험을 합격해야 1급 정교사 자격을 획득할 수 있었다. 교감은 자격을 갖춘 교원이어야 했으며, 120시간의 행정연수를 거치고 최소 5년의 교사 경력이 있어야 했다. 그러나 이러한 규정은 탄력적이었으며, 행정 경력은 대체될 수 있었다. 교장은 반드시 교감직을 먼저 거쳐야 했는데, 자격요건을 갖추지 못했지만 '심오한 지식과 높은 인격'을 보유한 경우에는 교육부의 승인과 중앙교육위원회의 추천을 통해 교장, 교감으로 임명될 수 있었다.[20] 이는 비록 학교 관리직에 대한 정치적 임명의 길을 열어 준 것이지만, 대부분 높은 수준의 전문성을 유지했다.

문교부는 처음부터 이러한 규정들을 점진적으로 강화했으며, 교사들이 1급 정교사 자격을 지니도록 했다. 1957년까지 교사의 전문적인 자격과 실제 임용 사이의 일치도가 증가했다. 이전에는 편의상 교원자격증이 없는 교사들을 임용하였는데, 일제 강점기에 엄격한 기준을 통해 훈련받았던 기존 교육관료들은 이러한 현상을 매우 심각하게 우려했으며, 교사 수준의 하락을 계속해서 우려했다. 일제 강점기의 교원양성은 당시 한국의 교육발전 단계와 비교했을 때 놀랍도록 높은 수준을 유지하고 있었기 때문이다. 그러나 1950년대 말까지, 학교에서 자격 기준을 엄격히 준수함에 따라 교사의 수준은 엄청난 속도로 향상되었다.[20] 예를 들어, 1957년 이전에는 300여 명의 교사들이 매년 시험을 통해 1급 정교사 자격을 취득하였는데, 1957년 이후에는 시험에 합격하는 사람의 수가 급격히 줄었다. 시험은 점점 경쟁률이 증가했는데,

19) 문교부(1958), 문교개요, 서울: 문교부, 292; Sung-il Kim, "A study of Certain Aspects of Educational Policy in Korea"(Ph.D. diss., Syracuse University, 1961). The system of accreditation was finalized on 11 November 1954. Republic of Korea, MOE, Mungyukaeyo, 290.

20) 문교부(1958). 문교개요. 290-292. 이 언급은 또한, 교사들과 관료들과의 인터뷰에 기초를 두고 있다.

표 3-5 한국 교사의 학력 수준: 2년제/4년제 대학 졸업자 비율, 1952~1955

학교단위 및 학력		1952	1964	1970	1975	1980	1985	1990	1995
초등학교									
	2년제	1.6	15.8	31	44	50	67	79	–
	4년제	.1	3.7	8.3	5	6	8	30	48
중학교									
	2년제	63	90	90	93	94	98	99	99
	4년제	20	53	66	78	82	88	92	94
인문계									
고등학교	2년제	74*	93*	99	90*	96	96	99	99
	4년제	23*	79*	80	85*	90	92	95	98
실업계									
고등학교	2년제	–	–	82	–	96	95	99	–
	4년제	–	–	75	–	81	88	90	–

출처: 1952년, 1964년은 McGinn et al., 52; 다른 연도는 문교부의 1970, 1975, 1980, 1985, 1990, 1995년도 교육통계연보 참조.
*표시는 인문계와 실업계 고등학교의 백분위를 합산한 것임.

1951년에 15%가 통과하던 시험이 1957년에는 단지 4%의 응시자만이 통과할 수 있었다. 결과적으로 대부분의 교사들은 자격에 맞는 학위를 소지하게 되었다.[21)]

교원의 질적 수준 향상은 1952년과 1964년의 통계를 비교했을 때 나타난다(〈표 3-5〉 참조). 초등교원 중 적어도 2년제 대학을 졸업한 사람의 비율은 1.6%에서 15.8%로 증가했다. 눈에 띄는 부분은 모든 초등학교 교사들이 적어도 고등학교 졸업 자격을 요구받았다는 점이고, 당시 한국과 비슷한 경제적 수준에 있던 국가들은 이러한 기준을 갖추는 데 모두 실패했었다는 점이다. 중등교사들의 경우 1952년에는 단지 20.6%의 중학교 교사와 23.7%만의 고등학교 교사가 4년제 대학 학위를 가지고 있었으나, 1964년에는 이 수치가

21) Ibid., 293. 1957년에는 5,901명 중 250명만이 시험에 통과할 수 있었다.

53.0%와 79.3%로 상당히 증가하였다.[22] 이러한 수치는 학교의 엄청난 확장을 고려했을 때, 상당한 정도의 성취를 보여 주는 것이라 할 수 있다.

교사 수준을 향상시킬 수 있었던 이유는 교직이 당시 고학력의 젊은이들에게 매력 있는 직업이었기 때문이다. 낮은 봉급에도 불구하고 이 말은 진짜였다. 1956년에 초등학교와 중학교 교사의 월급은 21,000환에서 22,500환(42달러에서 45달러 정도인데, 이것은 인위적으로 조정된 고환율이다.)이었고 매주 1인당 1/5리터의 쌀이 가족에게 배당되었다.[23] 이 정도 봉급은 기본적인 생계유지에 충분하지 않았다. 학부모들로부터의 사친회 비용과 '선물'이 추가 수입으로 더해졌지만 대부분의 교사들은 다른 일을 해야 했으며 가장 흔한 일은 사교육(과외)이었다.[24] 그럼에도 불구하고 교직은 배우 존경받는 직업이었다. 교사의 특권은 한국의 문화적 유산이었으며 일본인들에 의해 더욱 강화되었다. 많은 한국인들은 가족 중에 교사가 있다는 것을 자랑스럽게 여겼으며, 자녀들에게 교사가 되기를 권장했다. 오랫동안 유지되어 온 교사에 대한 사회적 존경은 교직을 매력적으로 만드는 데 기여했으며, 교육에 대한 역사적으로 뿌리 깊은 믿음이 학교의 확산에 기여한 것처럼 한국교육발전에 도움을 주었다. 1950년대 말에 젊고 대학교육을 받은 사람들을 교직으로 끌어들일 수 있었던 이유는 두 가지였다. 하나는 침체된 경제로 졸업하는 대학생 수가 증가하는 것에 따라 취업 전망이 감소한 것이었으며, 또 다른 하나는 1958년 정부가 교육대학에 입학하는 학생에 대한 병역 의무를 연기한 것이었다. 그러고 나서 그들은 졸업한 다음 바로 가르쳐야 했다.[25] 낮은 급여,

---

22) McGinn et al., 52.

23) C.W.Wood, "Post-Liberation Problems in Korean Education," Phi Delta Kappan 29(December 1957): 115-118; Willard E. Goslin(1958), 한국교육에 있어서의 문제와 발전. 서울: 경제연합회. 13.

24) Wood, 116. 이 주장은 또한 교사들과의 인터뷰를 근거로 하고 있다.

25) You Sang Rhee(이유상), "Korean Education, 1956~1965," Journal of Social Sciences and Humanities 31(December 1969): 34-39.

행정 관료의 부당한 대우, 안전 문제, 계속된 여성 차별에도 불구하고 교직은 인기 있는 직업이었다.[26]

교원연수의 확장은 제대로 교육받지 못한 교사들을 새로운 기준에 맞도록 수준을 올렸고 대부분의 교사들로 하여금 교육적 경향을 따라가도록 했다. 교원연수 프로그램이 매우 체계적으로 운영되었고, 겨울방학과 여름방학 기간에 132시간의 정규연수를 제공했다.[27] 결과적으로 이러한 프로그램과 새로운 기준을 통해 한국의 교사들은 다른 비슷한 단계의 국가들과 비교했을 때 질적으로 매우 우수한 수준에 이르렀으며, 한국이 급격한 경제성장을 했을 때에도 마찬가지였다. 교사들의 높은 수준은 결국 한국 사회에서 교육에 대한 중요성을 강화했으며, 교육열의 중요한 요소가 되었다.

학생 수용

몰려드는 학생들을 감당하지 못한 학교 시설은 한국전쟁으로 인해 많은 수가 파괴되면서 심각한 차질을 겪었다. 결과적으로, 한국의 교실은 1975년 이전까지 엄청난 과밀학급이었으며, 학교 시설은 개발도상국 수준에서도 제대로 갖춰지지 못한 상태였다. 가장 가난한 나라들 중에서도 이처럼 교사/학생 비율이 좋지 못한 나라는 없었다(〈표 3-6〉 참조). 교실 부족 문제는 매우 심각했다. 문교부 예산의 65%가 초등교육에 배당되었음에도 불구하고 대부분 학교 시설보다는 교원 봉급으로 사용되었다. 박정희정권은 학교 시설의 향상과 확장을 우선시하겠다고 선언했다. 제1차 경제개발계획 기간 동안 대략

26) 교직은 주로 남성들의 직업으로 남아 있었다. 1957년에 초등교사의 남/녀 비율은 4:1이었다. 이 수치는 서울에서는 1:1이었으나, 전라도 지방에서는 8:1이었다. Sung-il Kim, 374.

27) 김영화 외(1996). 국가발전에서의 교육의 역할 분석 연구, 서울: 한국교육개발원, 157.

표 3-6 주요 국가 초등학교의 교사/학생 비율 비교, 1961년 (단위: 천 명)

국가	교사/학생 비율	국가	교사/학생 비율
한국	61/3550	베네수엘라	30/1074
이라크	20/642	인도	716/24101
에콰도르	13/566	이란	38/1311
파라과이	10/301	인도네시아	205/8220
모로코	18/375	파키스탄	121/4469
터키	51/2569	필리핀	102/3970
페루	38/1391	태국	100/3432

출처: United Nations Statistical Office, United Nations Statistical Yearbook 1961(New York: United Nations, 1962), pp. 178-179

18,000개, 제2차 경제개발계획 기간 동안 35,000개 정도의 교실이 지어졌으나, 여전히 만족스럽지 못한 상태였다.[28] 교실 부족 문제는 여전히 심각했으며 갈수록 악화되었다. 교실 숫자는 1966년에 최소한으로 필요한 수보다도 28,000개가 부족한 상태였다. 비록 정부에서 한 학급에 평균 60명 이상의 학생을 요구함으로써 학생 수용을 극대화하려고 했으나, 부족한 교실 수는 1년에 5,000개씩 증가했다.[29] 1965년, 교실 부족 문제를 해결하기 위한 9년 계획을 시행했을 때, 이 계획의 목표는 단지 문제의 심각성에 대해 살펴보는 것일 뿐이었다. 한 학급의 학생 수는 80명으로 제한되었으며, 저학년의 경우 2부제 수업이 계속되었다(이 당시 서울의 몇몇 학교는 3부제 수업을 하고 있었다).[30]

초등학교 시설 부족문제를 해결하기 위해 사립초등학교가 1962년 합법화되었으나, 그 수는 그다지 많지 않았고 '기초교육의 평등'이라는 또 다른 목적과 충돌했다(p. 89). 사립초등학교는 시행 당시부터 '귀족학교'라고 공격을 받

28) Ibid., 147.

29) Korea Times, 1 January 1966.

30) 대한교육연합회. 한국교육연감 1967~1968, 서울: 대한교육연합회, 91-92.

표 3-7 한국의 교실 규모, 1960~1965

연도	초등학교	중학교	고등학교
1960	57(NA)*	48	46
1965	65(14%)	61	60
1970	62(8%)	61	60
1975	57(NA)	64	58
1980	52(10%)	66	59
1985	47(5%)	56	59
1990	41(3%)	49	53
1995	38(2%)	48	49

출처: 문교부(1995). 교육통계연보
*괄호 안의 수치는 2부제 수업의 비율을 나타낸다.

았는데, 높은 수업료와 그것을 대가로 중학교 입학시험을 위한 특별준비를 했기 때문이었다.[31] 사립초등학교의 수는 매우 적었기 때문에 한국의 초등학교 과밀화 현상은 전혀 나아진 것이 없었다. 1960년에 초등학교에서 학급당 학생 수의 평균은 57명이었으며, 1970년에는 62명이었다(〈표 3-7〉 참조). 2부제 수업과 3부제 수업은 일반적인 현상이었으며, 특히 서울에서 심하게 나타났다. 문제는 10여 년간 인구의 증가로 인해 취학자 수가 꾸준히 증가한 것이었다. 이 문제는 산업화로 인한 급속한 도시화로 더욱 악화되었다. 시골 학교의 취학자 수는 지속해 감소한 반면에, 도시에서는 계속해서 증가했다. 1975년 이후에 2부제 학급의 수가 줄어들었지만, 그 수는 약간에 불과했다. 이는 시설의 증가 혹은 교사 수의 증가로 인한 것이라기보다는, 1970년대 후반부터 국가 차원의 매우 효율적인 가족계획이 시행되면서 초등학생 숫자가 감소했기 때문이었다.

그러나 중학생의 수는 학교 시설의 증가보다 더 빠르게 증가했으며, 중학

31) Korea Times, 8 May 1962 and 8 January 1963.

교의 교실 수는 박정희정권 20여 년에 걸쳐 점점 과밀화되었다. 이 현상은 1980년대 초에 이르러 다소 개선되었다. 1970년대 교육부 관료들은 중학교 과밀화 현상을 중학교 무시험입학정책 때문이라고 여겼다. 중학교 무시험입학제도는 1969년부터 1971년까지 단계적으로 시행해서 중학교교육을 사실상 보편적으로 만들었다. 이 정책이 상황을 악화시키는 동안, 중학교 교실을 신축하는 일과 교원양성은 1960년대 초의 취학자 수 증가에 비해 뒤처지고 있었다. 고등학교 역시 1970년대 들어와 과밀화되었는데 이것 역시 교실 신축과 교원양성이 취학자 증가보다 뒤처졌기 때문이었다. 비록 국가적 재원이 1961년에서 1979년까지 몇 배가 증가하였지만, 초등교육 및 중등교육의 질적인 향상은 취학자 수 증가를 따라가지 못한 제도적 실패로 인해 제대로 이루어지지 못했다. 1980년대에 들어와 제반 조건이 조금씩 개선되었으나 고등학교는 여전히 과밀한 상태였다. 단지 출산률 저하로 인해 중학교 학생의 숫자가 감소함에 따라 완화되었을 따름이었다. 그러나 한국에서 자주 보였던, 견딜 수 없을 정도의 과밀학급문제는 학교교육을 향한 보편적 열망을 꺾는 것에 거의 영향을 주지 못했다. 오히려 교실 수업의 효과를 제한했으며 교육발전에 심각한 경제적 영향력을 야기하는 학교 밖 과외공부를 더욱 중요하게 만들었다.

성인 문해

엄청난 규모의 '문맹퇴치운동'은 미군정 시기를 거쳐 이승만, 박정희정권 시기에 시행되었다. 그러나 어린 학생들을 위한 교육의 대중적 열망과는 달리, 성인교육에 대한 수요는 해방 직후 수년 정도만 가장 높았을 뿐이었다. 1945년에 한국의 성인들 중 2/3가 문맹인 것으로 추정되었다.[32] 이 문맹률을 낮추는 것이 미군정과 이승만정부의 최우선 과제였으며, 실제로 1940년대 말부터 수많은 성인문해운동이 시작되었다. 그러나 문해운동의 가장 주된 동력은 민중계몽운동과 같은 자원봉사활동에 있었다. 시골에서 교사, 학생, 그리고 교육받은 가정주부들에 의해 민중학교들이 조직되었고 도시 지역에서는 자원봉사자들에 의해 야학이 운영되었다. 그러나 얼마 지나지 않아 성인교육을 촉진시키고자 한 이러한 열망은 시들해지기 시작했다. 이는 부분적으로는 민중계몽운동이 미군정과 이승만정부에 의해 시행된 좌익 인사 숙청으로 인한 희생양이 되었기 때문이었다. 한국전쟁으로 인해 이러한 자발적 성인교육 노력에 대한 파괴는 더욱 심해졌다.[33] 자원봉사활동의 감소와 더불어 모든 교육활동을 규제하고자 하는 시도 중 하나로, 1950년 봄에 문교부는 성인학교의 행정을 민간의 비영리조직인 성인교육위원회 아래에 두었다. 이 조직은 두 종류의 성인학교들, 공민학교와 고등공민학교를 관리하는 업무를 배정받았다. 공민학교는 초등학교 연령을 지난 14세 정도의 아이들을 다루었으며, 고등공민학교는 18세 이상의 성인들을 대상으로 했다. 이 학교들은 초등학교에 부속되는 경우가 많았다. 초등학교의 시설을 저녁에 이용했고, 초등학교 교사가 공민학교 교사를 맡는 경우도 종종 있었다. 고등학생, 대학생 자원봉사자들과 다른 일반의 교육받은 사람들 또한 수업을 맡았다. 참여자들은 선생들과 학생들의 열정과 이상에 대해 애정 어린 시선으로 회상하고 있었다.[34]

문교부의 조사에 따르면, 1950년 4월에 13,072개의 공민학교에 1,039,631명의 학생들이 등록되어 있었다. 그리고 689개의 고등공민학교에는 83,066명의 학생들이 있다고 조사되었다.[35] 많은 공민학교들은 불규칙하게 운영되었

---

32) (역자 주) 김기석, 유성상 (2001). 미군정기 남한에서의 문맹퇴치운동, 1945~1948; 김종서(편) (2001). **한국 문해교육 연구**. 서울: 교육과학사 참조.

33) 한국교육연구소, 454-458.

34) 1991년 6~11월 사이 전직 학교교사들과의 인터뷰.

35) 중앙대학교부설한국교육문제연구소(1974). 문교사, 서울: 중앙대학교부설한국교육문제연구소, 253.

다. 당시에 학생들은 그야말로 어린 아이들과 같이 학급에 참여하였다. 당시 초등학교의 한 교사는 그의 학급에서 아이를 등에 업고 출석한 여성들을 회상하기도 했는데,[36] 이러한 장면은 특히 시골 지역에서는 흔한 것이었다. 그러나 1950년부터 국가에서 1910년 이후에 태어난 성인들에게 학교 혹은 성인 학교가 열린 그 어느 곳에서라도 최소 200시간의 기본 교육을 요구했음에도 불구하고, 특히 20세 이상의 사람들을 대상으로 한 공민학교들의 취학자 수는 얼마 되지 않았다. 이러한 학교들의 취학 상황은 1950년대 초에 최대 70,000명에서 1959년에는 33,665명으로 감소하였다.[37]

매년 국가가 지원한 첫 번째 성인문해운동은 40일간의 '문맹퇴치운동'이었는데, 이것은 1954년 봄에 문교부, 내무부, 국방부가 공동으로 발족시켰다. 3월 18일부터 5월 31일까지 수천 명의 교사와 고등학생, 대학생, 경찰, 군인, 정부 관료들이 한국의 알파벳인 한글을 숙달시키기 위한 기초문해 집중강좌에 동원되었다.[38] 문맹퇴치운동이 끝나 갈 무렵, 문교부는 성인들 중에서 문맹남성의 72.1%와 문맹여성의 73.8%가 문맹퇴치강좌에 참여했으며, 성인문맹률은 남성의 경우 18.2%에서 5.1%로, 여성의 경우는 39.1%에서 10%, 그리고 전체 성인문맹률은 27.7%에서 7.9%로 떨어졌다고 발표했다.[39] 이러한 양상은 나머지 10년간 계속 이어졌다. 매년 봄마다 문맹퇴치운동이 시행되었으며, 참가자 모두가 눈부신 결과를 보였다. 예를 들어, 1957년 문맹퇴치운동은 이미 5월 말에 성인문맹자 비율을 6.6%로 낮추었다.[40] 이듬해에, 다른 문맹퇴치운동은 1월 21일부터 3월 31일까지 진행되었는데, 50만 명

36) 이런 비슷한 이야기들은 이 당시 활동했던 교사들과의 논의와 연관성이 있다.

37) 중앙대학교부설한국교육문제연구소(1974). 문교사, 서울: 중앙대학교부설한국교육문제연구소, 253; 유네스코한국위원회, Korean Survey, p. 143.

38) 서울교육특별시위원회(1955). 대한교육연감 4288. p. 359.

39) Ibid., 360-361.

40) 유네스코한국위원회, Korean Survey, 153.

이 넘는 기능적 비문해자들에게 문해 재교육을 제공하였다.[41]

또 다른 문해운동은 학생들이 방학 기간에 고향으로 돌아가 기초적인 문해 수업을 열었던 농촌계몽운동이었다. 문교부는 이 운동이 첫해에 1,730명의 대학생과 4,824명의 사범학교 학생, 10,850명의 고등학생 등 총 17,404명의 학생들이 참여했다고 보고했다. 그리고 기록에는 54,000명의 남자와 46,000명의 여자가 수업에 참석했다고 언급되어 있다.[42] 거의 모든 노력을 성인교육을 담당하고 있는 각 지역의 교육구에서 주도했다.[43] 이러한 학생운동은 박정희정권에 의해 1962년부터 확대되어 건강관리, 농사, 근대적 삶의 양식에 대한 기초적인 정보를 제공하는 것을 포함하였다. 이 농촌계몽운동의 결과는 일반적으로 부풀려졌으며 목표는 한글을 깨치는 정도였다.[44] 그럼에도 불구하고, 1945년에서 1965년까지 기간 동안 성인문해율이 급격히 상승했음을 볼 수 있다. 1945년에는 한국의 대부분의 성인들은 완전한 문맹이었으나, 1965년에는 단지 1/5 정도가 기능적인 문맹이었을 뿐이었다.[45]

성인문해율의 이러한 인상적인 성취에도 불구하고, 정부가 원했던 성공 단계에까지는 이르지 못했던 까닭은 성인교육에 대한 대중의 수요가 절박하지 않았기 때문이었다. 농촌에 사는 대부분의 한국인들은 읽는 법을 배우는 데에 부정적이지 않았으나, 그들 자식들을 학교에 보내는 일을 가장 중요시했다. 아이들에게 교육을 시키는 것은 그들에게 더 좋은 삶을 가져다줄 수 있으며, 더 나아가 가족에게 가져다줄 지위, 혜택과 함께 가족 구성원들이 갈망하는 높은 수준의 삶을 얻게 할 수도 있었다. 이미 나이가 들어 버린 사람들이

41) Republic of Korea, Oface of Information and Research, Korean Report 6:98.

42) 서울교육특별시위원회(1955). 대한교육연감 4288. 370.

43) 강길수, 397; 동아일보 1953년 5월 18일.

44) 김종서와의 인터뷰, 1991년 9월 서울.

45) 이 추정치는 문교부 연례보고서에 인용된 모순된 수치와, 1991년 9월 김종서와의 인터뷰에서 그가 인용한 미간행 연구에 기초한 것이다.

교육에 시간이나 돈을 투자하는 일은 사회적인 지위 상승에 실용적이지 않았다. 비록 많은 성인들이 문맹퇴치운동에 기꺼이 참여했지만, 상당수는 그러지 않았다. 결국 내무부는 경찰로 하여금 '문해자'라는 문구를 주민등록증에 붙여 놓았는데, '문맹자들이 부끄러워하도록 해서 자발적으로 교육을 받도록' 하기 위함이었다.[46] 이 엄청난 성공을 거둔 프로그램이 정상 학년을 지난 아이들과 젊은 성인들을 대상으로 한 것은 놀라운 일이 아니었는데, 이들은 더 높은 단계의 교육을 받기를 원했고, 교육 사다리에 늦게 오르기 시작했음에도 성공을 거둘 수 있었다. 또한 성인 여성의 경제활동 기회가 극히 드물었다는 점을 감안하면 공민학교, 특히 고등공민학교가 불균형적으로 남학생들을 받아들인 것은 놀라운 일이 아니었다. 비문해자들 중에서 여성들이 많았음에도 불구하고, 1955년의 고등공민학교 학생 7명 중 1명이 여성이었다. 이 수치는 시골 지역으로 갈수록 두드러졌으며, 서울의 고등공민학교에서 여성 학생의 비율은 1/3이었는 데 반해, 한국에서 가장 낙후된 지역 중 하나인 전라남도에서는 여성 학생들은 고작 5%에 불과했다.[47]

미국의 원조

미국의 원조는 한국의 교육 확장에 도움을 주었는데, 특히 한국전쟁 이후 10여 년간 많은 도움을 주었다. 한국전쟁 이전에 교육분야에 대한 직접적인 재정원조는 얼마 되지 않았다. 그러나 미국과 한국 사이에 한미경제조정협정이 1952년 5월에 체결되었고, 미국의 직접적인 원조가 교육 관계 시설을

46) 유네스코한국위원회, Korean Survey, 126.

47) 서울교육특별시위원회: 대한교육연감 4288, 359-361의 수치와, 대한교육연감 4294, 347-351; 그리고 문교부, 문교통계요람, 336-337에서 가져온 수치임.

복구하는 데 상당히 도움이 되었다. 이 협정 아래 한미합동경제위원회는 미국인과 한국인 대표단으로 구성되어 미국 원조금 배분에 대한 세부사항을 마련하였다. 이후 10년간, 한국은 엄청난 양의 미국 원조를 받게 되었고, 미국의 원조는 당시 정부 수입의 주요한 원천 중 하나였다. 1953년부터 1962년 동안 20억 달러의 비군사적 원조가 배당되었고, 이는 당시 경제규모의 약 8%를 차지하고 재정수입의 70%를 차지하였다.[48] 그러나 교육원조의 직접적 효과는 기대했던 바에 미치지는 못했다. 단지 1억 달러 정도(군사원조를 포함한 총 원조금액의 약 3%)만이 교육에 들어갔다.[49]

미국 원조의 대부분은 프로그램 원조의 형태였는데, 주로 농산물, 비료, 석유, 시멘트, 목재, 장비 등 특정 물품의 수입에 자금을 제공했다. 이 원조계획의 일부는, 특정 프로젝트들을 위한 기술 및 물품 지원을 지원하는 방향으로 진행되었다. 이 유형의 원조는 교실 건축에 매우 중요했다. 1953년부터 1957년까지, 미국은 8,700여 개 이상의 교실을 짓기 위한 목재, 유리 등을 제공하였다. 이 원조계획들 중 하나는, 기술고문을 파견하여 교실 건설에 대한 조언을 제공하고 필요한 것을 조사하는 것이었다.[50] 1961년 이후, 직접적인 재정 원조는 매우 제한적이었지만 미 교육자문단과의 꾸준한 교류를 통해 교육계획 수립, 직업훈련에 도움을 받았다. 그중 가장 중요한 것은 교원연수였

48) Edward S. Mason, Mahn Je Kim, Dwight H. Perkins, Kwang Suk Kim, and David C. Cole, The Economic and Social Modernization of the Republic of Korea (Cambridge, Mass.: Harvard University Press, 1980), 165-205.

49) McGuinn, et al., 89-97. 미국의 대한원조에 대한 연구는 한국과 영어권 모두 상당히 진행되어 있다. 최근 한국 학자들은 미국원조의 부정적인 영향으로 값싼 식량원조로 인한 농촌수입의 감소와 다른 한편으로는 수입 자재와 부품의 원조에 의존하여 경제적으로 쓸모없는 공장을 만들었다는 점에 주목하고 있다. 미국의 원조는 또한, 심각한 부패를 야기했는데, 그것이 당시 자유당이 자금을 조달하는 주요한 수단이었기 때문이다.

50) Herbert Wesley Dodge, "A History of U.S. Assistance to Korean Education: 1953~1966" (Ph.D. diss., George Washington University, 1971), 27.

다. 1970년대에 문교부와 문교부에 자문을 제공하기 위해 계획된 연구기관인 한국교육개발원(KEDI)에서 일하는 교육전문가 대부분은 미국에서 교육을 받은 사람들이었다. 이들이 미국에서 받은 교육은 한국에 전문적인 역량을 제공하는 데 큰 도움이 되었다.

미국의 원조가 한국의 교육발전에 얼마나 도움이 되었는가는 다양한 해석의 대상이 되어 왔다. 한국의 한 주요한 연구는 미국 원조의 역할은 미국의 원조 없이는 훨씬 느리게 진행되었을 교실 재건 프로그램을 제외하고는 보잘것없었다고 보고 있다.[51] 그러나 다른 연구에서는 해방 이후 20년간 한국교육의 급격한 팽창은 대부분의 한국 학자들이 인정하는 것보다 미국 원조에 매우 깊은 영향을 받았다고 보고 있다. 여기서는 기술교육과 교원연수 프로그램이 광범위했을 뿐만 아니라 모든 교육개발사업에 자극을 주었다고 보고 있다. 예를 들어, 미국의 원조가 한국인들에게 높은 기준의 교직 전문성을 달성하도록 고취한 것이다.[52]

미 교육자문단은 종종 그들이 한국교육에 미칠 수 있는 영향력이 제한적이라는 사실에 실망하곤 했다. 기본적인 한국어 지식보다 더 많은 지식을 얻거나 혹은 그들과는 매우 이질적인 문화를 이해할 만큼 오래 머무른 사람은 거의 없었다. 결과적으로, 그들은 종종 한국인들의 행동에 대해, 비록 그것이 나쁜 것이 아니었어도 혼란스러워했다. 의사소통은 매우 제한적이었으며 극히 소수의 한국인 교육자들이 영어에 유창했을 뿐이었다. 1950년대 초반, 미국 교육자문단의 일원이었던 엘리자베스 윌슨(Elizabeth Wilson)은 서양 교육자문단들의 태도를 연구하였는데, 한국교육에 대한 그들의 견해가 극도로 부정적이었다고 보았다.[53] 이것은 비단 교육에만 국한된 것이 아니었다. 한국

51) McGinn et al., 89-98.

52) Umakoshi Toru, "Dokuritsugo ni okeru kankoku kyoiku no saiken to amerika no kyoiku enjo" [Rebuilding Korean education after independence and U.S. educational assistance], Han, no. 112 (1988): 67-100.

에 온 서양인들, 특히 미국인이 일반적으로 한국 문화에 대해 부정적인 의견을 가지고 있었고, 이 나라의 미래 전망에 대해 비관적이었다. 한 전직 교육자문단원은 1990년에 쓴 글에서 그와 그의 동료 대부분이 한국 문화의 특성과 장점을 인식할 수 없었고, 이로 인해 한국인들을 매우 깔보았다고 인정했다.[54] 이러한 태도는 한국의 급격한 변화와 미국이 그들 교육의 단점에 대해 더욱 비판적이 되면서 점차 바뀌었다.

지금까지 보아 온 바와 같이, 미국식 교육의 이상은 한국의 교육사상에 큰 영향을 주었으나, 한국의 교육제도는 또한 외부 사상에 저항한 것처럼 보인다. 아마도 한국교육에 대한 미국인들이 가진 인식의 한계를 보여 주는 가장 확실한 예시는 교실에서 찾을 수 있을 것이다. 미국식 교수 방식은 기존 한국의 교수 방식을 변화시키는 데 거의 영향을 미치지 못했으며, 이는 미국인 자문단들이 가장 실망했던 지점이었다. 한국의 교실은 강의와 암송, 개념에 대한 암기를 통한 교사 중심적이고 교과서 중심적인 채로 남아 있었다. 이는 부분적으로는 미국식 교수법이 이해하기 어렵다는 사실과, 그것을 전파하는 시간, 방법이 지나치게 제한되어 있다는 사실에 기인할 것이다. 그럼에도 불구하고, 대부분의 한국인 교사들은 전근대적인 교육 방식과 학생들의 시험준비교육, 그리고 교사의 권위를 강화해서 거대하고 과밀한 학급을 관리하는 방식에 더 익숙했다. 더욱이 한국인들 중에서 비록 민주적인 진보적 교육에 매력을 가졌던 사람들도 미국인들보다 균질성과 표준화에 더 관심을 가졌다. 반면에 몇몇 한국인 교육자들은 열정적으로 미국식 진보주의 교육 방식을 소개했지만, 실제 교수 방식과 학교행정에 미국의 영향은 거의 없었다. 예컨대, 한국인 교사들은 개개인의 표현 능력을 배양하는 것에는 동등한 기회를 촉진

53) Wilson, 166-225.

54) Donald K. Adams, "Educational Change and Korean Development," in G. Lim and W. Chang, eds., 376-377.

시키는 것만큼 관심을 갖지 않았기 때문에 누구라도 능력에 상응하는 교육 단계를 획득할 수 있었다.

남녀공학제 역시, 미국의 영향이 한국의 문화적 양식과 대립될 때, 그들의 영향력이 제한적이라는 점을 드러내는 또 다른 사례이다. 미군정은 초창기 모든 교육을 남녀공학으로 하는 계획을 갖고 있었으나, 문교부는 해방 이후 얼마 지나지 않아 남학생과 여학생이 가능한 한 분리된 학교를 지속시켰으며, 혹은 적어도 중학교와 고등학교 수준에서는 남녀가 분리된 교실을 유지하도록 했다.[55] 여기에 대해서는 거의 반발이 없었으며, 중등학교에서 남녀공학을 부활시키자는 논쟁은 크게 일어나지 않았다. 1953년 9월, 문교부는 남녀공학을 초등학교 첫 4년으로 제한하는 계획을 발표했는데,[56] 1950년대 말에 대도시 학교들에 시범 운영되었다.[57] 이러한 실패 사례들은 종종 미국 교육자들을 낙담시켰지만, 그들 대부분은 교육을 받고 싶어 하는 열망이야말로 한국교육의 가장 큰 특징이며 전도유망한 점이라는 데 동의했다.

미국은 두 가지 간접적인 방식으로 교육 팽창의 촉진에 중요한 영향을 주었다. 1950년대와 1960년대 초반 미국의 대한원조는 당시 남한 정부가 일을 하는 데 매우 중요한 요소였다. 비록 원조 자금 중에서 직접 교육에 사용된 부분은 매우 적었지만, 국가의 재정적 능력이 없었다면 교육발전은 더욱 어려웠을 것이다. 외국원조는 1962년 이후 점점 줄어들었지만, 고등교육에 있어서 여러 기술원조 사업은 여전히 중요하게 남아 있었다. 게다가 미국에서 공부하는 한국인들을 위한 장학금은 원조가 줄어든 이후에도 오랫동안 꾸준히 미국 대학에 젊은 학자들이 건너갈 수 있도록 했다. 실제로 유학생의 숫자는 1970년대와 1980년대에 걸쳐 증가했으며, 한국인 수백 명이 미국 대학

55) 동아일보, 1953년 10월 13일.

56) 조선일보, 1953년 9월 12일.

57) 백현기(1962). **교육행정학**, 서울: 을유문화사, 359.

에서 학위를 받았다. 이들 미국에서 훈련된 학자들은 한국의 국책연구기관과 한국 대학의 교육 부서에 채용되어 문교부와 같이 일을 하였다. 그들은 자주 미국식 개혁을 추진했고 이따금씩 한국에서 훈련된 동료들을 무시하곤 했었다.

미국의 영향은 분명히 한국의 교육발전에 있어 보이지 않게 작용한 중요한 요소였다. 보편적 교육과 동등한 기회의 보장이라는 미국의 이상은 한국에서 학교교육을 향한 대중적 움직임에 지적으로 도움을 주었다.

사회적 수요와 교육발전

교육 팽창의 인상적인 성과를 설명하는 가장 큰 요인은 교육에 대한 사회적 수요이다. 1940년대부터 1980년대에 걸쳐 교육제도가 더욱더 많은 학생을 수용했으며 행정적 효율성이 향상되었다. 교육제도에 대한 이러한 신뢰의 일부는 이승만, 박정희, 전두환 정권하에서 포괄적이고도 효율적인 학교 네트워크를 만들어 내고자 한 지속적인 노력으로 인해 얻게 된 것이었다. 앞에서 논의한 것과 같이, 미국의 원조는 학교를 건설하고 교원을 양성하는 데 도움을 주었다. 그러나 한국 교육체제의 이러한 팽창은 중앙정부의 체계적이고 일관된 추진의 산물이라기보다는 교육 기회를 얻기 위한 대중의 사회적 움직임 때문이었다. 요약하자면, 교육에 대한 한국인의 집착은 교육체제의 급속한 성장의 원동력이 된 거대한 엔진이었다.

교육발전에 대한 보편적 열망은 해방 초기부터 일어났다. 교육기본법에 대한 논쟁에 반영된 바와 같이, 많은 한국인들의 커다란 관심사항은 교육의 전(全) 단계에 대한 접근 보장이었다. 이것은 도시 엘리트들에게만 해당하는 것이 아니었다. 교육열은 국가 전체에 걸쳐서, 작은 마을뿐만 아니라 도시 빈민가에서도 나타났다. 아이를 학교에 보내기 위해 부모를 설득하는 것은 전혀 문제가 되지 않았다. 수업료를 내지 못하는 학생들의 문제가 있었지만, 오로지 아이들을 학교에 보내겠다는 열망을 가지고 있을 뿐이었다. 심지어 농부들도 아이들을 교육시키는 것이 갖는 장기적 이익을 위해 기꺼이 노동력의 손실을 감수하고자 했다.[58] 교실과 교사, 교과서 부족 문제가 교육의 확산에 주요한 장애물이었다. 그러나 비정상적으로 큰 교실과 낙후된 시설은 한국의 초등 및 중등학교에서 교사의 학급 통제를 제한하거나 비정상적으로 높은 내부 효율성(낙오자 혹은 복학생 비율)을 감소시키는 데 거의 효과가 없었다. 이러한 모든 것은 한국에서 아이들을 학교에 출석하게 하고, 학교에 계속 다니며, 학급의 다른 학생들에게 뒤처지지 않게 하려 했던 부모들이 끼친 영향력의 증거였다.

외국인 관찰자들은 한국 사회에서 교육을 통한 개인적 성공에 대한 열망이 거의 보편적이라는 데 동의했다. 1950년대 초 미국교육자문단으로 대구에 왔었던 일레인 바네스(Elaine Barnes)는 “교육을 받기 위한 민중 대다수의 결정은 거의 무서울 지경이다.”라고 말했다.[59] 엘리자베스 윌슨(Elizabeth Wilson)은 ‘정말로 교육을 원하는 대중적 운동’이라고 서술했으며[60] “1953년에서 1954년에 초등학교와 고등학교 학생들이 춥고, 불빛이 희미한 오두막집에서 그날의 수업내용을 기억하고자 노력하고 필수적인 시험을 준비하는 것을 찾는 것은 흔한 일이었다.”라고 했다.[61] 한 영국 관찰자는 ‘교육을 향한 그들의 애착’은 ‘심지어 가장 가난한 사람들조차도 자기 아이들을 학교에 보내기 위해 애쓸 것’이라고 언급했다.[62] 모든 시골 지역에서 아이들의 학교교육으로 가족의 자산을 높일 수 있을 것이라는 희망이 만연해 있었다. 인류학

58) 서울의 전직 학교교사들과의 인터뷰, 1991년 7~11월.

59) Barnes, 97.

60) Wilson, 198.과 Educational Planning Mission to Korea, 29. 참조.

61) Wilson, 77.

62) Korea Times, 1958년 5월 20일자 기사에서 인용.

자 코르넬리우스 오스본(Cornelius Osborne)은 경기도 강화도의 삼거리에서 일하던 시기인 1947년에 "농부들이 교육 시설 개선이 바람직하다는 것만큼 일관되게 말하는 것이 없다."고 언급했다. 비록 4년간의 초등학교만이 이 마을에서 가능한 교육이었으나, 많은 농부들은 여전히 스스로 교사를 고용하여 자녀들에게 기초적인 문해교육을 시키고 있었다.[63]

1952년 말, 유네스코-운크라 교육사절단(UNESCO-UNKRA Educational Planning Mission)이 방한하여 계획 중이었던 대규모 재건 활동에 대비한 교육의 필요성과 문제점을 조사했다. 이 보고서에서는 많은 오류가 발견되는데, 당시 한국이 혼란 상태의 국가였다는 점을 고려할 때 지나치게 비판적이고 불공평하다고 볼 수 있는 보고서였다. 이 보고서는 교사와 교육행정가의 전문성이 '매우 낮은 단계'로 준비되어 있다고 보고했다.[64] 교사에게 지급되는 봉급이 매우 적어서 기본적인 삶을 살기에도 불충분했다.[65] 그리고 '학교 시설이 매우 불충분'하였다.[66] 교과서에 크게 의존하고 있었지만, 교과서는 부족했고 교수자재들도 효과적이지 못했다.[67] 공민학교와 고등공민학교는 '임시로 운영'되었고, 기술학교 역시 부족하다고 언급되었다.[68] 이 보고서는 교육행정이 "매우 좋지 못하다."고 평하했으며 "감독과 지도를 거의 찾아볼 수 없다."고 보았다.[69] 또한 이승만정권이 교육에 정치적으로 간섭한다고 비난했다. 그러나 이러한 비판적 논조에도 불구하고, 유네스코-운크라 보고서는 교육을 위한 한국인들의 열의에 감탄을 표했다. 결론을 보면 "한국교육은 매우 역동적인 상태였다."라고 기록되어 있다.[70]

63) Cornelius Osborne, The Koreans and Their Culture (New York: Ronald Press, 1951), 100, 103.

64) Educational Planning Mission to Korea, 105.

65) Ibid., 88.

66) Ibid., 44.

67) Ibid., 45, 128.

68) Ibid., 40, 62-72.

69) Ibid., 103.

한국은 산이 많고, 1950년대에는 포장된 길도 거의 없었지만, 작은 산간에 숨겨진 고립된 마을에서조차도 교육열을 느낄 수 있었다. 예를 들어, 전라남도 함평군의 외지고 빈곤한 마을인 내정자(內亭子)라는 마을은 1950년대 말까지 단 한 개의 초등학교도 없었고 2킬로미터 떨어진 다른 마을에 초등학교가 있었다. 수업료는 한 달에 1,000환 정도였는데, 마을 사람들 대부분이 감당하기 어려웠지만 모든 가족들이 자녀의 학교 진학을 위해 희생했다. 딸은 아들보다 우선순위에서 밀렸지만, 이들 역시 대부분 학교에 진학했다. 다섯 가구가 자식들을 여전히 전통적인 서당에 보냈는데, 한 달에 쌀 한 말과 보리 한 말이라는 가격이 현대식 학교보다 훨씬 싸기 때문이었다(현대식 학교의 2/6). 그러나 서당은 낮은 수업료에도 불구하고, 더 이상 시골 사람들에게도 적절한 대안으로 자리 잡지 못했다. 오직 현대식 학교에 다니는 것만이 더 훌륭한 높은 학위를 얻을 수 있는 기회를 가질 수 있었다. 그리고 확실한 점은 대부분의 가정에서 자녀들이 초등학교 이후에도 상급 학교에 다니는 것을 보고자 하는 희망이야말로 시골 가족들의 대부분을 희생시킨 주요 모티브였다는 점이다. 내정자 마을에서도 부모들이 그들의 아이들을 초등학교로 보내는 것이 그들 자식들을 좀 더 높은 지위로 상승시킬 수 있다는 기대를 가지고 있었다.[71]

충청남도 공주 지방의 화신이라는 마을은 '평범'한 것으로 묘사되었는데, 26명의 학령기 남자아이 중 21명이 5킬로미터 떨어진 초등학교에 걸어서 다녔다. 1명은 공주시에 있는 더 좋은 학교에 다니기 위해 친척들과 함께 머물렀다. 2명의 남학생들과 6명의 여학생들은 가난으로 인해 학교에 다니지 못했다. 아이를 좋은 학교에 보내 장래를 유망하게 만들려는 욕망은 보편적인 것이었다. 대부분의 마을 사람들은 그 지역의 학교에 만족하지 못했으며 근

70) Ibid., 108.

71) Eul Byung Yoon, "Naejongja, Hampyong-gun, Cholla Namdo," in Mills, ed., 6-8.

처 도시인 공주에 있는 초등학교가 아이들에게 더 나은 교육 기회를 제공한다고 여겼다.[72]

또 다른 마을인 충청북도 영동군의 한 마을 역시 '평균적인 곳'으로 묘사되고 있다. 1958년에는 이 마을의 거의 모든 아이들이 학교에 가기 위해 3킬로미터 거리를 도보로 통학했다. 몇몇 부모들은 학교운영회비를 감당하지 못했으나, 그해에 이 비용이 폐지되면서, 사실상 모두가 아이들을 교육시키기 위한 충분한 비용을 저축하거나 빌릴 수 있었다. 몇몇 가족들은 아이들을 32킬로미터 떨어진 근처 가까운 중학교에 보냈고, 그중 한 명이 서울에 있는 고등학교에, 두 명이 전문대학에 진학했다. 서울이나 혹은 다른 도시에 아이들이 머물고 공부할 수 있는 친척이 있다는 것은 엄청난 자산이었다.[73]

이러한 교육열은 이후 수십 년간 계속되어 교육 팽창의 원동력이 되었다. 교육열의 가장 인상적인 점은 그것이 사회의 전 단계에 만연했다는 점이다. 1940년대 말 농부들 역시 그들 자신과 자식들의 교육에 열망을 갖고 있었지만, 많은 수가의 가난한 가족들은 상황이 여의치 않다면 첫째를 제외한 자녀 교육은 기꺼이 포기했다. 그러나 1960년대에 들어오면서 앞서 말한 현상은 드물게 되었다. 이는 소득 상승에 일부 기인한 것이지만, 또한 교육을 통한 사회계층이동에 대한 믿음이 확장된 결과이기도 하다. 여전히 거의 모든 청년들이 교육의 기회를 잡고자 했지만, 한국의 가족들은 몇몇 구성원들이 다른 사람들을 위해 희생하도록 요구하는 집단적 노력으로 교육에 접근했다. 교육을 결합된 형태의 가족 사업과 같이 만들어 버린 것은 좀 더 상위의 학교교육을 성취하고자 하는 한 사람의 시도를 지원할 수 있도록 하는 가장 평범한 방법을 가능하게 주었다.

가족 구성원의 교육을 위해 기꺼이 희생하는 한국인들의 의지는 1972년

72) Park Joon, "Hwasin Village," in Mills, ed., 8.

73) Baek Kyu Nam, "Napunto Village," in Mills, ed., 13.

에서 1978년 사이에 공장에서 일하는 소녀들에 대한 로버트 스펜서(Robert Spencer)의 연구에서 증명되었다. 스펜서는 형제자매를 위해 돈을 벌고자 하는 것이 어린 미혼여성이 공장 직업을 얻고자 하는 가장 주된 이유라는 점을 발견했다.[74] 이들 젊은 여성들은 형제자매들, 전부는 아니지만 보통은 남자 형제들의 학비를 위해 돈을 벌어야 한다는 엄청난 압박감에 시달리고 있었다. 스펜서는 가족 문제에서 "교육에 대한 문제가 가장 중요하다."는 것을 발견했다. 공장에서 일하는 어린 소녀들도 그들 자신의 교육에 대한 계획을 포기하지 않았다. 대부분이 언젠가 학교교육을 다시 받을 수 있다는 희망을 가지고 시간을 내어 학원에서 공부하거나 최소한 라디오 교육프로그램을 청취했다.[75] 거의 모든 한국인들이 자녀들의 학교교육을 지원하는 것에 너무 큰 부담을 느낄 때까지 추가적인 교육을 얻기 위한 가능성을 열어 놓고 있었다.

인류학자인 클락 소렌슨(Clark Sorensen)은 1977년과 1983년에 수행한 마을 연구에서, 교육을 위한 열망이 농촌 가족들의 계획에 중심이 된다는 점을 발견했다.[76] 그가 관찰한 가족들은 교육을 좋은 투자라고 생각했는데, 농사일에서 벗어나 도시의 직업을 얻을 수 있는 전망을 높여 주기 때문이었다. 가족 중 한 명이 직장이나 학교교육을 위해 도시로 이사하는 것은 중요한 전략이었다. 그런 다음 다른 가족 구성원들이 교육을 받거나 직장을 구하기 위한 기지로 사용될 수 있도록 분가를 만들었다.[77] 한국 가족들은 종종 서울로 이주하는 이유를 더 나은 직업을 얻을 기회와 농촌 생활에 대한 불만이라고 이야기한다. 그러나 가장 일반적인 이유는 아이들에게 더 나은 교육 기회를 제공하고자 함이었다.[78]

---

74) Spencer, R. F. (1988). Yogong, factory girl. Royal Asiatic Society, Korea Branch.

75) Ibid., 117.

76) Clark W. Sorenson, Over the Mountains Are Mountains: Korean Peasant Households and Their Adaptation to Rapid Industrialization (Seattle: University of Washington Press, 1988).

77) Ibid., 267 n.19.

이러한 교육열은 얼마나 합리적이었을까? 해방 후 20년간 학력에 따른 소득 격차를 조사한 연구물들은 중등교육을 이수한 사람과 대학 교육을 받은 사람 간의 소득 격차가 다른 저소득 국가들에 비해서는 작지만 상당하다는 것을 보여 준다.[79] 계급의식이 잔존했던 한국에서, 교육받은 사람들이 누릴 수 있는 특권과 그러한 높은 지위가 교육을 받은 사람에게는 열려 있다는 점은 그 중요성이 동일했다. 교육을 받지 못한 사람들은 농사일과 육체노동직이라는 끝없는 고역과 이와 연관된 낮은 사회적 지위로 갈 수 있었다. 이를 원하는 부모는 어디에도 없었으며, 한국의 대가족체제는 어느 한 가족 구성원의 성공을 일정 정도 공유하였다.

우씨 형제들은 이러한 사회계층 상승을 위해 노력한 전형적인 사례이다. 우씨 형제들의 맏형은 1938년에 한국의 남서쪽에 있는 정읍이라는 마을에서 농부의 아들로 태어났다. 그의 아버지는 1940년대 초반 잠시 동안 만주 지역의 공장에서 일했는데, 그에게 "농사꾼만 말고 다른 어떤 일이든 하라."고 말했다. 해방 직후, 초등학교가 그의 마을에 개교했고, 6년 후에 그는 걸어서 1시간 거리에 떨어진 곳에 새롭게 개교한 중학교에 다녔고 이후 근처 초등학교 교사가 되었다. 우씨는 그의 동생들을 가능하다면 그가 갈 수 없었던 대학까지 공부시키고자 했다. 그의 어린 남동생과 여동생은 주말에는 그의 곁에 머물렀기 때문에, 그가 개인적으로 그들을 가르칠 수 있었고, 이는 특히 학원이 없던 지역에서는 중요했다. 우씨의 남동생들은 이후 그가 특히 4학년 때 얼마나 열심히 공부했었는지를 "4학년이 끝나고 난 뒤에, 나는 놀아 본 기억이 없고 오로지 공부만 했어요. 내 어머니와 아버지는 내가 집에서 공부하지 않으면 걱정을 했었지요."라고 회상했다. 여름이 최고의 계절이었는데 왜냐하면 밖에서 머물 수 있었기 때문이다. "우리 집은 작고 사람이 많았는데, 그래

78) 이 언급은 한국인들과 1991년, 1996년에 한 인터뷰에 기반하고 있다.

79) McGinn et al., 180.

서 우리는, 물론, 전기 불빛도 없었고, 그래서 겨울에 공부하는 것이 가장 힘들었습니다." 형제들의 도움으로 그가 중학교 입학시험을 통과하고, 1966년에는 대학 입학시험에 붙어서, 대학에 다니기 위해 서울에 머물렀다. 그의 동생은 "내 삶의 모든 순간 나는 서울에 있는 대학에 들어가게 해 달라고 빌었어요."라고 회상했다. 그의 여동생들 역시 여기에 합류하여 서울의 작은 방에서 그를 위해 요리를 해 주었으며 그의 아버지와 형제들은 가능하다면 언제나 재정적 지원을 아끼지 않았다.[80)]

"농부가 되지 말아라." "가난한 노동자가 되지 말아라!" 등은 많은 한국인들에게 슬로건이 되었다. 교육발전의 기본 바탕은 중산층에서부터 농촌의 가난한 사람에까지 이르는 많은 한국인들이 교육의 사다리를 오르는 데 성공한다면 상위 계층에 오를 수 있는 기회가 그들 혹은 그들 아이들을 위한 것이라는 믿음이었다.

교육 수요의 이해

외국의 연구자들은 수십 년 동안의 일제 강점기 시기에 있었던 교육 기회의 제약이 교육에 대한 억눌린 수요로 이어졌음을 언급하고 있다. 부유한 농민들과 대토지 소유주들, 공무원, 사업가, 전문직, 숙련노동자들과 같은 중간계층들은 일본이 고등교육에 허용한 좁은 문에 좌절감을 느꼈는데, 그들에게 이것은 지위와 특권이 낮은 계층에 허용되는 비난과 같았기 때문이다. 유교적 가치관에서 교육과 지위, 특권은 동등한 의미를 가진 것이었기 때문에 일제 강점기 교육 장벽들은 한국인의 무력감을 상기시키는 잔인한 것이었다. 식민 지배가 무너진 후, 이들 한국인 중산층들은 그들 자녀에게 자신들이 이

80) 1997년 7월, 서울에서 우씨 형제들과의 인터뷰.

루지 못했던 것을 시도했으며, 1940년대 후반에서 1950년대의 급격한 교육 확장을 만들어 냈다. 비록 교육 접근성에 대한 대중의 압력은 도시의 중간계층에게서 가장 강하게 나타났지만, 이것은 한국의 모든 사회적 계층들이 공유하던 것이었다. 아이들의 학비를 대기 위해 농부들은 그들의 가진 유일한 소와 가장 좋은 논을 팔아넘기곤 했는데, 이것은 실제 농촌의 전형적인 모습이었다. 실제로 학교교육을 통한 계층 이동을 성취하고자 하는 열망은 모든 계층에 퍼져 있었기 때문에 도시와 농촌 간의 교육 성취도의 차이는 다른 개발도상국들에 비해 낮았다.[81]

1966년 외딴 해안 마을인 석포에서 연구한 인류학자 빈센트 브란트(Vincent Brandt)는 교육이 마을 사람들의 중요한 관심사라는 것을 발견했다. 그는 “만약 무엇이 높은 명성과 사회적 지위에 가장 큰 원동력인지 묻는다면, 대부 분의 마을 사람들은 주저 없이 교육이라고 말할 것이다.”라고 언급했다.[82] 또한, 그는 모든 연령대의 사람들이 상위 학교 진학을 가치 있게 여기고 있다고 하면서, 교육이야말로 한 사람이 다른 사람을 ‘지휘할 수 있는’ 자격을 주는 것이라고 보았다. 그들은 교육이야말로 한 사람이 다른 사람을 ‘지휘할 수 있게 하는’ 자격을 주는 것이라 믿었다. 가난하고 외딴 곳에 사는 젊은이들에게 주어진 장애물들을 고려할 때, 교육을 받기 위한 욕망은 놀랍고도 슬펐다. “어떻게 하면 마을이 정말로 번영할 수 있을지에 대해 궁극적인 목표를 묻는다면, 대부분의 사람들은 자식들의 대학 진학에 가장 큰 우선순위를 두었다. 이 소년들의 교육을 향한 이 강박적이면서 혹은 미신적인 태도의 이면에는 6학년 이후로 공부하는 경우가 없을 것이라는 현실에 직면한 뒤, 거의 모두가 그들의 야망을 포기해야만 하는 마을 환경에 매우 답답함이

81) 강희돈(1989), 한국의 사회이동과 학교교육의 효과, 고려대학교교육학과 박사학위논문.

82) Vincent Brandt, A Korean Village, Between Mountain and Sea (Cambridge, Mass.: Harvard University Press, 1971), 95.

자리하고 있다." 브란트가 발견한 것은 "교육에 대한 믿음을 흔드는 것은 매우 어렵다."라는 사실이었다.[83)]

1958년, 한국 정부는 미국에서 교육받은 최초의 사회학자 중 한 명인 이만갑을 어느 한 시골 마을 조사를 위해 파견했다. 그가 마을의 풍습과 가치에 대해 조사한 바에 따르면, 그는 어디서나 교육을 통한 사회적 상승에의 희망과 시설 부족과 학교교육 비용 부족에 대한 잦은 불만을 찾을 수 있었다. 이만갑은 비록 가문의 자산을 향상시키는 일은 아들 중 누군가 높은 지위에 오르는 데 달려 있었지만, 대부분의 부모가 딸을 교육시키는 것 역시 중요하다고 여긴다는 점을 알아냈다.[84)] 가장 가난한 한국인들도 첫째 혹은 가장 능력 있는 아이가 상급 학교에 진학할 수 있도록 투자하는 것이 상식이었는데, 그것은 한국의 가족이 연합된 조직체이기 때문이었다. 사회적 지위는 개인의 성공만큼이나 가족 전체에 기반을 두고 있었다. 더욱이 유교에서의 효에 대한 강조는 단순히 개인이 아닌 가족 전체의 관심사인 교육에 대한 부모의 압력을 강화시켰다. 이는 이만갑과 다른 학자들의 연구물에서 관찰된 것처럼, 아이들을 교육시키기 위한 가족의 엄청난 희생을 설명하는 데 도움이 된다.

전근대 한국 사회에서는 교육 접근성에 대한 법적인 제한은 없었지만, 전통적인 사회적 장벽이 존재하고 있었다. 양반 구성원들은 한국 사회에서 안전한 지위와 특권을 얻기 위해 관직으로 진출하는 관문인 과거시험을 독점하고 있었다. 대다수의 한국인들에게는 유교 경전의 기본적인 가르침이 기대할 수 있는 전부였으며, 이는 20세기 초반 한국의 구질서 붕괴와 함께 변하였다. 일제 강점기의 고등교육은 더 이상 양반이 독점하지는 못했지만, 실제로는 돈과 연줄을 가진 몇몇 소수에게만 개방되었다. 1945년 이후, 교육에 대한 식민지적 제한이 철폐되고 낡은 사회적 질서가 무너지면서, 교육의 기회는

83) Ibid., 95-96.

84) 이만갑과의 인터뷰, 1992년 7월 호놀룰루.

모두를 위한 것이라는 관념이 널리 퍼지게 되었다. 이러한 관념은 모두에게 개방된 '민주주의 교육'을 기회의 평등이라는 이상과 미국의 사례를 통해 더욱 고무시켰고, 지식인뿐만 아니라 대중적인 담론이 되었다. 더욱이 이미 언급한 바대로, 한국은 성인 인구 6명 중 1명이 1930년대와 1940년대 초에 한국 북부지역, 일본, 만주, 그리고 다른 곳에서 일하기 위해 고향을 떠났던, 뿌리 뽑히고 혼란스러웠던 사회였다. 전통적인 사회적 구별이 무너지던 불안한 사회가 출현했고, 모든 것이 가능해 보였으며, 모든 가족이 삶의 개선을 위한 기회를 찾으려 했다. 한국 사회에서 교육열과 교육 기회를 얻기 위한 대중적 소용돌이 현상은 이러한 관점에서 볼 필요가 있다.

또 하나의 거대한 사회적 평등화가 진행되었다. 주로 양반이었던 지주 계급은 부역자라는 딱지가 붙어 그들이 가지고 있던 특권의 상당 부분을 잃게 되었다. 많은 사람들이 식민지 체제의 붕괴로 인해 그들이 가지고 있던 특권적 지위와 직업을 잃었다. 1945년 이전의 한국에서는 대형 농장에서 나오는 수입이 유일하다시피 한 가장 중요한 부의 원천이었다. 몇몇 연구들은 일제강점기 아래서 산업의 성장과 상업, 금융, 산업 분야에 일부 한국인들이 참여했었음에도 불구하고 여전히 농업이 한국 엘리트들의 가장 중요한 부의 원천으로 남아 있었다고 보았다. 2/3 이상의 한국 농장들은 소작농들에 의해 운영되었으며, 그들은 매년 생산량의 50% 혹은 그 이상을 소작료로 지불해야 했다.[85] 가장 비옥한 농장들은 남쪽 지방에 있었다. 1945년 이후, 미군정이 일본인들이 소유했던 재산을 소작농들에게 다시 배분하면서 소작농은 급격히 감소했다. 이와는 대조적으로 한국 지주들이 소유하고 있던 토지 재분배는 1948년까지 시행되지 않다가 상당히 지연된 후에 시행되었다. 정부의 발

85) Ha Woo Lee [Yi Ha-u], "The Korean Polity under Syngman Rhee: An Analysis of the Culture, Structure and Elite" (Ph.D. diss., American University, 1973), 178-200; Jae Hong Cho, "Post-1945 Land Reforms and Their Consequences in South Korea" (Ph.D. diss., Indiana University, 1964).

표를 통해 판단하자면, 토지개혁은 새 정부의 최우선 과제였다. 그러나 이승만정권은 수많은 정권 지지층들의 경제적 기반을 허무는 조치를 더디게 시행했다. 농림부장관 조봉암은 1948년 11월 토지 소유를 3헥타르로 제한하고 소유주들에게 아주 적은 보상을 하는 조치를 발표했지만, 이 계획은 지나치게 급진적이었기 때문에 수정되었다. 그러나 농촌지역의 강력한 요구에 직면하면서 곧바로 받아들여졌다. 북한의 예를 들면, 1945년 이후 광범위한 재분배가 시행되었는데, 이는 북한 정부가 농촌 지역의 지지를 얻기 위해서였다. 주로 지주들인 보수주의자들은 국회의 상당수를 차지하고 있었는데, 개혁은 연기시키거나 적어도 수익성이 있는 매각 조건을 만들고자 하였다. 상환 기간과 조건에 대한 논쟁이 오래 지속되면서, 농지개혁법의 통과는 1950년 3월까지 연기되었다. 마침내 통과되었을 당시, 농지개혁법은 정부가 토지 소유주에게 5년간 연간 수확량의 150%를 받을 수 있도록 규정했다. 이 개혁은 한국전쟁 기간에만 시행되었다. 농지조사위원회가 설립되었지만, 많은 지주들은 보상 조건을 개인적으로 소작농들과 합의하는 것을 선택했다.[86] 이 금액은 통화 화폐로 교환되었는데, 1950년대 초반의 인플레이션으로 인해 화폐가치가 무의미하게 되면서, 토지개혁은 계층 간 차이를 더욱 줄어들게 했고 부의 분배에 있어 차이를 줄어들게 하였다.

만약 한국이 계급 없는 사회를 이루지 못했었다면, 특히 교육에 있어서 교육을 통한 사회계층 상승은 사람들의 생각 속에만 남고 실현되지 못했을 것이다. 홍성직은 1959년에서 1965년간 시행된 조사에서, 농촌의 농부들, 중간층 사업가, 그리고 전문직 사이에 교육의 중요성과 목적에 대한 관점에 있어 거의 차이가 없다는 점을 발견했다.[87] 이러한 혼란과 소용돌이는, 한국 사회

86) Ha Woo Lee, 195-197.

87) Sung Chick Hong [Hong Sung-jik], "Values of Korean Farmers, Businessmen and Professors," in International Conference on the Problems of Modernization in Asia: Report (Seoul: Asiatic Research Center, Korea University, 1965).

의 인종적이고 문화적인 동질성에 힘입어 결과적으로 광범위하게 공유된 가치와 열망을 낳았다.

한국전쟁이 교육발전에 미친 영향

한국전쟁으로 인해 부유층들이 소유하고 있던 집, 부동산, 공장 등이 파괴되었고, 이는 한국 사람들의 부의 수준을 고르게 만든 원인이 되었다. 한국은 제2차 세계대전을 심각한 피해 없이 빠져나왔지만, 해방되고 5년 후, 그리고 미군정으로부터 독립 후 2년 만에 두 국가로 나뉘어 심각한 내부 분쟁을 겪었고, 그 파괴의 규모는 강대국들의 개입으로 인해 크게 확대되었다. 남한은 북한에 비해 피해 규모가 작았으나, 수년간의 전쟁은 끔찍하게 파괴적이었다. 도시는 파괴되었고, 수백만의 시민들이 피난민이 되어 각지로 흩어졌으며, 수십만 명이 죽고, 다치고, 실종되었다. 전쟁으로 인해 가족 구성원이나 집을 잃지 않은 가족이 드물었다.

남한에서 6 · 25 사변이라 불리는 한국전쟁은 1950년 6월 25일에 발발했는데, 개전 첫해에는 대부분의 피해가 남한 지역에서 발생했다. 북한군은 초반에 빠르게 전진했다. 2일 만에 남한 정부는 남쪽의 대전으로 피난을 떠났고, 그다음 미군이 방어할 수 있었던 가장 동남쪽 지역의 부산으로 떠나야 했다. 이른바 낙동강 한계선 안쪽의 얼마 남지 않은 영토를 제외하고는, 대부분의 남한 땅은 전쟁터가 되었다. 빠르게 변동하고, 급격한 운명의 전환이 있었던 전쟁이었다. 서울은 유엔군에 의해 9월 말 수복되었고, 1951년 1월 초에 다시 중국군과 북한군에 넘어갔으며, 다시 연합군에 의해 3월 중순 탈환되었다. 휴전 회담이 1951년 7월 10일에 시작될 즈음에 전선이 안정되었다.

전쟁은 2년간 더 지속되었고, 그 기간에 미군 폭격기들은 계속해서 북한을 파괴했지만, 분쟁지역은 대략 38선 부근 10마일 넓이의 일대로 국한되어서,

대부분의 남한 지역이 전쟁의 직접적 피해 지역에서 벗어나게 되었다. 결과적으로 교육재건사업은 휴전협정이 최종적으로 1953년 7월 27일 체결되었음에도 불구하고, 1952년부터 순조롭게 진행되었다.

교육에 있어서, 전쟁은 시설 파괴, 인명 손실, 학생의 분산, 매일 일상의 파괴를 몰고 온 엄청난 타격이었으며, 이로 인해 행정은 교육행정의 운영은 제멋대로였다. 대략 80%의 교육 시설이 파손되거나 파괴되었다. 한 공식 조사 결과에 따르면, 거의 32,000개의 교실 중 7,544개가 완전히 파괴되었으며, 3,316개가 최소 50%의 손상을 입었고, 12,157개가 부분적인 손상을 입었다. 그리고 단지 8,880개가 손상되지 않은 채로 남았을 뿐이었다. 모든 학교 중 1/3이 수리가 불가능한 지경이었다.[88] 1950년 12월, 문교부는 학교를 피난민 수용소로 이용할 수 있도록 했다. 그리고 한국군과 UN군 모두에게 학교 시설을 언제든지 편하게 점령할 수 있게 하였다.[89] 결과적으로 사상자, 징병자, 납북으로 인해 교사의 수가 1950년 42,000명에서 37,000명으로 감소했다. 이들 중에는 상당수가 현장에서 채용되었으며 어떠한 자격시험도 없어서 전문적인 양성 과정을 거친 교사의 비율이 감소했다.[90]

한국전쟁은 교육열을 드러내고 학교교육을 통한 사회적 계층 상승을 위한 쟁탈전을 설명할 수 있게 하는 커다란 사회적 격변에 기여했다. 전쟁으로 인한 파괴로 인해 개전 초기 몇 달 동안은 거의 모든 학교교육이 붕괴되었으나, 1951년 초부터 수업을 재개하려는 노력이 두드러지게 나타난다. 1951년 1월 7일, 부산에 임시정부의 문교부 사무실이 설치되었으며, 2월 26일에는 4월 개학을 준비하기 위한 '전시하 교육특별조치요강'이 발표되었다. 이 개요에서는 모든 피난민 학생들이 현재 피난지의 학교에 등록해서 수업이 계속될 수

88) Educational Planning Mission to Korea, 25.

89) 서울교육특별시위원회(1955). 대한교육연감 4288, 243.

90) 서울교육특별시위원회(1955). 대한교육연감 4288, 22.

있도록 한다고 명시되어 있다. 수업은 가능한 모든 시설을 이용하여 시행되었다. 가족과 함께 서울에서 피난 온 수천 명의 중등학교 학생들을 관리하기 위해, 정부는 서울의 중 · 고등학교들에게 전쟁터에서 떨어져 있는 부산, 대구, 대전 등 남쪽의 주요 도시에 임시 학교를 설립하고 연합하도록 했다. 학교는 피난민 수용소에 세워졌고, 이전에 학교에 등록했었던 모든 피난민 학생들은 '피난민들을 위한 특별학교'에 다시 다니게 되었다. 1951년 6월, 문교부는 지역 사회의 교실 건축을 감독하고 조직하기 위한 재건위원회를 구성하였는데, 여기에 고등학생과 대학생들이 동참하였다.[91]

미국의 원조는 이러한 노력을 실행하는 데 매우 중요했다. 미국에 많은 연줄을 가지고 있으며 유창한 영어실력을 가지고 있었던 당시 문교부장관 백낙준은 미국에 원조를 요청하기 위해 노력했다. 1951년 7월, 백낙준은 미국으로 건너가 한국의 교육재건을 위한 미국의 원조를 요청하기 위해 캠페인을 실시했다.[92] 미국 정부는 결국 교육 시설을 포함한 많은 양의 재건 원조를 몇몇은 미군을 통해서 보내고, 유엔한국재건단(UNKRA)을 통해 더 많은 양의 원조를 제공했다.

교육 재건을 위한 많은 노력이 자발적으로 일어났다. 한국의 부모들은 학교가 열린 곳이라면 어디든지 재빨리 아이들을 보냈다. 천막, 파괴된 건물 혹은 야외에서 학생들이 모였고, 도저히 중 · 고등학교와 대학 입학 경쟁이 벌어질 것 같지 않은 상황에서도 시험이 실시되었다.[93] 종이와 교과서의 심각한 부족으로 인해 교사와 학생들은 가능한 모든 자료를 만들어야만 했다.[94] 정규학기를 지키는 것은 어려웠었고, 정부는 단지 지방공무원들과 학부모들

91) 손인수, 한국교육사, 2, 704-705.

92) Ibid., 2, 705-709.

93) 이 일은 부산에 국한된 특수한 경우였다. 당시 부산은 피난민들이 가장 많이 집중되어 있던 도시였다. 1951년 3월, 부산은 텐트를 만들어 학교를 운영했다. 동아일보, 1951년 3월 2일.

94) 조선일보, 1953년 5월 31일.

이 직접 일정을 짜고, 어떤 지시를 수행하는 것을 확실히 하기 위해 필요한 것은 무엇이든지 할 것을 권고했을 뿐이었다.[95] 대학교육에 대한 수요를 충족시키기 위해, 문교부는 1951년 5월 전시연합대학을 만들었다. 거의 모든 고등교육기관이 서울에 집중되어 있었는데, 격렬한 전쟁으로 인해 도시가 파괴되어 버렸고, 전문학교 및 대학들은 교수진을 합쳐 남쪽의 몇몇 도시에서 합동 강좌를 열었다. 대략 6,500명의 학생들의 전시연합대학에 등록했으며, 4,268명이 부산, 377명이 대전, 1,283명이 전주, 그리고 527명이 광주에서 등록했다.[96]

역경 속에서도 지속된 교육은 무엇보다도 자녀들의 교육을 혼란에 빠트리지 않으려는 한국인들의 결정이었다. 혼란스러운 상황에서, 이 기간에 제대로 신뢰할 만한 취학자 수 통계는 없지만, 외국인 연구자들은 이러한 어려운 상황 속에서 교육이 지속된 것에 대해 깊은 인상을 받았다. 당시 유엔 난민고등판무관(UN refugee official)이었던 에드가 케네디(Edgar S. Kennedy)는 1951년 초에 다른 무엇보다도 교육은 한국에서 정상적인 상태로 돌아가기 위한 노력이 성공했던 영역이라 보았다.[97]

한국전쟁은 교육발전에 대한 대중적 요구를 촉발시킨 사회적 혼란과 변화의 과정의 하나로 볼 수 있다. 교육은 하나의 고립된 영역이 아니라, 20년간 한국 사회의 기틀을 흔들었던 격동적인 부분이었다. 일제 강점기 정부는 토지를 기반으로 했던 한국의 엘리트를 제거하지는 않았지만 정치권력에서 그들을 배제했다. 도시의 성장과 은행, 철도 등과 같은 근대식 기관의 소개로 인해 새로운 기회와 사회적 영역이 만들어졌지만, 한국 사회는 여전히 대부분이 농촌, 농업 가문에 따라 고도로 계층화된 채로 남아 있었다. 산업의 성

95) 조선일보, 1950년 11월 30일.

96) 손인수, 한국교육사 2, 707.

97) Edgar S. Kennedy, Mission to Korea (London: Derek Verschoyle, 1952), 140; New York Times, 8 June 1951.

장, 새롭게 팽창하던 일본제국을 건설하기 위한 노동자의 수요, 1930년대 말의 거대한 인구 유동이 이러한 사회적 양식을 무너뜨렸다. 1945년까지, 성인 인구의 상당수는 고향을 떠나 일하고 있었다. 외지로 떠난 사람들의 대부분은 농업 지역이었던 남쪽 출신인 경우가 절대적으로 많았지만 대부분이 전시 사업에 동원되었다. 혼란스러운 상황에서, 이 기간의 제대로 신뢰할 만한 취학자 수 통계는 없지만, 고향에 돌아오는 사람들의 거대한 이동, 공산주의자들의 도피, 게릴라 전투와 정치적 소동에 의한 혼란, 혹은 단지 직장을 찾으려는 노력이 남한 사회를 불안정하게 만들었다. 그때 한국전쟁이 발발했고 파괴와 혼란을 가져왔다.

비록 남한이 사망자와 파괴를 북한과 같은 규모로 겪은 것은 아니지만, 그 수치는 여전히 끔찍했다. 28만 명의 남한 군인들이 죽거나 실종되었으며, 대략 40만 명의 민간인들이 죽었고, 8만 명이 납북되었다. 200만 명이 공식적으로 피난민으로 집계되었으나, 친척이나 친구와 함께 살기 위해 집을 떠난 모든 한국인들을 고려하면, 그 수치는 아마도 더 높게 나타날 것이다. 어느 정도로 혼란했는지에 대해서는 인구조사에 나타나 있다. 1949년 6월 서울의 인구는 143만 7,670명이었는데, 전쟁 직전에는 이보다 조금 더 많았다. 그러나 1952년 3월에는 단지 67만 6,121명이 집계되었을 뿐이었다. 서울과는 대조적으로, 부산과 근처 경상남도의 인구는 전쟁 첫해 25%가량 증가했다.[98] 그러나 대략 60만 채의 집이 파괴되었고, 공장 대부분이 심하게 파손되어, 결과적으로 많은 가정의 재산이 손실되었다. 1952년에서 1953년 동안 인구의 4분의 1이 만성적 굶주림에 시달리고 있다고 보고되었다.[99]

이 혼란했던 시기가 평범한 한국인들에게 남긴 것은 아마도 충청도의 천안 근처의 마을에 사는 문맹자인 한 농부의 아들로 태어난 민씨라는 사람의 사

98) 안용현 외(1992), **한국전쟁비사**, 서울: 경인문화사, 515-518.

99) Ibid., 348.

례를 통해 알 수 있을 것이다. 민씨는 1933년에 이미 열 살 정도에 근처 마을에 새롭게 개교한 초등학교에 다닐 기회를 얻었다. 수년간의 학교교육 후, 그는 집에서 농사일을 하다가 1942년 징집되어 일본에서 일하게 되었다. 일본 중부지역의 한 비행기 공장에서 3년간 일한 뒤, 그는 1945년 고향으로 돌아왔지만, 쉴 새도 없이 곧바로 대전으로 옮겨 노동자로 일했다. 거기에서 그는 야학에 다니면서 한국어를 배웠고 결혼도 했다. 그의 가족들은 한국전쟁의 참화를 피해 도망쳤지만, 그는 형제들을 잃고 조카들을 키우기 위해 애썼다. 민씨 가족의 아이들은, 그가 아는 한, 전혀 학교에 가지 않았으며, 그들의 위치를 인식하고 있었다. 그들은 몇몇 버림받은 가족들과 떨어져 지냈으며, 또한 양반 가문들과도 떨어져 지냈다. 그러나 민씨는 자신의 두 아들들만큼은 교육을 시켜 농부로 키우지 않고 도시에서 살게 하겠다고 결정했다. 결국 그는 중학교에 다닐 수 있는 천안 근방의 친척 집에 자식들을 보내 중학교를 다니게 했으며, 양육비로 쌀과 과일을 보냈다. 다른 많은 한국 부모들과 마찬가지로, 그는 그의 아들들에게 '학교에 갈 것'과 '절대 농사꾼이 되지 말라'고 훈계했다.[100] 한국에는 민씨의 이야기와 비슷한 이야기들이 많다. 한국전쟁은 1930년대 후반부터 1953년까지 한국 사회를 뒤흔든 격변의 과정 중 마지막 사건이었고, 한국인을 그들의 전통적 관습에서 떼어 놓았으며, 더 넓은 세상에 대한 시각을 제공해 주었다. 그리고 그들을 활동적이고, 야심 차게, 그리고 자녀들에게 기대를 갖게 만들었다.

한국전쟁이 한국에 마침 또 다른 중요한 영향은 신생국가인 대한민국의 힘을 강화시켰다는 것이다. 앞서 언급한 대로, 미국의 대규모 원조는 이승만정부에 귀중한 경제적 버팀목을 제공해 주었는데, 왜냐하면 한국 정부에 외환(한-달러) 정책에 대한 결정권을 주어서 정부로 하여금 기업, 산업체, 그리고 다른 잠재적 지지세력과 반대세력에게 보상과 징계를 줄 수 있게 했기 때문

100) 1996년 6월 서울에서 민씨와의 인터뷰.

이다. 한국전쟁은 한국에 거대한 군대를 만들어 냈는데, 한국전쟁 전날 10만 명이던 군인은 전쟁 막바지에 이르러 60만 명으로 늘어났다. 전쟁이 끝난 뒤에도 군대는 같은 규모로 유지되었으며, 미국에 의해 좋은 장비를 갖추고 잘 훈련된 병사를 가진, 세계적으로 10대 군사력을 보유하게 되었다. 한국 사회도 상당 정도 군사화되었다. 거대한 예비군은 정기적인 훈련과정을 거친 남성 인구의 상당수를 흡수했다. 공습훈련, 야간 통행금지, 모든 시민들이 국가가 연주되는 매일 오후 5시에 엄격한 차렷 자세로 서는 것, 이 모든 것이 한국인의 삶이 되었다. 이러한 사회의 군사화의 영향은 교육에서도 역시 볼 수 있다. 수년간의 군사훈련이 모든 학생에게 요구되었고, 군사훈련은 교육의 일부였다. 교육발전과 동일하게 중요한 것은 한국전쟁이 반공사상을 통해 국가를 정당화할 수 있는 수단을 제공했다는 사실이다. 반공사상은 국가 권력을 뒷받침하는 근거를 제공했고, 한국에 있어 존재의 이유였다. 남한은 공산주의의 최전선에 있었고, 자유 진영의 구성원으로 공산주의의 침략과 전복에 대해 항상 경계해야 했다. 교육은 이러한 이데올로기를 촉진시키는 열쇠였고, 국가가 교육발전을 확대하고 통제하는 데 더 큰 관심을 갖게 했다.

제4장

경제성장을 위한 교육계획

한국에서 놀라울 정도의 교육 팽창을 이끈 것은 부유층과 빈곤층을 막론하고 수백만 명의 사회적 계층 상승을 향한 열망이었다. 그러나 그것이 언제나 국가의 의도대로 된 것은 아니었다. 학교를 통해 문해력을 가진 노동력의 수는 점점 증가하였는데, 이는 한국의 경제발전에 있어 엄청난 가치를 갖고 있었다. 그럼에도 한국은 산업화에 필요한 교육 수요를 관리하는 데 어려움을 겪었다. 이것은 한국 교육발전의 역설 중 하나인데, 성공적인 국가 주도형 경제발전 정책으로 유명한 나라에서, 실업교육과 기술교육의 강조가 부족했다는 점이다. 대신에, 교육발전은 그 자체로 경제 전략 및 필요와는 독립적인 동력을 가졌다. 이것은 한국 정부가 학교교육의 성장에 자유방임적인 태도를 유지했기 때문이 아니라, 연이은 정부들이 반복적으로 교육발전과 경제계획을 연관시키고자 노력했음에도 제대로 성공하지 못한 결과였다. 그러나 이러한 시도들은 절반의 성공 정도로 말할 수는 있다. 하여간 실업교육과 기술교육을 장려하는 정부의 시도는 교육의 목적과 성격에 대해 대중들이 가지고 있던 인식과 충돌했다.

앞에서 언급한 대로, 한국인들은 교육을 통해 자신과 가문의 지위를 얻고자 했으며, 이를 위한 일반적인 방식은 기술자가 되는 것보다는 학자가 되는 것이었다. 특히 1961년 이후 경제발전을 점점 더 강조하게 되면서 한국 정부는 교육발전을 경제개발계획과 연계시키려 했고, 때로는 교육정책을 두고 대중과 줄다리기를 벌였다. 이 줄다리기는 교육발전의 모습을 그리는 데 매우 중요한데, 한국이라는 한 '발전국가'의 '장점과 한계'를 짚어 주기 때문이다.

1961년 이전의 교육과 경제개발계획

1961년 이전만 하더라도 교육과 경제발전을 연계시키려는 노력은 그다지 체계적이지 못했다. 1945년부터 한국의 관료들은, 많은 교육자들, 언론, 미국 자문단은 실업교육을 크게 강조하고 인문교육의 축소를 요구했다. 이승만정부도 기술훈련과 실업교육을 진흥시키는 일의 중요성에 대해 다양한 발표를 내놓았다. 그러나 제1공화국 초기의 실업교육정책은 큰 실패로 돌아갔다. 이 실패는 정부 안팎의 의견을 수렴하여 국가에 필요한 교육제도를 만드는 공식적인 정책 수립의 한계를 보여 준다. 기술교육과 실업교육의 중요성은 모든 정부관료와 교육자뿐만 아니라 대중들도 인식하고 있었다. 미군정 기간 동안, 중등학교에서 기술교육이 시행되어야 한다고 강조되었고, 1945년 직후 새롭게 개교한 중등학교 대부분은 실업교육을 지향하는 학교였다. 한국전쟁은 시민들에게 국가재건을 위한 실용적 기술을 더욱 강조하게 되었다. 한국인 교육자들과 관료들은 육체노동을 경멸하는 유교적 전통을 깨트려야 할 필요성을 역설했다. 그들은 또한, 고학력자들의 실업 문제를 우려했다. 한국인들은 교육을 통해 일본인들의 기술적 숙련도를 강조했고, 미국의 '노하우'

를 칭송했다. 모든 교육부장관들과 내무부, 재무부, 재건부, 국방부 관료들뿐만 아니라 야당의 지도자들도 실업교육에 대해 더 크게 중점을 둘 것을 요구했다.

그러나 실업교육은 점점 약화되었다. 해방이 되고 나서, 5만여 명의 학생들이 인문계 중등학교에 진학했고, 3만 명 정도가 실업계 고등학교에 입학하였다. 1952년에, 중등학교가 일반교육을 하는 중학교와 인문계, 실업계 고등학교로 나뉘면서, 74,463명의 학생들이 실업계 고등학교에, 그리고 59,431명의 학생이 인문계 고등학교에 진학하였다(〈표 3-1〉 참조). 한국전쟁이 끝나고 난 직후부터 고등학교 진학률에 급격한 상승이 있었다. 그러나 실업계 고등학교는 인문계 고등학교보다 훨씬 느리게 증가했으며, 1955년에 이 비율은 역전되었다. 122,991명이 실업계 고등학교에 다녔으며 인문계 고등학교에는 141,702명이었다. 한국전쟁 이후 학교로 몰려드는 학생들의 물결이 진정되고 고등학교 진학률이 둔화되면서, 실업교육에서 멀어지는 추세가 계속되었다. 1960년에, 실업계 학교의 학생 수는 99,071명으로 감소했지만, 반면에 인문계 학교의 학생 수는 164,492명으로 증가했다. 실업계 중등학교의 등록자 수는 8년간 30%만이 증가했고 이후에는 계속 감소했는데 반해, 인문계 중등학교의 등록자 수는 거의 2.5배가 증가했다.[1)]

이승만 정권에서 문교부는 실업교육을 진흥시킬 여러 방안을 시행했다. 1952년에 최우선 과제 중 하나로 실업교육진흥책을 발표했으며, 그 후 6년간 2,900명의 실업교과 교사들이 현직교사 연수프로그램에 참여했다. 1953년에는 산업체에 보조금을 주어 단기연수프로그램을 시작했다. 같은 해에 유엔한국재건단(UNKRA)은 실업기술연수원을 설립했고, 미국 또한 직업훈련프로그램을 운영했다.[2)] 문교부는 또한, 1955년 교육과정개혁에 따라 전체 실업

1) 서울교육특별시위원회, 대한교육연감 4294, 228-229, 342-343.

2) 중앙대학교부설한국교육문제연구소, 193-194.

계 학교에 수업의 60% 이상을 직업훈련수업에 할당하도록 요구함으로써 실업계 학교가 사실상 인문계 학교가 되는 것을 감시하려 했다. 그리고 인문계 학교들에게도 수업의 20% 이상을 실용적 과목으로 할 것을 요구했다.[3]

1956년에 문교부장관 최규남은 실업교육을 촉진하고자 한 '생산교육'을 선언하고 이를 교육발전을 이루는 최우선 목표로 삼았다. 이듬해 실업교육 5개년계획이 시행되었다. 실업교육 5개년계획은 1958년부터 1962년까지 중앙 및 지방정부의 재원으로 시행되었으며, 이 중 50%는 외국의 원조자금이었다. 계획 중 일부로는, 당시 실업학교의 2/3을 대상으로 하여 수준 향상이었는데, 예를 들어, 시설 개선, 장비 공급, 교원 훈련 등이었다.[4] 1959년에는 1980년까지 100만 명의 수준 있는 중견 기술자와 엔지니어를 양성한다는 야심 찬 20년계획을 발표했다.[5] 문교부는 또한, 공업고등학교 학생들을 대상으로 산업체에서 수개월 동안 보내는 연수프로그램 운영을 시작했다.[6] 그러나 이러한 노력들 중 어느 것도 실업계 교육보다는 인문계 교육을 선호하는 한국교육의 경향을 크게 바꾸지 못했다. 학생들에게 정부 내에서, 혹은 기업에서의 더 좋은 직업을 얻을 수 있도록 대학에 진학하도록 하는 대중의 압력은 계속되었다.

교육전문가들이 공유하고 있던 교육에 대한 이상은 실업교육을 지원하면서도, 대중에 이상에 따라 다재다능하고 다방면에 박식한 사람을 양성한다는 모순적인 모습을 갖고 있었다. 이는 최초의 국가교육과정에 반영되어 있다. 국가는 교육제도를 만드는 기본적인 문제를 처리하느라 여력이 없었기 때문에 1955년까지 교육을 경제발전 계획에 맞추려는 정책은커녕, 국가적 교육과정이나 학교교육 내용을 조직적으로 결정하는 종합적인 노력도 없었다.

3) Korean Commission for UNESCO, Korean Survey, 131.

4) 서울교육특별시위원회, 대한교육연감 4294, 102-104.

5) 중앙대학교부설한국교육문제연구소, 194.

6) Ibid., 210.

해방 이후 교과서, 교수 자료, 강의계획서 등은 표준화되지 않았고 되는 대로 정해져 시행되었다. 교과서는 단지 일본 교과서 혹은 간혹 미국의 책을 번역한 것이었다. 모든 학교는 거의 독립적으로 교육과정을 마련했고, 학생들의 입학시험 준비는 어느 정도 교육 자료의 표준화를 시행하게 한 주된 원동력이었다. 한국의 교육전문가들은 교사, 학교, 학생들이 단일한 국가적 교육과정으로 혜택을 볼 것이라는 데 만장일치로 동의했다. 그러나 이 과정이 늦어지게 된 이유는, 한국전쟁과 수업자료 및 교과서 선정에 관련된 논란, 수업내용에 대한, 특히 이들 사이에서 미국식 학교교육을 따르고자 했던 사람들과 1945년 이전의 교육과정을 지속하길 바라거나 혹은 더 구체적인 한국식으로 발전시키길 원했던 사람들 사이에 합의가 부족했기 때문이었다.

국가교육과정의 필요성은 정부가 수립된 직후부터 논의되었고, 정부는 '교과 과정 연구 위원회'를 1950년 2월 설립하였다. 전쟁으로 인해 연기되었던 중앙교육연구소도 1953년 3월 9일 창설되었다. 중앙교육연구소의 첫 회의는 같은 달, 당시 여전히 전시수도였던 부산에서 개최되었다. 여기서 국가교육과정을 편성할 위원회를 만들었는데, 3년에 걸쳐 600여명 이상의 교육자들이 참여했었던 중요한 조직이었다.[7] 1955년 여름, 위원회는 문교부가 1955년 1월 국가교육과정을 실시한다고 공포했던 법령에 기초하여 권고안을 마련했다.[8] 미국인 자문단은 이 프로젝트에서 한국인들과 긴밀히 협력하였는데, 특히 3차 미국교육사절단은 1954년에서 1955년 사이에 교육과정 개발을 최우선으로 하였다. 교육과정을 편성하는 동안, 국가의 경제발전에 가장 적합한 과목을 강조하는 말들이 있었다. 미국인 자문단은 실업 및 기술 교과목을 중등학교에서 중시하도록 촉구했다. 그들의 권고에는 실업계 학교에

7) Im Hanyong, "Korean Private Education," in Korean Commission for UNESCO, 379-381; 대한교육연합회, 대한교육사 1947~1973, 94.

8) 중앙대학교부설한국교육문제연구소, 705-706.

서 비실업교과의 수업 시수를 제한해야 한다고 되어 있었다.[9]

국가교육과정 최종안은 미 자문단이 바람직하다고 생각했던 실용적 기술을 지향한 교육과정이 아니었다. 일반적으로, 교육과정 원칙은 특정한 기술보다는 전인교육에 있었다. 미국인들이 5~6개의 과목에 집중하는 것을 권했던 것에 반해, 한국인 교육자들은 매주 10개가 넘는 과목을 포함하게 하는 계획을 택했다. 미국인들은 너무 많은 과목을 매 단계마다 가르치는 것과 매주 분절된 시간표는 특정 영역에 대해 적절한 관심을 갖게 하는 데 너무 어렵다고 비판했다. 또한 그들은 기술관련 교과가 아닌 과목이 지나치게 많이 포함되었고, 교육과정이 개발도상국의 실질적인 필요를 염두에 두고 작성된 것이 아니라고 보았다. 그러나 한국인들 대부분은, '전인적' 교육을 발달시키기 위해서 매 단계마다 가능한 한 많은 과목을 포함시키는 것이 가장 좋은 것이라 보았다.[10] 그들은 역사, 읽기 및 쓰기, 일반 수학, 과학의 기초뿐만 아니라 도덕, 윤리 교과의 필요성을 주장했다.[11] 이 당시 한국 사람들은 외국인 자문단이 적절하다고 생각했던 것보다 기술교육이나 전문교육에 훨씬 더 적은 시간을 할당했다.

반면에 1961년 이전의 한국정부는 교육발전을 경제적 수요에 맞추기 위한 중요한 조치를 취했다. 이는 기초교육에 대한 강조와 고등교육의 확대를 제한하려는 시도로 보인다. 1945년 직후 다소 혼란스러웠던 교육 팽창의 시기가 지나자, 이승만정부는 점차 교육체제에 대해 강력히 통제했다. 교육정책의 목표를 순차적인 교육발전에 좀 더 일관성 있게 부합시키는 것과 교수 방법을 모든 단계의 교육에서 더 수준 높고 단일한 기준을 유지하는 것에 두었다. 이러한 목표를 달성하기 위하여, 문교부는 교원연수와 교원양성기준을

9) 손인수, 한국교육사 2, 719.

10) 임한영, 380-381.

11) 도의교육의 구분 문제, 새교육 6, 3(1954년 6월): 55-62; 국회사무처, 국회사, 1:1231

향상시키는 프로그램을 실시했으며, 모든 학교에 적용되는 국가교육과정을 만들었다. 그리고 사립중등학교와 전문학교의 확산을 제한했으며, 고등교육 정원제를 실시하였다. 정부는 또한 교육행정을 포함해 관료주의적 효율성을 향상시키고자 하였고, 더 큰 단계의 교육계획을 향해 나아갔다.

이승만정부의 교육발전과 경제적 수요 사이를 조절하던 중요한 방법은 고등학교와 대학 졸업자의 과도한 공급을 막기 위해 인문계 학교를 향한 진학열을 조절하는 것이었다. 사학재단은 1945년 이후 폭발적으로 늘어났는데, 주로 중등교육과 대학 설립을 통해 학교교육에 대한 대중의 수요를 충족시키기 위함이었다. 중등학교의 대다수는 실업계가 아니라 인문계 학교였다. 대부분의 사립대학들 또한 대중에게 인기가 있고, 비용을 덜 들여 제공할 수 있는 인문계 학과를 선호했다. 이승만정부는 이러한 몇몇 학교들이 졸업생들을 흡수할 수 있는 경제적 능력을 초과했다고 보고, 사립 인문계 고등학교와 대학의 설립을 제한하는 조치를 취했다. 사립학교에 대한 강경한 노선은 1954년에 시작되었다. 당시 문교부장관이었던 이선근은 사업체로서 운영되었던 사립 교육기관에 대한 단속을 요청했고, 직원들에게 인가를 받기 전에 단속 예정 학교들의 자금, 시설, 직원들에 대해 검토하라고 지시했다.[12] 그는 또한, 정원을 초과하여 받아들인 학교에 대한 처벌 명령을 내렸고, 수입이 없는 사학재단들은 면세 특권을 박탈하도록 명령했다.[13] 더 많은 인문계 학교를 원하는 대중의 수요에 부응하던 사학재단에 대해 정기적으로 시행된 엄격한 단속은 이후 이승만정권 기간 동안 문교부 정책의 특징이었다.[14] 그 한 가지 예로, 1957년 4월에 사학재단에 대한 철저한 단속이 실시되었다.[15]

12) 동아일보, 1955년 10월 21일.

13) 동아일보, 1956년 2월 20일, 1956년 3월 1일.

14) 학교의 상업화를 막기 위한 운동이 1956년 9월, 1957년 8월, 그리고 1959년 4월에 발표되었다. 동아일보, 1956년 9월 9일자, 1957년 2월 2일, 1957년 8월 1일, 그리고 1959년 4월 4일자 기사.

15) 동아일보, 1957년 4월 16일.

이러한 단속으로 인해 실제로 처벌받은 재단은 거의 없었지만, 새로운 사립 교육재단이 법적으로 인정받기는 더욱 어려워졌다. 결과적으로 1957년 이후에 새로 설립된 사학재단은 거의 없었다. 사립 전문학교와 대학에서 초과 정원과 기준에 미달하는 입학조건을 관리하기 위해, 12명의 위원으로 구성된 '대학교육심의위원회'가 문교부의 주도하에 조직되었다. 이 위원회는 새로운 전문학교와 대학교의 대표자들이 더해지면서 구성원 수가 늘어났으며, 대학 규정을 조정하는 데 동의했다. 이전에는 각 전문학교와 대학교가 자체적인 커리큘럼과 학사규정 및 교사규정이 있었다.[16]

1955년 2월, 위원회는 기간, 교수 자격, 대학 운영, 학생 평가, 입학 기준에 대한 일련의 규정을 제안했다. 문교부는 이 규정을 모든 학교가 자발적으로 따르기를 촉구했으나 오래지 않아 규정을 준수할 것을 명령했다. 문교부의 권고가 있은 뒤 몇 달 후, 이승만 대통령은 학교와 학과에 정원을 할당하는 것을 통해 고등교육의 확대를 견제하고자 한 대학 및 전문학교 설립에 대한 대통령령을 공표했다. 여기서는 또한, 모든 고등교육기관의 학과를 통합하거나 재배치할 수 있도록 했다. 대통령령 이후 1957년에는 52개의 전문학교 중 32개가 학생 수 제한과 학과 통합을 요구받았다. 1958년에는 정원할당이 56개 고등교육기관 모두에게 시행되었으며, 이들 학교의 등록자 수는 급격히 감소해 1,000명에서 77,000명이었다.[17] 정부는 또한, 대학생들에 대한 군 징집 유예를 폐지해 고등교육 학생 수의 팽창을 늦추려 하였다.

이러한 조치를 시행하기 위한 경제적 측면의 논의가 있었다. 한국의 중등, 고등교육의 팽창은 경제적 수요의 산물이 아니었다. 경제성장은 실제로 1950년대 말에도 변변치 않았고, 여전히 압도적인 농업 사회에서 크게 늘어

16) 서울교육특별시위원회, 대한교육연감 4288, 120.

17) 서울교육특별시위원회, 대한교육연감 4290, 280-283; 김종철, Education Development: Some Essays and Thoughts on Korean Education. 서울: 서울대학교출판사, 1985, 187.

나는 고등학교, 특히 대학 졸업자들을 흡수할 일자리는 거의 없었다. 평균적으로 대학 졸업자의 고작 2/5가 대졸자를 요구하는 직업을 얻었다. 이러한 현상은 한국의 젊은이들과 이들 가족의 열망에 거의 변화를 주지 못했지만, 고등교육에 대한 제한적 조치를 시행하는 합리적인 근거를 제공했다.

고등교육의 성장을 억제하기 위한 조치가 시작되자마자 이승만정권이 붕괴했기 때문에 이것의 효과를 평가하기는 불가능하다. 심지어 1960년의 대학 입학생 수는 공식적으로 정해진 정원을 훨씬 초과했고, 규정을 위반한 징후가 광범위하게 나타났다. 1960년대의 몇몇 사건들은 정부가 교육을 통제하는 것이 어렵다는 것을 드러낸다.

여러 위기에 직면하면서 이승만정부는 교육적 수요를 이끌 수 있는 세심하게 계획된 경제개발계획을 마련하지 못했다. 몇몇 경제계획은 1948년 정부 수립 직후부터 존재했지만 기획부(1948년 국무총리 지휘하에 설립)와 재건부(1955년에 설립) 모두 종합적인 경제계획을 시행할 권위나 인력을 갖고 있지는 않았다. 단지 1958년에, 경제개발위원회가 만들어지면서 종합적인 제1차 경제개발계획이 고안되었지만, 1960년 봄 이승만정권이 무너지면서 승인되었다.

1960년 4월 학생 봉기 속에 이승만정부가 전복된 이후, 한국은 짧은 기간 제2공화국으로 불린, 민주적인 의원내각제 정부를 경험했다(1960~1961). 국회의원 선거가 끝난 후, 장면 총리에 의해 구성된 정부는 경제 및 사회 발전을 직접 관리하기 위해, 경제 분야에 대한 정부의 적극적인 개입을 가능하게 한 좀 더 종합적인 계획을 수립하였다. 장면 정부는 실업교육을 모든 단계에서 확대할 것을 약속했다. 문교부장관은 12월에 기술, 상업 및 체육 교육을 담당하는 부서를 확대하는 포괄적인 문교부 조직 재편을 발표했다.[18] 한 달 후에는 실업교육의 비중을 상당한 정도로 확대한 새로운 교육계획을 발표했

18) Korea Times, 13 December 1960

고, 대학과 전문학교에서 사회과학과 인문학을 희생시키면서까지 기술 관련 전공을 확대시켰다. 더욱이 이 계획은 상업, 기술, 그리고 인문계 중등학교를 통합하여 종합중·고등학교를 만드는 것을 고려하는 위원회를 구성할 것을 제안했다. 오랫동안 미국교육자문단이 지지했던 이러한 생각은 학생들로 하여금 실업계 학교에 다니는 오명을 없애고, 실업학교에 질 낮은 시설과 교사가 배정되는 상황을 피하기 위함이었다.[19]

실업교육을 활성화시키려는 이러한 노력은 1961년 5월 박정희 장군의 군사쿠데타가 일어났을 때에도 여전히 계획 단계였다. 새 군사정부는 한국을 급속한 경제성장의 길로 접어들게 했고, 교육의 방향을 경제적 목표를 향해 나아가게 하는 노력에 보다 포괄적으로 맞추게 했다.

교육과 발전국가

1961년 이후 교육발전은 급속하게 바뀐 정치, 경제적 환경 속에서 이루어졌다. 한국은 30여 년간의 군사독재정부와 급속한 경제성장의 시기에 들어섰다. 1960년대에 정부가 박정희 대통령 아래 산업화된 국가를 이룩하고자 일치단결하여 기울인 노력은 성공적이었다. 경제발전에 전념한 박정희정부는 종잡을 수 없는 몇 해 동안의 노력 끝에, 1965년부터 1978년까지 한국의 경제규모가 매년 약 9%씩 성장하는 경제 호황을 지휘했다. 이는 대만과 일본만이 필적하는 수준이었다. 이후 성장률은 약간 낮아져 매년 8%대의 경제성장이 1997년까지 계속되었다. 한국은 1961년 여전히 농촌지역이 많았고, 수출이 거의 없었으며, 생존을 위해서 외국의 원조를 받고 있었다. 한국은 박정희와 이후의 군사정권 하에서 산업화와 도시화를 이룬 사회가 되어 세계의

19) Ibid., 31 January 1961.

주요한 공산품 수출국가 중 하나로 변화하게 되었다.

군부 지도자들, 특히 박정희와 그의 부관 김종필 중령은 한국을 더 강하게 만들고자 했다. 부패와 해로운 요소들을 제거하고, 사회의 근대화에 박차를 가하며, 강력한 산업적 기반을 가진 경제를 만들어 내려 하였다. 군사정권은 북한과의 체제경쟁에 동기부여가 되어 있었다. 북한의 전쟁 회복 속도는 남한보다 더 빨랐으며, 경제는 더 활발하고 자주적이었다. 그리고 이들은 남한에 비해 보다 독자적으로 생존 가능한 모델을 선보였다고 주장했는데, 나름 설득력을 갖추고 있었다. 그래서 박정희정부는 애초부터 국민의 규율과 통합, 국가의 경제성장을 통해 강한 국가를 만들어야 했다. 이러한 목표는 이후에 정부가 산업 발전을 위한 정책을 지시하고 급속한 경제 및 산업 성장의 성공에 다른 관심사들을 종속시킨, 이른바 개발 경제로 일컬어지는 체제를 추구하게 했다. 대부분의 경제활동이 민간 영역에 남아 있지만, 중앙정부는 종합적인 국가계획에 따라 활동을 지원하거나 못하게 하는 등 상당한 정도로 경제에 개입하였다. 사회발전이나 외교관계와 같은 다른 분야의 정책은 경제적 목표를 보완하기 위해 수립되거나, 부차적인 것으로 밀려났다. 박정희정부의 개발 정책들은 아주 새로운 것은 아니었다. 대규모 경제계획과 산업화에 중점을 두는 전체적인 경향은 이미 1950년대 말에 시작되었고 장면 정부에 의해 계속되고 있었다. 그러나 박정희정부는 이러한 정책들을 일관성을 갖고 열정적으로 시행했으며, 이 점이 이전 정권들과의 확연한 차이점이었다. 불확실했던 몇 년이 지나고 나서, 정부는 국가를 지속적인 경제성장의 길에 올려놓는 데 성공했다.

교육은 국가발전전략의 하나였다. 정권이 들어서고 나서 첫해부터, 새 정부는 교육정책과 경제 전략을 연계시키고자 하였다. 경제발전을 위한 교육발전을 총괄하기 위해, 정부는 1960년대와 1970년대에 인문계 교육에서 실업, 기술교육을 강조하는 방향으로 바꾸고자 했다. 이는 학교에서 경제적 수요에 맞는 기술을 가르치도록 하기 위해서였다. 또한 정부는 고등교육기관의 정원

할당제를 시행하였다. 이러한 정책들을 시행하기 위해, 박정희정부는 1962년에서 1966년 사이에 제1차 문교재건5개년계획을 경제개발5개년계획과 맞추어 시행했으며, 5개년계획 중 첫 번째는 국가의 발전 정책과 목표의 기본 윤곽을 만드는 것이었다. 게다가 정부는 더 좁은 범위 내에서 장기간에 걸친 몇몇 교육계획을 추구하였다.

나는 교육정책이 산업정책과 같이 효과적이며 발전 지향적이었다고 말하는 것은 전체적으로 잘못된 결론이라고 본다. 실제로 교육 팽창은 대중의 요구에 따라 추진되었으며, 국가의 교육정책은 언제나 대중의 압력에 의해 제약을 받았다. 정책 입안자들은 교육에 대한 대중적 열망을 이용해 학생들과 그 가족들에게 재정적 부담을 떠넘겼다. 따라서 학교교육에 대한 무거운 공적 투자로부터 자유로울 수는 있었지만, 이것을 가능하게 만든 교육열은 교육을 경제적 목적에 맞추는 일을 어렵게 만들었다. 박정희정부와 그 이후에 등장한 전두환정부(1980~1988)는 권위주의적 정부였음에도 불구하고 대중적 지지를 유지할 필요에서 완전히 자유롭지 못했다. 그렇다고 이 두 정부는 교육정책을 사회적 성공과 지위에 대한 열망으로 바꾸려고 했던 중산층과 상류층 가족들과 같은 이익 집단의 압력으로부터 완전히 떨어뜨려 놓을 수도 없었다. 그 결과는 학교교육에 대한 경제적 합리성과 대중의 요구 사이의 타협이었다.

군사정권은 장면 정부가 낸 초안을 경제개발계획으로 선택했으며 그것은 제1차 경제개발계획의 기초가 되었다. 한 가지 중요한 혁신은 각 부처의 예산 배정 결정과 정책 결정 거부권을 행사할 수 있었던 강력한 행정기구인 경제기획원의 신설이었다. 경제기획원은 문교부의 정책 결정과정에 상당한 정도로 압력과 제약을 가할 권한을 가지고 있었고, 또한, 모든 통계작업을 담당하였다. 경제기획원 관료들은 주로 기술관료들이었으며, 상당수가 미국에서 경제학 박사 학위를 취득한 사람들이었다. 그리고 이들은 정치적 압력이나 기득권의 영향에서 상대적으로 자유로웠다. 그들은 엄청난 특권을 누렸으며, 그들이 주도했던 계획들은 대부분 기대 이상의 성공을 거두었다. 제1차 경제개발5개년계획은 공업생산량의 연 15% 증가와 실업률을 24%에서 15%로 감소시켜 연 7.1%의 규모의 경제성장을 목표로 했다. 이때 철강업과 같은 새로운 산업이 시작되었으며, 주로 면직물의 수출이 크게 증가하였다. 제1차 경제개발계획은 대부분의 목표를 초과해서 달성하였다.[20]

이러한 야심 찬 계획과 함께, 군사정부는 문교재건5개년계획을 1962년 1월에 시작하였다. 중앙교육연구소에 의해 만들어진 계획이 문교부장관의 요청과 박정희 군사정권의 재가로 시행되었다. 이는 5개년 동안의 경제개발계획과 동시에 실행된 5개년 교육계획의 첫 번째 작업이었다.[21] 이 계획의 목표는 향후 20여 년 동안 기본적인 교육정책으로 남아 있었다. 첫 번째로, 제3장에서 논의한 바와 같이, 기초 수준의 교육을 받는 학생의 수를 늘리고, 고등교육의 학생 수는 줄이고자 하였다. 학제는 피라미드식으로 명확히 규정되었고, 기초 단계는 넓게 그리고 위로 올라갈수록 점차 좁아지도록 하고자 했다. 이는 초등학교 연령대인 아이들의 취학률을 100% 달성함으로써 의무교육을 정상화하는 것을 의미했다. 중학교는 고등학교보다 훨씬 더 많이 확장하고자 했으며, 전문학교와 대학교 진학률은 감소시키고자 하였다. 두 번째로, 인문계 교육을 강조하는 것에서 실업 및 기술 교육을 강조하는 것으로의 전환을 시도하였다. 이는 중등교육이 새로운 산업에 의해 필요해진 기술적 능력을 개발하는 방향으로 재조직된다는 것을 의미했다. 이러한 방법을 통해, 학교교육을 경제적 필요에 맞게 세밀하게 조정하고자 하였다.

20) David C. Cole and Princeton N. Lyman, Korean Development: The Interplay of Politics and Economics (Cambridge, Mass: Harvard University Press, 1971).

21) Jin Eun Kim [Kim Chin-un], "An Analysis of the National Planning Process for Educational Development in the Republic of Korea, 1945~1970" (Ph.D. diss., Harvard University, 1975), 129.

실업교육의 촉진

박정희정부는 권력을 잡은 후, 교육체제에서 인문계 학교교육을 중시하는 경향을 바꿔 기술훈련에 초점을 두겠다고 약속했다. 이는 미 자문단에 의해 권장되었던 것인데, 이들은 볼품없는 사회기반과 1인당 국민소득이 가장 가난한 나라들 중에 속한 국가에서 인문계 중등학교와 인문대학이 크게 확장하는 것에 대해 회의적이었다.[22] 따라서 제1차 문교재건5개년계획에서는 한국교육의 방향을 변화시키고자 하는 종합적인 프로그램을 계획했던 것이다. 이 계획은 1966년까지 당시 5대 3이었던 인문계 학교 학생 수와 실업계 학교 학생 수의 비율을 3대 7로 만드는 급진적 변화가 목적이었다. 고등교육단계에서는 인문학, 예술, 사회과학, 법, 언론학부 전공생 수를 크게 줄이고, 반면에 과학 및 기술 분야 전공생 수는 확대시키고자 하였다.

1962년 여름에 3개의 시범 실업학교가 개교하였고, 문교부는 일본에 파견단을 보내 실업교육을 관찰하였다. 일본은 기술 및 과학 과목에서 훈련된 교사 부족 문제를 해결하기 위해 이공계 대학에 부속실업교사양성센터를 세웠다.[23] 문교부 관료들은 교육과정에서 기술과 과학 교육을 좀 더 강조하기 위한 지침을 공표했고, 모든 실업계 학교에서 수업시간의 절반을 실업교육으로 할 것을 요구했다. 후자가 특히 실업계 학교에 중요한 것이었는데, 실업계 고등학교는 2류 대학준비기관으로 학생 및 교사는 기술 교과보다는 대학입시 합격에 필요한 인문계 교과를 준비하는 데 더 많은 시간을 보냈다. 이러한 경향을 바꾸기 위해, 과학 및 기술 교과들이 간혹 고등학교의 교육과정과 대학

22) 한국의 1인당 국민소득은 1960년에 85달러였는데, 이는 필리핀, 가나보다 낮았으며 파키스탄, 우간다와 비슷한 수준이었다.

23) 김영화 외, 153.

입학준비시험에 추가되어 학교에서 관심을 갖도록 하고자 했다.

박정희정부는 1963년에 실업교육과 경제적 수요를 맞추기 위해 실업교육 진흥책을 5개년계획의 일환으로 실시했다. 여기에는 교사의 재교육, 실업계 고등학교 증설, 학교교육 전 단계에 걸쳐 실업 과목의 배당 시간을 늘리는 것이 요구되었다. 이러한 노력의 일환으로, 정부의 통제를 받던 국회는 산업계의 수요에 따라 교육과정을 조정하고, 중등학교의 기술교육지침을 담은 「산업교육진흥법」을 통과시켰다(이 법의 더 자세한 내용은 아래 참조).[24] 그러나 정부는 제1차 문교재건계획에서 정한 야심 찬 목표에는 크게 미달했다. 1962년에 338개의 인문계 고등학교에 199,000명의 학생이 재학하고 있었고(실업교육에 대한 지원으로 전년도에 비해 상당히 증가한 것이다), 283개의 농업, 공업, 상업, 그리고 수산고등학교에는 124,000명의 학생이 다니고 있었다. 그러나 이러한 성취는 오래 가지 못했다. 제1차 문교재건5개년계획 말기인 1966년에는 397개의 인문계 고등학교에 259,000명의 학생과 337개의 실업계 고등학교에 174,000명의 학생이 재학하고 있었는데, 이는 계획 초창기의 실업계 중등학교에 다녔던 학생 비율보다 약간 상승한 것이었다.[25] 이 계획은 실업 및 기술 학교가 대중의 인기를 끌지 못하면서 성공하지 못했다. 실제로 관료들은 압력에 굴복해 인문계 학교를 실업계 학교로 바꾸지 않았다. 또한 그들은 비인문계 교육기관을 만드는 일에 대해 열정적이지 않았다. 문교부는 개별 인문계 학교에 약간의 양보를 해서 그들에게 입학생 수를 늘리도록 허용했으며, 어떤 경우는 등록규정이 무시되었다.

좀 더 실용적인 기술교육에 중점을 둔 학교교육을 실현하려는 상황 때문에 박정희정부 안에서 6-3-3-4 학제를 다시 바꾸려는 사람들의 주장에 힘이 실렸다. 앞에서 언급한 바와 같이, 기존의 학제는 6년제 초등학교에 다니는

24) Ibid., 154-157.

25) 문교부(1966). 문교통계요람, 2-5. 교육통계연보 1966, 74, 110.

모든 학생이 일반적인 3년제 중학교에 갈 수 있게 했으며, 이후 3년제의 인문계 혹은 실업계 고등학교에 진학하게 했고, 두 계열의 학생들에게 어떤 형태이건(2년제나 4년제, 기술 혹은 사범학교 혹은 4년제 대학교) 고등교육의 입학 경쟁에 참여할 자격을 주었다. 1962년 11월에는 군사정부가 스스로를 칭했던 국가재건최고회의 내 문교사회위원회와 문교부가 고등학교의 50~60%와 몇몇 2년제 대학을 종결교육기관인 5년제 실업고등전문학교로 하는 6-3-5-4제로 변경하려는 계획을 세웠다. 기존의 모든 중학교 또한, 많은 양의 기술교육을 제공하게 하려 했다.[26] 바로 그다음 달에, 박정희 의장은 입안 중이거나 시행 중인 계획에 대해 국가재건최고회의에 직접 보고하는 문교정책심의위원회를 구성하였다. 문교부에 따르면, 당시의 제도는 '단순히 외국의 제도를 모방한 것이기 때문에 적합하지 않으며, 개발도상국에게 필수적인 실업교육을 진흥시키기 부적절하기' 때문에 적합하지 않았다.[27] 문교정책심의위원회는 1963년 6월에 최종 결정을 내릴 것이라 하였으나, 언론, 교육 단체, 야당 정치인들은 민간 정부로 바뀔 때까지 그러한 중대한 발표를 연기해 달라고 요청했고, 박정희 의장은 대통령 선거와 국회의원선거가 있는 가을까지 미루는 것에 동의했다.[28]

1964년 동안, 교육제도심의위원회는, 이선근 위원장(이승만정부에서 문교부장관을 역임) 아래 10차례의 회의 끝에 마침내 5년제 실업고등전문학교 설립으로의 전환을 결정했다. 그러나 이 계획은 수정되어, 이 단계에서의 종결교육기관이 아닌 4년제 기술전문대학으로 나아가도록 했다. 이 방안은 실업고등전문학교를 사회적 계층 상승의 방법으로 역할을 할 수 있기 때문에 더 매력적인 대안으로 보이게 할 수 있었다. 이 계획은 곧바로 교육자, 언론, 학

26) Korea Times, 11 November 1962.

27) Ibid., 3 February 1963에서 재인용.

28) Ibid., 3 October 1963.

부모, 사립중등학교와 대학의 반대에 부딪혔다. 이들은 모두 공정한 기회 부여의 원칙에 위협이 된다고 보았다. 대부분의 한국 지성인들은 인문계 학교의 우월한 지위에 접근하는 기회를 제한하는 어떠한 시도조차 꺼렸으며, 6-3-3-4 제도를 고수하기를 원했다. 결과적으로, 이 계획은 일시적으로 보류되었다.[29]

1965년 1월, 박정희 대통령은 학제개편을 하나의 중요한 쟁점으로 하는 국정연설을 발표하였다. 교육이 경제성장에 직결하도록 교육을 쇄신시켜야 한다는 것이 박 대통령의 가장 강력한 요구였다. "최근의 과도한 대학 인문교육을… 실업기술고등교육으로 점진적 전환을 꾀하게 할 것입니다." 이를 달성하기 위해, "정부는 중 · 고등학교 종합을 전제로 하는 학제개편을 추진토록 할 것입니다."[30] 이후, 박 대통령은 이 계획에 개인적인 관심을 두면서 교육제도심의위원회 위원들과 만나고 이 주제에 대해 교육자 및 정치인들과 사적인 만남도 가졌다. 그러나 언론과 한국교총은 변화의 제안에 대해 반대하였다.[31] 행정부 내에서 여러 가지 대안이 제시되었는데, 그중 가장 급진적인 안은 집권당이었던 민주공화당의 제안이었다. 민주공화당의 안은 복선제 시행이었는데, 4년제 중학교 이후에는 3년제의 인문계 고등학교 혹은 실업계 고등학교를 진학하도록 했으며 예체능 및 인문계열 학생의 수를 급격히 감소시키는 것이었다. 여기에는 또한, 실업계 고등학교 졸업생의 일자리 대책도 포함되어 있었다.[32] 이러한 변화에 대비하여 문교부는 모든 고등학교를 중학교와 합병하여 단일중등학교로 만드는 안을 발표했다.[33] 그러나 합의에 이르지는 못했는데, 많은 한국 교육자들과 학부모, 관료들은 고등교육 접근성

29) 대한교육연합회, 한국교육연감 1967~1968, 56-57.

30) Ibid., 57에서 재인용; Korea Herald, 17 January 1965.

31) 동아일보, 1965년 1월 20일, 동년 3월 9일.

32) Korea Herald, 13 and 16 January 1965; Korea Times, 11 July 1965.

33) 동아일보, 1965년 9월 19일; Korea Times, 11 July 1965.

을 제한할 수 있는 변화를 반대했기 때문이었다. 결과적으로, 학제의 개편은 여전히 계획하고 논의하는 단계에 머물게 되었으며, 제2차 경제개발계획기간(1967~1971) 동안 무기한 보류되었다.

학제개편계획이 무산되면서, 실업계 학교는 단순히 대학입학의 수단이 되는 문제가 발생하게 되었다. 이러한 문제를 막기 위해 정부는 1968년 12월, 대학입시에서 필수 과목이었던 국어, 사회, 자연과학, 영어와 함께 기술 과목이나 실업 과목 중 하나를 추가하여 선택하도록 했다.[34] 그러나 그 효과는 실업계 학교에서 시험에 나오는 단 하나의 실업과목에 집중하고, 남는 시간의 상당 부분을 다른 입시 과목들에 집중하게 하면서 실업계 중등학교의 교육 내용이 인문계 고등학교와 비슷해지도록 했다. 그리고 실업계 학교의 상황은 대체로 좋지 않았다. 1966년에 337개의 실업계 고등학교의 174,000여 명의 학생에게 8,000명 교사가 필요했으나 단지 1,800명이 있었을 뿐이었다. 대부분의 학교는 제대로 시설이 갖춰지지 않았고 기본적인 교과서조차 부족했다. 더욱이 실업계 학교에서 모든 기본 과목을 다루기 위해 필요한 266개의 교과서 중 106개만이 실제 이용이 가능한 상태였다.[35] 상황은 이후에 좋아졌지만, 개선 속도는 상당히 느렸다.

문교부는 인문계 학교를 실업계 학교로 전환시키는 일을 추진했지만 성공하지 못했다. 사립중등학교들은 대한사립중등학교장회연합회를 통해 정부의 개입에 저항했고, 많은 수를 실업계 학교로 바꾸려는 시도 속에서 인문계 학교, 대학준비기관으로서의 그들의 지위를 유지하기 위해 싸웠다. 사립학교들과 정부 간에 또 다른 쟁점은 중학교와 고등학교의 분리에 대한 것이었다. 대부분의 일류 사립학교들은 같은 재단 아래 중학교와 고등학교를 모두 소유하고 있었는데, 보통은 교장도 같은 경우가 많았다. 그들은 또한, 실제로

34) Yung Dug Lee, Educational Innovation in the Republic of Korea (Paris: UNESCO, 1974), 7.

35) Korea Times, 20 November 1966.

모든 학생이 고등학교 입학 시에 동등한 입학 경쟁을 하게 하는 규정에도 불구하고 같은 재단의 중학교 졸업생들을 선호하였다. 관료들은 중학교와 고등학교의 분리가 몇몇 고등학교를 실업학교로 바꾸는 것을 쉽게 만들 것이라 생각했다. 중 · 고등학교를 분리시키려는 노력은 절반의 성공을 거두었고, 이는 공립 중등학교들에게서도 마찬가지였다.[36] 명문중학교에 다니는 자녀를 둔 학부모들은 중 · 고등학교가 같은 재단하에 있는 경우를 선호하였다. 명문이 아닌 학교들은 중학교 학생들을 그들 재단의 고등학교에 입학시켜 입학생을 유지시키고자 했다. 결과적으로, 학부모와 학교 측 모두가 중학교와 고등학교의 분리를 강력히 반대하였다.

제2차 경제개발계획기간 중에는 실업교육에 대한 비용 지출과, 실업계 학생 수, 기술 과목의 시수가 근소하게 증가했다. 기술 및 실업 교육에 배당된 문교부의 예산은 1960년대 말에 2% 증가하였다.[37] 비록 인문계 고등학교 학생 1명에 실업계 고등학생 수 2명을 목표로 했던 계획에는 크게 미치지 못했지만, 실업계 고등학교의 수는 증가했고 실업계 학생 수와 인문계 학생 수의 비율은 좁혀졌다. 1970년에는 315,000명의 학생이 인문계 고등학교에 다니고 있었고, 실업계 고등학교에는 아직 275,000명의 학생이 다니고 있었다(〈표 4-1〉 참조).

전체적으로 볼 때 박정희정부 첫 10년 동안, 온갖 구호에도 불구하고 한국교육의 내용에 있어 급진적인 변화는 없었다. 단지 실업계 학교교육에 대한 약간의 조치가 있었을 뿐이었다. 인문계 교육의 강조는 계속되었으며, 인문계 학교의 확장을 제한하려는 정부의 조치는 학부모, 교사, 학교 당국의 저항에 부딪혔다. 문교부와 경제기획원은 더 많은 실업계 학교를 세우고, 실업 교사를 양성하며, 인문계 학교를 실업계 학교로 전환시키는 계획을 발표하였

36) Ibid., 5 February 1964.

37) 김영화 외, 154.

지만 바로 수정해야만 했다. 기술교육의 진흥은 기술전문관료들로부터 많은 박수갈채를 받았지만, 한국 사회의 많은 부분에서 갈등을 불러왔다. 실제로 교육정책의 몇몇 측면은 정부의 정책입안자들에게 더 많은 좌절감을 가져다주었다.

실업교육을 진흥시키고자 한 정부의 노력은 앞에서 말했던 유교적 가치와 충돌했다. 여러 연구들에서 학습에 대한 전통적인 태도는 1960년대 초반까지 지배적이었다고 언급된 바 있는데, 지금도 여전히 크게 다르지 않다.[38] 결과적으로 일제 강점기 마지막 10여 년 동안에 나타난 사회적 · 정치적 격변은 한국을 상당히 유동적인 사회로 만들었고 대부분의 한국인들에게 교육을 통한 상위 엘리트 계층으로의 상승을 합리적인 목표로 여기게 했다. 많은 사람들은 인문계 교육을 제한하는 것이 자기 자녀가 권력을 갖고 계층 상승을 이루는 데 위협이 된다고 생각했다. 소득촉진정책은 실업계 교육을 피하기 위한 결정을 반영하거나 추가시켰으며, 한국인들 중 단지 기술자가 되기를 원하는 사람은 거의 없었다.

교육과 중화학공업을 위한 압박

1970~1971년 사이, 중앙교육연구소와 같이 일하던 플로리다 대학교(Florida State University) 연구팀은 실업교육에 대해 상당히 비판적이었다. 실업계 고등학교는 '현재의 형태를 그만두어야' 하며, 직업훈련프로그램의 일부가 되어야 한다고 보았다.[39] 직업훈련은 오로지 특정한 직업과 연계되어

38) 예를 들어, 홍성직의 경우가 있다.

39) Robert M. Morgan and Clifton B. Chadwick, eds., Systems Analysis for Educational Change: Republic of Korea. Final report, Department of Educational Research, Florida State University, 1971, 5.

야 한다.[40](중앙교육연구소의 연구에 따르면, 실업계 고등학교 졸업생 중 관련 분야에 취업한 사람이 3분의 1 미만이었다.)[41] 1970년대 초기 경제정책 입안자들은 숙련공을 양성하는 일이 국가의 새로운 산업의 성장에 따라가지 못하고 있으며, 이로 인해 향후 수년간 더 높은 경제성장을 방해할 수 있을 만큼 중대한 기술 인력의 부족을 가져올 것이라며 심각하게 우려했다. 결과적으로, 박정희정부는 유신독재기간(1972년에 시작) 동안 교육발전을 경제계획과 연계시키려는 국가적 차원의 종합적 노력을 기울였다.

1971년부터 박정희정권의 독재적 성격은 더욱 강력해졌으며, 국가비상사태를 선포하고, 반대파들을 체포했으며, 박정희에게 사실상 독재적인 권력을 부여한 새로운 유신헌법을 선포했다. 책임을 질 필요가 줄어든 상황에서, 박정희정권은 실업교육을 추진할 수 있었다. 산업화를 향한 한국의 행보는 1973년 초 박정희 대통령이 중화학공업의 육성 정책을 발표하면서 중요한 전환점을 맞았다. 이 계획은 유신헌법이 공포된 지 불과 몇 주 만에 시작되었는데, 국가의 수출을 경공업과 면직 공업에서 자동차, 중장비, 철강, 조선, 석유화학 중심으로 전환시키고자 한 것이었다. 남동쪽 지방에 거대한 산업 단지가 조성되는 등, 엄청난 노력이 인상적인 결과를 불러왔다. 중화학공업으로의 이러한 변화의 상징은, 거대하고 초현대적인 항구도시 포항에 조성된 포항제철 공업단지(POSCO)와 거대한 조선소가 세워진 울산 인근 지역이었다. 동시에, 박정희정부는 산업화에 도움이 될 수 있도록 교육제도를 개편하고자 했다.

정부는 실업교육을 다양한 방식으로 강화시켰다. 국가적인 기준을 강화하기 위해 실업계 중등학교에서 연례 시험이 시행되었다. 야간학교에서는 산업체의 노동자가 기술적 능력에 역점을 둔 중학교나 고등학교 졸업장을 받을

40) Ibid., 7.

41) Ibid., 73.

수 있도록 했으며, 이러한 목적하에 특수한 교육과정이 고안되었다. 실업교육에 배정된 예산의 비율은 1970년과 1979년 사이에 두 배로 올랐으며, 중화학공업 육성 정책의 발표 직후에 가장 큰 증가율을 보였다.[42]

1973년에 일어난 중요한 변화는, 정부가 실업계 고등학교를 현직연수프로그램으로 제도화하여 산업계의 수요를 맞추고자 재편을 시도한 산업교육진흥법을 발표해 실업계 학교들에게 수업의 70%를 실업계 과목에 할당하도록 한 것이다. 학생들은 처음 2년간 2개월에서 6개월 동안, 그리고 3년 차에는 적어도 4개월간 산업현장에서 훈련을 받아야 했다. 경제발전을 위해 기계공업고등학교가 선정되었으며, 이들 학교에서는 기계, 전자, 기계공학 및 기타 해당 분야에서 요구되는 기술에 특화되도록 권장되었다. 정부 관료들은 경제기획원의 요청에 따라 특정분야의 훈련을 위해 82개의 실업계 고등학교를 선정했으며, 선정 목적에 맞게 시설을 갖출 수 있도록 추가 자금을 책정하였다.[43] 실업계 중등학교가 학생들의 대학입시준비 대신에 실업계 과목을 가르치는지를 확인하기 위해 국가기술자격시험이 1978년 만들어졌으며, 모든 졸업예정자에게 그들이 졸업장을 받기 전 공부한 기술 분야의 능력을 증명하도록 했다.[44]

중화학공업 육성 정책을 발표하고 몇 주 뒤, 박정희정권은 실업교육과 산업체 사이의 협력 시스템을 조직했다.[45] 「직업훈련법」에 따라 산업체 강사에 대한 자격 제도를 시행했다. 1974년에는 「직업훈련에관한특별조치법」이 제정되어 사업내 직업훈련제도가 확장되었고, 국방부, 철도청, 그리고 건설부와 정보통신부와 문교부 모두 사업 내 훈련제도를 시행하였다. 금성사를 비롯한 몇몇 민간기업들만이 이러한 프로그램을 1960년대부터 가지고 있었다.

42) 김영화 외., 175.

43) Ibid., 175-177.

44) Ibid., 178.

45) 문교부(1974). 교육기본통계, 서울: 문교부, 220.

표 4-1 한국의 2년제, 4년제 대학 진학률, 1961~1965

	전문대학		4년제 대학교	
연도	학교 수	등록률 (천 명당)	학교 수	학생 수 (천 명)
1965	48	23	70	105
1970	65	53	71	146
1975	101	63	72	208
1980	128	165	85	402
1985	120	242	100	932
1990	117	324	107	1040
1995	145	570	131	1188

출처: 문교부(1971, 1981, 1996). 교육통계연보.

지금은 모든 주요 산업체들이 체계적인 훈련프로그램을 의무적으로 제공하는 것에 관심을 기울이고 있다. 정부는 또한, 직업 및 기술 전문대학의 성장을 장려했고, 문교부는 몇몇 실업계 고등학교를 2년제 전문대학으로 전환시킬 것을 지시했다.

그러나 이러한 새로운 기술 및 실업 교육에 대한 노력에도 불구하고 교육에 대한 대중적 인식이 변하지 않은 탓에 절반의 성공에 그치게 되었다. 예를 들어, 신설된 2년제 전문대학의 진학률은 계획 당시보다 감소하였다(〈표 4-1〉 참조). 이들 학교의 장점을 드러내기 위해, 정부는 1970년에 이들 학교에 들어오는 학생들에게 차등적인 장학금을 지급하기 시작했는데, 국가에서 지급하는 고등교육장학금의 대략 40%가 2년제 직업 및 기술전문학교 학생들에게 배정되었다. 그럼에도 불구하고, 아주 적은 양의 예산이 배정된 탓에 한국인들의 일반적으로 갖고 있는 기술 및 직업학교교육에 대한 기피 현상을 극복하기에는 충분하지 않았다.[46]

기술교육 활성화 계획의 결과는 실망스러웠다. 기업들은 직업훈련소를 만드는 데 별 관심을 두지 않았다. 그래서 정부는 제4차 경제개발계획(1977~1981) 기간 동안에 300명 이상의 직원을 고용하고도 사내직업훈련 프로그램이 없는 기업에 대해서는 과태료를 부과하였다.[47] 그러나 많은 기업들은 오히려 벌금을 내는 것을 선호했다. 그리고 당시 실제로 운영되었던 프로그램의 상당수는 적절하지 않은 것이었다.[48] 더 큰 문제점은 많은 전문가들이 학교에서의 훈련이 빠르게 변화하는 산업의 수요를 맞추기 어렵다는 것을 발견하면서, 실업교육의 효율성에 대해 의심을 갖게 된 것이었다(직업훈련 프로그램의 진학률은 〈표 4-2〉 참조).

표 4-2 한국의 직업훈련프로그램 등록자 수, 1967~1968 (단위: 명)

프로그램 유형	1967~1971	1977~1981	1982~1986	1987~1988
정부	63000	81000	120000	121000
민간	36000	177000	337000	114000

출처: 김영화 외., 181

그러나 실업교육이 직면한 가장 큰 문제점은 대중의 저항이었다. 여기에는 고용주들의 견해가 반영되었는데, 이들은 기술력은 업무를 통해 향상된다고 보았으며, 비실업계 졸업생들을 채용하는 것을 더 선호하였다. 학생들은 여전히 인문계 학교로 다시 들어가서 대학입시을 통과할 수 있기를 바랐다. 1970년대 초에 기술훈련에 대한 국가적인 프로그램의 시행에도 불구하고 인문계 고등학교 취학률의 성장은 실업계 고등학교보다 빠르게 성장했다. 1975년의 인문계 고등학생 수는 648,000명이었고 실업계 고등학생의 수는 474,000명이었는데 이는 1961년의 비율과 거의 같았다. 경제기획원과 정부의

46) Ibid., 28-29.

47) Alice Amsden, *Asia's Next Giant: South Korea and Late Industrialization* (New York: Oxford University Press, 1989), 223.

48) Ibid., 223-224.

기술관료들의 강력한 권고로, 정부는 1970년대 말 새로운 기술고등학교를 설립했으나, 인문계 고등학교에 대한 선호 현상을 뒤집기에는 시간이 너무 짧았다. 1980년에는 932,000명의 학생이 인문계 고등학교에 다니고 있었던 것에 비해, 단지 764,000명의 학생이 실업계 고등학교에 다니고 있을 뿐이었다. 정부는 규제를 통해 실업계 학교가 실제 명칭 그대로 집중적인 실무 훈련을 수행하도록 강요했으나, 이는 이들 학교의 선호도만 하락시켰고 학생들과 학부모들은 실업계 학교 진학을 피하기 위해 그들이 할 수 있는 모든 것을 했다.

실업계 학교의 상황은 점점 악화되어 갔다. 매 5년마다 세워진 경제개발계획은 과학기술교육의 촉진을 통해 '인적자원의 향상'을 요구하는 것으로 채워졌다. 정부의 보고서는 산업 성장의 속도를 유지하기 위해 지속해 숙련된 기술공을 양성하지 못하는 교육제도에 대해 경고하고 있었다. 공과대학을 포함한 이과 계열의 지원자 수는 더 많아졌는데, 이는 엔지니어와 과학자들의 지위 상승과 높은 재정적 보상이 그들의 인기를 상승시켰고, 그 결과 이들 전공에 대한 더 많은 정원배분에 대해 반발이 없었기 때문이다. 그러나 중간 단계의 기술자들은 여전히 부족한 데 반해, 고도로 훈련된 엔지니어와 과학자들의 빠르게 과잉 공급 상태가 되었다(〈표 4-3〉 참조). 비록 공과대학생들의 양적, 질적인 향상이 이루어졌고 일부 산업체의 훈련 프로그램은 유용했지만 교육의 내용과 구조는 정부의 경제계획 입안자들과 경영자들이 인식한

표 4-3 한국 대학생들의 전공 분표

(단위: 명)

연도	인문사회과학	교육	이공계	농업
1962	7010	580	7685	1020
1967	10430	2070	13110	825
1972	13020	5010	19300	3100
1977	17975	12285	27350	4610
1978	20915	11835	33035	4610

출처: 이해영(1992). 대학입학정원결정의 사회적 동인에 대한 연구. 서울대학교 박사학위논문. p. 68.

요구 사항을 전반적으로 만족시키지는 못했다.

실업교육은 1980년대에 더욱 열악해져 갔다. 전두환 대통령하에서, 인문계 고등학교에 등록한 학생은 실업계 고등학교의 학생 수가 정체된 것에 비해 거의 2/3가 증가했다(〈표 3-4〉 참조). 직업훈련프로그램에 대한 정부의 지원은 줄어들었고, 민간자금의 지원은 더 빠르게 줄어들었다.[49] 1985년 대통령직속 교육개혁심의회는 박정희정부가 20년 전에 했던 것과 같은 결론을 얻었는데, 기술교육과 실업교육이 성공하기 위해서는, 1949년에서 1951년에 만들어진 교육제도가 변해야 한다는 것이었다. 심의회는 6-3-3-4 학제를 5-3-4-4 학제로 바꿀 것을 제안하였다. 새로운 학제하에서는, 고등학교가 4년제로 변하고, 2년 후에 학생들은 그들이 실업교육에 적합한지, 대학교육에 적합한지에 대해 예비시험을 치르게 된다.[50] 심의회가 제안한 이 학제는 기존 학제보다 좀 더 유연했으며 실업교육을 고무시키는 데 조절하기 용이할 수 있는 제도였으나, 시행하기에는 기술적인 문제가 있었다. 예컨대, 이미 과밀 상태였던 중등학교들이 새로운 학제로의 전환에 필요할 학생들을 추가로 흡수할 수 있도록 하는 것이었다. 그러나 가장 중요한 문제는, 과거에도 그랬던 것처럼 상위 단계 학교에 대한 접근성을 제한하는 제도에 대한 대중의 반발이었고 초기에 나타난 대중의 부정적 반응은 전두환정부로 하여금 이 계획을 더 이상 추진하지 못하도록 했다.[51]

교육발전을 경제개발계획과 맞추는 데 있어 또 다른 문제는 교육계획이 장기계획이 아니라는 점과 지속성이 결여되어 있었다는 것이다. 종합적인 교육정책, 예컨대 순차적 발전, 보편적인 기본교육의 강조, 단일한 국가교육과정, 교원양성의 지속적인 개선 등은 꾸준한 모습을 유지했지만, 실제로 교

49) 김영화 외., 231-232

50) Korea Times, 4 March 1987.

51) 1997년 7월, 김영철과의 인터뷰.

육정책의 세부적인 측면에서는 임기응변적이었으며 자주 수정되거나 폐기되었다. 이는 상당 부분 대중과 정부의 정책목표 사이의 갈등에서 비롯되었는데, 결과적으로 정책의 우유부단함과 혼란스러운 변화를 불러왔다. 이는 1948년부터 1978년까지 30년 동안 문교부장관의 짧은 임기와 각 장관들마다 새로운 정책 목표를 말하면서 더욱 악화되었다.

미 자문단은 장기계획을 세울 것을 한국에 강력히 권고하였다. 1967년 12월, 미국대외원조기관(United States Operations Mission: USOM)은 교육 당국에 교육의 장기적 개혁의 필요성을 권고하였다. 그들은 특히 교육정책을 인력 수요에 맞추기 위한 장기적인 계획을 세우는 것을 우려했다. 1968년 1월, 박정희 대통령은 자문단을 만나 직업교육에 대해 더 크게 중점을 두는 것을 포함한 주요 교육개혁에 관해 논의하였다. 박정희 대통령은 1968년 9월 국회정책발표에서 교육정책의 지속성, 인력개발의 향상, 교육투자의 비용효과 최대화 등 세 가지가 필요하다고 언급하였으며, 10월에는 이를 위한 전담위원회가 만들어졌다.[52] 이 중에서 장기종합교육계획심의회가 1969년 1월에 만들어졌다. 1970년 여름에, 장기종합교육계획심의회는 인력 수요에 맞춰 교육을 조정하는 중기교육개발계획을 수립했지만, 이 계획은 한국의 다른 장기교육계획과 마찬가지로 무산되었다. 이 계획이 수립되자마자, 장기교육심의회는 해산되었다. 그리고 1971년에 대통령과 내각을 상대로 교육개혁에 관해 조언을 하기 위해 몇 년마다 만들어진 일련의 비공식적인 교육정책위원회로 대체되었다. 한 현대의 연구자에 따르면, "대부분의 주요한 정책입안자들은 장기적인 교육정책위원회를 제도화시키는 것의 필요성을 인식하지 못했다."[53]

장기교육계획을 지원하는 방안으로 교육의 싱크탱크 역할을 할 한국교육개발원(KEDI)이 창설되었다. 한국교육개발원은 교육정책입안자들에게 중요

52) 이영덕, 14-16.

53) Ibid., 16에서 재인용.

한 자료를 제공해 주었지만, 임기응변적이고 지속해 변하는 교육정책의 패턴은 계속되었다. 교육정책은 실제로는 이성적 계획보다 학력(學歷)을 얻고자 하는 대중적 열망에 영합하는 방향으로 추진되었다. 이러한 현상을 개선하기 위해, 1980년대에는 교육개혁을 위한 여러 위원회들이 대통령 직속으로 설립되었다. 이들 위원회는 많은 교육전문가들로 구성되었으며 이들의 구체적인 권고사항이 담긴 보고서를 발행하였으나, 그 권고사항들 중 시행된 것은 거의 없었다.

대학정원제

1961년 이후 경제개발전략과 교육을 맞추고자 하는 한국 정부의 문제는 고등교육의 정원 제한을 시도한 것에서 분명하게 드러난다. 제1차 문교재건계획의 주요 업무는 고등교육의 폭발적인 성장을 막는 것에만 있는 것이 아니고, 고등교육기관의 학생 수를 줄이는 데 있었다. 대학정원의 감소 계획은 매우 인상적이었는데, 1961년에 125,000명의 학생이 고등교육을 받고 있던 상황을, 이후 3년간 64,164명으로 대폭 줄이고자 했다. 이를 위해 고등교육의 관문을 대폭 좁혀, 1962년 3월 1일에 시작하는 새 학사연도에는 16,691명의 학생들만이 입학했을 정도였다.[54] 이상적으로는 오직 20%의 고등학교 졸업생이 2년제 대학과 4년제 대학에 입학할 수 있었다. 이 계획의 첫 번째 단계로, 대학의 많은 학과들이 합병되거나 폐지되었고, 12개의 사립대학과 전문학교들이 1961년 12월까지 폐교 명령을 받았다.[55] 미국의 원조금을 관리했

54) Korea Times, 5 December 1961. 국가재건최고회의에서는 새 학년의 시작을 기존 4월 1일에서 3월 1일로 변경하도록 명령했다.

55) 동아일보, 1961년 12월 3일.

던 국제협력부와 이후의 경제기획원의 경제정책 입안자들은, 공학과 다른 몇몇 기술 분야를 제외한 고등교육분야의 해외원조자금을 거부하려 했다. 그들은 대학교육을 속 빈 강정에 비유했는데, 건물 외관은 인상적이지만 내부는 어둡고 난방조차 제대로 갖추지 못했으며, 도서관, 자료, 기타 시설의 부족에 시달렸다. 제대로 된 자격을 갖춘 교수진의 수도 부족했으며, 그마저도 박봉에 시달리고 있었다.

문교부장관 문희식 중령은 1961년 11월, 40개 대학 총장 및 학장 회의에서 고등교육 합리화 계획의 세부사항을 발표하였다. 10개의 전문대학들은 2년제 직업학교로 축소되었으며, 몇몇 4년제 대학교들은 완전히 문을 닫아야 했다. 그리고 특히 예술과 인문학 분야의 몇몇 학과들은 폐지되거나 통합되었다. 위에서 말한 바와 같이 대학의 정원은 절반으로 줄어들었다. 남아 있는 사립대학들은 엄격한 통제를 받아야 했다. 이전에 무시되었던 교수진 및 시설에 대한 규정을 엄격히 시행하려 했고, 학교 지출에 대해서도 '학교 운영에 대해 국민의 신뢰를 회복하도록' 신중하게 규제하고자 했다.[56] 체육교육에는 더 큰 압력이 가해졌는데, 외국의 전문적 지식이 체육교육 및 체육 프로그램의 질과 어린 학생들의 건강을 개선하기 위해 시도되었다. 해외 유학생에 대한 감독은 두뇌 유출을 막고 한국 학생들이 국가 경제에 필요한 기술을 얻고, 국가의 재건을 돕기 위해 졸업 후 귀국하도록 강화되었다.[57]

이 계획에 발맞춰서, 문교부는 입시제도 개혁을 발표해 문교부가 입학시험 과정을 직접 관리하도록 했다. 12월로 예정된 중학교, 고등학교, 대학입시의 일정은 문교부의 감독하에 교육위원회에 의해 시행되어 통일된 국가적 시험으로 운영되었다. 개별 학교들은 그런 다음 이러한 시험 결과를 바탕으로 하여 학생들을 선발하도록 했다. 정부 관료들은 새로운 국가 시험제도의 주요

56) Republic of Korea, MOE, Education in Korea 1962 (Seoul: Mun'gyobu, 1963), 11.

57) Ibid., 11-12.

목적이 경쟁적인 입학 과정에서의 공정성을 보장하는 것으로 선언함으로써 이 제도를 옹호했다. 또한 중앙정부가 시험에 나오는 주제를 정해, 교실에서 가르친 것에 대해 엄격하게 통제할 수 있도록 했다. 더욱이 종종 보고되는 뇌물이나 가족 간의 커넥션 등을 포함한 입학에서의 부정행위들은 문교부가 직접 입학시험을 관리함으로써 더욱 엄격하게 통제하고자 했다.

이 계획은 처음부터 잘못 착안되어 실행되었다. 학교와 학과를 통폐합하고 강등시키는 세부적인 사항들은 매주마다 바뀌었으며, 최종적으로 실제로 시행된 사례는 처음 계획보다 크게 줄어들었다. 교육계는 대학교육 축소에 실망감을 드러냈다. 이들은 한국에 고등교육을 지원하러 온 미국 자문단 단장인 미네소타 대학교(University of Minnesota) 우드(C.W. Wood)의 주장을 빌려, 한국의 이러한 대학교육 축소가 장기적인 발전을 해칠 것이라 경고했다.[58] 이러한 비판은 처음에는 무시되었지만, 몇 주 후에 정부의 대학정원감축 의지는 흔들리기 시작했다. 문을 닫게 된 10개의 전문대학 중 9개는 결국 다시 개교했으며, 대학정원은 1962년 처음 계획된 16,000명부터 전년도와 거의 같은 숫자 26,000명까지 지속해 증가하였다.[59] 그러나 이 숫자도 사실상 모든 고등학교 졸업생들이 대학에 들어가려 했다는 점을 감안한다면, 대학입학을 희망하는 학생들의 3분의 1보다도 적은 숫자였다.

1963년 봄, 박정희는 미국의 압력에 의해 정권을 민간 정부로 이양하겠다는 약속을 지키기로 했으며, 군부의 지지를 받는 민주공화당의 대통령 후보가 되었다. 결과적으로 정부는 고등교육 개방 압력에 더욱 민감해지게 되었다. 경제자문단의 권고와는 반대로, 박정희정부는 대학정원을 32,000명으로 확대할 것을 약속했으며,[60] 1963년 말에는 정원 확대를 위해 2년제 대학 8개

58) Korea Times, 9 November 1961.

59) Republic of Korea, MOE, Education in Korea 1962, 27.

60) Korea Times, 6 February 1963.

교를 4년제 대학으로 승격시켰다.[61] 제1차 경제개발계획 이듬해 내내 같은 이야기가 반복되었다. 정부는 대학정원 수를 조금 늘리거나 유지하겠다고 발표했지만, 곧바로 정부 당국자들에게 학부모들의 압력이 들어왔고 정원은 상향조정되었다. 대중들이 원했던 만큼 많은 수가 늘어나지는 않았지만, 경제정책입안자들의 권고보다는 많았다.

정부는 대학정원을 제한하는 일에 더욱 어려움을 겪게 되었다. 대학 졸업생 수를 제한하기 위해 대학졸업자격을 위한 국가자격시험, 학사고시를 시행하려 했다. 학사고시는 경쟁력이 없는 학생을 걸러 내기 위해 고안되었다. 대학에 입학하기 위해 치열한 경쟁을 치르지만, 일단 입학하고 나면 학생들은 출석이 일반적으로 강제되지 않았기 때문에 낙제하는 경우가 거의 없었다. 등록금에 의존하는 대학들은 학생들을 퇴학시키거나 낙제시키는 일에는 전혀 관심이 없었다. 공부에 대한 인센티브가 없었기 때문에, 많은 대학생들은 나태하게 시간을 허비했다. 정부가 발표했던 학사고시 시험은 이러한 문제들을 학생들의 책임으로 지우고, 대학에 적절한 교육을 제공하도록 압력을 가해 지나치게 많은 대학 졸업자들의 수를 줄이고자 한 것이다. 이는 잠재적으로는 정치적으로 활발히 활동하는 학생들을 학업에 전념하게 하는 추가적인 이점이 있었다.

정부는 1961년 11월 22일 열린 학사고시 시험에서 바로 어려움에 부딪혔다. 대학 행정담당자들의 반대와 산발적인 시위, 그리고 학생들로부터 보이콧을 당하면서 언론에 의해 매우 회의적인 반응을 받았다. 거의 25,700명의 학생들 중 7,242명이 시험을 거부했다. 처음에 정부는 이들 학생에 대해 강경한 반응을 보였지만, 나중에는 거의 모든 학생이 졸업할 수 있었다. 18,448명이 시험에 응시해서 2,749명을 제외한 모두가 성공했다. 1962년 11월의 시험에서는 시험 결과로 인해 졸업을 하지 못할 학생이 거의 없게 된다는 것이 명

61) Ibid., 18 December 1963.

백해지면서 시험 결과가 더 좋아졌다.[62] 그럼에도 불구하고, 학사고시는 대중의 호응을 얻지 못했으며 학교 당국과, 대부분의 교육자들, 언론, 학생들에 의해 지속해 공격받았다. 1963년에 정부는 학사고시를 폐지하였다.

문교부는 국가예비시험제도를 시행했다. 이를 통해 대학에 입학하는 학생 수를 통제하고, 대입의 공정성을 보장하며, 능력 없는 학생을 탈락시키고, 문교부가 선발 과정에서 더 큰 목소리를 갖고자 했다. 이 자격고사의 합격 정원은 대학정원보다 50%가 많았다. 각 대학들은 시험에 합격한 학생들을 대상으로 입학생을 받을 수 있었다. 이 시험은 학사자격고사보다는 대중적 반대가 적었다. 그러나 학교가 정원보다 더 많은 학생들을 입학시키는 것을 막기는 어렵다는 것이 증명되었다. 이는 1차 문교재건계획 동안 계속된 논쟁을 만들었다. 문교부가 입학한 학생 수와 졸업생 수를 기록하기 위해 등록제도를 권고했을 때, 학교 당국의 저항에 부딪혔다. 정원을 초과하여 등록된 학생들에게 학위수여를 거절하려는 시도 또한 실패했다. 결과적으로, 과도한 것으로 여겨졌던 대학생 수를 줄이고자 하는 노력들은 성공하지 못했다. 실패했다고 말하는 근거는 1966년 말에 고등교육기관의 수가 98개이고 학생 수는 164,205명으로 추정되었는데, 정부가 정했던 정원인 115,967명을 48,238명 초과한 수치였으며, 이는 당초 1966년까지 고등교육학생 수를 62,000명으로 제한하려던 계획보다 두 배나 많은 수치였다.[63]

1966년까지 정부 차원의 조치들이 입학에 대한 통제를 강화하는 데 어느 정도 영향을 주었다. 하지만 이 계획이 실패한 이유는 고등교육에 대한 사회적 수요 상승에 직면했기 때문이었다. 각 학교들 역시 재정적 압박으로 인해 입학생 수를 증가시키려 했는데, 사립대학들은 수입의 80%가 등록금에서 비롯되기 때문이었다. 게다가 학교 관계자들은 불안해하는 학부모들의 엄청

62) Republic of Korea, MOE, Education in Korea 1962, 26.

63) Korea Times, 20 October 1966.

난 압박과 뇌물수수의 대상이 되었다. 정부 관료들 역시 마찬가지였는데, 학부모들은 자녀를 원하는 학교에 보내기 위해 그들의 영향력과 뇌물을 이용했다.

이러한 실패는 적어도 부분적으로는 이익 집단들의 요구에 응해야 했던 군사정부의 어려움에서 비롯되었다. 교육개혁을 가로막는 가공할 만한 이해집단은 사립학교와 재단이었다. 1960년대 초에 이들은 보잘것없던 한국 경제의 가장 큰 집단들 중 하나였다. 사립학교는 중학교와 실업계 고등학교의 1/3을 차지했고, 고등교육기관 중 거의 3/4이 사립학교였다. 1962년에는 대학교 중 36개가 국립, 48개가 사립이었다.[64] 사립학교의 힘은 이들 학교들이 도시에 집중되어 있다는 사실에서 두드러지게 나타난다. 1966년에 116개의 중학교 중 89개, 부산의 50개 중학교 중 34개 학교가 사립학교였으며, 이들은 각각 학생 수의 3/4과 2/3를 차지했다. 이와 유사하게, 서울의 사립 인문계 고등학교는 학교 수와 학생 수의 3/4을 차지했으며, 부산의 경우도 2/3가 사립이었다. 더욱이 거의 70%에 달하는 대학교 학생들이 서울에 집중되어 있었으며, 이들 중 90%가 사립대학교 학생이었다.[65] 국공립대학들은 지방에 집중되어 있었으며, '지방 대학'이라는 이유로 명성을 얻지 못했다. 한국 학계의 정점에 있는 국립서울대학교만이 예외적인 위치였다. 사립학교들은 그들의 이익을 위해 로비활동을 하는 나름의 조직체를 만들었다. 비록 잘 조직된 것은 아니었지만, 사설교육기관, 특히 입시준비학원들은 수천 명의 전업, 시간제 강사들을 고용해 기존의 교육체제를 영속시키는 또 다른 거대한 산업을 만들었다.[66] 학교교육에 유입되는 돈의 액수는 엄청났고 1960년

64) 문교부, 문교통계요람, 2-5.

65) 문교부(1966), 교육통계연보 1966, 74, 110, passim.

66) 1966년 초, 1,136개의 인가된 학원이 있었는데 236개가 서울에 있었다. 그리고 셀 수 없이 많은 비인가 학원들이 있었다. Korea Times, 12 March 1966. 참조.

대 초반 한국 경제에서 교육을 농업 다음으로 가장 큰 분야로 만들었다.[67]

한국인들은 일반적으로 상업화된 교육에 대해 비난하곤 한다. 장면정부와 박정희정부 모두 많은 비용이 들고 비효율적인 교육제도의 개혁을 약속했으며, 사립학교와 사설 학원들을 더 엄격히 감독하려 한 초창기 노력들은 잘 받아들여졌다. 1963년에 정부는 「사립학교법」을 공포했다. 이 법은 문교부뿐만 아니라, 도지사와 지역의 주요 공무원들에게 사립학교를 규제할 수 있는 광범위한 권한을 주었고 학교 관계자들이 문교부의 승인을 받아 임명되도록 했다. 교내 자금 지출 및 학교 행정에 대한 수많은 규정들을 위반한 사람들에게 징역형이 선고되었다.[68] 비록 중등학교의 교장과 대학 총장들은 여전히 명목상의 자율권을 갖고 있었으나, 문교부는 그들의 해임을 건의할 수 있었다(그러나 면직시킬 수는 없었다). 결국, 이 법은 사립학교에 대한 국가의 권한을 크게 강화시켰다.

이러한 조치들이 사립학교들을 무력하게 만들지는 못했다. 사립대학들은 「사립학교법」의 수정을 촉구하는 캠페인을 벌였다. "지원하되 간섭하지 말라."고 요청하면서, 1965년 국회에 도입된 사립학교법 개정안을 지지하고 나섰다.[69] 사립학교들은 또한, 수입의 80%가 등록금에서 나온다고 주장하면서, 적절한 학생의 숫자가 없이는 도저히 수지를 맞출 수 없다며 대학정원제에 대항하여 싸웠다. 한편, 문교부는 학교 시설을 향상시키고 더 많은 교수진을 고용하기 위해 계속 지시를 내렸는데, 거의 모든 국립, 사립대학이 두 가지 모두 법적인 최소 자격 요건보다 훨씬 낮았다. 문교부와 박정희정부의 다른 기관들, 그리고 여당인 민주공화당은 부동산, 사업, 그리고 여러 관련 없는 사업에 투자하면서 학교로 이익을 환수하지 않는 학교들을 비난했다. 학

67) 교육산업의 규모에 대한 추정은 상당히 다양하게 있는데, 돈의 규모로 볼 때 당시 농업 다음가는 규모였다.

68) 중앙대학교부설한국교육문제연구소, 323-326; 동아일보, 1963년 6월 26일.

69) Korea Times, 13 March 1964.

교재정에 대한 정기적인 조사가 시작되었다.

사립학교들은 자주 문교부의 지침을 무시하곤 했다. 정부와 이화, 숙명 두 일류 여대 간의 갈등은 이러한 신경전을 보여 준다. 이화여자대학 총장인 김옥길은 공개적으로 대학정원제를 거부했으며 1965년에 배당된 정원보다 40% 더 많은 학생을 입학시켰고, "교육자로서의 믿음과 양심에 따라 이 법을 위반해야 했다."고 언급했다. 당시 고등교육의 팽창을 통제하기 위한 또 다른 시도로 대학교육10년계획을 발표했던 문교부장관인 윤천주는 대학정원이 강제되지 않으면 이 새로운 시도가 첫해부터 실패할 것을 깨달았다. 결과적으로, 그는 정원을 초과한 입학생들을 없애지 않으면 대학 문을 닫을 것이라 위협했다. 이화여대는 여전히 비협조적이었으며, 문교부 감독관들이 이화여대에 등록학생 명부를 검사하러 갔을 때 모든 직원들은 이미 떠난 상태였다. 결과적으로 김옥길 총장은 사임 압력을 받았으나, 추가로 입학한 학생들은 상당수 명문가의 자녀로 학교에 남는 것이 허가되었다. 1년 넘게 험악한 대치가 이어졌고, 이 분쟁은 이화여대가 등록학생 명부를 제출하고 어떠한 학생이나 직원들이 대학정원을 위반한 것으로 불이익을 받지 않는 것으로 타협이 이루어졌다.[70] 또 다른 명문 여자대학인 숙명여자대학 또한 문교부의 제재를 받았는데, 학교 업무에 부당한 간섭을 한 것에 대해 정부를 상대로 민사소송을 제기했다.[71] 문교부가 정원보다 추가로 입학한 학생들을 잘라 내기 위해 여러 번의 시도를 했음에도 불구하고, 사립대학들은 이를 무시하거나 우회하는 방법을 찾아냈다. 1966년 봄, 17개 사립대학들을 조사한 결과, 76,631명의 학생들이 재학 중이었는데 배당된 정원은 38,576명이었다. 이들 중 하나인 한양대학교는 재학생 수가 13,875명이었는데, 정원은 단지 3,421명이었다. 불교계열 대학인 동국대학교와 유교계열 대학인 성균관대학

70) 동아일보, 1965년 3월 9일, 동년 3월 11일.

71) 동아일보, 1966년 8월 9일, 동년 9월 1일

교는 모두 6,000명이 넘는 학생이 다니고 있었지만, 배당된 정원은 3,130명과 2,494명이었다.[72]

1960년대 말, 정부는 고등교육의 학생 수를 더 효과적으로 관리하기 시작했다. 박정희정권은 대학생 수를 절반으로 줄이려 했지만, 집권 첫 5년간 오히려 25%가 증가했다. 그러나 1967년 이후, 증가세는 매우 감소되었고 엄격히 단속되었다. 1967년에 학생들을 낙제시킬 수 있는 등급제를 계획했으나, 실패로 돌아갔다. 이는 한 학년에서 다음 학년으로 자동 진급하게 한 전통이 부분적인 이유였는데 한국 학교교육의 국가적 특징이었다. 그러나 이것은 힘들지 않은 학업 기준과 등록금 수입을 유지해야 할 학교의 필요도 반영된 것이었다. 대학 총장들은 사실상 만장일치로 새로운 등급제를 반대했으며, 대학 수업에서 무시되면서 조용히 사라졌다. 그러나 정부는 고등교육의 팽창을 엄격히 제한하겠다는 더욱 단호한 입장을 보였다. 1967년 여름, 대통령 선거기간 동안 여당인 민주공화당은 학생을 향후 5년간 매년 4,000명씩 늘리는 소폭의 증가를 약속했고, 이렇게 증가한 학생들을 온전히 과학기술분야에 오게 할 것을 요구했다. 학부모들에 대한 양보로서, 민주공화당은 학생들과 가족들의 재정적 부담을 줄이기 위해 고등교육에 대한 더 많은 정부지원을 약속했다.[73]

이듬해에 선거가 끝나고, 박정희정부는 새로운 활력으로 대학정원제를 시행했다. 이러한 압력의 상당 부분이 전문관료들로부터 비롯되었는데, 이들은 대학생의 숫자에 대해 더 엄격한 제한을 강조했다. 경제기획원 관료들은 1968년 대학정원이 너무 많아 5%를 줄일 것을 제안했다.[74] 그리고 박정희는 대통령령을 통해 대학정원의 규제와 학위수여대상자 규정을 발표했다. 문교

72) 동아일보, 1966년 5월 25일.

73) Korea Times, 8 August and 9 September 1967.

74) 동아일보, 1967년 1월 11일.

부의 고등교육국은 대통령령을 시행하기 위한 인사들로 개편되었다. 문교부는 1968년 대학정원제 시행을 위해 검찰과 경찰의 협조를 구할 것이라 발표했다.[75] 7월에 박정희 대통령은 문교부장관 권오병에게 모든 규정 위반을 단속하라고 명령했다. 일주일 후 문교부는 대학에 불법적으로 입학한 학생들을 점검하기 위한 불시 조사를 시작했다. 그 결과 4개 대학에서 821명의 학부생을 초과해 입학시킨 것을 발견했다.[76] 국회는 이러한 대학정원 규정 위반에 대해 조사를 실시했다. 한양대학교 총장 김연준은 국회에서 증언하면서, 대부분의 4년제, 2년제 대학들이 학생정원을 제한하는 규정을 계속해서 위반해온 것을 시인했다. 그러나 이 조사는 또한, 그 숫자가 작으며 부유하거나 영향력 있는 가족의 학생들이 주로 포함된다는 것을 분명히 했다.[77] 1966년에 실시된 대학정원제가 지금 시행되고 있다는 것과 고등교육의 성장이 통제받지 않던 시절이 끝났음을 분명히 했다.

그러나 대학들은 이전보다는 노골적이진 않았지만, 여전히 정원을 초과하여 입학생을 받고 있었다. 경희대학교 총장 조용식은 대학정원제가 자녀를 대학에 보내려는 부모의 엄청난 압박과 학교의 재정적 필요하다는 것에 비추어 볼 때, '현실적인 문제'라고 주장했다.[78] 대학들은 이따금 공개적으로 반발했다. 예컨대, 1970년에 문교부는 최근 규정위반 사례를 점검하기 위해 모든 대학교에 졸업생 명단을 요구했으나, 전국의 48개 고등교육기관 중 한 곳도 따르지 않았다.[79] 심지어 더 강력한 독재정권이었단 유신 시기에도 이러한 패턴은 지속되어 정부가 대학정원 수를 조금만 증가시키면 대학과 학부모 단체들이 항의하였고 그때서야 정부는 대학정원을 늘리게 되었다. 타협의

75) 김영화 외., 152.
76) Korea Times, 18 January 1969.
77) Ibid., 21 January 1969.
78) Ibid., 22 January 1969.
79) Ibid., 11 June 1970.

결과, 정부는 1973년 봄에 대학들로 하여금 10%까지 정원을 초과하여 학생을 받을 수 있도록 허용했으며, 이 수치를 초과한 대학들에게는 무거운 벌금을 부과했다.[80)]

박정희정부가 고등교육의 팽창을 조절하는 거대한 문제에 직면했지만, 적어도 1970년대에는 증가세를 억제하고 교육이 경제발전의 수요를 맞춰야 한다는 원칙을 확립했다. 그러나 박정희정권의 이러한 많은 노력은, 1980년 이후 정부가 대중의 요구에 굴복하여 입학자 수가 급증하게 된 이후 수포로 돌아갔다. 대학생 수를 제한하려는 노력과는 반대로, 중등교육을 확대시키고자 한 정책은 대중의 열망과 일치했다. 1972년에, 정부는 중공업의 빠른 발전을 준비하기 위해, 고등학교 졸업자의 수요가 증가할 것이라 판단했다. 순차적인 개발정책의 지속이었지만, 시장의 수요에 맞추려는 속도로 고등학교 학생 숫자를 증가시키려 한 진지한 노력이었다는 점에서 달랐다. 결과적으로, 중등교육은 1970년대 초까지 팽창했다. 정부는 새 학교를 신축하는 일에 많은 돈을 쓰지 않아도 되었는데, 중등교육 비용의 많은 부분이 등록금, 수업료, 그리고 '자발적' 기부라는 복합적인 방식을 통해 조달되었기 때문이다.

정부가 경제발전 목표를 위해 학교교육에 쏟아부은 노력이 큰 결실을 맺지 못하고 많은 어려움을 야기했다는 점은, 한국이 종종 묘사되는 것처럼 대중의 압력과 기득권으로부터 자유로운 '강력한 국가'가 아닐 수도 있음을 시사한다.[81)] 여전히 국가는 연속적이고, 수직적인 국가적 교육체제를 유지할 만

80) Ibid., 15 April 1973.

81) 한국의 개발주의적 정책을 시행할 수 있었던 능력을 강조하는 연구에는 다음과 같은 것들이 있다. Amsden; Stephan Haggard and Chung-in Moon, "Institutions and Economic Policy: Theory and a Korean Case Study," World Politics 17, 2 (January 1990): 210-237; Chalmers Johnson, "Political Institutions and Economic Performance: The Government-Business Relationship in Japan, South Korea, and Taiwan," in Deyo, ed., 136-164; Mason et al.; Joel S. Migdal, Strong Societies and Weak States: State-Society Relations and State Capabilities in the Third World (Princeton, N.J.: Princeton University Press, 1988). For a corrective to this view, see Koo, ed.

큼 강했다. 그러나 고학력자의 과도한 공급을 막으려는 노력은 한국교육의 주요한 특징 중 하나인 입학시험에 대한 집착 현상에 기여했다.

국가는 커다란 정치적 비용만으로 경제발전의 수요에 맞는 방향으로 교육을 이끌 수 있었다. 국가가 시도한 위로부터의 교육정책은 대학입학을 위해 경쟁하는 사람들의 숫자가 증가하면서 학생 및 교사들을 괴롭혔고, 시간이 지나면서 더 큰 문제가 되어 버렸으며, 궁극적으로는 1979년 말 박정희 암살로 촉발된 분노와 불만의 원인이 되었다. 새롭게 등장한 전두환정부는 법적인 정통성이 약했고, 대중적 요구에 맞서는 것을 더욱 꺼렸다.

1962년 이후에 한국의 빠른 경제성장은 또 다른 사회적 격변을 야기했다. 수십만 명의 남녀 젊은이들이 농촌을 떠나 서울과 새롭게 건설된 산업단지인 포항, 울산, 창원의 공장에서 일하게 되었다. 이는 1970년대에 박정희 대통령이 시행한 새마을운동, 근대화와 자력갱생사업을 위해 농촌을 동원한 활발한 캠페인은 농촌 생활에 더 큰 혼란을 가져왔다. 심지어 가장 고립된 마을들도 중산층 지위를 얻고자 하는 야심 찬 사람들이 가진 열망의 소용돌이에 빠져들었다. 한편, 교육제도의 팽창과 경기호황은 더욱 규모가 커지고 분명해진 중산층을 만들어 냈으며, 이들의 가치관이 사회 전반에 퍼지게 되었다. 이러한 거대한 변화는 한국 사회의 불안한 질적 요소와 교육을 통한 사회적 계층 상승의 욕망을 더욱 부채질하게 되었다.

제5장

입시제도

교육에 대한 한국 사회의 집착을 가장 생생하게 보여 주는 것은 아마도 '시험지옥' 혹은 '입시지옥'이라 불리는 것이 아닐까? 1945년 해방 직후 중등학교와 대학 입학시험에서 높은 성적을 얻어 일류대학에 진학하기 위한 경쟁이 치열하게 나타났다. 1년에 한 번 치러지는 입학고사의 성적에 따라 어느 대학에 입학하는가가 거의 결정되기 때문에 학생들은 눈을 뜨고 있는 시간 거의 전부를 시험을 준비하는 데 보냈다. 이러한 시험준비에는 저녁시간과 주말 동안 학원 혹은 고액과외도 포함되는데, 많은 가정에게 큰 경제적 부담을 갖도록 하는 것들이었다. 한국교육의 가장 큰 목적이 사회적 지위획득이었다면, 이 과정에서 가장 중요한 기제로 작동했던 것이 바로 입학시험이었다.

입시제도는 한국 교육체제의 역동성을 이해하는 데 핵심적인 것이다. 입시제도는 엄청난 압력을 유발하고 교육제도의 운신의 폭을 좁히는가 하면, 교육의 역할이 사회이동의 중추적 기재로 작동하는 데 기여해 왔다. 시험의 주요 역할은, 교육이 사회적 지위를 결정하는 척도로, 서열과 지위에 대한 한국인들의 관심정도, 사회적 지위상승에의 가능성을 향한 보편적 욕망 혹은 신념 정도를 알아보도록 하는 데 있다. 명확하면서도 일관성 있는 입시 정책을 마련하는 데 매번 실패하고 있다는 점 또한, 교육제도가 사회적 압력, 전통의 무게, 권위주의적 정부와 대중의 압력 사이의 갈등이 어느 정도인가를 반영하는 것으로, 교육에 있어 효과적인 통제의 한계가 어느 정도인지 가늠하게 해 준다.

입시지옥의 등장

한국이 입학시험에 전 국가적으로 몰입하게 된 데에는 꽤 오랜 역사적 전통이 자리 잡고 있다. 조선시대에는 거의 모든 양반 자제들이 과거 시험에서 성공하려는 야심을 갖고 있었다. 그러나 근대학교의 입시제도는 일본이 만들어 낸 것으로 해방 후 한국은 약간의 변조만으로 이를 유지해 왔다. 1945년 이후, 중 · 고등학교의 입학시험은 각 학교가 직접 준비했다. 이는 일본의 시험이 언어영역과 수학영역으로 구분되어 있지만 한국에서는 초등학교에서 배운 것을 토대로 시험과목을 정했다는 것을 제외하고는 일본의 경우와 매우 유사했다. 1949년 시험에 대한 비판이 광범위하게 퍼지게 되는데, 그 결과 문교부는 다음과 같이 조치하도록 하였다. 즉, 입학시험은 지능검사와 체력검정으로 대체하며, 상급학교로의 입학은 아동의 성취도와 인성에 대해 교사가 작성한 내신에 따라 정하도록 했다.[1] 그러나 이러한 문교부의 조치는 이행되기 어려웠다. 지성 검사의 기준에 대해 합의점을 찾기가 불가능했기 때문이다. 또한, 교사들의 권위를 보다 높여 주고, 시험을 통한 평가 대신

1) Kim Jongchol, Education and Development, 70.

학생들의 교실 활동을 강조하는 진보주의 교육 이념에 순응하는 경향이 있었음에도, 교사가 작성하는 내신은 무분별하고 혼란스럽게 여겨졌기 때문이었다. 사실 입학시험이 학생의 미래 진로를 결정하던 역할을 버리라고 하는 미국 교육전문가들과 미국 교육이론의 충고를 따르려는 한국교육전문가들은 거의 없었다.

1951년이 되어, 문교부는 국가연합고사제라는 모든 중등학교 진학을 위한 단일 입시제도를 마련하였다. 그런데 이 제도는 공·사립을 막론하고 학교 운영진들에게 그다지 주목받지 못했다. 각 학교에서 정원의 150%를 합격시키고 이 중에서 학생들을 선발하도록 했지만, 중등학교 교장 및 교사들은 국가고시가 자신들의 권위를 깎아내린다고 생각했다. 교장과 교사들의 잦은 항의로 인해, 문교부는 2년 만에 이 제도를 폐지했다. 이후 내신을 이용한 실험이 계속되었지만, 일반적으로 1940년대 말~1950년대의 중등학교 입시는 해당 학교의 교사 혹은 도교육위원회에서 준비하는 지필시험에 의해 결정되었다.[2] 대학의 경우에는 각 대학에서 과목별로 지필시험지를 준비하여 입학시험을 치르도록 했다. 중등학교의 사례처럼, 1954년 국가고사제라는 짧은 실험은 환영받지 못했고 이듬해 바로 폐지되었다.[3]

한국 학생들에게 시험을 준비하는 고난은 12살에 치러지는 중학교 입학시험과 함께 시작된다. 입학시험은 중학교와 고등학교 수준에서 모두 치러졌지만, 중학교 시험이 보다 중요했다. 사립의 경우 많은 중학교와 고등학교에는 교장이 한 명이었고, 교직원들이 순환근무를 하거나 학교의 소유주가 같았다. 따라서 대개 중학교에 들어가게 되면 같은 계열의 학교에 진학하게 되었다. 물론 자동진급이 이루어진 것은 아니지만 말이다. 만약 중학교 학생이 같은 고등학교보다 더 수준 높은 고등학교로 진학하고자 한다면, 경쟁이 치

2) Ibid., 71.

3) 경남신문, 1954년 12월 27일.

열해질 수 있었다. 이러한 경우는 1952년에서 1955년 사이에 특히 많았는데, 고등학교의 부족이 치열한 경쟁을 불러왔다. 일반적으로 중학교 입학시험이 더 중요했기 때문에 초등학교 학생들에게 가해지는 압박은 상당히 컸다. 중학교 진학에 성공한 학생들은 3년 뒤 고등학교 입학시험을 치러야 했다. 그리고 고등학교 3학년 학생들은 그들이 바라던 명문학교에서 대학입학을 두고 경쟁해야 했다.

학부모, 언론, 각도교육위원회 모두가 시험결과에 부당개입이 없었으며 결과적으로 시험이 대체로 공정하게 시행되었음을 보증하는 감시견 노릇을 했다.[4] 그러나 대체로 공정하게 시행되었음에도 불구하고, 입시제도에 대한 비판은 폭넓게 퍼져 있었다. 교육가, 언론인, 문교부 공무원들이 대개 공감하고 있는 것은 시험이 학생들에게 심리적 피해를 유발하고 과도한 압박을 가한다는 점이었다. 이러한 상황에서 교사들은 학생들의 시험준비를 위해 일하는 역할을 맡은 사람으로 보여졌다. 이렇게 제기된 두 가지 문제점은 일견 타당하다. 어떤 학교의 경우에는 저녁시간 혹은 주말에 특별학습과정을 개설하고 학생들에게 수업료를 걷기도 했다. 이러한 현상은 서울과 부산에서 아주 흔했는데, 이들 대도시는 학생밀집도가 높았고 돈과 사회적 야망에 가득 친 학부모가 많았기 때문이다. 학교와 교사들에게 방과후 과외 수업은 아주 중요한 부수입원이 되었다.[5]

방과후 시험준비는 어린아이들에게 너무 과도한 압박감을 주었으며, 학부모에게는 지나친 금전적 부담을 야기했다. 그리고 개인과외를 시킬 수 있는 부자 학부모들이 혜택을 받는 것에 비해 이런 수업을 지원해 줄 형편이 안 되는 가난한 부모들을 불리한 상태로 몰아넣는다고 비판받았다. 모든 문교부

4) 전직 교육부 관료인 김종서와의 인터뷰, 1991년 10월 서울. 김종서는 문교부에서 시험전문관료로 일했으며 자주 각 지역의 교육위원회에 나가 그들의 불만을 정리했다. 그는 시험제도에 있어서는 단 한 차례도 부당한 변경은 없었다고 회고했다.

5) 동아일보, 1949년 11월 20일.

장관들이 이런 상황에 대해 유감을 표명했으며, 끊임없이 문교부 지시를 통해 이런 관행을 멈출 것을 지시했다. 1955년 11월, 이승만 대통령은 담화문을 통하여 모든 학교의 과외수업을 중지하라고 명령했다. 동 담화문에서 그는 모든 학교와 공무원들이 나서서, 교사와 학교가 학부모로부터 촌지를 수수하는 '악마적 행위와 전쟁을 벌이는 데 최선의 노력을 기울일 것'이라고 했다. 학부모들은 자신의 아이들이 시험에서 성적을 잘 받도록 학급에서 별도의 준비를 받게 해 달라고 교사와 학교에 뇌물을 주고 있었던 것이다.

부유한 학부모들은 시험을 피하거나 입시결과를 우회하는 등의 방식을 통해 자녀들의 학교 입학에 영향력을 미치고 있다는 고발도 흔히 발생했다.[6] 돈이 필요했던 사립학교들은 넉넉한 돈을 내는 조건으로 합격 성적에 못 미치는 학생들을 자주 받아들였다. 이승만 대통령은 많은 학교 및 교사들이 '지원자 수와 학교의 수용능력 사이의 불일치를 이용하여' 이익을 얻고 있는데, 앞으로는 보충수업과 같은 것들이 엄격히 금지될 것이고, 이런 일에 연루된 사람들은 '법적 처벌을 받게 될 것'이라고 선언했다. 교사와 학교 직원들은 법적으로 공무원이었기 때문에, 대통령은 이런 부류의 사람들은 공무원들의 뇌물수수 혐의에 대한 법에 따라 처벌받게 될 것으로 경고한 것이었다.[7] 이것은 주기적으로 보충수업금지를 명하고는 바로 이어서 제대로 작동하지 않는다는 것을 인정하고는 바로 그 명령을 거두어들이는 양상의 시작이었다. 이러한 양상은 이후 40년 동안 이루어진 교육정책의 특징이 되었다.

교육전문가들 또한 시험이 창의성에 도움이 되지 않는다고 불평을 늘어놓았다. 이러한 시험은 학습, 특히 고학년들이 시험 문제를 준비하도록 하기 때문에 교수과정을 왜곡했다. 시험문제는 선다형 방식으로 사실적 정보를 암기한 것에 기초한 것들이었다. 어떤 사실을 선택하는가에 따라 상황은 더 나

6) 서울교육특별시위원회. 대한교육연감 4290, 118.

7) Korean Republic, 14 November 1955.

빠졌는데, 문제 예측에 있어 종잡을 수 없는 경우가 많았고 답안이 임의적인 경우도 있었다.[8)]

시험제도에 대한 거센 비판 여론으로 인해, 문교부는 시험제도 개혁을 위해 끊임없는 노력을 기울여야 했다. 많은 교육전문가들은, 최선의 학생선발 방식은 교사에 의한 학생평가와 입학고사성적을 함께 반영한 것이어야 한다고 보았다. 그러나 이러한 개혁적 체제를 도입하려는 노력은 계속 실패했다. 학교 교장 및 교사들은 이러한 체제가 실행하기 너무 어렵다고 느꼈으며, 학부모들은 남용될 가능성이 너무 크다는 점 때문에 우려스러워했고, 학교 평가가 과연 표준화될 수 있을 것인가라는 점에 있어 결코 합의점을 찾지 못했다. 여기에다 일반적으로 하향하고 있다고 여겨지는 학업 기준이 '객관적' 시험 없이는 더 내려갈 것이라는 우려도 있었다.[9)]

입시에 대한 압박은 비공식적인 학교 서열체제로 인해 더 강화되었다. 가장 꼭대기에는 서울에 위치한 중등학교들 중 가장 일류라고 할 수 있는 경기중/고교가 있었고, 두 번째는 서울 중/고교, 세 번째는 경복고등학교가 있었다. 이 순위는 일제 강점기부터 변하지 않고 내려온 것이었는데, 단 서울중/고교는 이전에 일본 학생들을 위한 중등학교였었다. 여학생들의 경우에는 경기여자고등학교가 일등이었고 이어서 이화여자고등학교가 그 뒤를 따랐다. 이화여자고등학교를 제외한 모든 학교들은 공립학교였는데, 일반적으로 사립학교보다는 공립학교가 더 우수하였다. 서울 이외 지역에서의 모든 학교들은 하나같이 이류학교로 구분되었지만, 각 지역에서도 그들만의 위계가 있었다. 부산에서는 경남중학교/경남고등학교와 그 뒤를 이어 부산중학교/부산고등학교가 있었고, 대구에서는 경북중학교/경북고등학교, 전주에서는

8) 시험 문제의 유형에 대한 토론은 윤태영, 중학교 입시 문제, 새교육 2권 2호(1949년 3월), 52-59 참조. 입시제도에 대한 종합적인 비판은 "입시문제", 새교육 8권 2호(1956년 2월), 27-43, 그리고 무시험제, 새교육 11권 5호(1959년 5월), 8-30.

9) "무시험제", 22-26; 한국일보, 1954년 10월 1일.

전북중학교/전북고등학교, 인천에서는 제물포중학교/제물포고등학교가 가장 선호되는 학교들이었다. 이러한 학교에 입학해야 한다는 압력은 초등학교 졸업생 수가 증가하면서 점점 높아졌다. 1960~1970년대, 그 유명한 삼당사락(세 시간 자면 붙고, 네 시간 자면 떨어진다.)이란 표현은 아동들에게 요구되는 극도의 입시준비를 잘 요약해 보여 준다.

대학도 유사하게 순위가 매겨져 있었다. 가장 꼭대기에는 이전에 경성제대였던 서울대학교로 1925년에 설립되었다.[10] 명성에 있어서 서울대학교를 따라올 학교는 없었다. 서울대학교 입학은 수백만 대한민국 청소년들과 이들 가족의 꿈이었다. 다음 순위는 연세대학교와 고려대학교로, 이 두 사립학교는 모두 서울에 위치하고 있었다. 다른 대학교들의 순위는 시간이 지나면서 어느 정도 바뀌기는 했지만, 맨 앞의 세 학교는 명성 위계의 제일 꼭대기에서 흔들리지 않고 남아 있었다. 일반적으로 서울 이외 지역의 대학들은 명성의 정도가 낮았다. 지방에서 최고의 대학들이 서울의 가장 형편없는 대학보다 순위가 높았음에도 불구하고, 학생들은 명문대학의 졸업장을 받기 위해 서울로 향했다.

시험과 교육의 균질성

한국 문화의 가장 큰 모순 중 하나는 평등주의적 이념이 강하게 나타나는 사회에서 순위를 정하는 데 관심이 많다는 점이다. 한국교육 발전의 모습은 이러한 모순을 잘 드러내고 있는데, 강한 평등주의적 경향에 정면으로 부딪히는 학교의 서열화가 그것이다. 공공정책에서 평등주의적 이념은 "교육의 균질성"이라는 말로 표현되고 있었다. 이 말은 두 가지 형태를 취하고 있다.

10) (역자 주) 마이클 세스는 서울대학교의 설립을 1946년으로 보지 않고, 1925년으로 보고 있다.

한 가지는 교육 기회는 누구에게나 열려 있어야 한다는 것이다. 「교육기본법」을 둘러싼 논쟁이 보여 주고 있듯이, 한국에는 보편적 교육 기회를 부여해야 한다는 신념이 강하게 자리 잡고 있다. 교육은 평등하고 민주적이어야 한다는 사상은 19세기 말까지 이 사회를 지배했던 엄격하고 대개 세습적 계급 구조를 거부하는 것이었다. 미국의 선교사들, 일본 지배자들, 근대적 사상에 물든 한국의 지식인들은 모두 능력에 바탕한 사회, 일종의 민주주의 이상을 주장했었다. 기회 평등의 개념은 국가적 전통과도 관련이 있었다. 유교는 항상 능력을 강조해 왔었는데, 이 능력은 개인을 판단하고 그[11]에 따른 지위를 부여하는 유일한 기준이 된다고 보았다. 또 다른 강력한 사상은 유학 내부에 있는 것으로, 각 개인은 사회에서 지도력을 발휘하게 하는 도덕적 모범이 될 수 있는 능력을 갖추고 있다고 보는 것이다. 따라서 교육은 곧 도덕적 완벽함을 갖추도록 하는 핵심인데, 어떤 사람이라도 교육을 통해 자신의 덕을 드러낼 수 있었다. 앞에서 말한 바와 같이, 대중의 대학 진학은 제한되어 왔지만, 한국의 구질서를 무너뜨리는 과정 중에 교육은 누구에게나 열려 있어야 한다는 대중적 신념이 나타나게 된 것이다.

이와 관련된 개념, 즉 균질성은 일종의 '조건의 평등'으로 평등주의적 이상을 표현하는 두 번째 형태였다. 이 말은 부분적으로, 1920~1930년대 조선 지식인들과 작가들에게 큰 영향을 미쳤던 대중사회에 대한 사회주의적 개념에서 비롯되었다. 다른 한편으로는 유럽과 일본에서 도입된 인종민족주의에서 비롯되었다. 이 개념은 한국식 민족주의의 색채를 갖도록 했는데, 즉 균등하고 단일한 국가를 강조하고 있다. 모든 정치적 이념에 포함되어 있는 한국적 민족주의자들은 오랜 통합과 민족적 단일성을 자랑스러워하며, 이점이 국가에게 독특함과 함께 분명하게 구분되는 정체성을 갖도록 한다고 여긴다. 민족주의자들의 수사법과 함께 교과서들은 한국이 '통일 민족', 즉 한 민족 국

11) (역자 주) 여기서는 여자를 제외한 남자만을 지칭하는 것으로, him을 쓰고 있다.

가로 '단일 혈통'이자 '한마음'을 지니고 있다고 자랑스럽게 선언한다. 평등한 사회와 함께 인종적-이념적 통합을 지향하는 극단적 민족주의자들의 이상이라는 두 가지 개념은 너무도 뻔한 사회 불평등을 더 이상 참지 못하게 하는 결과를 가져왔다.

교육의 균질성이란 학교제도가 단지 모든 사람에게 개방되어야 한다는 것만을 의미하는 것이 아니라, 모두에게 공평하게 개방되어야 하며 내용과 기준에 있어서도 동등해야 한다는 것을 의미했다. 1945년 이후 한국에서 이 말은 적어도 공평한 입시제도를 뜻했으며, 공공정책에서는 흔히 '교육의 평준화'라고 불리었다. 문교부는 의례적으로 불평등을 끝내겠다고 공언하고는 했는데, 여기에는 어떤 학교도 가장 잘 가르친다는 명성을 얻지 못하도록 주기적인 교사순환근무를 시행한다거나, 형편없는 학교건물을 증·개축한다거나, 과외학습이 별로 영향을 미치지 못하도록 시험을 단순화하는 등의 조치가 따랐다. 이승만정부와 박정희정부 모두 도시와 농촌학교 간, 서울과 지방학교 간, 부유한 지역과 가난한 지역의 학교 간 학교 표준의 차이가 없도록 통제했다. 문교부는 동등한 기준을 마련하도록 다양한 프로그램을 도입했다. 그러나 이와 전혀 대조적인 정책을 도입하려 했던 적도 있는데, 예를 들어, 교육은 도시와 농촌지역 간 삶의 차이를 인정해 주어야 한다고 주장하는 사람들이 있었다. 그러나 이러한 견해는 교육의 균질성과 지역격차 해소라는 원칙에 입각해 거부되었다.

보통 대도시 도심지역의 학교는 도시 변두리지역 학교들보다 낫다고 간주되었고, 도심 학교의 학생들은 일류대학에 입학하거나 좋은 직업을 갖게 될 기회가 더 많았다. 1960년대 말, 전국에서 세 번째로 큰 도시인 대구에서의 연구 결과에 따르면, 일류 초·중등학교에 입학하기 위한 경쟁이 치열했음을 알 수 있다.[12] 대구의 경우 명성에 따른 학교순위가 도심지역, 주거밀집지

12) Si-joung Yu, "Educational Institutions," in Man-gap Lee and Barringer, eds., 423-453.

역, 변두리지역으로 구분되어 있었다. 학교별 성적 또한, 이러한 구분을 반영하고 있었는데, 도심으로부터 멀어질수록 성적이 낮아졌다. 부유한 부모들은 대체로 자녀들을 누구나 부러워하는 도심지 학교에 보냈다. 여기에는 시험을 통하는 방법도 있었지만, '비공식적 수단', 즉 연줄을 사용하거나 학교 직원들에게 뇌물을 전해 주는 등의 방식이 동원되었다.[13] 몇몇 선택된 초등학교의 경우에는 입학시험을 치러야 하기도 했는데, 사실 문교부는 규정을 통해 이를 엄격히 금지하고 있었다. 1969년 대구의 경우 백여 개 정도의 학원이 있어 중학교 입학 및 대학 입학 준비를 도왔다.[14] 그러나 대구에서 최고라 할 만한 학교도 서울의 학교에 비하면 낮은 수준이라 여겨졌다. 연구에 따르면, 대부분의 고교생들은 대구의 일류 학교보다 수도 서울의 2류, 3류 학교에 다니는 것이 더 낫다고 보았다.[15]

서울의 학교들이 지방 학교들보다 낫다는 일반적인 믿음에는 나름의 근거가 있었다. 대부분의 연구에서 서울 소재 학교들이 지방 소재 학교들보다 상위 학교에 진학할 가능성이 더 높다고 말하고 있다. 지방 학교들의 경우에는 학생 감소율이 더 높게 나타났다. 1967년 중앙교육연구소 연구에 따르면 초등학교 학생 감소율은 전국 평균 2.3%인데, 이때 서울은 0.8%, 지방은 2.7%였다.[16] 동 연구에서는 중도탈락한 초등학교 1학년의 41.2%, 그리고 중도탈락한 6학년의 66.8%가 빈곤 때문이라고 밝히고 있다.[17] 서울 이외의 지역에서는 결석률도 상당히 높았다. 결석률은 3.76%였는데, 이는 서울의 1.05%와 비교되는 수치였다.[18] 한국에서 중도탈락률과 결석률이 낮았다는 점은 한국

13) Ibid., 430-431.

14) Ibid., 427.

15) Ibid., 442.

16) 중앙교육연구소(1967). 의무교육 문제해결을 위한 일 연구, 서울: 중앙교육연구소, 34.

17) Ibid., 33

18) Ibid.

교육의 효율성을 보여 주는 중요한 지표가 되고 있다. 그러나 앞에서 보듯 지방의 결석률은 수도 서울의 결석률보다 세 배 이상이었다. 이는 교육 기회의 지역간 격차를 보여 주는 지표가 된다. 교육의 질에 있어 전반적으로 서울과 지방 학교 학생들 간의 차이가 그다지 크지 않았다고는 하더라도, 이 차이에 대한 인식 정도는 순위에 민감한 대중들의 마음에 뿌리 깊은 영향력을 행사하고 있었다.

박정희정부는 학교 간 수준 차이를 메우기 위해 많은 해결방안을 시도했다. 이 중 하나는, 모든 학교가 정부로부터 똑같은 예산을 지원받도록 하는 것이었다. 1962년 4월 24일, 국가재건최고회의는「의무교육재정교부금법」을 발효하여, 모든 교육청에 학생당 동일한 교육비를 지급하도록 했다.[19] 농촌 및 지방 학교에 더 많은 국가재정지원을 줄 수 있도록 다른 방안들도 발표되었다. 그러나 이러한 방안들의 효과는 극히 미미했는데, 학교교육지원금의 대부분이 국가라기보다는 학부모로부터 나오는 것이었기 때문이었다. 게다가 초·중등학교 건물은 일류학교라고 해도 그다지 좋지 않았다. 대부분의 한국 사람들은 학교의 수준을 판단할 때 학교 시설보다는 교사가 더 중요하다고 생각했다. 따라서 박정희정권은 교원들의 수준을 균등하게 할 방법을 찾게 되었다.

교사의 수준을 동일하게 맞추기 위한 핵심적인 방안 중 하나는 교사의 순환근무제 실시였다. 이 정책은 1950년대 말에 시작되었는데, 교사들을 한 학교에서 다른 학교로 정해진 순서에 따라 정기적으로 이동시키는 것이었다. 이 정책의 목표는 보다 유능한 교사들이 특정 학교 혹은 지역에 집중되는 것을 방지한다는 것이었는데, 이승만정부의 교육 관료들은 이 순환근무제도를 교사를 통제하는 수단으로 삼았다. 즉, 경고하는 의미로 교사들을 멀리 떨어진 교육청으로 '추방'한다거나, 혹은 보상차원에서 선호하는 학교에 배치하

19) Myung Han Kim, "The Educational Policy-Making Process in the Republic of Korea: A Systems Analysis" (Ph.D. diss., North Texas State University, 1974), 89.

는 방식이었다. 교장들과 교사들은 이 제도를 정말로 싫어했다. 이들은 가족과 친구들로부터 먼 곳으로 발령받을 것을 두려워하거나 교육부와 지방정부의 관료들에게 그러한 권한이 부여되었다는 것에 분개했다. 학부모들 또한, 자신들이 좋아하는 교사, 교장 혹은 자신들이 선물과 면담을 통해 '투자'해 온 사람들이 임의로 다른 학교에 배치되는 것을 싫어했다. 순환근무제에 가장 크게 저항했던 사람들은 사실 학부모들이었다.

오래지 않아 학부모와 문교부 관료들과의 충돌이 발생하게 되었다. 서울에 있는 덕수초등학교 교장이었던 이규백이 1957년 시 외각의 학교로 전근하게 되었다. 학부모들은 서울시 학교위원회를 급습해 시위를 벌였다. 이규백이 교장으로 재직했던 8년 동안 덕수초등학교는 명문중학교에 많은 학생들을 진학시킨 일로 명성을 얻었으며, 이 학교에 자녀를 보내는 것이 '학부모들의 꿈'으로 불렸다.[20] 이규백은 사친회, 학생, 학부모의 지원을 등에 업고 교원전보명령을 받아들일 수 없다며 반항 섞인 선언을 했다. 그는 면직시킨다는 위협을 받고서야 사과를 표명하고 전근명령을 수용해야 했다. 이 일로 학부모들은 가두시위를 벌였고 일부 어머니들이 서울시청을 점거하는 사태가 발생했다.[21] 이 사건에 대해 학교위원회는 전근결정을 지지하였으나, 모든 경우가 이렇게 끝나지는 않았다. 교장과 교사에 대해 전근을 통해 위협하는 일은 종종 시위를 유발하거나 학부모들의 뇌물이 오가게 했고, 결과적으로 이러한 전근은 자주 일어나지 않게 되었다. 서울에서는 지침에 따라 교사들이 매 2~3년마다 순환하게 되어 있었지만, 1959년 보고에 따르면 이 제도의 시행은 단지 명목상으로만 이루어지고 있었다.[22]

박정희정권에서는 정부의 교원 순환근무제가 대체로 5년 단위로 정기적인

20) Korea Times, 4 February 1957.

21) Ibid., 5 March 1957.

22) Ibid., 23 April 1959.

순환근무가 이루어지도록 했지만, 문제가 없었던 것은 아니었다. 근무지 배정을 결정하는 것은 종종 뇌물과 연줄이었다.[23] 교육위원회는 1967년 도심 학교로부터 교사들을 다른 지역으로 전보 명령하는 것이 어렵다고 털어놓았다. 학부모들이 나서서 정평이 난 교사들이 전보되는 것을 막을 수 있었는데, 학교 행정가들과 문교부 공무원들에게 많은 선물을 보내 압력을 행사했던 것이다.[24] 오점투성이 보고라는 점을 인정하면서도 문교부는 1968년 또다시 교사순환근무제도를 엄격하게 적용하여 교수학습 수준을 평준화하겠다고 밝혔다. 즉, 도심학교에서 시골학교로, 부유한 지역학교에서 가난한 지역학교로 교사들을 전보명령하겠다고 한 것이다.[25] 이후 몇몇 동안 교원 순환제도는 보다 정기적으로 시행되게 되었다. 그러나 교사들은 같은 도 혹은 대도시 내에서만 순환했기 때문에(대도시는 도행정구역과 같다고 보았다), 이 제도는 도시와 가난한 농촌지역의 교사 수준 차이를 완화시키지는 못했다.

학교평준화는 국가적으로 산업 성장을 가속시키기 위해 긴급하게 주어진 업무였으며, 이는 산업화 과정에서 급격한 계층분화가 나타날 수 있다는 우려 때문이었다. 한국전쟁부터 1960년대 중반까지 대부분의 한국사람들은 가난하게 살고 있었지만, 1960년대 후반 두 자릿수의 경제성장률이 이룩되면서 이 기회를 통해 성공한 사람들은 막대한 부를 얻게 되었다. 새롭게 등장한 산업들은 주로 서울, 대구, 부산 지역에 집중되어 있었기 때문에 지역간 경제 발전의 차이 또한, 뚜렷하게 나타났다. 산업자본가와 관료들로 이루어진 일부 집단이 거대한 부를 축적하는 동안 가난한 사람들은 실패하고 있다는 강한 인식은 교육을 대하는 대중적 태도에 영향을 주었다. 이러한 생각 때문에 보다 공평한 교육체제를 만들려는 노력이 탄력을 받게 되었다. 점차 높아지

23) 경향신문, 1967년 1월 29일; 중앙일보, 1967년 2월 21일.

24) 경향신문, 1967년 1월 29일.

25) Korea Times, 15 March 1968.

는 불평등에 대한 대중의 걱정을 명확히 대변해 주는 일이 있었는데, 바로 정부가 사립초등학교 설립을 허가한 일이었다. 학부모들은 박정희정권이 극심한 과밀학급 문제를 해결하기 위해 사립초등학교를 허가한 결정에 열광적인 반응을 보였다. 물론 이들 사립초등학교의 수업료가 사립대학과 거의 맞먹는 것이었기 때문에 일반적인 한국 가정의 형편으로는 어림도 없는 것이었다. 언론은 이를 두고 '귀족학교'라며 혹평했다. 한 일간신문의 보도로는, '사립초등학교의 출현이 걱정되는 것은 부자와 가난한 사람들 사이의 경제적 격차를 더 벌여서 사회적 계층화를 고착화하게 될 것'이기 때문이었다.[26] 1966년 1월, 대한어머니회는 문교부가 '귀족적인 경향을 강하게 띠고 있는' 사립초등학교를 규제하기보다는 오히려 권장하고 있다며 비판하는 보고서를 발간했다.[27] 이 점에서 흥미로운 것은, 이 단체의 구성원들은 충분히 부유하게 살고 있어, 자기 자녀들을 새로 생긴 사립초등학교에 보낼 것이라 여겨지는 사람들이었다. 의심할 여지없이, 대한어머니회 회원들은 자녀 과외비용에 엄청난 돈을 쓰고 있었는데, 이들의 눈에 사립초등학교는 별도의 원치 않는 지출 대상으로 보였던 것이다. 이들의 반대는 일부 학교교육비용이 높아지리라는 불안감에 따른 것이기는 해도, 이는 국가 교육이 균질성과 평등성을 갖춰야 한다는 일반 대중들의 생각에 호소한 것일 수도 있다.

문교부는 언론과 대한어머니회의 반대에 부딪혀 사립초등학교 입학을 추첨으로 할 것을 결정했다. 이로써 엘리트 학교와 가난한 학교 간 차이를 조금이나마 불식시킬 수 있었다. 초등학교 입학생들이 추첨으로 선발되었기 때문에 이러한 학교들은 더 이상 엘리트 학교가 되지 못했던 것이다. 결국, 사립초등학교도 공교육체제에 통합되었다. 엄격한 규제를 통해 수업료 수준도 정해졌고, 모든 교사들 또한, 정기적으로 순환근무를 해야 했다. 그러나 여전

26) 한국일보, 1966년 1월 8일.

27) Korea Times, 14 January 1966.

히 이러한 사립초등학교에 가난한 학생들이 입학하기는 어려웠는데, 만약 추첨에 의해 사립학교에 배정되면 이들은 공립학교로 재배정해 달라고 청원해야 했다. 문교부의 이런 계획과 함께 이에 대한 대중의 비판에 따라 38개 사립초등학교 교장들은 4개항의 '자성'적 선언을 발표해, 학생들이 엘리트주의적 태도와 '우월감'을 갖지 않도록 하며, 학부모들 사이에서 이런 태도가 표출되지 않도록 할 것을 다짐했다.[28]

비록 정부 공무원들은 교실 부족을 해결하기 위한 값싼 방식으로, 사립초등학교의 설립을 종종 요청하였으나, 그로 인해 촉발된 대중적 분노는 사립초등학교의 설립을 불가능하게 만들었다. 문교부 측에서도 이런 사립학교에 대한 지원책에 대해 우유부단한 입장을 보이기 시작하면서, 결과적으로 아주 적은 수의 학교들만이 승인받게 되었다. 게다가 수업 수준과 특정 지역 내에서만 지원하게 하는 학생선발권에 대한 규제, 주기적인 교원 전보적용으로 사립학교를 설립하려는 동기부여가 약화되었다.

추첨제를 도입하기 전에, 문교부는 아주 명확한 학군제의 시행을 통해 학교 평준화를 이루고자 했다. 처음에는 이런 학군제가 별로 잘 작동하지 않았는데, 적용이 엄격하지 않고 간헐적이었기 때문에 사람들에게 무시되었기 때문이다. 그러다 1957년 봄, 학군제의 엄격한 시행을 촉구하며 당시 문교부장관인 최규남을 집에 갇히게 한 길거리 시위가 발생했다.[29] 그러나 1960년대에 이르러 학군제 적용이 조금 더 엄격해졌으며, 1968년부터 중학교 입학시험이 폐지되면서 중학교 또한, 추첨에 의해 학교 배정이 이루어지게 되었다. 그러나 추첨제는 강하게 비판받았는데, 그 이유는 추첨방식에 의해 '요행심리'가 생겨난다는 이유였다.[30] 여기다가 추첨제는 학교를 평준화시키지 못한다는

28) Ibid., 15 June 1966.

29) Tonga ilbo, 31 March 1957.

30) Korea Times, 6 June 1966.

비판을 받았는데, 왜냐하면 학군 수준이 다 제각각이라는 점이 그 근거였다. 중학교에 추첨제가 도입된 바로 이듬해인 1969년, 서울에서 대규모 중학교 교사들의 전보가 단행되어 80%의 교사들이 새로운 학교에 배치되었다. 같은 해 학교 버스제도가 도입되어 먼 거리 학생들을 위해 버스 수송이 시작되었다.[31]

여전히 서울과 부산과 같은 대도시에서는 학군제를 시행하는 데 문제가 많았으며, 도시의 규모가 추첨에 의한 학교배정 시행을 어렵게 만들었다. 인구 3백만의 서울시는 시내 지역을 네 학군으로 나누었다. 1970년에 이를 6개의 학군, 이후에 다시 8개의 학군으로 나누기는 했지만, 이는 학생들이 만원 버스를 타고 먼 거리를 이동해야 한다는 것을 의미했다. 학생들은 아침 등교 및 오후 하교시간, 혹은 한밤중에 학원이나 공부방 보충수업에서 귀가하는 동안 엄청난 교통체증에 시달렸다. 학생들은 8시 30분까지 등교하기 위해 대체로 아침 5시 30분에 일어나야 했다. 학생들은 통학으로 엄청난 시간이 낭비되고 있다고 봤으며, 이 때문에 문교부는 '학생을 대상으로 실험'을 하고 있다는 비판을 받았다.[32] 그러나 만약 한 학군의 크기를 작게 한다면, 애초 학군제 도입 취지가 무색해질 것이라며 반대하는 사람들도 있었다.[33] 그런데 흥미로운 점은 학군제가 강제적으로 시행된 후, 서울 도심지역 학생들 성적이 더 좋아졌다는 것이었다.[34]

그러나 더 치열한 논쟁거리는 중등학교의 평준화 문제였다. 1970년대 초, 정부는 중학교를 보편화하겠다는 의도로 중학교 확대정책을 벌이고 무엇보다 중학교의 수준을 평준화하는 데 중점을 두었다. 문교부는 1971년 경기여자중학교, 경기중학교, 이화여자중학교 세 개의 일류중학교를 폐쇄하려고까지 했다. 그러나 일류중학교를 폐쇄하려던 이 계획은 성난 학교 동문들과 학

31) Ibid., 11 February 1969.

32) Ibid., 6 and 9 March 1969.

33) Ibid., 15 July 1969.

34) Ibid., 27 August 1969.

부모, 교육자로 인해 없던 일이 되어 버렸다.[35] 평론가들은 이러한 시도를 두고 '하향평준화'라고 불렀는데,[36] 평준화를 향한 이러한 노력은 교육 수준을 균일하게 하는 문제와 학교입시문제가 연관되어 있음을 보여 주고 있다.

입시광풍의 통제

군사정부가 들어서고 나서 문교부는 입시제도를 통제할 방안을 강구했다. 언론에서 소위 '입시광풍'이라고 불려 왔는데, 그 방법은 진학을 희망하는 중·고등학교를 자신이 거주하는 학군 혹은 해당 시·도로 한정하는 것이었다.[37] 이 계획의 목적은 시골에 있는 사람들이 자녀를 좀 더 명성 있는 도시 학교에 보내기 위해 시험을 치르기 직전에 이사 오는 현상을 막기 위함이었다. 학생들이 지원하는 학교가 소속된 시·도에 실제로 살고 있는지를 확인하고 시험 직전에 이사하는 것을 방지하기 위해 충분한 기간동안 그곳의 실제 거주하고 있었는지를 검토하기 위한 거주자 조사가 시행되었다. 그럼에도 불구하고, 최고의 일류 학교에 입학하기 위해 늘상 있었던 시도들은 여전히 일어나고 있었다. 1961년 12월 서울 소재 중등학교의 경쟁률은 2:1이었다. 이는 그다지 유명하지 않은 학교의 경쟁률은 1:1이 되지 않아 미달이었던 것과 대조되는 것이다.[38] 시험을 단순화하는 약간의 조치들이 취해졌는데, 이는 적어도 사교육의 필요성을 줄이고자 하는 의도였다. 시험 점수에서 체육이 차지하는 비중도 좀 더 높아졌지만, 경쟁은 전혀 줄어들지 않았고, 별도의 시험준비 과정이 감소하지도 않았다.

35) Ibid., 15 January 1971.

36) Ibid., 3 February 1972.

37) Ibid., 5 August 1961.

38) Ibid., 23 November 1961.

그러나 박정희와 당시 문교부장관은 대학입시 제도를 어떻게든 개혁하겠다는 생각을 버리지 않았다. 이 문제를 해결하기 위해, 문교부는 계속해서 관련 제도를 땜질해 댔다.[39] 일례로, 정부는 1962년 국가가 직접 주관하는 대학입학자격국가고사 제도를 도입하여 모든 학생이 응시하도록 했는데, 대학교와 전문대학에서 이 시험 결과로 합격 여부를 결정하게 했다. 시험은 총 6과목으로 구성되어 있었는데, 국어, 사회, 수학, 과학, 직업교육 혹은 가정, 그리고 선택과목 하나였다. 이 시험은 대학에 여학생 정원을 두도록 해서 여학생들의 교육을 촉진하는 수단으로 이용되었으며, 이 시험을 통해 더 많은 학생이 과학, 공학, 기술과 등을 공부하도록 해서 관련 분야에 진학하도록 했다. 이 시험제도에서 합격한 학생의 수는 대학 전체 정원의 110% 정도로 잡게 했다. 그러나 이 시험은 그다지 인기가 없었다. 왜냐하면 이 시험이 교육기회를 확대하기보다 막는 것이라 여겨졌기 때문이었다.

결국 1964년에 국가자격고사제도는 대학별 본고사로 대체되었다. 이 또한 문제가 있었는데, 가장 심각하게 제기되었던 문제는 각 대학이 입학시험을 일관성 없게 관리했고, 입학생 수를 정원보다 훨씬 많이 받아들이는 등 대학 자율성을 남용했다는 점이었다. 게다가 학교 간 질적 차이가 컸는데, 이는 더 가난한 학교들의 합격 기준이 훨씬 낮았기 때문이었다. 그리고 이 제도는 전반적으로 "뒷문으로 대학에 가게 한다."고 인식되었는데, 뇌물과 사회적 영향력을 써서 대학에 들어간다는 뜻이었다.[40] 그래서 문교부는 1969년, 대학입학예비고사 규정을 공포한다. 대입 수험생들이 각 대학에서 시행하는 본고사를 보기 전에 먼저 국가에서 관장하는 예비시험을 보도록 한 것이었다. 각 대학이 응시학생을 선발하는 데 자율성을 가질 수 있도록, 예비고사에서

39) 이러한 개혁과정에 대한 자세한 사항은 국립교육평가원(National Institute of Educational Evaluation)의 연구에 언급되어 있다. 이진재 외, 우리나라 시험제도의 변천사, 서울: 중앙교육평가원, 1986.

40) 황○○. 입시병폐의 진단과 해결책을 위한 모색. 새교육, 20, 4(1968년 4월), 47-54.

대학 전체 정원의 150%를 선발했다. 먼저 예비고사를 통과하지 못하면, 그 어떤 대학에도 지원할 수 없었다. 언론은 이러한 정부의 시도가 보다 공정한 기회부여가 될 것으로 환영했으며, 이미 만연해 있다고 여겨지는 입시제도의 오남용을 검토해 볼 수 있게 될 것으로 보았다.[41]

1970년도가 시작되면서 문교부는 예비고사 합격자 비중을 전체 대학정원의 180%로 늘렸는데, 1972년이 되면서 정원의 200%로 다시 늘어났다. 1970년대 말 전문대학의 팽창과 더불어, 적어도 예비고사 수험생 수의 90%에 해당하는 사람들이 합격하게 되는 1979년까지 합격률은 계속 높아졌다. 결국 예비고사를 통해서 학생들을 걸러 내겠다는 애초의 목적은 유명무실하게 되었다. 문교부는 시험 과목을 정하는 데에도 관여했다. 처음에는 1962년 대학입학자격국가고사와 비교했을 때, 선택과목이 없다는 것을 제외하고는 차이가 없었다. 그러다 1972년 한국사가 포함되었으며, 이후 농업, 예술 같은 선택교과가 학생들의 진학희망 전공과 연계하여 도입되었다. 문교부는 또한 예비고사 결과를 시 · 도 단위로 선정하고, 도시학교 학생들이 합격자의 대부분을 차지하는 것을 막기 위해 각 시 · 도에서는 서로 다른 문제로 시험을 치르게 하는 등의 실험도 실시했다. 그러나 어떤 상황에서라도 대부분의 학생들이 합격했기 때문에, 이 모든 노력들은 별 효과가 없었다.[42]

정부를 괴롭혔던 또 다른 문제는 재수생 문제였다. 1970년 이후, 정부는 입학시험을 치를 수 있는 기회를 세 번으로 제한했다. 그러나 매년 재수생 수는 점차 늘어났고, 몇몇은 삼수생으로 세 번째 시험을 준비하게 되었다. 이렇게 재수, 삼수생이 되는 학생들은 경쟁률이 조금은 덜한 대학에 입학할 수 있지만 더 좋은 대학에 다시 도전하는 것을 택한 사람들로, 좀 더 높은 성적을 얻기 위해 1년 혹은 2년을 별도 준비기간으로 보냈다. 재수생의 비중은 수험

41) 조선일보. 1969년 1월 22일.

42) 이진재 외. 34-38.

생의 30~38% 정도로 대체로 동일하게 유지되었는데 이들에 대한 우려가 점차 증가하게 되었다.[43] 이 재수생 문제는 정부로 하여금 1976년에 전문대학의 증설 결정을 하게 되었다.[44] 이 문제를 해결할 방안은 없었으며, 재수생 문제는 여전히 교육의 근심거리 중 하나로 남아 있으며 20세기 말 대중적 우려의 대상이 되었다.

중학교 입시제도 개혁

박정희정부에서 시행한 입시제도 개혁에서 가장 획기적이었던 것은 1969년에서 1971년 사이에 중학교 입학시험을 폐지한 것이었다. 중학교 입학을 위해 치르는 격렬한 경쟁보다 더 고통스러운 일은 거의 없었다. 앞서 언급한 바와 같이, 많은 초등학교에서 특히 5~6학년들은 중학교 입학시험을 준비해야 했다. 중학교에 입학할 수 있는 정원보다 학생 수가 더 많았기 때문에, 입학시험에 실패한다는 말은 곧 초등학교 수준에서 학업을 끝내야 한다는 것, 그리고 높은 임금, 선망하는 직업 혹은 좋은 조건의 결혼을 할 기회가 주어지지 않는다는 것을 의미했다. 1967년 봄, 문교부 정책기획관들은 이 문제를 해결하기 위해 의무교육을 1972년까지 9년으로 연장하는 계획을 세우기 시작했다. 제2차 5개년교육발전계획(1967~1971)에 따르면, 훈련된 교사 수를 충분히 확보하고 학교 교실의 수도 늘어나면서 모든 학생이 학교에 적절하게 배분되고 수업을 받을 수 있도록 했다. 여기에는 중학교를 모든 학생을 수용할 정도로 증설하는 것이 포함되어 있다. 그러나 처음 단계부터 경제기획원, 재경부 관료들과 교육부의 일부 관료들은 이 계획이 실현되기 어렵다고 보았

43) 문교부. 교육통계연보. 1970, 1971, 1975, 1976, 1980년 자료를 기반으로 함.

44) 조선일보, 1976년 1월 25일.

다. 왜냐하면 1971년 졸업해 초등학교에서 중학교로 진학할 총 학생 수만큼 필요한 교사(校舍) 건축과 교원양성에 소요될 예산이 없었기 때문이었다.[45]

그럼에도 불구하고 이 계획은 대중적 지지를 받았다. 1967년 여름과 가을, 학부모들과 교육자들은 부산과 서울에서 초등학교 교사들의 입시 압박을 없애라는 캠페인을 시작했다. 급히 조직된 학부모 단체들이 서울에서 중학교 입학시험 폐지를 요구하며 몇 번에 걸쳐 대중적 시위를 벌였다.[46] 언론은 과열된 중학교 시험준비 때문에 고통받고 있는 아이들의 이야기를 연이어 보도했다. 예를 들어, 부산에서 12세의 한 남자아이가 오토바이에 치어 숨진 사건이 있었는데, 이 아이는 밤늦게 학원을 마치고 집으로 돌아가던 중이었다.[47] 정부는 한국인 6세 남자아이의 평균 신장이 111.7cm, 몸무게가 18.4kg인 데 반해 일본의 경우에는 평균키가 117.6cm, 몸무게가 19.3kg라는 통계를 내놓았다. 11세의 경우에는 이 차이가 더 커졌는데, 한국 남자아이의 평균키는 130.4cm, 평균 몸무게는 27.9kg인 데 반해, 일본의 경우에는 각각 140cm, 33.1kg였다.[48] 많은 사람들이 느끼기에 시험압박이 한국의 어린 남자아이들의 성장을 위한 건강을 해치고 있었던 것이다.

문교부는 이 문제에 대한 방안으로 1968년에 중학교 2부제 시행을 발표했다. 조선일보는 고속도로, 지하도 또는 '반짝 프로젝트'에는 돈을 쏟아부으면서 이런 조치를 취하는 것이 '임시적이며 무계획적인 정책'이라며 비난했다.[49] 그러나 중학교입학시험을 폐지하고 중학교를 의무교육으로 전환한다는 생각은 큰 호응을 얻었다. 1967년 가을, 학부모단체와 교사들은 곧이어 합세한 대학생들과 함께 이 정책을 지지해 달라는 요청을 담아 박 대통령에게

45) Ibid.
46) Ibid., 28 October 1967.
47) Ibid., 30 October 1967.
48) Korea Times, 29 October 1967.
49) Ibid., 13 August 1967.

청원을 시작했다.[50] 이 일은 사설 과외에 반대하는 교총(KFEA) 및 문교부가 조직한 새로운 캠페인과 연합하여 진행되었다. 학부모 단체들은 가끔 모든 사설 과외를 금지하게 해 달라고 요구하기도 했지만, 초등학교 학생들에게 요구되었던 특별 보충수업반에 대해서 집중적으로 논의되었다. 문교부 관료들과 언론은 학생들의 학업 스트레스와 보충수업으로 인한 금전적 부담을 없애는 가장 확실한 방법은 모든 학생이 중학교에 자동으로 진학해서 교육을 받을 수 있도록 하는 것으로 보았다.[51]

1968년 3월 한국교총은 만약 중학교 입학시험이 폐지되면 어떻게 모든 학생을 학교에 수용할 수 있을지를 논의하는 위원회를 설치하였다. 문교부는 여전히 2부제 수업을 해야 한다고 주장하는 가운데, 먼저 몇몇 학교 선발 과정이 만들어져야 했고, 이를 위해 추첨을 해야 한다고 제안되었다.[52] 다른 문제가 하나 있는데, 중학교와 고등학교의 분리가 안 된 상태의 학교가 많았다는 점이었다. 이는 앞으로 중학교 보편화에 걸림돌이 될 것이라 여겨지는 문제였다. 이러한 난점에도 불구하고 교총은 1968년 중학교 입학시험의 즉각적 폐지를 요구했고, 몇몇 주요 일간지들이 이를 지지하고 나섰다. 한 일간지는 기사를 통해, "정부와 교육전문가들은 과감한 행동을 취하는 데 더 이상 머뭇거리지 말아야 한다."고 주장했고, 당장 중학교 입학시험을 폐지하라고 요구했다.[53] 당시 문교부장관이었던 오평권은 소위 '7 · 15 선언', 즉 중학교 입학시험 폐지를 발표하였다. 보도에 따르면 장관의 발표를 들은 초등학교 학생들은 기뻐 탄성을 질렀다고 한다. 서울광희초등학교의 한 학생은 "이제 자고 싶은 만큼 잘 수 있게 되어 정말 기뻐요."라고 말했다.[54]

---

50) Ibid., 12 October 1967.

51) Ibid., 29 and 31 October 1967.

52) Ibid., 17 March 1968.

53) Hanguk ilbo in the Korea Times, 30 April 1968.

54) Korea Times, 16 July 1968에서 재인용.

이 계획의 핵심적 목표는 학교의 평준화였다. 즉, 일류 중학교에 진학하겠다고 과열된 경쟁을 피하는 것이었다. 이 목표를 달성하기 위해, 소위 최고 일류학교라 불리는 14개 학교들이 고등학교로 전환될 것이었다. 이에 따라 몇몇 초등학교도 중학교로 전환될 것이었다. 어떤 중학교에 진학하는가를 결정하기 위해 추첨제가 사용될 것이었고, 자신이 속한 학군의 몇몇 중학교 중 한 곳에 배정될 것이었다. 학군 계획은 사회경제적 배경에 의해 구분되지 않도록 한 학군에 다양한 교육적 경제적 계층들이 아우를 수 있도록 했다. 적어도 이론상으로는 각 학급에는 사회의 다양한 계층들이 어우러진 사회의 축소판이 될 것이었다. 고등학교 혹은 대학을 진학하기 위한 경쟁에서 나름 이점을 발휘할 수 있는 경제적 부 혹은 사회적 영향력을 학급 내에서는 의미없도록 하기 위한 조처였다. 그러나 실제로는 이러한 계획 중 실현된 것이 아무것도 없다. 초등학교와 마찬가지로 서울 도심에는 일류학교들이 몰려 있었고, 최고 수준의 학교들이 있다고 여겨지는 학군 근처의 집값은 자동으로 올라갔다. 결과적으로 가난한 사람들은 이러한 학군 내에서 주거하기 어려울 수밖에 없었다.

중학교의 수준이 천차만별이라는 생각이 깊었기 때문에 자기 자녀가 어느 학교에 들어갈 것인가라는 문제는 상당히 심각한 것이었다. 1969년 2월, 학부모들이 서울의 한 다방에 모여 TV에서 방송되는 추첨 번호를 지켜보고 있었다. 당시 한국에는 TV가 새로운 것이었기 때문에 모든 가정이 TV를 갖고 있지 않았다. 9만 명의 아이들을 대상으로 중학교 입학을 결정하는 추첨을 방송으로 내보냈던 것이다. 당연한 이야기지만, 결과에 모든 사람이 만족한 것은 아니었다. 원하는 학교에 배정되지 않은 사람들에게 이 추첨제는 본질적으로 불공정한 것으로 불만을 가득 쏟아 냈다. 이에 문교부는 중학교 추첨에 나타나지 않은 학생들은 다음 추첨 기회가 없을 것이라 선언했는데, 이런 문교부의 입장은 학부모들의 공분을 불러일으켰으며 이를 문교부의 전제적 횡포라고 규탄했다.[55] 게다가 그다지 선호되지 않던 학교에 배정된 학생들 또한 실망하기는 마찬가지였는데, 많은 수의 학생들이 수업참여를 멈추고 학

원에서 대부분의 시간을 보냈다. 나름 평판 좋은 고등학교에 진학할 수 있기를 희망하면서 말이다.[56]

학군제는 사회경제적 계층 간 벽을 허물기보다 오히려 이를 더욱 높게 쌓아 올리도록 했다. 이는 대부분의 한국인이 기회의 평등을 이루는 데 계층 장벽 문제는 건드리지 않겠다는 뿌리 깊은 생각을 잘 드러내 보여 주는 것이었다. 이러한 생각을 잘 보여 주는 사례가 있는데, 바로 학교 추첨에 지불해야 하는 14,000원의 수수료 문제였다. 많은 학부모들은 불만을 터뜨리며 가난한 부모들은 이 돈을 내기 어렵다고 했다. 따라서 가난한 집 아이들은 부모들이 이 수수료를 낼 수 없어 추첨에 참여하기 어려울 것이라는 이야기가 떠돌았다. 그러나 너무도 가난해 이 금액을 지불할 수 없다는 부모들은 극히 일부에 지나지 않았다. 1969년 첫 학교 추첨이 실시되던 날, 남, 여학생을 막론하고 대부분의 6학년 학생들이 모여들었다.[57] 1969년의 학교 추첨은 오로지 수도 서울에서만 시행되었다. 1970년에는 다른 10개의 도시로 확대되었으며, 1971년이 되면 전국적으로 시행되었다. 1968년 기준에 따르면 초등학교를 졸업한 학생들의 55%가 중학교에 진학했는데, 1970년에는 이것이 62%, 다시 1971년이 되면 68%로 늘어나게 된다. 이후 1970년대가 진행되는 동안, 중학교는 거의 보편화되게 되는데, 1980년 초등학교 졸업생의 97%가 중학교에 진학하게 되었다. 이러한 증가율은 기대했던 것보다 더 빨랐고, 이로 말미암아 학교 및 교실 부족 사태를 불러왔다. 첫 3년 동안 386개(이 중 292개가 공립학교)의 신설 중학교가 설립되었다. 이로써 3,349개의 학급이 늘어났다.[58] 그러나 앞서 언급한 바대로, 학교신설이 늘어 간다고는 해도 진학자 수의 증가

55) Ibid., 8 February 1969.

56) Ibid., 14 February 1969.

57) 김종철, "Impact and Problems of the Middle School No-Examination Admission Policy," Korea Journal 11, 10 (May 1971): 4-7.

58) Ibid., 6.

를 따라가지는 못했는데, 따라서 1970년대 내내 학교는 학생 수가 과다했고, 이를 담당할 교사들은 늘 부족했다.

고등학교 평준화 정책

중학교 입학시험 폐지와 중학교교육의 팽창을 가속화한 결정은 곧이어 고등학교 입학시험으로 관심을 집중시켰다. 점점 더 많은 수의 학생들이 중학교에 진학하게 되면서 고등학교 경쟁 또한, 점차 가열되기 시작했다. 중학교 입학을 위한 추첨제는 그 목표가 단지 중학교 진학을 위한 것에서 엘리트 고등학교 진학으로 옮겨 가게 된 것이다. 문교부는 1972년 서울대학교 서명원 교수를 위원장으로 하는 위원회를 설치하고 고등학교 평준화 계획을 세우고자 했다. 이 위원회는 고등학교 또한 중학교와 마찬가지로 학생들을 추첨에 의해 배정하도록 권고했다. 그리고 문교부는 바로 이듬해에 이 정책을 시행하였다, 그 결과로 인한 1973년 고교평준화계획은 몇 가지 목표를 상정하고 있었다. 그것은 과열된 입학시험 경쟁을 완화하도록 한다, 고등학교 입학시험을 준비하게 하는 중학교 교육의 문제를 정상화하도록 한다, 개별 과외를 방지하도록 한다, 교육 기회의 평등을 촉진한다 등이었다. 이와 함께 정부는 새로운 체제하에서 직업교육의 수준이 향상되기를 기대했다. 평준화가 된다면 일반고등학교 및 직업계 고등학교 간 수준의 차이가 없어질 것이었기 때문이었다. 도시로 인구가 집중되고 있는 상황에 대한 우려와 함께, 정부는 고교평준화정책이 더 나은 교육 기회를 찾아 도시로 몰려드는 가족들의 도시 집중을 막을 수 있으리라 보았다.[59]

59) Bu Kwon Park, "The State, Class and Educational Policy: A Study of South Korea's High School Equalization Policy" (Ph.D. diss., University of Wisconsin-Madison, 1988), 2-5.

정부는 고교평준화정책으로 인해 들끓는 논쟁을 의식하면서 이 정책을 공정하면서도 점차 집행할 방법을 모색해 갔다. 국가는 교사, 변호사, 사업가, 언론인 등을 포함하여 학교평준화위원회를 출범시켰고, 이를 통해 고교평준화정책이 평등하게 수행될 수 있도록 했다. 정부는 이 정책을 1974년 서울과 부산에서 처음으로 시행했고, 이후 2년 동안 대전, 인천, 광주 등의 도시로 확대해 나갔다. 1980년도까지 정부는 20개 도시에서 고교평준화정책을 시행했지만, 시골지역에서는 여전히 시행되지 못했다. 이들 지역에는 고등학교가 단 하나뿐이어서 추첨제에 따른 학생배정이 아무런 의미가 없었기 때문이었다.

그러나 이 정책은 여전히 논쟁의 한가운데 있었다. 한국사학재단연합회가 실시한 1980년대 중반의 조사결과에 따르면, 학부모들의 47.1%가 이 정책을 반대하고 있었고, 이에 반해 40.6%만이 찬성의견을 보였다. 학부모들은 학생들이 열심히 공부하지 않는다는 점, 이 정책으로 말미암아 학생 및 학부모의 교육 선택권이 거부되고 있다는 점, 학생들의 경우 자기가 원하는 학교에 배정되지 않을 수 있다는 점을 반대 이유로 내세우고 있다.[60] 정부 관료들은 이 방안이 학생들이 적어도 고등학생이 되기까지 이들에게 짐 지워진 입시 부담과 과외 및 사교육 비용의 부담을 유예할 수 있을 것이라 여겼다. 잠시였기는 했지만, 이 목표는 어느 정도 달성되기는 했다. 그러나 학부모와 학생들의 부담은 그다지 줄어들지 않았는데, 그 이유는 1970년대 중등학교에 진학하는 학생이 물밀 듯이 많아진 것과 함께 잠재적 대학진학 희망자들 또한 비슷한 비중으로 증가했기 때문이었다.

중학교 입학시험 폐지 및 고교평준화정책의 실시로 인하여 시험을 둘러싼 압박의 무게는 고스란히 대학입시 위에 놓이게 되었다. 대학입학을 준비하는 시점은 점점 더 낮은 학년단계로 내려가기 시작했는데, 초등학생들은 과

60) Ibid., 6-7.

외 및 방과후 수업을 듣기 시작했다. 중등학교 입학시험의 폐지로 인하여 좋은 학군에 거주하는 것이 이전보다 훨씬 더 중요해졌다.

언론과 학부모들이 중등학교 입학시험을 폐지하는 방안에 대해 박수를 보내기는 했지만, 이로 인하여 자녀를 좀 더 좋은 학군에 보내고 싶어 하는 가정에게는 문제가 발생하지 않을 수 없었다. 중학교 배정을 위한 추첨제가 시작되었을 때, 서울시 교육위원회는 가족이 1년 이상 서울에 거주했다는 것을 증명해야만 추첨 자격을 부여할 것으로 했다. 학생과 함께 지방에서 서울로 올라와 살고 있는 가족들은 이에 반발해 위원회 건물 앞에서 시위를 벌였다. 이에 위원회는 기간에 상관없이 서울에 거주하고 있는 모든 학생에게 추첨 자격을 부여하기로 하였다.[61] 그러나 문제는 계속되었는데, 많은 학부모가 서울을 포함하여 다른 주요 도시로 자녀들을 보내는 일을 멈추지 않았다.

1976년 발간된 보고서에 따르면, 서울 소재 중학교로의 전학이 가장 큰 문제로 지적되고 있다. 전학생의 60% 정도가 서울 근교에서 온 학생들인데, 나머지는 전국의 여러 지역에서 이사해 왔다. 대부분의 학생은 친척집에 적을 두고 있었지만, 전학생의 41%는 서울에 아무런 연고가 없는 학생들이었다. 이 조사에 따르면, 정부의 행정 규제가 엄격하게 적용되지 않았으며, 거의 모든 학생이 학교 전학에 일정한 수수료를 지불하고 있었다. 전학생 중 부유한 가정 출신의 아이들이 많기는 했지만, 대부분의 아이들은 중하계층과 가난한 가정 출신이었다. 농부 및 저숙련 노동자 가정 출신 아이들도 적지 않았는데, 이들은 자녀들에게 보다 나은 교육과 사회적 지위를 얻을 수 있는 기회를 주고자 했다.[62] 이 문제를 해결하기 위하여, 수도 서울에 불법적으로 거주하는 학생들을 대상으로 중학교 배정을 하려는 특별 추첨이 1975년 서울에서 있었다. 이 특별 추첨에 참여했던 5천 명 중 4천 명의 학생들이 중학교에 배정

61) Korea Times, 9 September and 2 October 1968.

62) 김충수(1976), 지방 중학생의 서울 전입에 대한 연구, 연세대학교 석사학위논문. 86-88.

되었다.[63]

학업 수준에 따라 학생들을 구분하는 일들이 많았는데 이 일로 말미암아 1970년대 또 다른 문제가 불거지게 되었다. 물론 이것은 중-고교 평준화 방안의 전체적인 취지를 훼손하는 것으로, 학생들 사이에 계층 분리를 가져올 것이라 염려를 불러일으켰다. 대체로 교육 수준 및 경제수준이 높은 가정의 학생들이 우월반을 차지할 것으로 여겨졌기 때문이었다. 이는 그리 틀린 말이 아니었는데, 학생 분반은 교내 시험 결과에 따라 결정되기 때문이었다. 이런 학생 분반을 실시하기 시작한 학교에서는 학부모들이 우월반에 배치될 수 있도록 과외교사를 채용하여 특별수업을 받도록 했다고 한다.[64] 교총에서 지원한 특별 공청회에 참여한 학부모 및 교사들은 수준별 분반을 적극 옹호했다. 이들은 대학진학을 희망하는 학생들이 수준이 좀 낮은 학생들로 인해 뒤처지지 않도록 할 수 있을 것이라 주장했다.[65] 일부 학부모들은 학교 평준화 및 중등학교 입학시험 폐지를 포함한 전반적인 정부의 노력을 비판하며 학생들의 학업 수준이 하향 평준화될 것으로 걱정했다.[66] 그러나 이런 두려움은 엘리트 학교를 피하려는 대중적 관심사에 묻혀 버렸으며, 문교부, 한국교육개발원, 이외의 많은 공공기관들이 나서서 중학교 입학시험 폐지와 고등학교 평준화 방안을 강력하게 지지했다. 결국 이 두 방안은 정책으로 유지되었고, 학교에서의 수준별 분반은 더 이상 허용되지 않았다.

앞서 밝히고 있듯이, 대학입학을 위한 과열된 경쟁 및 그에 수반되는 해악이 감소하지는 않았다. 오히려 경쟁은 더욱더 치열해졌다. 가장 큰 문제라면 학군의 명성이 서서히 바뀌어 갔다는 점이다. 평준화를 향한 온갖 노력에도 불구하고 몇몇 학군들은 학생들의 대학입시에서 성공을 거둔 것 때문에 날로

63) Ibid., 65.

64) Korea Times, 6 February 1971.

65) Ibid., 3 April 1971.

66) Ibid., 9 February 1972.

유명세를 타게 되었다. 서울 8학군은 압구정동(1970년대 건설된 고층빌딩이 자리 잡은 지역)이라는 중상계층 거주지를 중심으로 새롭게 떠오른 곳으로, 대학진학의 성공으로 가장 정평이 높았던 곳이다. 이곳은 사람들이 가장 거주하고 싶어 하는 곳이 되었으며, 부동산 가격이 치솟아 올랐다. 학군에 대한 평가는 물론 자기순환적이었다. 해당 학군의 졸업생들이 좋은 대학에 많이 진학했다고 학군의 정평이 높아질수록, 과외에 많은 돈을 쓸 수 있는 부유한 사람들이 더 많이 몰려들었다. 결국 그 지역의 대학 성공 비율은 더 높아지게 되었다. 거주지 증명은 위조될 수 있었는데, 따라서 정기적인 단속을 실시해야 했다. 불법적인 학생전학을 막겠다는 단속은 간혹 1974년 봄에 일어난 일과 같은 시끄러운 저항에 부딪히기도 했다. 적발된 많은 학생이 자신이 실제 거주하는 학군의 학교로 돌아가지 않겠다고 시위를 벌였다.[67] 1974년 여름 부산에서는, 지방에서 올라온 500여 명의 학생들이 원교로 돌아가라는 행정명령을 거부하며 시위를 벌였다.[68] 해당 가정들은 정부의 규제를 교묘히 빠져나갈 방안을 지속해 강구했다.

7·30 교육개혁

1980년 전두환이 정권을 잡았을 때, 그는 사회적으로 요구되는 개혁을 추진함으로써 대중의 지지를 이끌어 낼 기회를 잡았다. 전두환이 입시제도 개선에 가장 먼저 손을 댄 것이 그리 놀라울 게 없는 이유이다. 1980년 여름, 문교부, 한국교육개발원, 경제기획원, 다른 정부 관료들은 최악이라 부를 만한 문제를 해결할 방안을 찾자고 정말 많은 회의를 개최하였다. 경제기획원이

67) Ibid., 29 March 1974.

68) Ibid., 28 June 1974.

추산한 바에 의하면 중등학교 학생들이 개인과외에 지출하는 비용은 일 년에 대략 820억 원(1980년 당시 1억 6천억 달러)에 이르렀고, 이 금액은 시험준비를 위해 지출되는 비용의 일부일 뿐이었다.[69] 국가안전대책특별위원회가 지원하는 공청회에서, 교사 및 공무원들은 학교 밖 교습을 끝낼 묘안을 제시해 달라고 요구했다. 이 와중에 어떤 사람들은 과외교습을 합법화하고 여기에 세금을 부과하여 관리하자는 의견을 내놓기도 했다. 정부는 체육특기, 미술, 음악, 태권도 및 꽃꽂이 분야를 제외하고는 과외교습을 금하고 교내 모든 특별수업을 중지하겠다고 결정했다. 이런 대책과 함께 대학입시의 주요 변화를 가져올 결정이 이루어졌다.[70]

7·30 교육개혁이 그 결과로, 공식적인 발표가 이루어진 날의 이름을 따서 이렇게 부른다. 이 대책에 따라, 국가는 대학입시를 개별 대학에서 중앙정부로 옮기게 되었다. 위에서도 논의했듯이, 박정희정부 동안 시행되었던 국가예비고사는 입학생들의 능력을 걸러 내는 데 효과적이지 않았다.[71] 결과적으로 대학별 본고사가 가장 중요한 것이었다. 7·30 교육개혁은 정부가 관장하는 예비고사도 대학별 본고사도 폐지하고, 이를 새로운 대학입학학력고사로 대체하게 했다. 이것은 당시 유일한 입학시험이 되었다. 대학예비고사의 내용과 그다지 큰 차이를 갖지는 않았지만, 이 시험은 좀 더 중요한 역할이 기대되었다.[72] 국가가 대학입학체제의 통제를 보다 효과적으로 다룰 수 있게 된 것이다.

이 개혁에는 두 가지 중요한 특징이 담겨 있었다. 우선 내신제도가 점차 추진되게 되었는데, 이는 나중에 대학입학 총점의 30%까지 차지하게 되었다.

69) Yi Chin-jae et al., 223.

70) Korea Herald, 23 July 1980.

71) Yi Chin-jae et al., 231.

72) Kwak Byong-sun, "Examination Hell in Korea Revisited: An External Malady in Education?" Koreana 5, 2 (1991): 45-55.

내신 성적은 중등학교의 성적 및 교사 평가에 기반을 둔 것이었다. 다른 하나는 대학의 정원에 대한 것으로, 각 대학은 법정 정원의 30%를 더 받을 수 있도록 했다. 그렇다고 모두가 졸업할 수 있도록 한 것은 아니고, 대학별로 할당된 정원만큼만 졸업할 수 있도록 했다. '대학졸업정원제'라 이름 붙여진 정책은, 각 대학이 4학년 학생들 중 정말 많은 수의 학생을 퇴학시켜야 한다는 것을 의미했다. 이는 정말 새로운 접근이었는데, 한국에서는 대학을 중도탈락하거나 퇴학당하는 사람들이 극히 적었기 때문이었다.

이 교육개혁을 둘러싸고 정말 많은 토론이 이어졌지만, 대체로 이 방안을 지지하고 정당화하는 것들이 많았다. 대학별 본고사는 전체 과목 중 주요 교과의 특정 범위에 초점을 맞추는 경우가 많았는데, 대략 국어, 수학, 영어가 그 대상이었다. 그러나 정부가 시행하는 학력고사를 치르기 위해서는 학생들이 더 많은 교과를 공부해야 했다. 분명 이 시험체제는 보다 폭넓고 포괄적인 교육을 촉진하는 데 도움이 되었으며, '전인교육'의 이상에 보다 가까웠다. 시험을 두 차례 치러야 하는 제도를 폐지하면서 학생들의 정신과 육체는 덜 소진되게 되었다. 내신도입은 중등학교가 단지 입시준비를 넘어서는 배움이 있도록 했으며, 갑작스레 내신제도를 도입해서 학생들의 입시 선택기준을 바꿔 혼돈을 가중시켰던 이승만정부의 실수를 피하고자 내신의 비중을 조금씩 늘려 가도록 했다. 문교부 관료들은 이 개혁을 통해서 개인과외 비용 또한 줄어들 것으로 보았다. 고등학교 졸업생 중 대학입학자 수가 늘어나게 되었고, 더불어 고등학교 성적을 입학평가에 포함하도록 한 내신의 도입으로 입시준비를 위한 집중공부 스트레스가 줄어들 것이기 때문이었다.[73] 그 외에도 고등교육의 수준이 향상될 것으로 내다봤는데, 퇴학당할 두려움 때문에 대학생들이 공부하는 데 더 많은 시간을 들일 것이기 때문이었다. 문교부장관이었던 이규호는 TV쇼에 나와 정부는 학생들이 공부에 집중하기를 희망한

73) Yi Chin-jae et al., 223-247; 1997년 여름 저자와의 인터뷰.

다는 점을 털어놓기도 했다.[74]

졸업정원제는 널리 알려진, 그러나 거의 명시되지 않았던 또 다른 목표가 있었다. 반정부 학생데모를 막겠다는 것이었다. 대학교수들과 학교 직원들은 정치적으로 학생운동에 열심인 학생들을 퇴학시키도록 압박받을 것을 두려워했다. 학교 직원, 학생, 가족들은 정부 관료들이 문제를 일으키는 학생들이 졸업하지 못하도록 다양한 압력을 행사할 것이라 여겼다. 그러나 이것이 개혁의 주요 목표였다면, 이 개혁은 전반적으로 실패했다고 보아야 하는데, 그 이유는 학생정치운동이 계속되었기 때문이었다.

7·30 교육개혁은 교육에 대한 국가의 권위를 높였는데, 국가가 독점적으로 대학선발과정을 통제한다고 여겼기 때문이었다. 어떤 면에서 이러한 정부의 권위는 중앙정부의 역할을 사회적 선발의 최종 결정자 지위로 논리적인 확대를 한 것이라 볼 수 있다. 아마도 중요한 것은 이 개혁이 국가로 하여금 학생들에 대한 통제를 보다 강화하려 한 점이었다. 개혁 내용에 따르면, 고등학교에서 학업 성취가 뛰어나지 않다면 국가가 이들의 대학입학을 거부할 수 있었던 것이다. 특별히 고등학교 평가의 내용에 학생들의 교과외 활동 및 학교규율에 대한 준수 정도가 포함되어 있기 때문이었다. 7·30 교육개혁은 대학입학의 접근성을 높여 달라는 대중적 요구를 만족시키는 것이었다. 비록 그에 따라 선발과정 및 학생 모두에 대한 국가의 통제가 강화되게 되었지만 말이다.

그러나 새로운 대학입학제도는 실행 첫해부터 문제에 봉착하게 되었다. 문교부 실무자들은 학생들이 특정대학 특정학과에 지원하기 전에 시험을 치를 것을 주문했다. 이 때문에 재앙과도 같은 상황이 연출되었는데, 대부분의 학생들이 지원 마감일까지 지원을 미루고 기다렸기 때문이었다. 학생들의 입장에서 자신들의 성적을 먼저 알아내고 싶었다는 점과 동시에 같은 대학

74) Bu Kwon Park, 82에서 재인용.

같은 학과의 지원자 수를 알고 싶어 했기 때문이었다. 지원 전에 합격 가능성을 미리 계산하고 싶어했던 것이다. 이에 대한 개선책으로 정부는 1986년 시험을 치르기 전에 지원자들이 자신이 원하는 대학 및 학과에 지원서를 내도록 했다. 다른 문제들은 그다지 쉽게 개선되지 않았다. 전인교육을 촉진하기 위해 대학입시는 16~17개 교과목을 대상으로 했다. 그러나 원래 의도했던 효과와는 정반대의 결과를 가져왔다. 별도의 시험준비를 위한 압박이 줄어들기는커녕 오히려 더해졌는데, 더 많은 과목들을 공부해야 했기 때문이었다. 1987년이 되면 시험에 포함되는 교과목이 9개로 줄어들기는 한다. 그렇다고 시험준비 기관이라는 중등학교교육의 특징을 바꾸었다거나 혹은 과외수업에 들어가는 어마어마한 규모의 사교육 비용을 줄였다는 등의 측정 가능한 효과를 보였는지는 알 수 없다. 교사들은 이 시험에서 객관식 문항이 강조되었다는 점을 비판했는데, 맹목적인 암기만이 독려된 탓이었다. 1986년에는 대학 논술고사가 입학시험에 더해지게 된다. 그러나 학부모 및 교사들이 이 논술이 지나치게 주관적이라는 이유로 불만을 표출하자 1988년 논술고사는 비현실적이라는 이유로 폐지되었다.[75]

개혁의 결과로 고등교육을 받게되는 학생정원이 극적으로 증가했다. 1980년 가을 발간된 자료에 따르면, 1학년 입학생 수가 전년대비 49.2% 증가했다. 205,000명에서 307,000명으로 늘어난 것이다. 그때까지의 학생증가 비율 중 가장 높았다. 1978년 이래 대학입학 정원을 동결시켜왔던 서울에서도 신입생의 수가 늘어났다.[76] 그러나 대학정원의 확대는 고등교육의 질적 수준을 걱정하는 사람들에게는 경계해야 할 사안이었다. 대학생 정원의 확대는 이전 시기 동안 대학진학이 적절하지 않다고 했었을 학력 수준이 낮은 학생들의 대학진학 기회가 많아졌기 때문이었다. 이에 대해 전두환정부는 이

75) Yi Chin-jae et al., 248-251.

76) 대한교육연합회. 한국교육연감 1981~1982, 26.

러한 걱정을 다음과 같이 말하는 것으로 반박했다. 만약 함께 입학한 학생 중 30%가 졸업하지 못하게 된다면 고등교육의 수준 또한, 개선될 것이고 실패할지도 모른다는 두려움 때문에 나름 성적이 좋지 않은 학생들의 대학진학을 막게 될 것으로 보았다. 실력이 좋지 않은 학생들이 실제 졸업하지 못할 가능성이 높은 대학에 들어가겠다고 노력하면서 괜히 시간과 돈을 낭비해야 하는 것을 막을 수 있다는 것이다.[77] 고등교육이 지나치게 빨리 팽창할 것이라는 두려움을 안고, 1981년 안이 마련된 경제개발5개년계획(1982~1986)에 따르면 대학 졸업생 수를 좀 더 소폭으로 증가할 수 있도록 하라고 요구하고 있다. 한 해 대학 졸업생 수는 이 계획이 성안되기 전인 1981년에 144,400명이었는데, 1986년이 되면 209,000명이 되었다. 정부 기획관들은 1980년 대학 1학년생들이 갑작스러운 증가가 단지 일회성에 그치는 것으로, 1981년 신입생 이후에는 정원이 경제적 필요에 맞춰 좀 더 소폭으로 증가할 것으로 했다.[78] 그러나 고등교육은 경제계획에서 요구된 것보다 훨씬 빠른 속도로 팽창하게 되었는데, 정부는 대중의 압력과 함께 수업료에 의지하는 사립대학들의 압력 때문에 매해 신입생 정원을 늘려 가게 되었기 때문이었다.

점차 늘어난 정원으로 인하여 고등교육은 1980년대 초 황금기를 구가하게 되었다. 각 대학은 유능한 대학교수진을 초빙하고 시설을 늘리기 위하여 허둥댈 수밖에 없었다. 그러나 7·30 교육개혁은 그 어떤 목표도 달성하지 못했다. 대학에 들어가기 위한 경쟁은 날로 치열해졌다. 부분적으로는 고교 졸업생들의 수가 늘어났기 때문이었고, 부분적으로는 일류대학에 입학하겠다고 재수하려는 학생들을 양산하고 있는 대학순위체제 때문이었다. 대학졸업정원의 압박 때문에 공부를 좀 더 열심히 하는 학생들은 어디에도 없었다. 대학 입장에서는 수업료 수입이 줄어들까 봐, 정부가 개입할 여지를 만들 수

77) 서울신문, 1980년 10월 10일.

78) Korea Newsreview, 21 February 1981, 11.

도 있는 학생시위 혹은 캠퍼스 선동이 일어날까 봐, 혹은 학부모들의 분노를 사게 되지 않을까 두려워 학생들을 퇴학시키려 하지 않았다. 대학 관계자들은 문교부에 정원 30%의 학생들을 퇴학하게 하는 기준을 완화해 달라고 청원했다. 1983년 당시 문교부장관이었던 이규호는 이러한 청원에 대해, 각 대학은 졸업정원을 엄격하게 지키라는 지시로 응답했다. "각 대학이 입학정원의 30% 학생들을 퇴학시키도록 하는 규정은 불합리한 듯하다. 그러나 현재의 엄중한 환경 속에서 학생들이 공부를 제대로 하지 않는다면 졸업할 수 없다는 것을 깨닫도록 해야 이 제도가 잘 작동할 것으로 본다."[79] 그러나 7개월이 지나자 문교부는 졸업정원제도를 좀 더 '유연하게' 해 달라는 대학의 압력에 굴복했다. 상황에 따른 예외를 인정하여 많은 수의 학생들을 졸업하도록 허용한 것이다.[80] 대학 및 학생들은 문교부의 지시를 교묘하게 피했으며, 심지어 학교에서 퇴학당했던 학생들도 나중에 재입학하는 경우도 생겨났다. 1987년 졸업정원은 무의미해졌고, 결국 폐기되었다. 대학입학을 위한 경쟁과 재수생 문제는 결코 줄어들지 않았다. 경제계획을 설계하는 사람들이 1986년 조사를 통해 추산한 바로는, 고등학교를 졸업하고 대학에 입학하지 못한 사람들이 400,000여 명이고, 이들 중 300,000여 명이 취직하지 않은 채로 남아 있는데, 이 중 대부분의 사람이 다음 해 입시를 다시 치르기 위해 전적으로 준비하고 있다고 보았다.[81] 대학입학을 위한 치열한 경쟁으로 인해 촉발되는 다양한 문제들을 해결하기 위해, 1980년 가을 전두환정부는 과외금지조치를 취하였다. 그러나 이 또한 별 효과를 거두지 못했는데, 학부모와 학생들이 이 금지조치를 빠져나갈 방안들을 끊임없이 찾아냈기 때문이었다.

전두환 대통령의 '제5공화국' 아래 한국의 교육은 등록학생 수 면에 있어

79) Ibid., 8 January 1983, 15에서 재인용.

80) Ibid., 27 August 1983, 4.

81) Korea Times, 15 January 1987.

서 계속 놀라운 진전을 보였다. 1980년 중학교 등록생 비중이 95%였는데, 1989년이 되면 98%로 높아졌고, 같은 기간 동안 고등학교의 등록생 비중은 동년배 기준으로 63%에서 86%로 높아졌다. 대학에 진학하는 동년배 기준 비중은 같은 기간 16%에서 37%로 높아졌다. 경제개발5개년계획(1982~1986)에 따르면 1997년까지 중학교 교육은 의무교육으로 전환될 것이었고, 도서지역 및 산간지역의 경우에는 중학교 의무교육이 1985년으로 앞당겨 시행될 것이었다. 즉, 해당 지역의 교육은 곧 보편화될 전망이었다. 물론 다른 지역에서도 이미 학교교육은 보편화되어 있기는 했지만 말이다.[82] 등록학생 수를 기준으로 해 보면 중학교는 거의 보편 취학을 달성한 상황이었으며 중학교 졸업생 5명 중 4명은 고등학교에 진학하고 있었다. 대학 진학률 또한, 이미 높아진 상황이었는데, 여전히 증가하고 있었다. 그러나 1980년대 중반이 되면 교육체제가 만족스런 것과는 정말 거리가 멀다는 것에 대부분 동의하고 있었다. 직업교육은 그다지 인기가 없었고, 학급은 학생 수가 너무 많았고, 학교교육체제는 융통성이라곤 찾아볼 수 없는 것들이었다. 이 중에도 대중들의 가장 큰 불평은 일류대학 입학을 위한 병적인 경쟁 때문에 발생하는 각종 문제들이었다. 1980년대에는 이 문제들이 특히 더 악화된 듯 보이는데, 이유는 중등학교교육이 보편화되었고, 그 와중에 좀 더 경제적으로 여유있는 집들이 불공정한 방식으로 이 제도를 이용하려 했기 때문이었다.

평등주의와 입시 개혁

전두환정부 또한, 공식적으로는 학교 평준화라는 평등주의적 개념에 입각하여 정책을 폈다. 이 정책 선상에서 제5차 경제개발5개년계획(1982~1986)

82) 김영화 외., 207.

은 도서벽지 학교들에 대한 투자에 관심을 기울였다. 그러나 정부는 이 정책에서 일정 정도 후퇴한 듯한 다른 방안을 내놓게 된다. 1982년 초, 이규호장관은 영재 학생들을 위한 특수목적고등학교를 설립할 계획을 내놓았다. 즉, 추첨에 따른 방식은 소위 평범한 학교교육만을 이어 갈 뿐이어서 비범한 학생들은 이를 너무 '지루하게' 여긴다는 것이 설립취지였다.[83] 사립 중 · 고등학교들은 각 고등학교가 독자적인 입시를 통해 학생선발권을 가질 수 있도록 로비를 전개했다. 고교평준화와는 한참 동떨어진 방향으로의 계획이었지만, 경제기획원은 사립학교가 입학기준과 수업료 수준을 정할 수 있도록 허용하고자 했다. 사립학교들이 재정적인 문제를 스스로 해결할 수 있도록 돕고자 한 것이다. 이 상황에서 전두환정부는 결정하지 못하고 있었는데, 이러한 학교들의 등장이 형평성 혹은 효율성 이데올로기를 진작하도록 할 것인지 확신하지 못했기 때문이었다. 또한 정부 입장에서는 이 학교들이 사회 엘리트 계층을 양산하는 데 기여할지도 모른다는 것 때문에 저어되는 측면이 있었다. 그러나 부유한 가정 및 경제계획 입안자들은 사립 엘리트 고등학교를 허용하라고 끊임없는 압력을 가해 왔다. 그럼에도 불구하고 국민 설문조사에 따르면 고교평준화정책이 여전히 강한 지지를 받고 있었다.[84] 결국 정부는 고교평준화체제를 수정하는 문제를 잠시 미뤄 놓고 추후 연구를 하도록 했다. 그 결과 고교체제는 전두환정부에서 큰 변화 없이 유지되었다.[85] 한편, 이후의 정부 정책은 아주 자잘한 방법을 동원하여 평등한 기회를 훼손하도록 했다. 예를 들어, 국립대학교 수업료가 인상되었는데, 과외금지로 인해 저소득층 출신의 많은 학생들은 학비를 마련하는 데 큰 어려움을 겪었다,

그러나 이런 자잘한 변화들이 있었다고 해서 고교평준화정책이 근본적으

83) Korea Newsreview, 20 February 1982, 20.

84) 김영철 외(1996). 고등학교 평준화 정책의 개선방안, 서울: 한국교육개발원, 71.

85) Bu Kwon Park, 209-210.

로 바뀌지는 않았다. 실제 교육에서 평등주의적 성향은 대중들이 요구했던 교복정책에서 잘 드러났다. 중등학교 학생들은 군인 스타일의 학교교복을 입어야 한다는 규정이 1981년 폐지되었는데, 대중은 이 정책을 진전된 방향이라며 환영했다. 교복은 아무도 아쉬워하지 않는 일본의 유산으로 여겼으며, 학교를 군대식으로 엄격히 관리하는 데 신경 쓰도록 만드는 도구로 대부분 사람이 이를 싫어했다. 그러나 교복을 입지 않게 되자, 입는 옷에 따라 계층 차이가 드러나게 되었다. 부유한 집 아이들은 멋진 옷을 입고 과시할 수 있었던 것이다. 학교의 교직원 및 학부모 단체는 학생들이 간단한 옷을 입도록 하고 비싼 시계, 신발, 장신구 등을 걸치지 못하도록 해 달라고 청원하게 되었다. 이런 청원에는 도시락과 도시락 반찬까지 포함되었다. 모든 학생이 간단한 음식만을 점심으로 가져오게끔 했다. 학생들 사이에 계층 차이가 두드러진다는 사회적 관심과 평상복이 학생 훈육을 방해한다는 걱정에 따라 많은 학교가 교복을 다시 도입하게 되었다. 이 문제에 대한 사회적 관심 및 대부분 학교가 엄격한 복장규정 및 형평성을 강조하는 규칙들을 성공적으로 실행한 것을 보게 되면, 대부분의 한국 사람들이 교육은 곧 평등한 것이어야 한다고 얼마나 강하게 인식하고 있는지 알 수 있게 된다.

몇몇 연구에 따르면, 교육 기회의 격차가 실제 줄어든 것으로 나타난다. 1960년대 초 한국의 교육 수준 및 고교진학률, 대학입학률에 있어서 도시와 농촌 혹은 대도시와 지방 간의 차이는 같은 시기 대부분의 개발도상국 및 개발선진국에 비해 더 적었다.[86] 1967~1984년도 사이의 대학생들을 대상으로 한 김영화의 연구에 따르면, 일류 대학을 포함한 모든 대학교의 학생들은 대체로 전국의 다양한 지역 출신들로 구성되어 있었다.[87]

그럼에도 여전히 일반 대중들은 입시가 공평하고 공정한 기회를 가로막는

86) Ibid., 81-82.

87) McGinn et al., 88-90.

다고 여겨, 개혁이 필요하다고 보았다. 1980년대 말, 1987년 이후 국가를 특징짓게 되는 자유롭고 민주적인 환경 속에서 많은 시민단체들이 생겨났다. 이렇게 새로이 생겨난 단체들의 주요 교육적 관심사는 입시에의 집착이었다. 개혁을 향한 울부짖음이 여기저기에서 들려왔다. 전교조는 엄밀하게 말해 비합법적인 조직이었지만 왕성하게 정부 정책에 반해 활동하는 노동조합이었다. 전교조는 입시에 끌려다니는 교육정책을 끝내도록 해 달라고 주장했는데, 한국교총 또한 동일한 요구를 내세웠다. 1988년 여름, 대체로 담당 교사들에 영향받았을 것이라 여겨지는 몇몇 고교생들은 시험준비를 위한 보충수업을 없애 달라며 단식 투쟁을 시작했다.[88] 1991년 봄에는 교사 및 학부모들이 '참교육운동'으로 명명되는 활동을 전개하기 시작했다. 교육계 지도자들은 정부가 나서 교육개혁을 시작해야 하지만 학부모, 지방정부, 다양한 시민단체들 또한, 이 개혁에 함께해야 한다고 주장했다. 특별히 참교육운동은 보충수업의 중지와 저녁 6시에서 9시까지 학교에 남아 있도록 하는 자율학습 폐지에 몰두했다. 전체 62개의 단체들이 이 운동을 지지했다. 여기에는 한국소비자연맹, 한국대학협의회, 대한어머니회 등도 있었다. 이러한 압력에 직면한 각 시 · 도교육위원회는 1994년 보충수업을 폐지하자는 쪽을 지지하게 되었다. 그러나 이 운동은 많은 학부모들의 반대에 부딪히게 되는데, 이 학부모들은 학교에서 자녀들이 시험준비에 열중할 수 있기를 원했기 때문이었다. 이들은 각 시 · 도교육위원회에 보충수업을 폐지하는 데 찬성하지 말도록 압력을 행사했다.[89] 이 사안을 두고 시민들은 정반대의 의견을 내세우며 갈라지게 되었다. 시민단체 및 교사들은 '시험에서 아이들을 해방'하자고 주장하면서 이 문제를 다루는 세미나를 1988년에 열기 시작했다. 그러나 교육 접근성을 높여 달라는 사회적 요구가 아직 채 사그라들지 않은 상황에서

88) 김영화(1993). 한국의 교육불평등, 서울: 교육과학사, 158-159, 208-209.

89) 이정식(1993). (새로운) 학생운동사, 서울: 힘, 318.

시험압박을 없애고자 하는 모든 노력은 아무런 이득을 얻지 못했다.

전두환정부에 이어 등장한 노태우정부(1988~1993)는 '입시광풍'을 끝내 달라는 사회적 요구에 부응하여 대학입시를 뜯어고치는 전통적 처방을 고심했다. 교육개혁심의회는 이 문제를 검토하면서 기존의 교과중심 학력고사를 대체할 (미국의 SAT를 모델로 한) 심리측정시험을 제안했다. 따라서 입학시험은 사실보다는 광범위한 수학능력을 묻는 것에 중점을 두게 되었다. 한국고등교육학회는 이 제안에 대한 연구를 수행하였는데, 몇 차례의 공청회와 여론 수렴을 거친 후 교육부에 최종 방안을 제출하였다. 이에 문교부는 1991년 입시제도에 커다란 개혁이 이루어질 것으로 발표하게 되었다. 이에 따라 각 대학에 학생 선발의 자율권을 보다 많이 부여하였다. 각 대학은 다음의 4가지 중 하나를 선택할 수 있었다. (1) 대학입학을 위하여 내신으로만 학생을 선발할 수 있도록 했다. 내신은 학교성적에 따른 결과 80%와 과외활동의 결과 20%로 구성되어 있었다. (2) 내신과 새로운 수학능력평가(Higher Education Ability Test: HEAT)를 혼합해서 입시전형자료로 사용할 수 있도록 했다. 이는 부분적으로 미국의 SAT 체제를 따른 것으로 보인다. (3) 각 학교별 본고사를 허용하고, 수학능력평가와 혼합하여 활용할 수 있도록 했다. (4) 각 대학은 대학별 본고사, 수학능력평가, 내신을 혼합하여 활용할 수 있도록 했다. 모든 선택에 있어 각 학교들은 전체 전형 비중에서 내신을 최소 40% 반영하도록 했다. 문교부는 가능하면 모든 대학들이 마지막 것을 선택해, 입학전형 자료로 대학별 본고사, 수학능력평가, 내신을 혼합하여 사용하기를 기대했다. 이 개혁은 3년 이내에 적용될 것이었는데, 고등학교 학생들이 새로워진 입학기준에 준비할 시간이 필요했기 때문이었다.[90]

그러나 분명하게도 이러한 변화가 시험체제에서 야기된 교육의 질곡을 완화시키는 데에는 그다지 효과가 없었다. 실제 대중의 요구에 부응하고자 노

90) 김영화 외. 259-261.

태우정부가 시도한 입시변화 방안은 오히려 경쟁심리를 더 치열하게 했으며 비용을 더 비싸게 만들어 버렸다. 교육개혁심의회는 1988년, 학업수준을 높이기 위하여 고교입학시험을 부활해야 한다고 건의했다. 이 당시 문교부는 경쟁적인 시험으로 고등학교 입학생을 선발하도록 할 것인지에 대한 결정은 지방교육위원회의 소관하에 두자고 제안했다. 노태우정부는 1989년 고교생 및 대학생이 과외로 용돈을 벌 수 있도록 허용함으로써 점차 강제할 수 없게 된 사설 교습에 대한 규제를 일부 해제하였다.

학생 자살에 대한 보고 건수가 높아지는 가장 큰 이유라면 시험압박이 점차 더 치열해진다는 것이었다. 1987년 보고에 따르면 50여 명의 중·고등학교 학생들이 입학시험 실패에 좌절하여 스스로 목숨을 끊었다.[91] 1990년 발간된 연구에 따르면 중고등학생의 20%가 자살을 생각한 적이 있고, 실제 5%가 자살을 시도한 적이 있다고 하였다. 또한 시험압박은 약물중독과 반사회적 행동과 관련성이 있다고 밝히고 있는데, 물론 이러한 수치는 다른 서방 선진국들에 비하면 상당히 낮은 수준이기는 하다. 특별히 재수생 인구가 증가하는 것은 비도덕적인 효과를 불러오는 사회적 문제로 대두되었다. 이들은 고등학교를 졸업하고 전일제 학원에서 몇 년을 보내고 있었다.[92]

이 모든 문제가 국가로 하여금 대학 입학정원을 늘리도록 압박을 받도록 만들었다. 이 주제를 두고 셀 수 없는 학술회의와 토론이 있었다. 야당 대표였던 김대중은 대학정원을 가능한 한 빨리 확대하는 것이 필요하다고 하면서, 평등한 기회의 원칙에 따라 원하는 모든 학생이 대학에 입학하지만 졸업정원은 엄격하게 지킬 수 있도록 하자고 제안했다. 그는 '대학에 입학하지 못해 사회에서 버림받은 삶을 산다는 것은 슬픈 일'이라고 말했다.[93] 그러나 노

91) Byong-sun Kwak, 49-50.

92) Korea Newsreview, 4 June 1988, 29.

93) Ibid., 13 January 1990, 30.

태우정부는 시장이 요구하는 만큼의 속도로만 대학정원이 늘어날 수 있도록 정원을 엄중히 붙들어 매 놓는 쪽을 택하였다. 정부는 대학정원 시스템에서 몇가지 사소한 점을 개선하는 데 그쳤다. 한 가지는 서울 소재 대학들은 입학생을 좀 더 받을 수 있도록 했는데, 1984년 수도권 내 대학정원을 동결했던 조치가 끝났기 때문이었다. 그러나 이러한 학생 수 증가는 주로 자연과학 및 공과대학에 주로 한정해서 일어났다. 정원이 증가한 대부분의 경우 지방 국립대학들이었다. 서울 소재 대학들에 학생이 집중되는 것을 막으려는 시도는 1970년대 말 서울 소재 대학에게 분교를 지방에 설립할 수 있도록 허용하는 것이었다. 그러나 대부분의 대학들은 분교를 수도권에서 약간 벗어난 지역에 만들었다. 이는 서울의 교통문제를 가중시키는 상황으로 이어졌는데, 학생들은 본교 근처에 거주하면서 분교로 등·하교하는 방식을 선호했기 때문이었다. 수도권 근처에 서울소재 대학들의 분교를 설치하도록 한 방침은 대체로 실패했으며, 결국 몇몇 지방 국립대학교를 수도권에서 먼 곳에 설립하는 것으로 목표가 바뀌었다. 서울에 위치한 세 개 대학(성균관대학교, 건국대학교, 한성대학교)은 정원 동결이라는 징계를 받았는데, 뇌물이나 기타 부정한 방식으로 학생들을 불법 입학시킨 것이 그 이유였다.[94]

전문대학의 성장은 가장 획기적인 변화라 할 수 있다. 박정희정부와 전두환정부에서 적극 권장했음에도 불구하고 이전 시기의 전문대학은 그다지 인기가 없었다. 전문대학은 단지 직업훈련만을 제공하는 막다른 골목의 대학쯤으로 잊히는 동안, 대부분의 가족과 학생들은 전문대학에 가느니 4년제 대학에 가기 위해 재수하는 쪽을 택했다. 이들 전문대학은 졸업과 결혼 사이의 몇 년 동안만 일을 하려는 여성들을 위해 비서 대학으로 기능하기도 했다. 이런 전문대학에 변화가 생기기 시작한 것은 1980년대 말이었다. 많은 회사들이 전문대학 졸업생들을 고용하기 시작했다. 전문대학 교육이 제공할 수 있

94) Korea Times, 10 June 1988에서 재인용.

는 높은 투자수익률로 인하여 인기는 더 높아졌다. 4년제 대학을 졸업하고 학위에 적절한 직업을 찾게 되는 학생의 수는 60%를 넘지 못했다. 이에 반해 2년제 전문대학의 경우에는 1987년 76%, 1991년에는 87%가 되었다. 이 수치는 불경기가 지속되던 시기의 4년제 대학 졸업생들의 것과 비교하면 거의 2배에 이르는 것이었다.[95] 새로운 경향성을 잘 보여 주듯, 4년제 대학을 졸업하고도 취업할 수 없었던 사람들이 취업시장에서 요구하는 기술을 배우고자 다시 2년제 전문대학에 진학하기도 했다.

문교부는 1990년대 동안 끝도 없이 시험제도를 땜질하듯 고쳐 댔다. 입시 관련 규정은 거의 매년 바뀌었다. 입시는 전국민적 집착으로 남게 되었으며 신문기사, 책, 대중영화, 각종 위원회, 공청회, 학술 포럼 등의 소재가 되어 왔다. 누구나 보편적으로 인정하고 있는 것은 입시가 교육을 시험준비를 위한 과정으로 바꿔 버리면서 왜곡한 주원인이라는 점이다. 또한 값비싼 과외와 사설 교습이 필요했고, 이로 말미암아 수많은 청소년들에게 한숨 나올 만큼의 압박을 가하고 있다는 점이었다. 과거의 비평가들은 시험압박이 신체의 발육을 저해하게 된다는 비판을 쏟아 냈었다. 그러나 1990년대 중반에 이르면 아주 건강한 젊은 세대가 등장했다는 통계를 맞닥뜨리게 된다. 이들은 마치 이전 세대와는 전혀 다른 종이라고 해도 될 만큼 훨씬 키가 커졌다. 지금의 비평가들은 시험이 정신건강에 미치는 해롭다는 점에 초점을 두고 있다. 십대들의 자살 사건을 다룬 보도가 자주 등장하는 것을 볼 수 있는데, 이들이 작성한 글에는 부모들의 기대에 이르지 못했던 것을 하소연하는 내용이 담겨 있다. 또한 부모와 교사에게 당한 신체적인 학대를 고발하는 보도도 보게 된다. 부모 혹은 교사들은 부분적으로 자신들의 개입으로 인해 시험에서 더 좋은 성적을 거두리라는 기대를 안고 압력을 행사하게 되는 것이었다. 1996년의 조사연구에 따르면, 학생의 97%가 부모 및/혹은 교사에게 맞은 적이 있다

95) Korea Newsreview, 26 October 1991, 7.

고 밝히고 있으며, 이 중 많은 수의 학생들은 자주 맞았다고 했다. 이러한 상황이 벌어지는 가장 주된 이유는 학교에서 더 좋은 성적을 거두라고 하는 압력 때문이다.[96] 1992년 조사연구에서 학부모들은 학교에서의 체벌을 용인하는 것으로 나타났다.[97] 그러나 이러한 태도는 변화하게 되는데, 반정부적 성향을 띠었던 전교조를 포함하여 사립 단체들이 학생 체벌 문제를 공론화했고, 문교부는 학교에서 신체적 체벌을 1998년에 전면 금지하도록 하겠다고 발표했다.[98] 물론 체벌 금지가 그 즉시 이행되지는 않았다.

노태우정부의 뒤를 이은 김영삼정부(1993~1998)는 입시정책을 개혁하려 많은 변화를 시도했다. 이러한 정책 중 그 어떤 것도 근본적인 문제를 바꾸려는 것은 없었다. 오히려 이들 정책은, 한국 사회에서 그 어떤 개혁에도 저항하는 체제에 계속 손을 대려는 것이었을 뿐이다. 정부는 1993년 대학별 본고사를 없애겠다고 발표했다. 이보다 좀 낮은 차원의 다른 정책들이 1993년 10월에 발표되었는데, 일상적인 대학입시를 1~2달 앞둔 시점이었다. 이러한 정부의 조치는 학부모들의 공분을 사게 되었는데, 시험을 준비할 수 있기에 적절한 전략을 선택할 겨를이 없었기 때문이었다. 게다가 입시정책을 둘러싼 혼란과 정책 일관성의 부족은 최악이었다. 대통령직속 교육개혁위원회는 1994년 회의에서 가장 먼저 대학별 본고사를 허용할 것을 결정했다. 이는 국가수준 시험과는 다른 부가적인 시험이었다. 그런데 곧이어 위원회는 입장을 바꾸게 된다. 결과적으로 서울대학교와 몇몇 다른 대학들은 이런 정부의 입장에 도전하며 대학별 본고사를 치르겠다고 발표하였다. 정부의 새로운 정책기조를 무시하기로 한 것이었다.[99] 정부 정책에 대한 불만에 항복하여 위원회는 1995년 대학에 더 높은 수준의 자율성을 부여하겠다고 했다. 이

96) Ibid., 28 December 1991, 34.

97) Ibid., 27 January 1996, 34.

98) 대한교육연합회. 한국교육연감 1992, 32.

99) Korea Times, 21 July 1996.

때 명문 연세대학교는 대학별 본고사로 지필시험을 없애고 내신과 대학수학능력평가자료 만으로 입학전형을 하겠다고 발표했다. 1996년 문교부는 학교생활기록부로 내신을 대체하게 했다. 학교생활기록부는 교외활동을 포함하도록 했던 이전의 기록과는 다른 것으로 인성발달을 연속적으로 기록한 것이었다. 이러한 정부의 조치는 혼란을 가중시켰으며 교사들의 업무량을 늘어나게 했다.[100]

국가가 관리 통제하는 시험과 중앙정부의 일관성없고 변덕 심한 입시정책에 온 국민이 환멸을 느끼게 되었다. 이에 1990년대 말이 되면 각 대학이 더 많은 입학 선발권한 및 시험방식의 자유를 가져야 한다는 여론이 점점 힘을 얻게 되었다.

100) Korea Herald, 29 April and 17 June 1994.

교육열 비용

남들보다 앞서기 위한 한국인들의 질주는 교육을 매우 경쟁적이면서 엄청난 비용이 드는 것으로 만들어 버렸다.

앞서 언급했듯이, 교육은 대체로 학생 및 부모들이 비용을 지불해야 하는 것이었다. 한국의 교육체제에서 가장 두드러진 특징 중 하나는 국가로부터의 재정지원이 상당히 약하다는 점이었다. 그렇다고 교육은 결코 싼 것이 아니었다. 몇몇 분석가들은 가장 빠른 속도로 학교가 팽창하던 시기 한국교육이 비용대비 효과적이었다고 주장하면서 집약적인 국가교육체제가 아주 적은 비용으로 만들어졌다는 점에 대해 인상 깊었다고 이야기하곤 한다.[1] 그러나 이것은 상황을 잘못 읽고 있는 것이다. 비공식적인 수업료, 과외비, 교사에게 제공하는 촌지, 보충수업비, 보충교재비 등의 감추어진 비용을 더한다

1) McGinn et al., 15-27.

면, 한국교육은 실제로 국가적 재정에서 엄청나게 큰 부분을 차지할 것이고, 평균적인 가정의 가계에서 큰 비용이 되었을 것임에 분명하다. 개인의 수입에서 차지하는 비중을 고려해 보면, 세계에서 가장 비싼 교육체제라고 할 수 있다.

교육에 소요되는 비용을 소비자들에게 전가하는 국가의 능력과 비용이 많이 드는 학교교육의 특성은 교육적 성취를 향한 대중의 본능적 욕구가 만들어 낸 결과였다. 이러한 요구들이 최고 수준의 학교교육과 무엇보다 최고의 일류학교에 이르도록 하는 경쟁을 만들었다. 뿐만 아니라 학교 바깥의 과외교육에 드는 부가적 비용, 개인과외 혹은 원하는 지역에 집을 빌려 들어가는 것과 같은 재정적으로 부담이 되는 다양한 전략을 만들어 냈다. 입학시험과 함께, 학교교육에 소요되는 높은 비용과 이것으로 인한 경제적 왜곡은 교육열이 만들어 낸 불행한 부작용이었다.

이승만정부의 교육재정

한국은 학교교육 재정을 수업료, 특별학교세, 육성회비 등으로 충당하게 하는, 전혀 체계적이지도 않고 임시변통적인 식민지 재정시스템을 물려받았다. 재정압박을 받을 수밖에 없던 미군정청은 이 시스템을 계속 사용하지 않을 수 없었다. 이승만정부에서 교육 예산은, 지방 및 국가 세금을 포함하여 민간 후원금, 자발적이지만 반드시 내야 하는 비용, '선물' 등 아주 당황스러울 만큼 더 복잡하고 체계적이지 않을 만큼 뒤범벅의 상태로 지원받았다. 국가의 교육 예산은 대체로 국립대학 및 사범학교 운영비, 초등교직원들의 월급 등으로 거의 소진되었다. 학교 건물을 유지 · 관리하는 비용은 지방정부의 소관 사항이었다. 모든 학교의 절반 정도에 해당하는 공립학교는 거의 생색내는 수준의 지원밖에 받지 못했는데, 대체로 교실 건축에 사용되었다. 대부분의 고등교육은 사립으로, 중앙정부로부터는 직접적인 재정지원을 받지 않았다. 정부가 얼마나 많은 교육비용을 충당하고 있는지는 제대로 확인하기 어려운데, 그 이유는 비공식적인 후원 및 대체로 보고되지 않은 다양한 종류의 수업료 비중이 너무 컸기 때문이었다. 어떤 통계 자료에 의하면, 이승만 대통령의 재임 기간 동안 국가는 교육비용의 단 10%만을 제공했다고 밝히고 있다.[2] 학교 운영 자금은 지방정부를 통해 배분되었는데, 얼마나 배분될지는 대체로 도지사 혹은 시장에 의해 결정되었다. 학교행정가, 교사, 학교위원들은 예산배분의 결정 권한이 일반 행정체계에 속해 있는 것을 싫어했다. 또한 교육 예산으로 못 박아 둔 것들이 이러한 일반직 공무원들의 개인적이고 정치적인 사유로 인해 전용되는 것에 대해 불평을 토로했다.

또한 지방세 일부가 작게나마 교육지원 용도로 배정되었다. 지방세 또한 조선과 일제 강점기에서 비롯된 복잡한 시스템을 유지하고 있었다. 이 중 대여가치로 평가되어 가구당 징수되는 호별세(戶別稅)와 가구당 부과되는 것으로 특별세가 가장 중요한 것들이었다. 토지개혁이 있었던 1951년부터 농지를 소유한 사람들에게 토지소득세가 부과되었다. 이러한 세금들은 지방정부의 예산을 구성하는 것들이었다. 물론 다른 다양한 세금들도 있었는데, 공연장, 어장, 식당에 대한 세금 등이 있었다. 이러한 세금들은 지방정부의 다른 기능들을 지원하는 것들로, 이 중 아주 미미한 정도의 재정만이 교육비로 지출되었다.[3] 게다가 지방세는 지방정부 공무원들에 의해 징수되었고 이어 내무부를 통하게 되어 있었다. 이 과정에서 많은 세금이 정치적 목적으로 새나갔는가 하면, 지방세 명목으로 거두어들인 돈이 국가재정으로 귀속되기도 했다.[4] 1958년 교육세(National Education Tax)라는 것이 있어 부가적인 교육재

---

2) 문교부, 문교통계요람, 344-345; Adams, "Educational Change," 375.

3) 문교부, 문교통계요람, 344-345.

4) Kun Pyung Kang, "The Role of Local Government in Community Development in Korea" (Ph.D. diss., University of Minnesota, 1966), 206-207.

정으로 지원되었다. 그러나 그 액수가 너무 미미했고 이 또한 정치적으로 남용되곤 했다.[5]

만약 계상되어 있던 모든 재원이 빠짐없이 교육에 투자되었다 하더라도, 그 규모가 너무 작아 교육 필요를 채워 주기에는 너무도 모자란 상황이었다. 건국 초기 대한민국은 세금부과율이 상당히 낮았다. 국가 경제규모 중 실질적으로 세금이 차지하는 비율이 단 9.9%라는 것은 다른 가난한 국가들과 비교해 봐도 상당히 낮은 수준이었다.[6] 대신, 이승만정부는 재정수입 전략에 있어 다양한 비공식적인 방법에 의존하고 있었다. 학교 수업료, 보건의료비용, 경찰보호비용 등은 지방세 재정보다 자그마치 세 배나 많았다. 퇴역 군인단체, 경찰 조직, 청소년 운동단체, 자선단체 등을 위한 기부금은 계산이 불가능했다. 그러나 이렇게 공공서비스를 위하여 지급되는 비공식적인 방법은 너무 일반적이었다. 이런 관행들은 그 자체로 재정의 오남용을 불러왔고 임의성, 불균등함, 비효율성 등으로 인해 비판의 목소리가 높았다.[7] 이러한 문제점들이 가장 적나라하게 또 진실되게 나타나고 있는 분야는 교육이었다. 소위 학교교육에 소요되는 공식적인 비용은 전체 비용 중 극히 일부에 지나지 않았기 때문이었다.

비공식적인 방법을 통해서 교육재정을 충당하게 하는 것은 상당히 쉬웠다. 교육에 대한 사회적 요구가 높고, 결과적으로 자기 아이들을 교육시키는데 기꺼이 희생하겠다는 한국 부모들의 자발성으로 인해 이승만정부는 교육비용의 큰 부분을 학생 및 학부모들에게 전가함으로써 값싼 교육체제를 건설

---

5) 국회사무처, 국회사, 2:91

6) Jung-en Woo, *Race to the Swift: State and Finance in Korean Industrialization* (New York: Columbia University Press, 1991), 81.

7) W. D. Reeve, *The Republic of Korea: A Political and Economic Study* (London: Oxford University Press, 1963), 78-79; Roy Bahl, Chuk Kyo Kim, and Chong Kee Park, *Public Finances during the Korean Modernization Process* (Cambridge, Mass.: Harvard University Press, 1986), 48-49, 106-107; Kun Pyung Kang, passim.

하였다. 사용자가 부담해야 하는 가장 당연히 여기는 비용은 수업료(학비)였는데, 이는 모든 학교급의 재정을 충당하는 데 가장 큰 비중을 차지했다. 문교부는 공·사립을 막론하고 모든 학교에 수업료 납부 일정을 정해 주었다. 그러나 사립학교는 이를 종종 어기곤 했는데, 가끔은 이를 어기는 공립학교들도 있었다. 여기에다 정말 다양한 잡비들, 즉 학급비, 입학비, 학교행사 및 건물수리를 위한 특별비 등이 있었다. 기타 잡비를 요구하는 관행은 공공연히 비난받았다. 그러나 이러한 관행이 이론적으로 법을 엄연히 어기는 것이었음에도 불구하고 이러한 잡비요구 관행은 거의 보편적으로 계속 이어졌고, 학교 재정을 충당하게 하는 가장 큰 부분을 차지했다.

일반적으로 교육 예산은 교사들에게 적정 급여를 제공하는 데 충분하지 않았다. 그러나 많은 교사가 개인과외를 통해 자신들의 월급을 보충할 수 있었다. 대부분의 학교에서 교사들은 정규수업이 끝나고 시험준비를 위한 특별반을 열었다. 교사들은 흔히 2부제, 3부제 학교에서 가르쳐야 했기 때문에, 방과후 수업은 이들의 경제적 필요에 따라 보상이 주어질 수 있었다. 그러나 이런 문제도 있었다. 즉, 교사들은 부모들로부터 촌지를 받는 대가로 해당 자녀들에게 특별한 관심을 기울일 수 있었다. 교사들은 학생의 아버지보다는 대체로 어머니들로부터 촌지를 받았는데, 교사들은 적어도 일 년에 한 번씩, 대체로 스승의 날에 학부모가 학교를 직접 방문하기를 기대했다. 이날에는 통상적으로 학생들이 담임교사에게 선물을 주었다. 교사들 또한 수업료를 걷거나, 학교나 교육청 일을 위해 특별 모금을 하거나 혹 학생들의 학습진도에 대해 알려 주기 위해 가정방문을 하곤 했다. 이러한 가정방문은 교사들이 선물을 받을 수 있는 또 다른 기회가 되었다. 교사들이 수입으로 생각할 수 있는 다른 방법은 참고서나, 특별교재 등 시험준비와 관련된 자료들의 판매대금이었다.[8] 학교에서도 퀴즈나 시험을 준비하기 위한 특별 답안지를 판매

8) 한국혁명재판사편찬위원회(1962). 한국혁명재판사, 서울: 한국혁명재판사편찬위원회, 3:1078.

하기도 했다. 비공식적인 방법이 교육재정을 충당하게 하는 정도는 초등학교에서 볼 수 있었다. 사실 초등교육은 법적으로 무상이었다. 1959년 말 서울시의 92개 초등학교를 대상으로 실시한 설문조사에 따르면, 모든 학교에서 별도의 학교 비용을 부과하고 있었으며 대부분의 학교에서 보충교재를 판매했고, 일정에 없는 행사를 위해 모금이 이루어졌고, 징수된 비용은 학급 시험과 관련되어 있었다.[9]

비공식적인 교육비 징수는 대부분의 부모에게 심각한 고통을 안겼으며, 특별히 시골 및 저소득층 지역의 학생들을 상대적으로 불리하게 만들었다. 교사들 또한 자신들의 실질적인 수입이 비공식적인 방법으로 마련되고 학부모들이 학급의 성적을 좌우하게 하는 학교 체제에 희생당한다고 느꼈다. 이런 시스템 속에서 교사들은 보충수업을 하기 위해 수업 시작 2시간 전에 도착해야 했고, 방과후 수업을 위해 정규수업 종료 후에도 몇 시간 더 머물러 있어야 했다. 그럼에도 불구하고, 교육에 대한 본능적 요구는 이런 시스템이 계속 굴러가도록 했다.

또 다른 교육지원 자금은 학교 육성회 및 육성회 폐지 이후 유사한 학교 단체인 사친회로부터 나왔다. 이 두 단체는 미국의 학부모-교사협회(PTA)를 일부 본떠 만들어졌고, 실제 이 둘은 모두 영어로 PTA로 지칭되었다. 한국 PTA는 미국인들이 행정부 개혁의 일환으로 적극 장려되었다. 미국에서 PTA는 학교교육에 대중이 참여할 수 있도록 한 꽤 오랜 역사를 가진 것으로, 교육과정에 학부모와 교사들이 공히 협력할 수 있도록 하는 방법이라 여겨졌다. 무엇보다 PTA는 학교의 민주적 운영과 지역사회학교(community controlled schools)라는 개념을 지지해 주도록 하는 것이었다. 그러나 1940년대 말 한국에서 만들어진 육성회는 처음 시작단계부터 미국식 PTA와는 상당히 다른 것이었다. 이 단체의 주된 목적이 돈을 걷는 데 있었기 때문이었다.

9) Korea Times, 3 September 1959.

1950년 사친회로 재조직되면서 사친회는 학교 운영비를 모금하는 데 핵심 주체가 되었다. 사친회가 공립학교 혹은 사립학교에 얼마만큼의 운영비용을 담당했는지를 측정하는 것은 어렵지만, 그 정도는 대체로 10%에서 50% 사이로 볼 수 있다.[10] 1957년, 문교부는 중앙정부 및 지방정부가 초등교육 예산 중 평균적으로 단 55%, 중등교육 예산 중 단 22%, 고등교육 예산 중 24%만을 부담하고 있다고 보고하고 있다.[11] 학교 운영 예산의 나머지는 수업료, 비공식적인 모금, 사친회비 등에서 왔다. 1959년 연세대학교 교수 임한영은 사친회비가 모든 초·중등학교를 통틀어 예산의 24% 정도를 차지한다고 추정하였다.[12] 사친회비를 다른 다양한 비공식적인 기금과 구분하기 어렵기 때문에 사친회비가 어느 정도로 걷히고 있는지를 유사하게나마 추정하는 것은 거의 불가능하다. 그러나 모든 학교급의 공립 및 사립학교 교사들이 받는 월급에서 사친회로부터 유입되는 돈의 비중이 아주 컸으며, 아마도 30%에 가까운 정도가 아니었을까 추정해 볼 수 있다. 몇몇 사례에 따르면, 교장·교감 및 교사 급여 대부분이 사친회비로부터 충당되고 있기도 하다.[13]

이론적으로야 이런 비용부담은 자발적인 것이었지만, 교직원들은 사친회비를 일반적으로 모든 학생이 반드시 내야 하는 것으로 간주했다. 그래서 제때 사친회비를 내지 않는 경우 종종 학생들의 등교를 막거나 퇴학 등의 위협을 가하기도 했다. 앞서 언급한 대로, 언론은 사친회비를 내지 못해서 입학이 거부되거나 혹은 자퇴를 종용받아 학생들이 자살하거나 자포자기적 행동을 하는 부모들의 이야기를 기사화했다.[14] 사친회비를 내지 않았다고 학생들을

10) 이 수치는 일간지의 리포트와 인터뷰 면담자들이 준 정보를 기반으로 한 것이다. 예를 들어, 전라남도의 한 전직 중학교 교감은 20% 정도의 학교 예산이 사친회비에서 왔다고 추정했다. 1991년 9월, 서울에서 채명석과의 인터뷰.

11) Republic of Korea, MOE, Mungyo kaeyo, 305, 310, 318.

12) 임한영, 383.

13) 자금을 모으는 방식이 비공식적이었고 신뢰할 만한 통계자료가 없다 보니, 이 수치는 추정치이다.

14) 한 예로, 동아일보 1949년 6월 2일자 기사 참조.

때리는 교사들의 이야기 또한 보도되었다.[15] 어떤 교사는 사친회비를 내지 않은 학생에게 고함을 친 것에 대해 이렇게 회상한다. "저도 사람입니다. 먹고 살아야지요."[16] 그러나 정부가 의무교육에 대해 충분히 재정지원을 하지 않았기 때문에, 한국 사회는 학부모들이 그 큰 부담을 나눠져야 한다는 것에 대해 수용적인 분위기였고, 학교교육에 필요한 부족한 수입의 많은 부분을 당연히 학부모들이 채워 넣어야 한다고 여겼다. 그러나 많은 학부모가 교사 및 특히 학교 교장이 이 돈을 자신들의 용돈으로 전용하고 있으며, 이 때문에 사친회비에 대해 더 혹독하게 불평하는 사람들을 양산한다고 믿었다. 이러한 문제에 대해 언론은 전국적으로 교육 수준을 균질하게 하기 위해 예산 및 지출을 적정한 수준으로 계상하는 시스템이 필요하다고 요구했다.[17] 사친회는 그다지 좋은 호응을 얻지 못했기 때문에 1960년대 초 폐지되었다. 그러나 학교 운영을 위한 자금을 창출해 내는 데 너무도 유용했기 때문에 박정희정부는 1970년대 이를 다시 부활시켰다.

사학재단의 역할

교육비 부담의 원인은 중등학교의 절반, 그리고 대학의 4분의 3이 사립이라는 사실에 기인한다. 중등학교와 대학에 대한 수요를 충족시키기 위해 한국 정부는 사립학교재단에 의존했다. 학교재단은 세금이 면제되는 법인체로 졸업장 혹은 학위를 수여하는 학교를 세웠고, 설립자 혹은 소유자, (종종 수십 명에 이르기도 했지만) 몇몇 이사들로 구성되었다. 학교 설립의 전통은 한국

---

15) 한국일보, 1958년 8월 6일.
16) 1991년 9월, 서울에서 채명석과의 인터뷰.
17) 경향신문, 1957년 5월 26일; 서울신문, 1957년 5월 30일; 한국일보, 1957년 6월 6일.

에서 상당히 오래된 것이다. 서원과 같이 사립학교를 설립하거나 학교 운영에 참여하는 것은 양반과 같이 식자계층들에게 가치로운 일이라 여겨졌다. 조선시대 말기에 엘리트 계층의 사람들이 근대 교육을 제공하는 정말 많은 수의 사립학교를 세웠다. 이들이 학교 설립에 참여한 것은 한편으로 이들을 공적 영역에서 교육사업으로 후퇴하도록 한 정치적 절망감에서 비롯되었다. 그러나 다른 한편으로는 학교 설립이 자강의 노력을 통해 미래 국가를 준비하도록 하려는 열망에 기인한 것이었다. 개인의 능력을 갈고닦는 수많은 교육 활동은 대한민국의 힘을 키우는 것과 연결되어 있었다. 이러한 노력은 일제 강점기에도 계속되어 온 것으로, 한국 사회를 대표하는 많은 지도자들은 학교재단을 이끌었다(제2장에서 언급함). 대표적인 예가 김성수이다. 김성수는 부유한 양반 지주로 한국의 대표적 사업가라고 할 수 있었다. 그는 고려대학교의 전신인 보성전문학교의 교장으로, 고려대학교는 나중에 한국에서 가장 뛰어난 두 개의 사립대학교의 하나로 자리 잡게 되었다.

학교재단은 해방 후 빠르게 늘어났는데, 1948년도에 최고조에 이르러 83개의 재단이 설립되었다. 1949년도에는 17개로 줄어들게 되는데, 이는 아마도 교육체제에 대한 불명확성 때문이 아닌가 싶다. 재단의 설립 숫자가 다시 획기적으로 늘어나게 되는 것은 1952~1955년 동안인데, 그러고 나서

표 6-1 한국 사학재단의 설립현황, 1948~1958

연도	학교 수	연도	학교 수
1948	83	1954	48
1949	17	1955	38
1950	21	1956	15
1951	26	1957	6
1952	51	1958	1
1953	43		

출처: 임한영 (p. 386).

1956~1958년 사이에는 다시 급격하게 줄어들게 되었다(〈표 6-1〉 참조).[18] 두 번째로 빠른 성장세를 보이던 시기, 사학재단은 고등학교와 대학에서 가장 큰 비중을 차지하게 되었다.

새로운 학교를 세운 대부분의 설립자들은 높은 교육을 받은 전문가들로, 주로 전문직종에 종사하거나 정치인 경력을 가진 사람들이었다. 학교재단을 설립하는 데에는 어느 정도의 돈이 필요했다. 물론 모든 경우라고 할 수는 없지만 그 액수는 그다지 많지는 않았다. 학교재단 설립자는 대체로 자기 돈이 충분하지 않았기 때문에 재정 후원자들이 필요했다. 이들은 대개 지주들이거나 성공한 사업가들로 설립자만큼 사회적 명성을 얻지는 못했다고 여겨진다. 이들은 학교재단의 이사로 일을 하면서 재단을 공동으로 소유했다. 예를 들어, 장형은 1948년 단국대학(나중에는 단국대학교가 된다.)을 설립한 학교재단의 설립자이다. 이 사람은 보성전문학교에서 수학하고 중국으로 건너가 독립운동에 가담하였다. 비록 장형이 학교재단의 이사장이기는 했지만, 재정지원의 대부분은 본인이 아닌 부유한 지주였던 조휘재에게 의존했다.[19] 부유한 가정 출신으로 존경받는 교육자였던 유석창은 1949년 건국대학교를 설립하였다.[20] 1946년 국민대학(나중에 국민대학교가 된다.)을 설립한 신익희는 한국에서 정말 유명한 정치인으로 대통령 선거에서 이승만에 맞섰던 인물이었다. 국민대학 재단은 설립추진위원회에 40여 명에 이르는 위원 목록을 담고 있는데, 이승만 또한, 재단의 명예 이사장으로 추대되어 있다.[21] 임영신(Louise Lim)은 해방 전 미국에서 교육받은 유치원 담당 이사로, 많은 논란에도 불구하고 이승만은 그녀를 제1대 상공부장관에 임명하였다. 잠깐 정치에 몸담은 이후, 임영신은 중앙대학의 이사장이 되었다. 이도영은 사업가로 일

18) 임한영, 386.

19) 단국삼십년사회(1978). 단국삼십년사, 4, 11.

20) 건국대학교교지편찬위원회(1971), 건국대학교교지제2집, 서울: 건국대학교출판부.

21) 국민대학교삼십년사편찬위원회(1976). 국민대학교삼십년사, 서울: 국민대학교출판사.

신산업의 사장이었는데, 그는 홍익대학과 부속 중등학교들을 둔 학교재단을 설립하였다. 그는 양반 출신으로 막강한 민여홍 집안과 결혼하였고 일본 게이조 대학교에서 법대를 졸업하였다.[22] 배경이 약한 몇몇 설립자들의 경우 교육기업을 성공적으로 이끌어 명성을 쌓아 나갔다. 나중에 경기대학교가 되는 학교재단의 설립자인 조명지는 일제 강점기 서울에서 중앙불교대학에서 불교를 공부하였고 일본 게이조 대학교에서 종교학에 대한 연구를 수행하기도 했다. 그가 이사장으로 있던 학교재단은 많은 학교를 세웠는데, 1954년 설립된 조양간호전문대학도 여기에 속한다. 조명지는 여러 면에서 전형적이라 할 수 있는데, 교육 수준이 높았고 지주 계급 출신이었다. 이규현과 그의 아들 이시영의 신흥재단은 나중에 경희대학교가 되는 학교와 더불어 경희중 · 고교를 설립하였다. 이시영은 대한민국의 초대 부통령이 된다. 그러나 이 학교재단은 사업가였던 조영식에 의해 곧 빼앗기게 되는데, 그는 한국에서 가장 부자로 성장하게 된다.[23] 정채한은 일본인에 의해 훈련받은 공무원으로 부산, 대구, 대전에서 검사로 일했으며 나중에는 국회의원이 되었다. 그는 부산에서 1948년 동아대학교의 재단을 설립하였다.[24] 김연준은 연희전문학교를 졸업한 음악가로 한양대학교를 설립하였으며, 사업가 김홍배는 1954년 한국외국어대학을 설립하였다.[25]

초기의 학교재단 설립자들이 보여 주는 탁월한 배경은 곧 학교재단의 위신을 말해 주는 것으로 한국에서 교육이 얼마나 중요한지를 보여 주는 지표였다. 몇몇 사람들은 사립학교재단의 첫 등장은 주로 애국심의 발로였으며 국가를 계몽하겠다는 의지의 표현이었으나, 1950년 이후에는 학교재단이 점점

22) Carter Eckert, Offspring of Empire (Seattle: University of Washington Press, 1991), 336.

23) 경희이십년편찬위원회(1969). 경희이십년, 서울: 경희대학교출판사.

24) 동아대학교(1976). 동아학교삼십년사, 1948~1978, 부산: 동아대학교출판사.

25) 한양학원편찬위원회(1989). 한약학원오십년사, 서울: 한양대학교출판사; 이광호(1991). 한국교육체제 재편의 구조적 특성에 대한 연구: 1945~1955년을 중심으로, 연세대학교 박사학위논문.

더 사업적인 측면으로 흘러가게 되었다고 주장하였다.[26] 신익희나 장현, 유석창, 이규현 등 1950년대 이전의 많은 설립자는 정치인으로 혹은 교육가로 혹은 이 둘을 모두 대표하는 지도자였다. 이후에 등장한 설립자들의 배경은 앞선 이들보다 덜 뛰어났지만, 그렇다고 이들의 학교 설립 동기가 보다 금전적인 것이었다고 단정 짓기는 어렵다. 그러나 교육이 점차 사업의 일환으로 변해 가고 있다는 생각을 보여 주는 이유들이 있기는 하다.

토지개혁의 조건으로 혹은 개혁에 따라 땅을 팔아서 거대한 보상을 받게 된 지주들은 이 돈을 투자할 곳을 물색했다. 학교재단은 비영리 기관으로 세금이 면제되는 투자대상으로 여겨졌다. 적어도 이들은 작은 사업이라도 해 본 사람들로 소요가 심한 시기 경기가 좋지 않은 상황에서 상업 혹은 산업체를 꾸리는 것이 적절하지 않다고 보았다. 이에 반해 학교는 안전한 투자처이자 학문세계를 후원하는 전통에 따라 사회적 지위를 유지할 수 있는 수단이었다. 한국인들은 자기 자식들을 교육하는 데 엄청난 희생을 치를 각오를 하고 있었기 때문에 많은 돈이 학교로 흘러 들어왔다. 심지어 경제적인 상황이 좋지 않을 때도 말이다. 거기다 학교재단을 설립하는 초기에는 그다지 돈이 많이 들어가지도 않았다. 기껏해야 건물을 세울 땅과 아주 기본적인 건물 도면 한두 개가 필요한 전부였다.[27] 연대기적 순서를 따져 보면 토지개혁과 학교재단 설립 사이의 관계가 아주 잘 들어맞는다는 것을 볼 수 있다. 1948년 많은 유지들이 급진적인 토지개혁이 실시되기 전에 토지를 매각했다. 1949년이 되면 토지 매각이 줄어드는 경향이 나타나지만, 1951~1953년에 걸쳐 토지개혁이 시행되는 시기에 새로운 학교재단들이 붐처럼 설립되었다. 이 둘 사이의 관련성에 대해서는 부산, 경상도, 경기도 지역의 22개 학교재단에

26) 이러한 의견은 언론에 의해 표출되었으며 또한, 대부분의 한국인들은 교육에 매우 열정적이었다.

27) 재단에 투자된 추정금액의 양은 상당히 많았으며, 정확한 수치를 확인할 수 있는 어떠한 연구도 보이지 않는다.

대한 학술연구(이광호)에서도 살펴볼 수 있다. 이광호의 연구에 따르면, 설립자들은 공통적으로 많은 토지를 소유한 부유층이라는 배경을 공유하고 있었다.[28]

종교단체 또한, 학교교육의 팽창에 있어서 중요한 역할을 담당했다. 불교도들은 아주 작았던 혜화대학을 1953년 동국대학교로 확대·설립했고, 원불교는 같은 해 원광대학을 설립했다. 가톨릭교는 1947년 성신대학을, 제칠일안식교는 삼육신학대학을 1954년에 설립했다. 대한기독교회는 교육사업에 상당히 적극적으로 임했는데, 서울의 연희전문학교와 세브란스의전 등 유명한 두 학교를 세웠으며 이후 이 둘을 통합해 명문학교인 연세대학교를 만들게 되었다.[29] 그러나 사립학교 재단의 대부분은 특정 종교에 속해 있지 않았다. 1952~1956년 사이에 중앙정부에서는 각 시도별로 국립대학교를 세우는 등 고등교육의 성장에 기여하기는 했지만, 새로 생긴 대부분의 고등교육 기관은 사립학교재단에 의한 것으로 단지 1950년대뿐만 아니라 이후로도 이러한 경향성이 유지되었다. 실제, 새로운 학교재단의 물결은 국가가 대학설립을 자유화하게 하는 1980년대 말에서 1990년대에 다시 한번 등장하였다.

1961년 이전 학교재단의 설립에 대해 정부가 취하는 정책은 철저히 '무간섭주의'였다.[30] 분명히 미군정도 이와 같은 입장을 취했었다. 1945~1947 사이 미군정 교육자문관이었던 유억겸은, "정부에서 해 줄 수 없는데, 사람들이 깨끗한 돈으로 고등교육기관을 세우는 데 투자한다고 하면, 이를 어떻게 거부할 수 있겠는가? 일단 대학이 세워지고 나면, 설립한 사람들은 사회와 대학의 발전을 위해 양심의 노력을 기울일 것이다."[31] 그러나 이승만정부가 수립

28) 이광호, 124. 설립자들은 개신교 사제, 대학교수, 법률가, 관료, 사업가, 언론인, 그리고 한의사도 있었다. 이러한 직업을 가진 사람들은 지주였을 가능성이 높다.

29) Kim Jongchol, Education and Development, 184-186.

30) Ibid., 148-149.

31) Ibid., 181에서 재인용.

되고 난 직후 관료들은 만연한 사학을 비판하기 시작했다. 이러한 관료들의 비판은, 사학이 교육의 상업화와 효과적인 질 관리가 안 되어 있다며 비판하는 많은 교육전문가와 신문 편집자들로부터 이어진 것이었다. 어떤 이들은 사립학교에 대한 촘촘한 통제가 「교육법」에 포함되어야 한다고 보았는가 하면 또 어떤 이들은 사립 학교재단에 대해 문교부가 더 신중하게 규제할 필요가 있다고 주장했다.[32] "교육이 돈을 좀 더 벌어들이도록 하는 시장이 되어버렸다. 사립학교는 교육에 대한 욕망을 이용하고 있다." 이는 1953년 『동아일보』에서 낸 사설의 내용이다. 사설에서는 학교에는 가장 기본적인 시설조차도 없는 상황에서 문교부 공무원들이 학교를 인가해 주는 대가로 뇌물을 받는다며 비난하고 있다.[33] 학교재단 또한 교육에 자신들의 돈을 거의 사용하지 않는다고 비난받았다. 교사의 수는 부족했고, 그나마 있는 교사들도 제 기준을 충족하지 못하는 사람들이었다. 학교 건물은 기준에 못 미쳤다. 그러나 『동아일보』에 따르면, 이 문제를 해결하는 방법은 새로운 사립학교의 한계를 지적하는 것보다 정부의 규제를 보다 신중하게 하는 것, 그리고 공·사립학교 모두 공적 자금을 좀 더 지원해 주는 것으로 보았다.[34]

그런데 공무원들에게 더 큰 문제는 경제적 상황에서 요구되는 것보다 더 많이 배출되는 중등학교 및 대학 졸업생들이었다. 뿐만 아니라 검증되지 않은 팽창이 불러온 교육의 균질성, 즉 교사와 교육과정에 대한 중앙통제가 상실되었다는 점이었다. 특히 사립대학들의 팽창 속도는 매우 빨라서, 그 수준이 낮아졌다고 여겨졌다. 1950년대 중반에 이르러 거의 모든 대학이 일반대학교로 전환되게 되는데, 비명문학교의 경우 입학기준은 대부분의 고교 졸업생들이 들어갈 수 있을 정도로 내려가 있었다. 1955년까지 몇몇 학교들은

32) 국회사무처, 국회속기록, 1949년 11월, 1163.

33) 동아일보, 1953년 10월 8일.

34) 동아일보, 1954년 4월 9일.

학생이 부족하다고 보고하고 있는데, 이는 당시 대학에 들어가려는 학생 수가 폭증했고 군입대 연기를 위해서 그리고 중등학교 졸업생을 받아 주지 않는 직장 진입을 유예하기 위해 대학 입학생 수가 엄청 늘어났기 때문이었다. 그러나 학생 수의 부족은 고등학교 혹은 중학교에는 해당되지 않는 이야기였다. 만성적인 정원부족 문제가 1950년대에 걸쳐 지속해서 나타났기 때문이었다. 따라서 중등학교에 입학하는 것보다 대학에 입학하는 것이 더 쉬운 상황이었다. 물론 명문대학, 특히 서울대, 연세대, 고려대, 이화여대에 입학하기 위한 경쟁은 여전히 치열했지만 말이다.[35] 실제, 1950년대 말까지 동년배 중 대학에 입학하는 학생들의 비중은 영국과 같은 몇몇 선진국의 수준과 맞먹는 것이었다. 이는 고등교육에 대해 사회적인 요구가 어떠했는지를 보여 주는 증거라고 할 수 있다. 국가는 이러한 상황에 대하여 1957년부터 새로운 학교재단 설립을 어렵게 만들었다.

박정희정권에서의 교육재정

복잡하고 충분하지 못한 국가교육재정은 30여 년에 걸친 군사정부 기간 동안 큰 변화 없이 계속되었다. 박정희정부는 이 문제에 대해 여러 번 '해결'을 외치긴 했으나, 그들에게 학교교육의 재정적 개혁은 그다지 중요한 문제가 아니었다. 1965년 담화문에서 박정희 대통령은 "학부모와 학생들의 학교 비용을 줄여 주겠다."고 맹세했지만, 이후 아무런 방안도 세우지 않았다.[36] 박정희정부는 종종 가족들이 짊어지고 있는 불공정한 부담을 비난하고는 국가로부터 더 많은 재정지원이 이루어질 수 있도록 하겠다고 선언했다. 그러

35) 이광호, 70.

36) Korea Times, 7 January 1965에서 재인용.

나 박정희정권은 교육재정시스템을 일부 수정하기는 했지만, 기본적으로 국가지원 부족사태는 이어졌고, 결과적으로 대부분의 학교비용을 가정에 부담하게 하는 시스템에 의존했다. 박정희의 개발정책에 따른 경제부흥의 여파로 가계수입이 높아졌다. 그러나 교육비 또한 적어도 그 속도만큼 높아져, 한국인 가정의 교육에 대한 비용부담은 대체로 바뀐 것이 없었다.

실제로 정부 예산에서 교육이 차지하는 비중은 개발도상국의 일반적 기준에 비해 그다지 높은 편이 아니었다. 1965~1966년도의 정부 예산에서 교육예산의 비율은 평균 17% 정도를 차지하고 있었다. 이는 군부가 장악하기 바로 전 2년간인 1959~1960년 기간의 평균 교육 예산이 15.1%였던 것과 비교해 약간 높은 정도였다.[37] 교육 관료들과 언론은 교육에 대한 예산배정이 줄어들어 간다며 불만을 표출했다. 예를 들어, 제2차 경제개발5개년계획에는 1971년 말까지 34,556개의 교실을 짓겠다는 야심 찬 내용이 포함되어 있으며, 따라서 2부제 학교운영시스템을 마무리 짓고 증가하는 학생인구를 수용할 수 있도록 하겠다고 했다. 국회는 이런 계획에 대해 애초 승인했음에도 불구하고 예산을 대폭 삭감했다. 평소 학급증설 및 교사훈련에 그다지 정책 우선순위를 두지 않으려는 경제기획원은 교육 프로젝트를 위한 차관도입 및 무상원조를 승인하지 않았다. 따라서 애초 책정되었던 교육 예산 중 단 13%에 해당하는 46억 원만이 쓰일 수 있었다.[38] 1975년이 되면 다시 1981년에 9년 의무교육제도를 시작할 수 있도록 계획을 내놓게 되는데, 이 계획은 정부가 교육에 엄청나게 큰 규모의 예산을 지원할 것을 요구하고 있다. 이러한 계획들은 교육의 질을 높여야 한다는 점에서 필요하다고 인정되었고, 또 당시 두 자릿수 경제성장에 비추어 나름 타당하게 여겨졌다.[39] 그러나 이후에도 교

37) 문교부, 교육통계연보 1975.

38) Korea Times, 13 and 15 January 1967.

39) Ibid., 20 December 1975.

육에 대한 정부의 예산 지원이 뚜렷하게 증가하지는 않았다. 정부가 교육 예산으로 책정하는 비중은 1960~1970년대를 가로질러 대략 15~17% 정도에 머물러 있었다.

국가 차원에서 교육 예산의 비중이 그다지 높지 않았던 데에는 몇 가지 이유가 있다. 경제정책담당자들은 이미 팽창할 대로 팽창한 교육에 대해 우선적인 공공투자 영역으로 여기지 않았다. 교육에 투입된 돈은 고속도로라든지, 공공건물, 댐 건설과 같이 눈길을 잡아끄는 프로젝트로 정치적 이익에 도움을 주는 것이 아니었다. 대체로 박정희정권은 국민이 자녀들을 교육하는 데 계속 희생할 것이고 따라서 이에 소요되는 교육비용을 당연하게 받아들일 것이라는 점을 알고 있었다. 이 돈은 국가가 아닌 다른 곳에서 나오게 될 것이라는 점도 말이다. 교사 및 언론은 교육 예산 비중이 너무 작다는 점에 대해 불만을 터뜨렸음에도 국가는 이를 증대하는 데 아무런 조치를 취하지 않았다.

초등학교는 중등교육과 달리 수업료가 없는 무상교육이 실시되고 있었다. 그러나 거의 모든 초등학교가 육성회비를 걷었다. 1967년 '학부모들의 과중한 비용부담을 줄여 주기 위해' 육성회비를 절반으로 낮추기는 했지만, 서울시교육위원회는 모든 공립초등학교에 부족한 재원을 충당할 수 있도록 학부모자원단체를 조직하라고 지시했다.[40] 이론적으로는 자발적인 납부였기 때문에 가난한 가정에 과도한 비용을 물리지는 않았다. 그러나 부유한 가정이 더 내는 것을 막지는 않았고 따라서 이 비용은 부잣집 아이에 대한 특별대우를 조장하고 기회의 형평성을 무너뜨릴 위험을 가져왔다. 더욱이 자발적인 비용을 내라는 압력은, 곧 모든 가정이 다 내야 한다는 것을 의미했다. 학교는 지속해서 온갖 종류의 부대비용을 전부 학부모들에게 부담케 했는데, 시험지 비용에서부터 특별 학습지 비용까지 포함되었다. 이런 부대비용을 걷

40) Ibid., 11 July 1967.

지 말라는 문교부의 지시는 대체로 무시되었다. 특별비용을 금지하라는 지시를 개별 학교가 잘 지키고 있는지를 파악하기 위해 장학사 파견 감독이 이루어졌음에도 불구하고 말이다.

1961년 사친회의 폐지로 말미암아 전국적으로 교육 예산에 영향을 줄 수 있는 변화가 발생했다. 정부 정책담당자들은 사친회 폐지를 주요한 교육개혁으로 삼으려 했다. 사친회가 소위 교육계 부정부패의 온상으로 지적되어 왔기 때문이었다. 그런데 정부가 교육재정에 투입할 예산 증가를 거부하면서 1963년도에 사친회의 부활이 논의되었다.[41] 문교부는 1966년 발표문을 통해 학교지원단체가 일부 재정적으로 학교를 지원하는 것에 대해 용인하겠다고 했다. 『한국일보』 사설에 따르면, 임시방편으로 내놓은 방안이 평생 가게 생겼다며, "분명한 것은 정부가 초등학교에 대한 예산을 과감하게 높여야 한다."고 주장했다.[42] 한편, 국회의 국정조사에 따르면 학교가 학부모 부담으로 넘기는 부대비용은 일 년에 90억 원(1969년 기준으로 1,800만 달러)으로 추산되었다. 그러나 이 수치는 지나치게 낮게 잡았다고 보아야 할 것이다. 문교부는 1969년 각 시 · 도교육위원회에게 사친회를 다시 복원할 수 있도록 하는 권한을 부여했다. 만약 사친회가 다시 복원된다면 대략 40개의 학교부대비용이 없어질 것으로 보았기 때문이었다. 언론은 즉각 정부의 이러한 일시적인 대책을 환영했다. 그러나 동시에 언론은 끊임없이 영향력을 행사하려고 하는 어머니들로 인해 이 단체가 부패에 빠지지 않게 해야 한다는 점을 강조했다.[43] 지금 육성회라고 불리는 PTA가 1970년 다시 복원되었다.[44] 육성회는 육성회비가 혹 부당하게 집행되거나 교육의 부패를 가져오는 것은 아

41) Ibid., 22 and 26 October and 25 December 1963.

42) 한국일보, 1966년 10월 26일.

43) 동아일보, 1969년 8월 6일; 조선일보, 1969년 8월 8일; 한국일보, 1969년 8월 8일.

44) 육성회라는 용어는 '교육지원단체, educational support association'로 번역될 수 있다. 그러나 보통 PTA로 번역된다.

닌지 감독할 수 있도록 시 · 도교육위원회의 감시 아래 각 학교별로 학교운영을 위한 협회를 두도록 했다.[45] 교사들이 직접 나서서 육성회비를 걷지 못하게 하는 규제방안이 만들어졌다. 그러나 언제나 그랬던 것처럼 이 규제는 제대로 집행되지 않았다. 정부는 적절한 수준의 재정지원을 하려 하지 않으면서도, 국가차원에서 취할 수 있는 최선의 방법은 육성회로 통합하여 비용을 모으도록 하고 이를 관리하는 데 노력하는 것이었다. 실질적으로 국가가 나서서 뭔가 할 수 있는 여지는 거의 없었다. 왜냐하면 육성회비 모금을 관리 · 감독할 수 있는 총괄 기구란 것이 없었기 때문이었다.

부활한 육성회는 애초 예상했던 수준만큼 육성회비가 걷히지 않게 되자 절망하지 않을 수 없었다. 공식 집계에 따르면, 육성회비는 전체 교육비의 15% 정도를 차지하는 것으로 조사되었지만, 이는 충분하지는 않았다.[46] 문교부에서 책정한 비용은 너무 적었는데, 1975년을 기준으로 할 때, 초등학교 학생 1인당 교육비는 2달러, 중등학교 학생 1인당 교육비는 3달러 정도를 차지했다.[47] 육성회가 부활하고 5년이 지나 실시된 한 조사연구에 따르면, 거의 사라졌을 것으로 보았던 대부분의 부대비용이 여전히 남아서 모금되고 있었다. 학생들은 그때까지 화장지, 참고서비, 문방구비, 교복비, 기타 물품비를 내고 있었다.[48]

육성회가 다시 부활했다고 해서 수업료가 낮아진다거나 기타 잡비가 없어졌다거나 혹은 개인과외 및 학원 등 사교육비가 줄어들지 않았기 때문에 육성회비는 학부모가 부담해야 할 또 하나의 잡비가 되어 버렸다. 그러나 육성회는 이전 학부모단체가 그러했던 것처럼 학부모의 학교에 대한 영향력 행사를 매개하는 중요한 도구가 되었다. 대구의 한 연구자에 따르면, 많은 대구의

45) Republic of Korea, MOE, Education in Korea 1972, 28; Korea Times, 17 January 1970.
46) McGinn et al., 71.
47) Korea Times, 23 March 1975.
48) Ibid., 4 March 1975.

학부모들이 육성회 부활을 환영했는데, 육성회가 학부모–교사 관계를 계약으로 묶어 주는 것이라 여겼기 때문이었다.[49] 대략 도시 거주 학생들의 20%, 지방에 거주하는 학생들의 30% 정도가 가난하다는 이유로 육성회비 면제 혜택을 받았다. 몇몇 교사들은 이러한 조치 때문에 가난한 가정의 학생들이 열등감을 갖거나 부유한 가정의 학생들이 괜한 우월감에 사로잡히지 않을까 걱정했다. 박대통령은 비공식적인 학교비용을 반대하는 8개조 시행령을 통해 가정의 경제적 여건에 관계없이 모든 학생이 공정하게 교육적인 대우를 받을 수 있도록 하는 강력한 방안을 발표했다. 그러나 박정희정부는 육성회가 등장하도록 한 학교운영비의 부목을 채울 수 있는 교육 예산 확보에는 전혀 신경쓰지 않았다.[50]

육성회가 부활하기 바로 전인 1969년 중앙교육연구소는 연구보고서를 통해 초등학교에서 고등학교에 이르는 총 교육비가 지방 학생의 경우 93,000원, 서울과 부산을 제외한 도시 학생의 경우에는 135,000원, 서울과 부산의 경우에는 263,000원이 된다고 발표했다. 이 금액은 당시 한 가정의 수입에서 1/5에 해당하는 금액이었다.[51] 한국교육은 말 그대로 비용이 많이 드는 시스템이었다. 그렇다고 이 금액이 현실을 잘 반영한 것인가 하면 그렇지도 않았다. 왜냐하면 비용의 대부분은 방과후 보충수업과 개인과외 비용이었는데, 조사연구를 시행한 연구소는 이것을 포함시키지 않았기 때문이었다. 교사에게 주는 선물비용이나 교사들의 가정방문 시 직접 전달하는 촌지도 포함되어야 했다. 법적으로야 후자의 사례들은 엄격히 금지되는 것이었지만, 1977년 문교부가 나서서 교사들의 학생 가정방문을 금지하는 경고를 내릴 만큼 널리 널리 퍼진 관행이었다.[52] 전반적으로 교육은 먹는 것을 제외하고는 한국인 가정에

49) Si-joung Yu, 433.

50) Korea Times, 7 February 1970.

51) Ibid., 13 July 1969.

52) Ibid., 14 May 1977.

서 가장 비중 높게 지출하는 항목이었다. 한 통계자료에 따르면 교육비에 들어가는 돈이 전체 가계수입에서 30%를 차지한다고 밝히기도 했다.[53]

1980년 이후 전두환정권은 교육비에 대한 부담을 각 가정에서 국가로 옮기겠다고 약속했다. 그러나 이후 일련의 개혁과정에서 교육재정 구조의 실질적 변화는 거의 이루어지지 않았다. 재경부는 1981년 교육세라는 특별세 항목을 발표하였다. 문교부장관은 교육세가 '학교교육을 정상화'시킬 것이라고 단언했으며, 이와 동시에 정부는 '과열된 과외교습'을 일소하겠다고 했다.[54] 교육세는 1982년부터 5년간 적용될 예정이었으며 정부는 이 세금이 한시적인 조치라고 설명했다. 그러나 5년이 지난 1987년 교육세 징수는 다시 5년이 더 연장되었으며, 그러고는 바로 영구세목으로 결정되었다. 담배세 및 주류세, 부동산 특별세 등이 포함된 이 신설 세금 항목은 적절치 못하다고 인정되었으며, 실제로 정부가 부담하는 부분은 예상보다 적었다. 이러한 결과가 빚어진 데는 부분적으로 좋지 않은 시기 탓이었다. 국가의 교육 예산 비중 증가는 좀 더 안정적인 국가재정을 바라는 정부 각 부처 간의 갈등에 직면할 수밖에 없었다. 만연해 있던 인플레이션 문제를 바로잡기 위해 정부는 1980년대 초반 공공지출을 급격하게 줄였으며 금리 인상을 조절했다. 이러한 조치는 성공적인 것으로 보인다. 1960~1970년대 두 자릿수였던 인플레이션이 연 5% 대로 떨어졌기 때문이었다. 재정 적자 폭도 급격하게 줄어들었으며 해외 채무 상황도 개선되었다. 결과적으로 1981년에서 1987년까지 낮은 인플레이션 상태에서 평균 9%에 이르는 경제성장이 이루어지게 되었다. 실질임금이

53) Bae Chong-keun, "Education Top Reason behind Rapid Growth: Schooling for Economic Takeoff," Koreana 5, 2 (July 1991): 58. 유네스코의 1963년 측정 결과에 따르면 학교에 다니는 두 아이를 둔 한 가정의 평균 교육비용은 학교 단계에 따라 가계수입의 5~30%였다. UNESCO, Long-Term Projections for Education in the Republic of Korea (Bangkok: UNESCO Regional Office for Education in Asia, 1965).

54) 대한교육연합회, 한국교육연감 1981~1982, 38.

증가하면서 결과적으로 정부는 민간에서 교육비용을 좀 더 지출하기를 원하게 되었다.

과외열풍과 교육비의 증가

1975년 대부분의 한국인 가계 수입이 급격히 높아지면서 교육비 지출 또한 높아졌다. 주택, 의복, 먹거리 등 기본 필수항목에 소비되는 가계 지출의 비중이 특별히 1980년대 중반 줄어든 것이다. 그러나 대부분의 한국 가정에서 교육비 지출은 다른 생활비 지출에 비하여 더 빠르게 높아졌다. 교육비용이 증가하도록 만든 가장 큰 이유라면 과외라고 알려진 개인지도와 과외교습이었다. 과외는 한국인 가정에서 엄청난 부담을 지우는 것뿐만 아니라, 교육접근의 형평성 정책을 훼손하면서 사회 각 영역의 가계 수입 차이를 두드러지게 만들었다. 게다가 과외비 지출은 경제기획관 입장에서는 저축이나 자본투자가 되어야 할 여유 재원이 새어 나가는 것을 의미했다.

전두환정부는 점점 증가하는 과외 문제를 해결하기 위해 1980년 모든 개인과외를 금지했다. 개인지도가 허용되는 몇 가지 경우가 있기는 했다. 특별하계수업은 허용되었는데, 사실 거의 의무적으로 수업에 참여해야 했었다. 고3 학생들에게 특별수업이 이루어지는 것 또한 허용되었다. 1980년대 개인과외에 지출되는 비용을 추산하는 일은 매우 어려운데, 과외는 거의 보이지 않는 곳에서 이루어졌기 때문이다. 거의 모든 보고서가 과외금지 조치 이후 첫 2년 동안 과외비 지출 규모가 대략 1/4 정도 줄어들었다고 언급하고 있다.[55] 그러나 정말 많은 돈이 여전히 과외에 쏟아부어지고 있었다. 게다가 개인과외가 대학생들을 경제적으로 가장 큰 비중으로 지원해 주고 있고 많은

55) 한국교육재정경제학회(1997), 과외와 사교육비, 서울: 한국교육재정경제학회, p. 8.

교사의 주 수입원이라는 것은 공공연한 비밀이었다. 심지어 대학생 중 과외교사를 직업으로 선택하는 사람들도 있었다. 과외금지 조치가 숲의 가장자리를 건드리는 것 정도였기 때문에, 시간이 지나면서 그 효과는 점점 낮아졌다. 비밀 교습과 함께 학교의 보충수업비도 점차 늘어났다.

학부모들은 과외금지 규제를 피하기 위해 온갖 노력을 기울였다. 대학생 과외 선생들은 의심을 피하려고 학생의 아파트에 들어설 때 고교생 교복을 입기도 했다. 어떤 가정에서는 같은 아파트 주민들의 의심을 사지 않기 위해 별도의 공간을 빌려 한 가정 혹은 여러 가정의 아이들이 공부할 수 있도록 했다. 휴양소, 호텔, 혹은 콘도미니엄 등이 주로 비밀스런 과외수업 장소로 활용되었다. 부자들은 과외를 위해 자녀들을 해외로 보내기도 했다. 심지어 과격한 학생운동을 하는 학생들도 불법적 과외를 통해 돈을 벌었다. 학부모들에게는 과외를 하는 학생들이 일류대학생이라는 이들의 정치적 입장보다 더 중요했다.[56]

1989년 여름, 정부는 과외금지 조치를 해제했다. 이러한 조치를 취한 데 대해 정부는 과외금지 조치가 '학생들의 배울 권리를 제한하고 있고' 대학생들이 돈을 벌 수 있도록 해야 한다는 설명으로 정당화했다. 그러나 많은 공무원이 사견임을 전제로 과외금지 조치가 별 효과 없다는 것을 인정하고 있었다. 과외는 이제 마음 놓고 번성하게 되었다. 실제 과외는 더욱 확장되었다. 최고의 일류대학 출신 학생들은 과외를 통해 같은 대학교수들보다 더 많은 수입을 올리기도 했다. 대학 졸업생들은 과외라는 것이 공무원 혹은 회사원으로 일해 받는 월급에 비해 훨씬 수지맞는 것이라 여겨 이를 직업으로 삼아 계속하기도 했다. 1990년대 초반까지 과외와 방과후 수업이 한국에서 가장 빠르게 번성했던 산업이라고 주장하는 사람도 있었다.

이런 와중에 과외 합법화 조치가 부자와 가난한 학생들 사이에 학력 격차

56) Korea Times, 2 March 1988.

를 더욱 크게 할 것이라는 우려가 증가했다. 따라서 많은 교육부 관료들은 입주과외를 금지하고 한 집에서 지불하는 과외비의 상한선을 제한하는 등의 규제를 내놓았다. 그러나 이런 모든 제안은 말할 필요도 없이 실효성이 없었다.[57] 대학생에 의한 과외를 개인적으로 받는 것이 금지되었었지만, 1991년이 되면 정부에서 허가한 학원에서 개인 수업을 받는 것은 허용되었다. 사견임을 전제로 많은 공무원이, 과외를 통제해 보려 했던 모든 시도가 실패했으며 대학입시를 둘러싼 경쟁이 치열한 상황에서는 어떤 개혁도 성공하지 못할 것으로 인정했다.

1990년대에도 최고 일류대학에 입학하기 위한 병적인 경쟁은 줄어들지 않았고 국가적으로 더 풍요로워진 탓에, 방과후 수업에 대한 국민적 요구와 비용은 증가하기만 했다. 1995년 초 한국교육개발원 보고서에 따르면, 한국의 가정에서 지출하는 수업료, 필수비용, 보충수업비 및 학내 활동비, 교통비, 교과서 등에 소요되는 직접 교육비가 연간 17조 원(당시 환율로 따지자면 210억 달러)이었다. 이와 대조적으로, 1994년 정부에서 지출하는 교육비는 16.7조 원이었다. 즉, 국민이 전체 직접 교육비의 51%를 담당하고 있었다. 게다가 과외에 지출되는 간접 교육비가 대략 6조 원 정도로 추산되었다. 한국교육개발원 연구에 따르면, 과외비를 포함할 경우 학부모와 학생들은 전체 교육비의 69%를 부담하고 있는 셈이었다.[58] 국가가 교육비로 부담하는 지출은 경제규모의 4% 정도로 당시 대부분의 선진국에 비해 다소 낮은 수준이었다. 그러나 전체 교육비용을 포함해서 계산한다면, 한국인들은 경제규모의 12% 이상을 교육비에 쏟아 넣고 있었다. 이는 대부분의 산업 선진국들보다 훨씬 높은 수준의 교육비 비중이라고 할 수 있다.

실제 교육비는 이 수치들이 나타내는 것보다 훨씬 많았다. 우선 과외비용

57) Ibid., 24 and 25 February 1988.

58) Korea Newsreview, 4 February 1995, 12; Korea Herald, 24 January 1995.

은 추산하기 상당히 어려운데, 이 비용은 공식적인 경제수치에 잡히지 않기 때문이다. 1990년대 중반 실시된 몇몇 설문조사에 따르면 방과후 수업에 얼마 정도를 지출하고 있는가를 묻는 답변이 상당히 큰 차이를 보이며 다양하게 나타나는 것을 볼 수 있다. 1993년 중반에 고등학생의 과외비용을 다룬 한 조사에 따르면, 한 달에 한 가정에서 과외비용으로 580,000원(당시 환율 465달러)을 지출하고 있었다.[59] 몇몇 관료들은 이 수치의 정확성에 대해 의심하기는 했지만, 적어도 과외에 어마어마한 돈이 지출되고 있다는 사실은 분명했다. 게다가 1990년대에 입시준비를 위한 학원들이 거대한 산업으로 성장해 갔다. '과외열풍'은 수익을 보장하는 사업기회를 제공했는데, 유명 학원 강사의 강의를 수강할 경우 한 달에 무려 150만 원(2,100달러)을 수강료로 책정하기도 했다. 물론 평균적인 수강료는 이보다 훨씬 낮았지만 말이다. 당시 대학생의 4분의 3이 과외교사를 했으며, 1995년 이들의 한 달 평균 수입은 30만 원에서 40만 원 사이였는데, 생활비로 부족하지 않은 수준의 금액이었다. 더 부유한 가정은 자녀를 해외로 보내기 시작했는데, 1988년 올림픽 이후 해외여행에 대한 규제가 완화되었기 때문이었다. 많은 가정에서 미국 고등학교에 자녀들을 보내 교육받도록 했고 자녀들의 미국 생활을 위해 매달 2,000~3,000달러를 송금했다. 1995년까지 이러한 경향은 점차 두드러지게 나타났는데, 이때 이러한 외화유출로 인해 국내 산업이 영향을 받는다고 하면서 정부의 규제방안이 나오게 되었다. 그렇지만 이러한 정부의 규제에도 불구하고 매 여름마다 수만 명의 10대 학생들이 해외에서 영어 연수를 받기 위해 나갔다.

드러나지 않은 교육비용 중 교사에게 관행적으로 주는 촌지가 있었다. 이런 촌지 관행에 대해 나름 신뢰할 만한 정보가 존재하는 것은 아니지만, 대략 학생 1인당 매년 100,000원(125달러) 정도가 된다고 추산하는 보고가 있

59) Korea Herald, 4 June 1993.

다.[60] 경찰 조사 과정에서 우연히 이런 촌지 관행 내용을 발견하게 되는데, 교사의 노트북에서 학부모로부터 받은 돈과 선물들을 작성한 표가 있었다. 이 경우를 통해 보자면 학부모들의 촌지 지출 비용은 예상보다 훨씬 컸을 것이라 짐작된다. 시민사회단체는 교사들의 촌지 관행을 비판했고, 정부는 이를 일소하겠다고 약속했다.[61] 그러나 정부의 이런 약속이 얼마나 허황된 것이었는지는 1999년 실시된 한 조사에 의해 드러나게 되는데, 대개의 학부모가 교사에게 촌지를 주고 있으며, 그 액수는 점차 증가하고 있었다.[62] 이러한 관행이 유발하는 온갖 공적 문제는, 날로 높아지는 사교육비에 비하면 '새 발의 피'와 같이 아주 작은 것이었다.

1990년대 교육비가 가장 급격하게 증가한 이유는 초등학생들의 방과후 수업 때문이었다. 1970년대 초반에 이르면 중학교 입학시험이 폐지되었는데, 1990년대 초등학생들의 부담이 새로운 형태로 다시 등장한 것이다. 많은 학부모가 이후의 성공적인 진학을 위한 열쇠로 어렸을 때의 역량을 키우는 것이 중요하다고 생각하게 되었고, 따라서 자녀들을 교과수업을 위한 학원에 보내게 되었다. 실제로 이러한 경향은 조기 선행교육과 사교육을 조장하게 했다. 1994년 실시된 조사에 따르면, 초등학생의 87%가 사교육을 받는 것으로 나타났다. 같은 내용으로 실시한 다른 조사는 90%로 추산하기도 했다.[63] 이러한 과외 활동에는 태권도라던가 체육활동 같은 것이 포함되기는 하지만, 학부모들은 점차 학교 교과학습, 특히 영어를 위한 학원 교습에 돈을 쓰고 있었다. 영어 조기 교육이 이후 상당한 성적 향상으로 이어진다고 생각했기 때문이었다. 영어는 늘 학부모들의 걱정거리였는데, 중 · 고등학교에서 주요한 교과였기 때문이다. 더욱이 영어는 대학입시와 선망하는 대기업의 입사시험

60) 1997년 7월, 서울에서 김영철과의 인터뷰.

61) Korea Herald, 1 September 1998.

62) Korea Times, 2 April and 13 May 1999.

63) Korea Herald, 22 July 1994 and 3 May 1995.

과목이기도 했다. 1990년에는 초등학생 12명 중 1명만이 국어 과외를, 7명 중 1명꼴로 수학 과외를 받는 것으로 조사되었는데, 1997년이 되면, 방과후 학원에서 국어교습을 받는 초등학생은 4명 중 한 명이고 거의 절반에 이르는 초등학생들이 수학 교습을 받는 것으로 조사되었다. 가장 급격한 증가를 보인 교과는 영어였다. 1997년 조사에서는 거의 절반에 이르는 초등학생들이 사설 영어학원에 등록해 다니고 있었다. 1990년에는 겨우 4%만이 영어 교습을 받고 있었는데 말이다.[64] 아마도 유아교육이 학부모들이 최근에 관심을 기울이게 되는 상황은 피할 수 없었던 듯하다. 1990년대 말 사교육 시장에서 유아교육은 가장 빠르게 성장한 영역이 되었다.[65] 문교부의 1998년 자료에 따르면, 학생들이 대학 시험을 준비하는 데 지출하는 사교육 비용은 1994년에서 1997년 사이 무려 70%가 높아졌다.[66]

앞서 말한 바와 같이, 교육비가 생활비보다 증가 속도면에서 더 빨랐다는 것을 모든 지표에서 확인할 수 있다. 1999년 조사연구에 따르면, 교육비는 1988년에서 1998년 사이에 2.5배 뛰었는데, 이는 음식, 주택, 건강, 교통, 전기 · 상하수도, 혹은 주요 범주의 생활비를 능가하는 수준이었다.[67] 1997년 국가통계청 발간 보고서에 따르면, 도시 노동자들은 가계 수입 중 9.8%(1987년 기준에 따르면 이는 6.7%)를 교육에 지출하고 있었고, 농촌 지역의 가정은 이보다는 적었다. 1997년 기준으로 전체 한국 인구의 85%가 도시에 거주하고 있었다. 이러한 교육비 규모는 아마도 가까운 국가인 일본의 교육지출 규모와 비교할 때 이해될 수 있다. 일본도 한국과 마찬가지로 학업성취에 대한 과도한 집착 현상이 있는 국가로 학생들이 과외를 포함한 사교육에 의존하도록 하기 때문이다. 일본의 도시 거주자의 경우에는 평균적으로 가계 수입의

64) 한국교육재정경제학회, 7월 보고서, 8, 35.

65) Ibid., 34.

66) Korea Newsreview, 12 September 1998, 14.

67) Korea Times, 19 January 1999.

5.4%(1987년의 경우에는 4.7%)를 교육비로 지출하였다.[68] 일본 비평가들은 이러한 비중의 가계 지출을 사회와 경제의 큰 문제로 간주하였고 일본식 학원인 주쿠는 생활의 전 영역에 자리 잡고 있었다. 그러나 이로 인한 경제적 부담은 한국 상황을 고려해 본다면 그다지 높은 것은 아니었다.

교육에 소요되는 실제 비용 때문에 한국 가정은 부가적인 희생을 감내해야 했다. 그런데 이런 희생은 공적인 통계에 잡히지 않는 것이었다. 한 가지 예를 들어 보면, 일류 학군에 거주하려는 열망의 결과로 부동산 가격의 왜곡이 발생했다. 서울 강남의 압구정 지역은 아마도 가장 잘 알려진 사례가 아닌가 싶다. 이곳의 아파트는 삶의 질이나 혹은 쾌적한 거주 환경 등을 고려한 그 어떤 기준보다도 상회하는 수준으로 가격이 올랐다. 다른 경우를 보자. 한국에서 어머니는 전통적으로 자녀들의 교육을 관리 감독하는 책임을 지고 있었다. 이러한 어머니의 역할은 여성들의 직업 세계 진출을 억제하게 하는가 하면 남편들이 더 오래 일하도록 해 자녀 교육비를 감당하고 일하지 않는 아내들을 지원하도록 요구했다. 한국인들은 이런 부담을 대체로 받아들였다. 그러나 한 조사에 따르면, 많은 사람이 교육비가 '지나치게' 부담스럽다고 느끼고 있었다.[69]

정부 기획관들은 이처럼 높아지는 비용이 줄어들고, 사교육비로 지출되는 금액이 생산적인 교육투자(예를 들어, 학교 환경 개선 등) 및 경제발전을 위한 투자로 사용되는 것을 원했다. 학교교육을 둘러싼 경쟁으로 인해 중·고교 학생들이 국제수학·과학능력비교평가(TIMMS)에서 높은 성적을 받게 된 것은 분명한 사실이다. 그러나 다른 측면을 고려해 본다면, 지나친 경쟁은 아주 비효율적이었다. 예를 들어, 한국 학생들이 월등한 성적을 보여 주고 있는 수학과 과학은 입학시험에서 비교적 압박이 덜한 과목들이었다. 다른 한편으로는, 아마 영어만큼 과외 교습이 많이 이루어지는 과목도 없겠지만, 그 결과

68) Ibid., 6 August 1997.

69) Korea Newsreview, 31 August 1996, 10.

는 아주 미약한 수준에 머물러 있다. 영어나 다른 외국어에 대한 한국인들의 능력은 정부 및 산업계가 우려할 만한 수준이며 이들은 언어적 핸디캡으로 인해 한국의 국제 경쟁력이 손상되는 것 아닌가 하는 두려움을 갖고 있다. 그러나 '과외열풍'을 잠재우려는 그 어떤 노력도 성공하지 못했다.

1995년 대통령직속 교육개혁위원회는 국가주도의 새로운 입학시험 체제를 발표했다. 교육과정의 모든 과목들이 대체로 고루 반영될 수 있도록 한 것이었다. 이전 시기의 대학입시는 영어, 국어, 수학을 강조하였었다. 새로운 시험에는 화학, 생물, 지질, 물리, 지리, 정치, 경제, 국사 및 세계사, 윤리 등의 강좌들이 강조되었다. 그런데 원래 의도했던 결과와는 정반대의 상황이 전개되었다. 더 많은 교과목을 공부해야 할 필요가 생겼고, 학부모들은 더 많은 강좌를 아이들 학원에서 듣도록 해야 하는 것 아닌가 하는 의무감을 갖게 되었다. 이에 학원들은 시험대비 특별 과학 혹은 사회 수업을 개설했다.[70] 내신 성적에 좀 더 비중을 두도록 한 방향은 곧 내신의 중요성이 커졌다는 말이 되는데, 학생들은 정기적인 중간, 기말고사에서 좀 더 좋은 결과를 보여야 했다. 즉, 좋은 내신을 유지하기 위해 별도의 수업이 필요하게 되었다. 새로운 개혁에 따라 학교 학부모, 교사, 지역사회 지도자 등으로 구성되는 학교운영위원회를 두고 학교의 과외활동을 감독하도록 했다. 이 방안은 학교가 자체적으로 방과 후에 집중 교습 프로그램을 마련하도록 해서 학원 혹은 과외가 아닌 학교에 돈을 내게 하는 것이었다. 교육개혁안이 의도했던 바는, 이런 방과 후 강좌들이 건강문제를 강조하고, 스트레스가 적은 활동들로 이루어져 학생들이 시험대비 공부에 굳이 긴 시간 동안 허비하지 않도록 하려는 것이었다.[71] 심지어 이 개혁안에는 교육 관료들이 영어회화 수업을 개설하도록 한 내용에 대해 잘못이 있었음을 인정하였다. 사실 영어회화도 학생들이 시험을

70) Ibid., 17 June 1995, 5.

71) Ibid., 30 March 1996, 4.

준비하는 데 필요한 도움을 주는 영역이었다. 그러나 이 교육개혁안도 이전의 개혁안들보다 교육비 지출을 억제하는 데 더 성공했다고 보기 어려웠다.

김영삼정부(1993~1998)는 정부의 교육비 예산 규모를 대폭 높이겠다고 약속했다. 이에 국회는 1995년 24.5%의 예산 증액을 가결하였다. 일반적으로 급격한 물가 상승이 원인이기는 했지만, 증액된 예산은 지난 30여 년 동안의 정부 지출을 고려해 본다면 가장 높은 증가율을 보였다. 같은 해 정부는 1998년까지 경제규모 대비 교육비 비중을 지금 4%에서 5%로 높이겠다고 발표했다. 이는 당시 선진국들이 교육비에 투입하는 재원규모와 대략 비교할 만한 수준이었다. 증액된 예산은 주로 학교환경개선으로 사용될 것이었는데, 21세기를 앞두고 '세계적인 수준'의 학교교육을 제공하겠다는 취지였다.[72] 새로 확보된 예산의 일부는 교사 봉급을 인상하는 데 사용되었다. 또 다른 계획이 있었는데, 회사가 교육에 좀 더 많은 투자를 하게 하는 것이었다. 이러한 방향은 재벌 회사들이 중등학교와 대학을 소유하기 시작했고 해당 학교들의 환경을 개선하는 쪽으로 나타났다.[73] 그러나 1990년대 말 많은 대기업들이 자금난을 겪으면서 이들의 학교에 대한 기여가 교육 재정지원의 주요 원천이 될 수 있을지 알 수 없게 되었다.

김영삼의 뒤를 이어 1998년 대통령이 된 김대중 또한, 교육 예산을 증액하겠다고 약속했다. 이와 관련하여 경제규모 대비 6% 수준 확보라는 새 목표를 제시했다. 그러나 국가가 제시한 교육 예산은 경제규모 대비 4.3%에 그쳤다. 김대중정부 또한, 모든 형태의 개인과외를 금지하는 방안을 논의했지만, 과연 이러한 금지조치가 제대로 시행될 수 있을지에 대해 대중들은 회의적인 태도를 보였다.[74] 직접 과외금지를 추진하려 한 정부의 바람은 뜻하지 않은

72) Ibid., 10 June 1995, 5.

73) Ibid.

74) Korea Times, 13 June 2000; Korea Herald, 29 April and 3 May 2000.

곳에서 타격을 입었다. 2000년 4월 헌법재판소가 개인교습에 대한 모든 규제가 위헌이라고 판결한 것이다. 헌법재판소는 정부 규제가 개인의 자유와 교육권을 위반하는 것이라 보았다. 김대중정부는 방향을 선회하여 '고액' 과외를 하고 있는 사람들의 등록 및 세금 신고 방안을 검토하였다. 헌법재판소의 판결에도 불구하고 교육인적자원부장관은 위원회를 만들어서 과외를 억제할 방법을 찾고자 했다. 그러나 위원회가 발족한 지 얼마 되지 않아서 위원들이 줄줄이 사퇴하는 상황이 벌어지는데, 이들은 현 상황에서 교육개혁을 강하게 밀어붙이는 것이 필요하며 땜질식 해결책을 구상하는 방식은 안 된다고 보았기 때문이었다.[75] 정치인들이 나서서 가정의 교육비 지출을 줄이도록 하겠다는 약속을 했지만, 새로운 세기가 시작하는 시기까지 교육지출 비용이 원하는 방식대로 잡힐 것 같지는 않았다. 실제로 1997~1998년 경제위기 동안 잠시 교육비 지출의 급강하가 있기는 했지만, 1999년 이후 경제회복과 더불어 학교교육에 대한 지출은 실질적으로 대략 15% 정도 상승하였다.

75) Korea Times, 22 May 1999.

제7장

교육과 국가통제

한국의 교육은 경쟁적이고 비용이 많이 들었을 뿐만 아니라 고도로 정치적인 활동이었다. 교육제도는 근대 국가에서 없어서는 안 되는 부분이었으며 사람들의 정치적 행동에 영향을 주고 정치 체제를 유지토록 하는 역할을 담당하고 있다. 이승만, 박정희, 전두환 정부는 각각 국가 기구를 통제하고 한국이라는 국가를 사회 위에 두도록 권력을 확장시키기 위해 교육제도를 최대한 이용했다. 이를 위해 정부는 급속하게 증가하는 학생들을 이용했다. 학생들을 조직·동원하여 공공연하게 정부 정책을 지지하도록 가두행진을 하게 하거나 의견을 표명하도록 했다. 뿐만 아니라 정권에 충성심을 고양시킨다거나 정치적 정보들을 확산하도록 했다. 그렇다고 이러한 국가의 행위가 한국의 '교육열'을 새롭게 만들어 낸 것은 아니었다. 여기서 한 가지 분명한 것은 국가가 학교를 지배하고 단련하는 데 어느 정도 성공했다는 점인데, 이들은 각각 한국교육에 있어 압력솥과 같은 환경을 만들어 내게 했다. 더불어 군사훈련과 정치적 교조화는 학업에 정진하려는 학생 및 학부모들에게 조바심을 내도록 했다. 뿐만 아니라 무겁게 내리누르는 정치적 조작과 위선, 정부 선전에 분개하는 교사와 학생들은 국가에 반발하지 않을 수 없었다.

이승만정부의 학생동원과 군사교육

해방 직후의 특징이라 할 수 있는 사회 · 정치적 혼란으로 인해 한국정부가 내세웠던 교육 목표는 위기에 놓이게 되었다. 교육제도는 1948년 이후 정치적으로 불안정한 환경 속에서 형성되었다. 국가의 안보체제가 온통 신정부에 쏠려 있었기 때문이었다. 이러한 불안정의 주요인은 한국이라는 신생국가가 분단된 국가로 시작하게 된 결과였다. 시작부터 경쟁적인 두 정권으로 분단된 것은 두말할 필요 없이 비극적이고 절대 받아들일 수 없는 상황이었다. 한국은 통일된 국가로 1,300여 년 동안 동질성을 유지하며 살아온 국가였다. 따라서 분단된 상태는 아무런 지리적 특징이나 문화적 논리가 없는 임의로 설정된 경계에 따른 것이었다. 이에 따라 가족들도 떨어져 살아야 했고, 남쪽에 내려와 살고 있는 수십만 북쪽 실향민들은 통일을 염원하며 강력한 정치적 압력을 넣었다. 일반적으로 한국인들은 남쪽에 세워진 한국정부를 일종의 임시적 기구로 통일한국을 구성하기까지 기능하는 것으로 인식했었다. 그런데 한국은 북쪽의 정치적 기구와 경쟁을 하고 있었으며, 이는 국가발전이라는 일종의 대안적 방편을 만들어 주었다.

한국정부가 불안정했던 또 다른 이유는, 정치적 지도자들의 민족적 정당성이 매우 엷었다는 점이다. 이승만정부에서 활약했던 대부분의 관료뿐만 아니라 야당의 지도자들 또한 식민제국주의시대 일본에 협력했던 전력이 있었다. 일상생활을 영유하느라 일본 권력에 일종의 단순한 타협을 했다는 점에서 대개의 한국인과 관료 및 정치인들이 별반 다르지 않았다. 그럼에도 불구하고 국가가 일본에 협력했었고 일제 강점하에서 나름 잘나갔던 사람들에 의해 다스려지고 이끌려 간다는 사실은 국가의 정치적이고 도덕적인 권위를 갉아먹었다.

미군정하에서 좌파 지식인들을 향한 탄압이 있었기는 했지만, 남쪽에서는 그래도 공산주의와 북한에 호의적인 사람들이 있었다. 이승만정부 또한 국회 안과 밖 모두에서 정치적 중도 및 우파 반대자들로부터 곤욕을 치르고 있었다. 1948년 이러한 반대자들 중 다수는 정부형태가 내각책임제를 선호하고 있었다. 이에 반해 이승만과 휘하의 지도자들은 정부 수장에게 더 포괄적인 권한이 집중되는 대통령제를 선호했다. 국회에서는 정부에 비판적인 의원들이 이승만정부의 권력을 약화시킬 목적으로 1948년 9월 7일 반민족행위처벌법 제정의 길을 트고 일본에 협력했던 관료를 솎아 내기 위해 별도의 조사기구를 발족했다. 정부 관료 대다수가 이 범주에 속해 있었기 때문에, 이 법은 정부를 자극하는 공격일 수밖에 없었고, 국가 전 조직 및 경찰에 큰 위협이 되었다.

새로운 정부가 어느 정도로 불안정했는지는 대한민국이 공포된 이후 수주일 내에 알 수 있었다. 1948년 9월 13일, 미군은 한국인들에게 정부 이양을 마쳤고, 미국은 10월 13일 자국 군대의 철수를 시작했다. 일주일 후 새로 구성되어 여수항에 집결했던 한국군 부대들이 폭동을 일으켰다. 이들은 제주도에서 일어난 좌파의 폭동을 진압하라고 남해안의 여수항에 모이게 되었다. 거친 교전이 계속되고 며칠이 지나 반란은 진압되었다. 물론 몇몇 반란군들과 지지자들은 인근 산지에서 싸움을 이어 갔지만 말이다. 미군에서 한국군으로 국가의 안보 책임이 이전된 시기와 거의 맞물려 발생한 여수반란은 새로 들어선 정부의 자신감을 아주 강력하게 날려 버리는 사건이었다. 이에 새 정부는 국내의 치안문제 해결을 위해 아주 강력한 조치를 취하게 되었다.

국회가 1948년 10월 '여수 사건'에 대한 조사를 시작하고 이어 전국의 청년들에게 좌익 사상이 미친 영향에 관심이 쏠리게 되면서 교육은 국가 안보를 강화하는 데 중요한 역할을 담당하게 되었다. 이 사건에 대해 이범석 국무총리는 중학생들이 대체로 반란군을 지지·지원하는 상황이었고 많은 경우 중학교 교사들이 학생들을 이렇게 이끌었다고 했다. 국회연설에서 그는 학도호국단을 창설하여 모든 대한민국의 학생들을 에워싸고 '민족의식'을 전파해야 한다고 했다. 이 자리에서 그는 성인교육의 급속한 확대와 함께 성인교육을 일종의 애국적 조직과 훈련에 연계시켜야 한다고도 했다.[1] 민족주의 지도자로 퇴역군인이었던 이청천은 모든 학교급의 학생들에게 '이념 교육'이 실시되어야 한다고 하면서, 한국 학생들이 북한 정권의 간첩과 동조자들에 맞서 논리정연한 신념을 갖추도록 해야 한다고 역설했다.[2] 10월 27일, 「반란자처벌을위한특별법」이 국회에서 통과되고, 11월 20일, 좀 더 포괄적으로 이 문제를 다루는 「국가보안법」이 발효되었다. 이 두 법 모두 국가의 경찰력에 더 강력한 권한을 부여한 것으로 여수에서의 통제권을 회복하는 데 신뢰할 만한 도구로 작동했고 더불어 국가 안보를 위협하는 사람들을 잡아들이는 데 효과적이었다. 이어 엄청난 수의 한국인들이 이 조치에 따른 희생자가 되었다. 11월 첫 주 동안 700명이 넘는 사람들이 반란가담자로 체포되었다.[3] 미국 자료의 추산에 따르면 1949년 중반까지 한국 감옥에 수감된 정치범들이 30,000명을 넘는다.[4] 북한에서 침입한 간첩들과 반란자들의 모반에 대한 소문은 곧 한국 사회에서 끊이지 않게 되었다. 예를 들어, 1948년 12월, 서울 경찰청장 이름으로 다음과 같은 포스터들이 거리 곳곳에 나붙게 되었다. "북한 인민군들이 한국 침략을 시작했다. 시민소요를 일으키는 자들은 그 자리에서 사살될 것이다."[5] 이 시기 많은 수의 학생 및 교사가 체포되었고 교장들에게는 좌파

1) 국회사무처, 국회속기록, 1948년 10월 28일, 669.
2) 국회사무처, 국회속기록, 1948년 10월 29일, 689.
3) George McCune and Arthur L. Grey, Jr., Korea Today (Cambridge, Mass.: Harvard University Press, 1950), 243.
4) Cumings, Origins of the Korean War, 2:217.

교사를 색출해 내라는 압력이 가해졌다. 12월 초, 문교부장관 안호상은 모든 학교에 공문을 보내, 교사들의 모든 이력을 정리해 문교부에 보고하라고 지시했다. 교사들의 정치적 입장을 분명히 하도록 해서 "공산주의자이거나 좌파에 경도되었거나 혹은 자신의 신념을 분명히 밝히지 않는 교사들은 교육현장에서 그 어떤 자리도 얻지 못하도록 하겠다."고 공언한 것이다.[6] 각 학교에는 좌파 및 반정부 학생들을 신고하도록 학생위원회가 조직되었다. 1949년 1월 10일, '불온한 교사들'을 솎아 내기 위해 초 · 중등학교 교장들로 구성된 협회가 조직되었다. 불온교사숙청협회는 교사들의 '정화'를 위한 학교장들의 일들을 자문하기 위해 발족되었다.[7] 이 단체는 1949년 3월 15일까지 초 · 중등학교에서 1,641명의 교직원들이 숙청되었다고 보고했다. 그런데 이 숫자에는 세 개의 도, 즉 강원도, 충청북도, 제주도의 교사들은 제외되었는데, 이들 지역에서는 그때까지 죽고 죽이는 시민 소요가 계속되고 있었기 때문이었다.[8] 이 당시 문교부는 "우리 학교의 민주주의를 파괴하는 사람들을 문교부가 나서서 정화하겠다."며 단호히 경고하였다.[9] 몇 년 후, 문교부는 '민주의 민족을 위한 사상 정화'를 위한 '사상운동'을 1949년까지 진행했다고 자랑스럽게 발표하였다.[10]

해방 직후 일제 강점기의 마지막 7년을 특징짓는 교육의 군사화가 한반도의 긴장감 도는 정치적 분위기에 따라 다시 등장했다. 이 과정에서 등장한 가장 의미심장한 조직이라면 문교부와 안호상 장관이 1949년 창설한 학도호국

---

5) McCune and Grey, 243에서 재인용.

6) 동아일보, 1948년 12월 8일; John Kie-chiang Oh, Korea: Democracy on Trial (Ithaca, N.Y.: Cornell University Press, 1968), 110.에서 재인용.

7) 정미숙(1987), 초기 한국문교정책의 교육이념 구성에 관한 교육사회학적 분석(1948~1953), 연세대학교 석사학위논문.

8) 동아일보, 1949년 3월 17일.

9) Ibid.

10) 한국교육십년사간행위원회, 126.

단이다. 학도호국단의 기원은 여수 사건이 일어나던 시기 이범석 총리와 안호상 장관 등이 포함된 몇몇 국무위원들의 제안에서 찾아볼 수 있다. 이들은 이후 이어진 회의를 통해 전국적인 학생조직 결성에 대해 논의했다. 이에 따라 1948년 12월, 다양한 중등학교에서 2,400여 명의 호국단 '간부'들이 선발 · 조직되었다. 바로 다음 달, 문교부는 대학들 또한, 학생지도자로 활동할 간부들을 조직하라고 지시했다. 이러한 조치는 1949년 3월과 4월에 걸쳐 전국의 모든 대학 캠퍼스에서 실행에 옮겨졌으며, 4월 22일 중앙학도호국단이 창설되었다. 1949년 9월 28일에는 대통령령으로 학도호국단 규정이 발표되었다. 이에 따라 모든 중등학교 및 대학 학생들은 학도호국단에 의무적으로 참가하게 되었다.[11]

학도호국단은 군대식으로 조직되었다. 대통령이 최고 사령관이 되고, 문교부장관이 호국단장, 문교부차관은 호국단 부단장이 되었다. 그리고 도지사 및 시장은 학도호국단 지역 단장, 시 · 도교육감들은 지역 부단장을 각각 맡게 되었다. 각 학교는 교장을 책임자로 해서 연대를 형성했고, 각 학년별로 대대, 학급별로는 소대로 구분되어 만들어졌다. 각 소대는 둘 혹은 그 이상의 분대로 구성되었다. 학생들은 각 학년 혹은 각 학급의 리더들로 역할을 맡았다. 중등학교의 모든 학생은 자동으로 학도호국단의 단원으로 소속되었기 때문에 정기적으로 학생들의 사상을 파악하려는 시험을 치러야 했다. 군사훈련은 의무적이었고, 매일매일의 학교 등교 일에는 교장 및 도열한 교사들 앞에서 군대행렬을 한 행진으로 시작하였다. 교사들은 학생들에게 자문관처럼 행동했고, 학급에서는 군 관련 활동들을 지도하였다. 일제 강점기 중등학생들은 독일 제국시기에 도입하여 디자인한 일본군 스타일의 교복을 입었다. 한국 학생들은 해방 후에도 이러한 관습을 이어 갔었다. 이 교복은 매일 검사를 받아야 했고, 차림이 부적절할 경우에는 군사훈련에서 제대로 하지

11) 중앙학도호국단(1959). 학도호국단십년지, 서울: 중앙학도호국단, 89-93.

못하거나 말과 생각에 있어 부적절한 경우와 마찬가지로 훈육의 대상이 되어야 했다.[12]

안호상에 따르면, 학도호국단의 주요 목적은 '반공정신을 굳건하게' 하는 것이었다.[13] 학도호국단이 내세운 구호는 '학원을 수호하고 나라를 지키려는' 것이었다. 단원으로서 학생들은 다음과 같이 맹세했다. "우리 학생들은 모든 반민족적 행위와 사상을 완전히 배격할 것이며, … 우리 학생들은 학교의 질서를 되살릴 것이다."[14] 안호상은『조선교육』이라는 교육잡지에 글을 실어, 학도호국단에 세 가지의 목표가 있다고 밝히고 있다. 그것은 교육을 민주화하는 것, 불온한 사람을 정화하는 것, 국민을 통합하는 것이었다.[15] 학도호국단이 소상하게 제시한 이런 이념은 민족 통일, 강한 한민족 정체성 혹은 이보다 더 자주 거론된 '민족 자긍심' 등에 더하여 무엇보다도 반공정신으로 요약될 수 있었다. 여기서 민족 통일이 뜻하는 바는 한반도가 두 국가로 분단된 것을 받아들일 수 없다는 것으로, 학생들은 무력을 사용해서라도 반드시 이루어야 할 과업으로 통일을 실현해야 한다는 말이었다. 민족 정체성 혹은 자긍심을 강조하는 것은 1945년 해방 이후 가장 중요한 목표였던 교육의 한국화를 이루는 일환이었다. 이는 제2차 세계대전 당시 한국인들을 강제로 동화시키려던 일제 강점에 대한 반발이자 전전(戰前) 일본 민족주의에서 빌려온 것이기도 했다. 그러나 학생조직이 내세운 이념의 핵심 요소는 결국 반공주의였다.

문교부는 제대로 된 생각을 앙양시키기 위하여 학도호국단 중앙조직의 지휘 아래 국민사상연구원을 두도록 했다. 이 연구소에서는 이념 교육을 수행할 수 있도록 대중과 학교에 파견될 수 있는 교사와 학생들을 훈련하도록 했

12) Ibid., 251-254.

13) Ibid., 107.

14) 유네스코한국위원회, Korean Survey, 116에서 인용함.

15) 홍웅선, 210.

다. 이에 1949년 봄 이 연구소에서 처음으로 200여 명의 학생을 대상으로 훈련이 진행되기 시작하였다. 그리고 동년 여름 동안 프로그램은 강화되었다. 특별학생그룹들이 조직되어 다양한 학교 및 시골지역으로 파견되어 '계몽을 확대'하였다.[16] 이러한 활동을 수행하는 데 학도호국단은 일제 강점기의 학생동원 경험을 이용할 수 있었다. 중국사변이 발생하고 나서 군사훈련은 남자 중등학교에서는 군사훈련이 일상적인 일과가 되었다. 남녀 모든 학교에서는 매일 하루를 군대 체제로 줄을 서는 것으로 시작하였고, 각 교실에서는 대표학생에 의해 마치 군대와 똑같은 훈련이 진행되었다. 앞서 언급한 바와 같이 중등학교 및 대학교 학생들뿐만 아니라 가끔은 초등학교 학생들까지 동원되어 활주로 건설, 구호활동, 방위산업체에서의 "자발적인" 노동 등 전쟁 관련 일을 하도록 했다. 1948년 이후 학생들을 정치적으로 동원하게 되는 다양한 상황들은 일제 강점기 일들의 연속성에서 이해할 수 있다.[17]

정치적 긴장이 계속되면서 교육을 통해 이념적 훈련이 더 강하게 이루어져야 한다는 요구가 거세게 일었다. 1949년 5월부터 북한에서 훈련받은 게릴라가 산발적으로 침입한 사건들이 이어지면서 한국에서는 남북전쟁의 가능성이 서서히 높아지기 시작했다. 1949년 여름 한반도를 반으로 가르는 38선 부근에서 군사적 충돌이 있었다. 이미 좌파로 낙인찍히기 두려워하고 있는 교사들에게 이러한 사건은 극히 못마땅한 것이었다. 이러한 상황에 더해 문교부는 검인정교과서에 불온한 내용들이 포함되어 있다고 발표해, 각 학교 교사 및 교장은 사용하고 있는 교과서를 자주 바꾸거나 혹은 문제가 되는 부분을 찾아내야만 했다.[18] 한국전쟁이 발발하면서 모든 사회 및 학생조직이 전쟁체제에 동원되어 위대한 애국심 대열로 이끌려 갔다.

16) 중앙학도호국단, 254; 서울교육특별시위원회, 대한교육연감 4288, 370.

17) 1938년 이후, 군사훈련과 학생동원은 식민지 한국의 학교에서 보편적인 현상이었다.

18) 김동길(1964), 민족민주주의라는 이념, 새교육 13권 2호, 12; 1991년 6~11월 서울에서 전직 학교교사들과의 인터뷰.

새로 임명된 백낙준 문교부장관은 이러한 위기에 처하여 '국방 교육'이라 이름 붙인 태세를 내세웠다. 이 말은 교육이 '싸우는 국민'을 만들어 내야 한다는 의미였다. 또한 민족 독립과 민족정신을 위해 전투에 임하는 '전투교육'이 필요하다고 선언하였다.[19] 이에 문교부는 교육 관련 교재에 화랑도 정신을 광범위하게 사용하였다. 화랑도는 고대 한국에 있었던 귀족 청년들로 구성된 전사부대였다. 백낙준장관은 화랑도 정신을 통해서 청소년 훈련과 이들의 국가 방위임무는 고대로부터 이어진 전통이었다는 점을 전하고 싶었다. 문교부는 국가사상지도원을 설립하여 애국심과 민족통일을 고취하게 하는 책과 팸플릿을 발간하였다. 여기서 발간된 월간 『사상지』는 학교 교장들에게 배포되었다.[20] 이러한 내용보다 좀 더 중요한 것이 있다면 고등학교 및 대학 교육과정에 군사훈련이 보다 강조되었다는 점인데, 이는 군 장교를 고등학교에 파견 보냈던 일제 강점기의 일들이 재개된 것이었다. 군사훈련은 학도호국단과 통합되어 군 장교가 감독하게 되었다.

한국전쟁 동안 이승만은 대규모 정치시위에 학생들을 동원하도록 했다. 1951년 6월, 학도호국단은 미국이 제안한 휴전협정에 반대하는 대규모 시위를 지원하였는데, 이는 정부의 공식적 불만을 표출하는 방식에서 시작된 것으로 이러한 학생동원 시위양상은 향후 40여 년 동안 지속되었다.[21] 1953년 이후에는 학생동원 시위가 널리 활용되었는데, 초등학생들 또한 각종 정치적 시위에 동원되게 되었다. 내무부에 소속된 시, 도, 읍, 면의 공무원들은 문교부 지방공무원들을 통하거나 혹은 직접 초등학교장들에게 지시를 내려 학생들을 시위에 참가하도록 했다. 이때 시위에 적절한 물품들, 예를 들어, 손간판이라든지 현수막이라든지 혹은 각종 다른 도구들을 직접 준비하도록 했다.

19) 백낙준, 57.
20) 정미숙, 39.
21) 중앙학도호국단, 254.

학생시위대는 특히 외교정책문제에 대해서 국가의 목소리를 대변하고자 할 때 가장 많이 동원되었다. 중립국감독위원회 문제가 대표적인 예라 할 수 있다. 이 단체는 유엔 아래 6개국으로 조직된 것으로, 1953년 7월 한반도에서 적대적 무장행동을 멈추자고 한 휴전협정을 감독하기 위한 것이었다. 갑작스러운 휴전과 유엔을 신뢰하지 못한 이승만은 분개해 하며 이 위원회에 폴란드, 체코슬로바키아 등 북한과 연관성 있는 공산국가의 대표들을 포함시켜야 한다고 주장했다. 1954년 8월 6일, 대규모 거리 집회가 휴전상태를 점검하러 온 위원회 앞에서 있었다. 수십만 명의 학생들이 이 집회에 참여했고, 대구에서는 학도호국단이 시위에 나서 유엔 참관단들이 숙소로 제공받은 미군사령부에 수일 동안 꼼짝없이 묶여 있을 수밖에 없도록 분노를 표출하였다.[22]

1954년 9월, 며칠간 계속되었던 전국적인 학생시위로 인해 이승만정부는 백만 군인을 요청하기 시작했다. 퇴역군인, 공무원, 학도호국단 등의 '자발적' 시위대들을 통해서 이승만은 미국이 대한민국 군대를 당시 700,000명에서 1,000,000명으로 확대할 수 있도록 군사원조를 늘리라고 요구하였다. 미국이 한국 내 주둔 군사의 수를 감축하겠다는 계획을 발표하고 다음 달에 이승만정부는 일주일이 넘는 거리 시위대를 조직하였는데, 여기에는 대략 100,000명의 학생으로 구성된 행진대가 서울 거리를 6시간 동안 휘저었다. 이와 동시에 전국의 다른 지역에서도 행진대들이 조직되어 가두시위를 벌였다.[23] 1954년 11월 27~28일, 다시금 이틀에 걸쳐 전국의 모든 중·고등학교 및 일부 초등학교 학생들이 참여하는 대규모 시위가 열렸다. 이번에는 영국-캐나다가 유엔에 제출한 제안서에 반대하는 시위였다. 이 제안서에는 한반도에서 군사적 긴장을 없애기 위해 유엔의 감독하에 모든 한국인이 참여하

22) Korean Republic, 10 and 11 August 1954; Tonga ilbo, 10 August 1954.

23) Korean Republic, 24 September 1954.

는 선거를 치르자는 내용이 담겨 있었다. 이승만은 곧 이 계획이 이전에 북한이 내세웠던 주장을 반복한 것이라며 비난하였다.[24]

이렇게 대규모의 거리 시위 사이사이로 문교부는 중등학생 및 대학생으로 구성된 작은 규모의 시위를 조직하여 일본의 한국 어업활동구역 위반에 항의하는 시위를 벌이도록 했다. 열정적으로 반일 태세를 유지했던 이승만은 한국과 일본 사이의 정치, 경제적 협력을 도모하고자 했던 미국의 노력이 내내 못마땅하게 여겼다. 그가 보기에 한국-일본의 협력은 한국의 독립에 위협이 될 것으로 생각했기 때문이었다. 또한 그는 한국 방위에 쏟는 미국의 헌신성에 대해 계속해 걱정을 쏟아 냈으며, 자기가 대통령으로 있는 동안에는 무슨 일이 있어도 한반도의 통일을 이루겠다는 희망을 버리지 않았다. 1952년 이러한 그의 걱정거리들을 잘 보여 주는 사례가 있다. 일본과 한국의 관계를 회복하자는 조약에 대한 협상시도가 있었는데, 이때 이승만의 식민지 배상을 요구했고 일본 측이 이를 거부하는 바람에 협상은 결렬되었다. 이때 이후로 이승만은 꿋꿋하게 반일 캠페인을 벌였고, 이후 8년간 지속된 이 반일 캠페인에는 셀 수 없이 많은 학생이 동원되었다. 이런 사태는 일본이 일부러 한국의 어업활동구역을 침범한 사건, 무인도인 독도의 영유권 주장, 일본 공산당의 북한지지 등으로 극에 치닫게 되었다. 반일 가두시위에는 가끔 특별 강연이 열리기도 했는데, 주 강사들은 교사들로, 이들은 정부가 제공한 자료들을 가지고 강연에 나섰다.[25]

24) Ibid., 28 November 1954.

25) Ibid., 11 August and 9 October 1954. 한국전쟁 기간에, 맥아더 장군과 마크 클락 장군은 공산주의자들의 침입을 막기 위해 한국 해안선에서 60~170마일 떨어진 지점에 해상경계선을 설치했다. 1953년 7월 휴전 이후, 이승만정권은 한국 어업을 보호하기 위해 이 해상경계선을 다시 선언했고, 조업 중인 많은 일본 어선을 나포하였다. 이 분쟁은 한국과 일본이 서로 영유권을 주장하고 있는 독도(다케시마) 섬 영유권 분쟁을 더 악화시켰다. Reeve, 54-60. 참조.

정치적 동원과 사회적 요구

국내외적인 긴장과 전쟁으로 인해 교육은 강도 높게 조직화되고 군대식으로 유지되는 경향이 변함없이 나타나게 되었다. 그러나 이러한 경향은 한국 가족이 추구하는 목적과 종종 상반된 입장을 갖게 했다. 한국의 가족은 교육을 사회적 지위를 확고히 하거나 혹은 새롭게 획득하는 수단으로 여겼었기 때문이었다. 따라서 정치적으로 정권을 지지하도록 고양하기보다 학생들을 대규모로 동원하는 체제는 학부모들의 신경을 심히 건드리는 일이었다. 교육기회를 둘러싼 학부모들의 열정이 학교를 정치적 도구로 활용하려는 국가의 이해관계와 상충했기 때문이었다. 이미 일찍이 1949년도에 학교의 군사화 및 연대편성은 대중으로부터뿐만 아니라 정부 내부에서도 반대를 불러왔었다. 많은 교육자가 나서서 교육의 '비민주적 동향'을 비난했다. 비판의 대부분은 학도호국단에 대한 것이었다. 국회에서도 정부정책에 반대하는 의원과 많은 교육지도자가 더 '민주적인' 방식으로 학도호국단을 재조직하라고 요구했다. 즉, 단위학교의 학급교사와 교장이 충분히 통제, 관리할 수 있도록 좀 더 분권화된 조직을 만들라는 이야기였다.

학도호국단을 가장 떠들썩하게 반대한 사람들은 다름 아닌 학부모들이었다. 1949년, 학도호국단이 시작하면서부터 학부모들은 군사훈련을 하느라 시험준비에 필요한 시간을 빼앗기게 될 것을 염려했다. 고등학생 자녀를 둔 학부모들은 공부할 시간이 허무하게 흘러갈 것에 대해 특별히 걱정했다. 일반적으로 고교생들은 입학 후 1년이 지나 졸업 때까지 거의 2년간 대학입시 준비에만 몰두하게 되기 때문이었다. 『조선일보』와의 인터뷰에서 안호상장관은 학도호국단은 학교의 질서를 회복하게 할 것이고 학생들의 폭동을 끝내도록 함으로써 교내에서 파괴적인 그 어떤 사상에 경도되지 않아 오히려 공부에 집중하는 시간을 더 벌 수 있을 것으로 주장했다.[26] 그러나 일반 대중이 학도호국단에 대해 갖는 적의감은 학도호국단이 없어질 때까지 계속되었다.[27] 학도호국단이 '비민주적'이고 학교 공부에 좋지 않은 영향을 미칠 것이라는 비판에 직면하여, 백낙준장관 휘하의 문교부는, 1951년 7월, 학도호국단을 개혁하기 위한 위원회를 조직하였다.[28] 백낙준은 나중에 학도호국단에 대한 입장을 피력하면서, 이 당시 자신은 학도호국단을 폐지하려고 했었는데, 전쟁이 발발하면서 하지 못하게 되었다고 술회했다. 개혁의 내용은 학도호국단의 초점을 국가중심에서 학생중심으로 바꾸도록 하는 것이었다.[29] 이에 따르면 학도호국단의 목표는 개별 학생들의 인격 계발, 능력과 자신감 발달, 국가에 대한 봉사로 새로워졌다. 기본적으로 이것들이 의미하는 바는 학도호국단이 학생들의 교육을 방해하지 않겠다는 것이었다. 문교부 관료들은 학도호국단의 활동을 다시 기획하여 교육을 더 잘 보조할 수 있도록 하겠다고 선언했다.[30]

1950년대에 걸쳐 학부모, 교육전문가, 신문사 등은 학생들의 정치적 가두시위에 대해 불만을 강하게 표출했다. 학생들은 실제로 우천 시에도 관제시위에 동원되었으며, 이로 인해 교통체증이 유발되었고, 공부에도 방해가 되었다. 학부모 입장에서는 입학시험에 대한 압박이 가장 높이 치솟는 시기에 시위에 학생들을 동원하는 것에 대해 큰 불만을 갖지 않을 수 없었다. 초등학교 5~6학년생들과 중학교 2~3학년생들, 고등학교 3학년생들이 시위에 동원되는 것에 대해서는 반대할 만했다. 졸업반 학생들은 시험준비에 모든 에너지를 쏟아 넣어야 했기 때문이다. 당시 동원되었던 많은 교사과 학생, 그리고 가족들은 수십 년이 지난 일을 다시 상기하면서도, 이러한 관제시위 동원

26) 조선일보, 1950년 2월 17일.

27) 손인수(1972), 역대문교장관의 주요시책과 업적, 교육평론, 2집, 70-75.

28) Ibid., 75.

29) 중앙학도호국단, 120.

30) Ibid.

이 다 시간낭비였으며, 공부에 좀 더 시간을 투자했어야 했다고 보았다.[31)]

1955년 10월 학생들의 시위동원에 대해 시민들이 공개 논쟁할 수 있도록 이끈 경탄할 만한 사건이 발생했다. 야당지지 색채를 띤『대구매일신문』이 '학도호국단을 도구로 사용하지 말라'는 제목의 사설을 실었다. 이 사설에서 "작금의 중·고등학교 학생들이 가두시위를 벌이는 일이 허다하게 되었다. … 대구에서 학생들은 자기 돈으로 태극기를 구입해 거리에 줄을 서서 흔들라고 강요당하고 있다."고 성토했다. 또한 학생들은 정부를 지지하는 행사에 동원되고 있다고 불평하면서, 거리에 줄지어 서서는 정부 각료 및 대통령 사절단이 서울에 도착하거나 혹 서울을 떠나 외국으로 나갈 때 태극기를 흔드는 일이 일상이 되었다고 비판했다. 신문 사설이 나가고 나서 신문사 간부들이 깡패들로부터 공격을 당하게 되었고, 정부 각료들은 신문편집자들을 처벌하라고 요구했다. 이 일이 계기가 되어『대구매일신문』사건이 터지게 되었다. 그러나 이 일을 둘러싸고 생긴 논쟁은 학도호국단을 정치적인 목적으로 사용하는 것에 대해 새로운 비판을 불러왔다.[32)] 신문사들과 야당 국회의원들은 신문사에 대한 폭력을 사주한 사람을 색출하여 면직시키고 지나치리만큼 학생을 정치적 목적을 위한 시위에 동원하는 일을 멈추라고 요구했다. 일부 야당 국회의원들은 학생을 잘못 이용한다고 문교부를 강하게 비난했다. 문교부가 공부가 아닌 정치적 목적의 시위에 학생들을 강제 참석시키고 있다는 것이 비난의 이유였다.[33)]

임시로 조직된 학부모단체들은, 정부가 일본 거주 조선인들을 북으로 강제 송환하겠다는 것에 반대하며 1959년 2~8월에 걸쳐 계속 가두시위를 벌이자 여기에 학생동원을 끝내라고 요구하기에 이르렀다.[34)] 이러한 학부모들의 불

31) 1991년 7~11월, 전직 교사들과의 인터뷰.

32) 김학준, 대구매일신문피습사건, 279; 진덕규 외, 432-436.

33) 국회사무처, 국회속기록, 1955년 10월 27일, 3-9.

34) 이해성(1987), 통치체제의 모순과 학교교육의 정치사회화 기능, 연세대학교 박사학위논문.

만 섞인 요구에 대응하여 서울에서는 학교장 및 교육재단 이사들이 서울시 교육위원회와 문교부에 시위를 제한해 줄 것을 강력히 요청했다. 학교 관계자들 또한 시위로 인해 학생들은 "공부를 방해받으며 건강에 해롭다."는 점이 걱정된다고 했다. 이들은 '시위를 줄여 달라고 광범위한 청원'을 냈다.[35] 서울시교육위원회에서 실시한 설문조사에 따르면, 4월 1일에서 5월 15일까지 평균 1,800명에 이르는 서울지역 중등학교 학생들이 매일 정부가 공식적으로 후원하는 가두시위에 참여했다.[36] 이에 따라 1959년 6월 초, 서울시교육위원회는 학생들의 시위동원을 '국가행사나 의식'으로 제한한다는 가이드라인을 발표하였다. 그런데 이 가이드라인에는 시위에 동원되는 학생의 수를 제한하는 것이 절실하게 요청되지만, 북한으로 재일조선인을 송환하는 문제를 반대하는 작금의 시위는 "피할 수 없다"는 조항이 첨가되었다.[37]

학부모들이 불만을 제기하는 또 다른 이유는 학교생활의 일부가 되어 버린 군사훈련 때문이었다. 학교는 학생들에게 공산주의에 맞서기 위해, 일본과 같은 한국의 적에 맞서기 위해, 민주주의, 민족 자주, 군비 증강 등을 위해 전투에 나서야 한다고 다그쳤다. 1954년 국방부장관이었던 손원일은 대학에 새로운 군사훈련 프로그램을 도입시켰다. 이로써 군사훈련이 캠퍼스 내에서 시행되었다. 그러나 새로운 계획에 따르면 대학의 모든 4학년 학생들은 10주 동안 군대에 입소하여 훈련을 받아야 했으며 학생들은 예비군에 편성되어야 했다.[38] 이 훈련은 전국의 청소년들이 '공산주의에 맞설 만한 전투력을 키우도록' 하기 위한 것이었다.[39] 이듬해 모든 고교생들 또한 예비군 훈련소에서 군사훈련을 받아야 했다.[40]

35) Korea Times, 2 June 1959.

36) 동아일보, 1959년 6월 2일.

37) Korea Times, 3 June 1959; 교육자 김영돈과의 인터뷰, 1991년 7~11월.

38) Korean Republic, 3 July 1954.

39) Ibid., 9 July 1954.

40) Ibid., 2 February 1955.

한국이 악질적이고 파괴적으로 국내에서 학살을 저질렀다는 사실, 그리고 이것이 실제로는 대북한 전쟁의 연장이었다는 사실에 비추어 볼 때, 군사훈련과 학교에서 군사용어들을 사용하는 것이 그다지 놀랄 만한 상황이라 보기는 어렵다. 이보다 더 흥미로운 점은 이러한 상황에 대해 일었던 비판과 저항에 있었다. 교사와 학부모들은 대규모 시위에 학생들을 동원하는 때와 마찬가지로 군사훈련에 지나치게 많은 시간을 허비한다고 생각하는 문제에 불만이 많았다. 게다가 학교 관계자와 문교부 공무원들은 군사훈련에 투입되는 엄청난 시간을 두고 국방부와 싸움을 벌이기도 했다. 훈련 때문에 학생들을 군대에 입소시키는 것 또한 특별히 비판받는 일이었다. 이 규정을 변경하려는 몇 차례의 시도가 있었고, 캠퍼스 밖에서의 군사훈련을 중단하게 해 달라고 학부모들이 문교부 공무원들을 닦달하듯 시위를 벌였다. 그리고 1957년이 되어 고교생들의 입소훈련은 중단되었다. 이렇게 정책이 변경된 이유가 무엇인지는 그다지 명확하지 않다. 그러나 이승만 대통령이 나서 군 관련자들에게 문교부와 학부모들의 요구에 응하라고 제안한 것이 아닌가 싶다.[41] 국방부는 1958년 대학 캠퍼스 밖에서의 훈련을 '다시' 부활시킨다고 발표하였는데, 문교부의 강력한 반대에 다시 부딪히고는 계획되었던 훈련은 몇몇 선발된 대학에 국한되어 진행되었다.[42]

박정희정권하의 학생동원

이승만정권 시절 대중들의 반감이 컸음에도 불구하고 정부 시책을 지지하도록 대규모 시위에 학생들을 동원하도록 했던 관례는 박정희정권 시절에

41) 동아일보, 1957년 12월 17일; 1991년 9월 서울에서 채명석과의 인터뷰.

42) Korean Republic, 12 December 1958.

도 이어졌다. 물론 이승만정부 시절처럼 자주 동원되지는 않았다. 예를 들어, 1966년 5월, 중등학교의 지나친 과외학습을 근절하도록 하기 위한 '교육정화' 운동이 발족되었다. 5월 10일, 2,400여 명의 중등학생이 서울 거리를 행진하며 학원 '정화'를 요구했다. 2주 후, 또 다른 가두시위가 벌어졌는데, 이때에는 10,000명도 넘는 학생들이 지나친 교육의 상업화를 중지하라고 요구했다. 곧 이러한 시위는 전국적으로 벌어지게 되었는데, 중 · 고교 학생들은 학내 운동장 혹은 지방 도시의 종합운동장에 모여 시위를 벌였다.[43] 이승만정권 때와 마찬가지로 학부모들은 끝없어 보이는 시위에 대해 자주 불만을 토로했다. 이에 대해 광주지역 학교장들이 1966년 회합을 갖고 시 · 도교육감의 승인 없이는 모든 학생동원을 금지하게 하는 정책을 발표하였다. 한국일보는 이러한 결정을 치하하면서 학생들을 동원하여 이용하는 것에 대해 '정치적 목적을 위해 학생을 이용하려는 어리석은 시도'라고 비판했다.[44] 학생을 시위에 동원하는 관례적 행태들을 끝내라는 대중의 압력이 표면화되면서 시 · 도 행정관료들은 더 이상 학생동원을 하지 않겠다고 선언했다. 그러나 북한군이 청와대를 습격하고 한반도 내 남북한 간의 긴장이 고조되어 있던 1968년, 학생동원은 다시 시작되었다. 공산주의 박멸운동이 등장했는데, 초 · 중 · 고를 막론하고 모든 학생이 시위에 참가해 국방을 위한 모금 캠페인을 벌였다. 참가한 학생들도 군사 무기 구매를 위해 기부금을 내야 했다.[45]

박정희는 농촌개발프로그램을 위해서도 학생을 조직 · 동원했다. 고교생 및 대학생들을 농촌개발 및 문해 캠페인에 내보냈다. 이러한 정책이 새로운 것이라 하기는 어렵다. 1930년대 일제 강점기 이래로 모든 정부가 이런 방법을 써 왔었기 때문이었다. 박정희는 대통령 임기 초반부터 이러한 일에 특별

43) 조선일보, 1966년 5월 10일, 23일.

44) 한국일보, 1966년 8월 31일 기사, 같은 날 Korea Times기사를 번역한 것임.

45) Korea Times, 2 February 1968; Korea Herald, 14 February 1968.

한 관심을 기울였다. 1962년 여름, 고등학교 이상의 모든 학생들은 국가의 감독에 따라 국가재건사업에 참여해야만 했다. 여기에는 밭을 경작하는 일이나, 간척사업, 도로 복구, 살충제 배포 등의 일이 포함되었다. 대부분의 학생은 자기가 살고 있는 지역사회 혹은 마을에서 이러한 일들을 수행했다. 버스를 타고 다른 지역으로 가야만 하는 학생들도 있었다. 이 일을 담당했던 관계자에 따르면, 이 일이 청소년들에게 근면한 노동의 가치 및 규율을 가르칠 수 있었고, 더불어 농촌 사회에 도움을 줄 수 있었다. 그러나 일반적으로 정부의 이러한 노력은 그다지 조직적이지도, 그렇다고 효율적이지도 않았다. 역시나 학부모 및 교사들은 이 일을 반기지 않았는데, 이들은 학생들이 시험준비에 방해를 받는다고 생각했다. 오로지 자원하는 학생들만을 이 활동에 참여하도록 한다거나 특별한 기술이 필요한 활동, 예를 들어, 공대 및 의대생들로만 이 활동에 참여시키는 것이 옳지 않으냐고 주장하기도 했다.[46] 이에 문교부는 청소년봉사단을 설립하고 활동에 '자원봉사자'로 참여하겠다는 '학생 목록을 작성'했다. 그러나 실제로는 정부의 지시로 학생 목록이 작성되었으며, 이 또한 대중들에게 비판받았던 것과 동시에 정기적으로 시행되지도 못했다. 오히려 상황에 따라 여름방학 때 진행되었다. 대중적 관심을 불러일으키지 못했던 사업임에도 불구하고 박정희는 이 일에 지대한 관심을 기울였다. 그는 청소년봉사단 이름을 화랑청소년협회로 변경하도록 했다. 이 이름은 신라 시대의 엘리트 청년 군대에서 비롯된 것이었다. 여학생들을 위해서는 여성협회를 조직했는데, 이 단체를 통해 여학생들은 마을을 다니며 농촌지역 비문해자들을 가르치고 '도박근절운동'을 벌였다. 그러나 그 어떤 조직도 대중들에게 환영받지 못했다.[47]

박정희는 교육제도를 통해 국가와 국방에 헌신하며, 잘 훈련되고 충성스러

46) Korea Times, 7 and 19 July 1962.

47) Ibid., 24 February 1971; 1991년에서 1996년까지 전직 교사, 학생들과의 인터뷰.

운 청소년을 육성하고자 했다. 그러나 학부모들 대부분은 자녀가 대학졸업장을 받는 일에 골몰했을 뿐이었다. 결과적으로 학생동원을 둘러싼 대중과 정부 사이의 줄다리기가 있었던 것뿐이었다. 대중들이 가장 강력하게 비판한 것은 공공 행사에 참석하라고 학생들의 수업을 수도 없이 빼먹도록 하는 일이었다. 심지어 정부가 소유한 언론사에서도 이러한 정책을 비판할 정도였다.[48] 내무부 장관은 이러한 비판에 대응한다고 해서, 1971년 8월, '국민에게 봉사하는' 공무원을 위한 지침으로 16개 조항을 담은 담화문을 발표했다. 여기에는 착공식이나 고위 관료 방문을 환영하는 행사에 학생동원을 금지하는 내용이 포함되어 있었다. 여름방학 기간의 강제봉사활동에 대해 학부모들이 나서 불만을 제기한 결과, 문교부장관 민관식은 1972년 1월, 문교부가 사회봉사활동에 참여하라고 적극적으로 장려하기는 하겠지만 학생들의 '봉사'를 강제하지는 않겠다고 밝혔다.[49]

학교에서 학생들에게 군사훈련을 강화하려는 박정희 대통령은 야당의 반대에도 부딪혔다. 1970년대 말부터, 정부 관료들은 소위 '제2경제', 즉 제1경제라 불리는 것에 반대되는 산업화로 불리는 물질적 발전으로 '정신적' 발전을 의미하는 것에 엄청난 신경을 써야 한다고 했다. 공식적인 문건에서 문교부가 정의한 바에 따르면, 제2경제란 '물질적 근대화'가 아니라 '민족정신의 회복을 통해 근대화의 든든한 정신적 토대'를 의미했다.[50] 그런데 제2경제는 실제로 교육과정에 더 많은 군사훈련을 포함하고, 국가에 대한 교조화된 충성심, 반공사상 및 국수주의 고양을 의미했다. 대부분의 한국 남성들은 다음 세 가지 중 하나의 규정에 따라 군사훈련을 받았을 것이다. 미국의 사례를 따라 이승만정부가 만든 ROTC 제도, 군사훈련을 마친 학생들을 위한 상비예비

48) Korea Herald, 6 August 1971.

49) Korea Times, 18 January 1972.

50) 문교부(1988). 문교40년사, 서울: 문교부, 249.

군제도, 고교 및 대학의 모든 남학생이 가야 하는 일반적인 군복무제도가 그것이다. 가장 논쟁적이라 할 만한 것은 마지막 것, 즉 군복무에 대한 것이었다. 1968년, 북한군의 도발에 대응하여 1969년, 고교 및 대학의 모든 남학생들을 대상으로 한 학도군사훈련이 시작되었다. 동년 2월, 박정희 대통령은 문교부에 지시하여 고등학교 교정에서 군사훈련을 실시하게 했다.[51] 1971년, 군사훈련을 보다 포괄적으로 수행하기 위한 표준화 방안이 마련되었다. 대학생들에게는 총 711시간의 군사훈련시간이 요구되었다. 그러나 학부와 학생들은 이 조치에 대해 강한 분노를 표출했다. 이 조치를 반대하는 학생들의 시위가 여러 대학 교정에서 일어났으며, 학부모 단체들은 문교부 앞에서 시위를 벌였다. 이러한 대중의 격앙된 반대에 직면하여 문교부장관이 1971년 5월에 물러났고 정부는 군사훈련 총 시간을 연 180시간으로 줄이겠다고 발표했다.

1970년대 초, 박정희정권이 보다 더 독재적으로 변화하자, 정부는 이전보다 대중들의 압력에는 덜 신경을 쓰게 되었으며, 이는 결과적으로 교육에서 군사훈련을 더 강화시키려는 노력을 시작하게 했다. 1974년 당시 민관식 문교부장관은 2년 전 자신이 했던 약속을 뒤집고 모든 학교에서 군사훈련이 더 강화될 것이라고 발표했다. 그는 교육이 '국가적 상황'을 강조할 것이며 국가에 대한 의무 및 봉사, 더 나아가 모든 종류의 군사적 준비태세를 위해 더 강화된 의식을 가져야 한다고 발표했다. 심지어 문교부는 생화학 및 방사능 전쟁에 대비한 훈련도 시행할 예정이었다.[52] 이후 수년에 걸쳐 군사훈련은 여학생들에게까지 확대되었다. 모의훈련대회도 여의도 광장에서 열렸다. 여의도 광장은 새로 개발된 서울 남부 지역의 거대한 광장으로, 특별히 대규모 집회를 열 수 있도록 만들어진 것이었다. 한국의 '붉은 광장' 혹은 한국의 '천안문 광장'이라 할 수 있을 정도였다. 1974년 여름, 여의도 광장에서 열린 한 집회에는 500,000명

51) 조선일보, 1969년 2월 9일.

52) Korea Times, 18 January 1972.

의 고등학생들이 군사훈련을 선보였다.[53] 이듬해 여름에는 군복을 입은 고교생들이 M1 소총으로 무장하고는 서울 시내를 행진하였다. 이 행진에는 여학생들도 흰 제복에 응급구조 장비를 들고 함께 참여했다. 더운 날씨에 행진하는 학생들에게 구경 나온 시민들이 찬물을 전달하기도 했다.[54] 1978년 5월 20일, 문교부는 각 대학 총장들이 모인 자리에서 대학 군사교육 강화 방안을 공개하며 군사훈련을 더욱 강화하겠다는 방침을 전달했다.[55] 그러나 새롭게 밝힌 이 계획은 대학 및 교육 관계자들이 그다지 관심을 기울이지 않게 되어 연기되었다가, 결국 박정희정권이 끝나 버리는 바람에 실시되지 못했다.

1976년 봄, 학도호국단의 부활은 이 시기 교육에 있어 가장 논쟁적인 일이었다. 모든 고교 및 대학생들은 반드시 학도호국단 단원으로 등록해야 했으며, 동년도 가을까지 '국가를 수호하며 공부하자'는 구호 아래 1,565,000명의 학생이 25개 사단으로 나뉘어 조직되었다. 학도호국단을 감독해야 하는 교사들은 "학생들에게 제대로 된 국방 정신을 기르도록 하라."는 지시를 받았다.[56] 학도호국단은 세 개의 주요 조직으로 구성되었다. 그것은 전체 조직을 관장하는 중앙학도호국단(문교부장관이 사령관을 맡게 된다), 중앙학도호국단의 지휘를 받는 대학학도호국단, 개별 고등학교를 감독해야 하는 시 · 도학도호국단이었다. 문교부 설명에 따르면, 부활한 학도호국단은 애국심과 민족주의를 심어 주고 '학교에서 파괴적인 요소들을 없애자'는 목적을 갖고 있었다.[57] 국가가 관리하는 일간지인 『서울신문』은 "대학 교정이 비로소 국가의 군 막사가 되었다."며 자랑스럽게 주장했다.[58] 행진과 훈련 이외에도 학도호

53) Ibid., 25 June 1974.

54) Ibid., 3 July 1975.

55) 손인수(1994), 한국교육운동사, 서울: 문음사, 188.

56) Korea Times, 3 September 1976.

57) 대한교육연합회(1977). 한국교육연감 1977, p. 63

58) 서울신문, 1976년 9월 4일.

국단은 반공 세미나를 후원하였고 국가 기념물 및 국립묘지 방문을 조직했다. 그러나 이전과 마찬가지로 학부모들과 학생, 교사 및 일반 대중은 학도호국단을 좋아하지 않았다. 학도호국단이 내세우는 선전성 내용에 대해 방어적 태도를 보이는 것에서 일반 대중들이 학도호국단을 싫어한다는 입장을 확인할 수 있다. 문교부는 훨씬 효율적으로 운영될 뿐만 아니라 군사주의를 진작시키지 않는다는 점에서 새로운 학도호국단이 이승만정권하의 학도호국단과 대비될 만큼 좋다고 홍보했다. 그러나 새로운 학도호국단 또한 전투 정신을 앙양시켰다는 점에서 그다지 차이가 있다고 보기는 어렵다. 어쩌면 학도호국단은 학생들에게 어떻게 하면 좋은 시민이 될 수 있도록 할 것인가를 가르치자는 목적을 내세웠는지 모른다. 더욱이 정부는 학도호국단 활동으로 인해 보다 잘 규율 잡히고 해로운 교과외 활동에 빠져들지 않도록 함으로써 학교 공부를 도와주는 것이라는 입장에서 학도호국단을 적극 옹호했다.[59] 이 모든 논쟁과 그에 대한 정부의 대응은, 사실 이승만정부 때에 문교부가 학부모들의 불평불만에 대응하느라 써 먹었던 것과 하나도 다르지 않은 것이었다.

이 시기 또 다른 교육의 변화를 들자면, 체육의 중요성이 이전보다 더욱 강조된 것을 들 수 있는데, 이는 훈육되고 건강한 시민들을 만드는 것이 중요하다고 여겼기 때문이었다. 박정희는 국민체육심의위원회를 수립하고 문교부 조직으로 체육국을 설치하였다. 결과적으로 중등학교의 운동선수들이 운동에 더 많은 시간을 쏟도록 하고 이들에게 더 많은 재정지원이 이루어졌다. 스포츠에 대한 강조는 1988년 서울올림픽까지 이어졌는데, 국력을 금메달이나 은메달 숫자로 측정했기 때문이었다. 문교부는 대략 10세 정도에 해당하는 5학년부터 17세에 해당하는 고등학교 3학년 때까지 체력장을 실시했다. 그리고 1972년부터 중·고등학교 입시에서 체력장을 필수항목으로 요구하게 되면서, 학생들은 100미터 달리기, 던지기, 윗몸일으키기, 계주 등의 종목

59) Korea Times, 2 and 3 September 1977.

기록을 평가받아야 했다. 이 체력장은 1973년에 더 엄격해졌다.[60]

1970년대 중후반, 시대적 특징이라 할 수 있는 가혹한 억압에서, 대중들은 학교 공부와 상관없는 교육에 지나친 신경을 쓰는 것을 꺼렸고, 많은 교사와 학부모들은 운동에 신경을 쓰는 것을 그다지 기뻐하지 않았다. 이들은 체육교육의 중요성을 받아들이지 않았으며, 체육교육으로 인해 입시준비에 써야 할 시간과 에너지를 허비하게 될 것을 염려했다. 엄격한 검열에도 불구하고, 신문들은 체육 수업 중에 부상당한 학생들의 이야기를 기사로 내보냈다. 1974년 정부는 모든 노동자가 정기적으로 체력 검사를 해야 한다는 지시를 내리게 된다. 언론은 이러한 조치를 비웃었는데, 한국일보는 "100미터 달리기를 잘하면 좋은 노동자가 되나?" 하는 질문을 던졌다.[61] 3년 뒤, 고등학교 입시에 필요한 체력검사 도중 3명의 여학생이 죽는 일이 발생했다. 문교부는 곧 체육교육 조건을 바꾸게 된다.[62] 체력 증진과 군인정신을 함양하자는 박정희의 정책은 대중들에게 냉소와 함께 비웃음을 샀다. 시험에서 좋은 성적을 받아야 한다는 경쟁적 압력 때문에 이미 치열하게 된 교육은 점점 더 격렬해지게 되었다. 교육의 군사적 성향은 더욱 짙어지게 되었고, 한국 사회의 규율적 성격과 군사 문화적 특징을 만드는 데 기여하였다.

이념 교육

집회와 훈련이 진행되는 상황에서 대한민국에는 폭넓은 정치적 교화가 실시되었다. 이념적 훈련이란 말이 학도호국단, 1948년 이후 열린 대규모 집

---

60) Sung Jae Park, "Physical Education and Sport as an Instrument of Nation Building in the Republic of Korea" (Ph.D. diss., Ohio State University, 1974), 114-116.

61) Korea Times, 11 May 1974.

62) 손인수(1994), 한국교육운동사, 172-173.

회, 1955년 도입된 도덕교육 등에 등장했다. 미국은 제2차 세계대전이 끝나고 일본과 한국의 교육과정에서 수신이란 교과를 없애 버렸다. 수신교과의 폐지가 이 두 국가에서는 민주화의 한 과정으로 보였다. 그러나 곧 한국과 일본 모두 도덕교과를 다시 도입하게 되는데, 도덕교과는 단지 윤리교육을 넘어 민족주의와 반공 이데올로기를 가르치기 위함이었다. 이승만과 박정희 정권하에서 도덕교과의 강조는 권위, 충성, 애국심을 핵심 가치로 가르친다는 것을 의미했다. 한 연구자가 중등학교 교과서를 분석한 연구에 따르면 중학교 도덕교과를 포함한 사회과 교육의 50%가 정부 및 권위를 정당화하는 주제를 다루고 있었다. 사회과 및 도덕과 교과서들은 민주주의 관련된 주제를 담고는 있지만, 민주주의를 질서 의식이 수반되는 것으로 설명하고 있었다. 따라서 민주사회의 시민은 교통법규와 같은 국가의 법과 규칙의 준수가 의무로서 강조되었다.[63] 이들 교과에서는 의무, 준법, 질서가 강조되었다.[64]

반공사상은 도덕교육과 사회 및 역사 교과서의 핵심 주제가 되었다. 방과 후에 있던 특별 강연은 공산주의의 사악함에 대한 것들이었다. 특히 도시지역의 학생들이 참여하는 대규모 집회에서도 이런 비슷한 강연이 이어졌다. 교사연수에서도 하나된 애국심과 충성심을 배양하고, 공산주의와 싸워 이기며, 최고의 전통 윤리를 지킴으로 국내정세의 안정을 도모할 필요가 있음을 강조했다. 이승만정권하의 학사 일정에는 공산주의에 맞서는 투쟁을 기념하는 날이 상당히 많았다. 어린이날인 5월 5일은 한국자유반공청년단을 기념하는 날이었다.[65] 반공청년의 날인 6월 18일에는 1953년 25,000명의 반공 전쟁포로가 이승만에 의해 호혜적으로 석방된 것을 기념했는데, 사실 이는 휴전 회담을 거의 무산시킬 뻔했던 일이었다.[66] 북한의 남침일인 6월 25일

63) 이해성(1987), 전게서, 74-80.

64) 이해성(1990). 1950년대의 국가권력과 학교교육: 새로운 이론정립을 위한 논쟁거리들. 김신일, 한국교육의 현단계, 서울: 교육과학사, 104-105.

65) Korean Republic, 6 May 1954.

에는 반공주의자 경계의 날로 기렸고, 11월 23일은 1945년 북한의 신의주에서 발생한 반공시위를 기념하는 날이었다. 이러한 기념일에는 대체로 대규모 반공시위와 특별강연이 함께 이루어졌다. 그리고 멸공 포스터는 한국 학교교실의 특징이 되었다.

이승만의 생일날 그의 건강을 기원하는 가두행진은 통상적인 것이었지만 1950년대 중반에 그의 생일이었던 3월 26일은 완전히 그의 업적을 축하하는 날이었다.[67] 1955년 그의 80세 생일날, 아주 일상적이었던 자정 통행금지도 하루 종일 해제되었고, 주로 할당되어 공급되던 전기도 서울에서는 하루 종일 공급되었다. 덕분에 특별 편성된 라디오 프로그램이 방송되어 들을 수 있었다. 이승만 동상 개막 행사가 진행되었고, 기념 우표가 발행되었다.[68] 이듬해에는 서울을 대신할 이름을 공모하는 대회가 열리기도 했다. 이승만이 서울 이름을 "외국인들이 발음하기 너무 어려워한다."고 말한 이후였다. 서울의 새 명칭을 제안해 보라는 요구에 대해 학교 아이들은 놀랍게도 '우남'이라는 명칭을 택하게 되는데, 이는 이승만의 호였었다.[69] 대통령을 우상화하는 이런 경향을 묘사한 것의 백미는 1959년 '우리 이승만 대통령 각하'라는 주제하에 전국 학생 글짓기 경연대회에서 우승한 시를 암기하도록 한 것이었다.

<우리 리승만 대통령>
올해 여든 다섯 살,
젊으셨을 땐 감옥에서
고생이 많으셨다죠?
그것이 민족을 건지신 위대한 보람이죠.

---

66) Ibid., 18 June 1955.
67) 중앙학도호국단, 268.
68) Korean Republic, 26 March 1955.
69) Ibid., 30 November 1955.

왜 벽에(대통령 그림을) 붙여 두었냐구요?

집안이 환해지는 것 같아요.

…(중략)…

백두산처럼, 동해물처럼, 소나무처럼,

머리 위에 흰 논을 받으신

우리 리승만 대통령의 모습이죠.

…(하략)

(문교월보, 1957, p. 71)[70]

같은 방식으로 노래들도 만들어 아이들에게 부르도록 했는데, 한국에서는 아직도 기억하는 사람들이 있다.

1960년 4월 이승만의 하야 이후 더 이상 그에 대한 숭배는 없어졌지만, 반공사상은 수십 년 동안 한국교육의 고정된 이념으로 남게 되었다. 박정희정권의 문교부는 1960년대 초 반공사상을 담은 교과서를 표준화하였다. 중학교 교과서의 제목은 '승공통일의 길'이었고 고등학교 교과서는 '자유수호의 길'이었다.[71] 이렇게 억압적인 반공 교화는 1973년에서 1974년 동안 제정된 유신헌법하에서 이루어진 제3차 교육과정개성에서 정점에 이르렀다. 이전에 비해 윤리교육과 민족사에 대한 강조를 훨씬 강화했다. 이러한 교과목들은 국정교과서로 가르쳤으며 반공에 관해 집요한 어조가 담겨 있었다.[72] 고등학교의 사회과 교과서에는 반공주의에 대해 훨씬 더 많은 지면을 할애하고 있는데, 이 교과서에는 지구를 움켜쥐고 있는 공산주의자의 갈고리를 묘사한다든지, '적화 위협'에서 필사적으로 도망쳐 나오는 이민자들을 보여 주는 암

70) 이해성(1987), 통치체제의 모순과 학교교육의 정치사회화 기능, 63.

71) 정영수 외(1986). 한국교육정책의 이념 연구 1960-79, 서울: 한국교육개발원, 1:66.

72) 서울대학교사범대학(1996). 중학교교육.

울한 그림들이 가득 채우면서, 결론적으로는 민족의 자긍심과 부강함이 필요함을 강조했다.[73] 역사교과서는 1974부터 검인정체제에서 국정체제로 전환되었는데, 동일한 민족의 역사를 가르치기 위해서였다. 특히 이 교과서들은 근대화 초창기인 1864년에서 1945년, 한국이 외세에 의해 모욕과 억압을 당하던 시기를 강조하고 있었다.[74] 여기에서 얻는 교훈을 보다 강화하기 위해 규모에 상관없이 모든 기업의 입사시험 과목에 한국사 문제를 의무적으로 집어넣게 했다.[75]

여기에 더해 명백한 반서구화 어조가 교육에 도입되었다. 정부는 자주 '제2경제' 발전이란 말을 통해 새로운 교육체제의 창안, 즉 교육이 '국가를 서구문화의 맹공'에 맞서 '자주정신으로 물들게' 하려 했다.[76] 한국은 국가에 대한 충성을 전통적인 미덕이라고 철석같이 믿고 있는 책임감 있는 시민을 만들어 질서 있는 민주주의의 길을 가려고 했다. 서구적 가치에서 '동양적' 가치로 방향을 틀면서 언어정책도 변화를 맞았다. 먼저 1960년대 박정희는 한자 학습을 금지하고 오로지 한글만을 사용하도록 했다. 박정희정부의 정책 전환은 한국 문화가 지닌 비서구적이고 동아시아적인 특징을 더 강조하는 차원이었다. 일본어 교과는 고등학교에서 제2외국어 선택과목으로 다시 도입되었으며 한문이 교육과정에 다시 등장하였다. 이와 대조적으로 영어학습에 투입되었던 시간은 자연스레 줄어들었다. 젊은이들이 공산주의와 서양 가치의 꾐에 빠지지 않도록 예방하는 데 전통적 가치가 주입되었다. 이러한 조치는 1977년 문교부의 정책 가이드라인에서 잘 드러난다. 문교부는 모든 학교에서 '정신교육'을 강화하기 위한 교육과정 개정을 발표하였다. "자발적으로

73) 김성진(1974), 최신일반사회, 서울: 민중서관; 서돈각(1974). 정치경제, 서울: 박문사.

74) 송정아(1993),『高等學校 國史』敎科書의 體制와 內容分析 硏究: 現代史를 中心으로, 이화여자대학교 석사학위논문. 20.

75) Korea Times, 19 August 1973.

76) Ibid., 1 January 1973.

공산주의에 맞서려는 의무를 이행할 수 있도록 하는 데 특별히 신경을 쓸 것이다. 민주주의 정신을 고양함으로 반공주의자의 태도가 길러질 것이다."[77] 모든 단계의 학교교육과정에서 국민윤리 교과의 비중이 한층 높아졌으며, 유교적 가치가 다시 유행하게 되었다. 사실 '유교적'이라는 말이, 곧 '한국의 전통적'이라는 말과 혼용되어 쓰였는데도 말이다. 이렇게 '전통적인 한국의 가치'에는 부모에 대한 효, 어른에 대한 공경, 국가에 대한 충성, 상부상조 등이 포함되었다. 흥미롭게도 이러한 가치들은 서구의 개인주의와 정반대되는 것들이었으며, 이러한 모든 것들은 '유신 정신'에 녹아들게 되었다. "민주적 이상은 독특한 환경을 가진 한국의 국가 대의와 어떤 면에서 맞지 않을 수도 있다."는 점에서 민주주의는 자체적으로 수정되어야 했다.[78] '민족의 스승'이라는 제목의 교사용 지도서에서 교사들은 '유교적 도덕성을 강조하고 그 핵심을 분명히 해야만' 했다.[79] 윤리적 문제를 다루는 교과서에서 서양의 사례들은 거의 등장하지 않았고, 대부분 한국 역사 속 내용들이 사용되었다.

한국의 교육에 있어 내 호기심을 끄는 것이 있다면 「국민교육헌장」을 둘러싸고 벌어지는 의식이었다. 1968년 1월, 북한군이 청와대를 공격했다. 같은 달, 미국의 푸에블로호[80]가 북한에 나포되었으며, 4월에는 미군 정찰기가 북한군의 사격으로 격추되었다. 일련의 사건들 속에서 박정희는 1968년 12월 5일 「국민교육헌장」을 제정 · 반포하였다. 「국민교육헌장」은 '창조의 힘과 개척의 정신을 기르고' '협동정신을 북돋우며', 애국심을 불어넣고, '애국애족' 하는 것이었다. 각 학교에서는 이러한 목표를 암송하게 하는 의례가 진행되었

77) Republic of Korea, MOE, Education in Korea 1977, 31.

78) Republic of Korea, MOE, Education in Korea 1978, 32.

79) 대한교육연합회, 한국교육연감 1974, 286.

80) (역자 주) 미 정보함 푸에블로호 나포사건은 미 린든 B. 존슨 행정부 시절이던 1968년 미 해군 소속 정찰함 푸에블로호가 조선민주주의인민공화국 원산 앞 해상에서 북한 해군에 의해 나포되어 82명의 미 해군 인원이 11개월이나 붙잡혀 있다가 풀려난 사건이었다.

다. 문교부는 국민교육헌장의 필요성을 다음과 같이 설명하고 있다. "1950년대 공교육에서 대한민국의 개념은 혼란스러웠고 모호했다. 해방 후 외국의 사상과 한국 전통 간의 갈등, 전후 가치의 상실, 외국적 사고방식에 대한 무비판적 수용의 결과였다. 그러나 1960년대 경제발전으로 인해 우리는 민족적 자의식과 과거 교육적 이념에 대한 새로운 성찰적 인식이 고양되었다."[81] 이에 1970년대 학생들은 각 학교의 행사에서 「국민교육헌장」을 암송해야만 했다.

한국 스스로 자유세계의 일부라고 생각하는 상황에서 반서구주의는 그다지 일관성 있게 추진되지 않았다. 미국 및 서구의 주요 국가들이 한국의 주요 동맹국들이었기 때문이었다. 박정희와 그를 보좌하는 측근들이 서양은 공산주의와 마찬가지로 한국 사회의 위협이 된다고 종종 언급했음에도 불구하고, 교과서에는 민주주의와 자유의 융성에 대한 기술이 장황하게 소개되어 있었다. 고대 아테네의 민주주의, 영국 「권리장전」의 의미, 에이브러햄 링컨의 노예해방 연설들은 대표적인 예였다.[82] 여기에 더해, 교육과 기업 단체들은 영어교육 시간의 단축에 반대했다.[83] 따라서 영어학습시간의 단축은 조용히 없어졌다.

정치적 도구로서의 학교

1950년대 말까지 대략 40,000명에 이르게 된 교장, 교감, 교사는 국가가 사회를 통제하려는 이승만 및 박정희에게 없어서는 안 될 중요한 존재였다. 앞서 이야기한 바와 같이, 전통적으로 교사들은 한국 사회에서 영예로운 지위

81) Republic of Korea, MOE, Education in Korea 1971, 10.

82) 김성진, 9-30.

83) Korea Times, 24 May 1973.

에 있었다. 특히 불교가 좀 더 변방으로 물러나 영향력을 잃게 된 전근대시대의 한국에서는 스승-학자라는 인식은 도덕적 지도자들에게 지역사회를 이끌 수 있는 영향력을 유지하게 해 주었다. 한국인들의 이러한 태도는 해방 이후에도 대체로 지속되었는데, 교직에 특권을 주면서 철저한 사회 통제를 시도한 그 어떤 정부에게도 교사를 통제하는 일은 꼭 필요한 일이었다. 일제 식민지 정부의 뒤를 이어 등장한 한국 정부는 국가의 권위를 유지하게 하는 데 학교 교사들을 이용했다.

한국에서 교사는 신중하게 다루어졌다. 「교육법」(1949)은 교사자격관리, 교사 및 교장, 교감 선발임용 등을 포함한 광범위한 권한을 중앙정부가 갖도록 했다. 이 법에 따르면 분명히 교직을 전문직으로 하고 지방교육자치제를 시행하도록 할 것을 명시하고 있다. 즉, 「교육법」은 부분적이기는 하지만 단위학교와 교사들은 중앙정부의 관료주의적이고 정치적인 통제로부터 일정한 독립성을 유지하도록 보장하고 있었다. 그러나 실제로 교사들에게 자율성이라고는 거의 없었으며 교육은 상명하달식으로 관리되었다. 게다가 일찌감치 이루어진 교사 숙청은 교사들이 반국가적·반체제적 행동을 할 때에는 국가가 처벌할 수 있다는 점을 다시 상기시켰다.

이승만정부와 뒤이은 정부들 모두 교육의 정치적 중립이라는 원칙을 확고히 지켰다. 그러나 법적인 보장은 교사와 학교는 정권을 유지하고 사회 통제를 강화하려는 정부로부터 전혀 보호를 받지 못했다. 1952년 UNESCO-UNKRA 한국교육사절단은 특정한 정파적 이해관계를 위해 교육이 광범위하게 이용당하고 있다고 보고하고 있다. 보고서에 등장하는 사례를 살펴보면, "여당인 자유당의 당적을 가진 교사들만이 교직체계에서 승진되었다."는 내용이 있는데,[84] 이렇게 부패한 시스템 속에서 교사들은 종종 피해 당사자가 되었다. 모두가 원하는 학군으로 전근하는 기회라거나, 교장/교감으로의

84) Educational Planning Mission to Korea, 102.

승진, 고위교육행정직으로의 승진 등은 소속 당에 대한 충성도로 결정되었다.[85] 대부분의 교사는 정치적인 이슈를 피하려고 했지만, 정치 활동에 적극적으로 참여하라는 압력을 거부하기는 어려웠다. 이승만과 자유당 대표들은 가끔 학교를 방문해 학부모들을 독려하고 자유당 후보에 투표하도록 교사들을 들들 볶았다. 주로 학교에서 투표가 이루어졌기 때문에, 교사들이 투표 지원 요원으로 차출되곤 했다. 투표 연습이 종종 실시되곤 했는데, 투표자들은 어디서 투표를 할 것이며 누구에게 투표할 것인가를 연습했다. 또한 보도된 바에 따르면 교사들은 4~5명이 한 조로 구성되어 투표자들이 투표기입장으로 안내하도록 했다. 자유당 지지자들은 한 조의 다른 조원들이 누구에게 투표할 것인지 암시를 하거나 혹 직접 누구에게 투표하라고 하는 상황을 보곤 했다. 이러한 전략이 투표자를 방해하는 것이라는 의미라기보다는 교사들의 권위를 이용해 지역주민들에게 영향력을 행사하는 것으로 봐야 할 것이다. 즉, 이 전략은 시골지역에서 훨씬 더 효과적이었다.[86]

권위주의적인 교육행정 스타일은 교사 및 교장들을 겁먹게 해 순응하도록 했다. 교실 밖에서 공개적으로 반대의견을 내세우는 교사들은 징계를 받거나 파면되었다.[87] 1940년대 말에서 1950년대 초 반좌파들을 대상으로 한 대규모 숙청과 계속되는 지시와 명령으로 이루어진 체계는 소위 '명령 위주의 장학행정'으로 알려진 시스템을 만들어 냈다.[88] 교육부 관료, 시 · 도교육감, 각 지역의 교육장은 학교 교장들에게 계속 명령을 하달했다. 그러면 교장은 이 명령을 아침 교무회의 시간에 교직원들에게 읽어 주었다. 교사들은 순종적인 태도를 받아들여야 했고, 자기보다 높은 상관의 강압적인 조치에 익숙해져야 했다. 이에 고위 관료들은 당연하다는 듯 하급 공무원들과 교사들에

85) 오천석(1956 9월), 새교육 8, 9집: 49.

86) 한국혁명재판사편찬위원회, 3:1077-1078; 1991년 6~11월 서울에서 전직 교사들과의 인터뷰.

87) Korea Times, 14 April 1959 and 16 January 1960.

88) 이해성, 1950년대의 국가 교육과 학교교육, 105. (김신일, 한국교육의 현 단계)

게 순종적이고 충성을 보이는 모습을 기대했다. 특별히 정부에 대한 순종과 충성을 기대했다.

그런데 1950년대를 거치면서 교육전문잡지, 특히 월간『새교육』은 독립적인 학교위원회, 정치로부터의 교사 자율성, 민주적 가치를 함양할 수 있는 교과서와 교수 방법 등을 진작시켰다. 한 교사 단체들은 이러한 민주적 교육이 이루어질 수 있다고 믿었는데, 이들의 생각에 단체교섭권을 가진 교사노동조합이 결성되는 것이 선제조건이었다, 1959년 초 서울시 교사였던 강기철의 지도하에 교사노동조합을 결성하려는 시도가 있었다. 법무부는 재빨리 이들이 결성하려는 노조가「공무원법」제37조를 위반한다고 판결했다. 즉, 이 조항에 따르면 공무원은 공무 목적 이외의 어떤 단체활동에도 참가해서는 안 된다고 규정하고 있었다. 문교부와 보건복지부는 이 판단을 지지하면서 서울시 교육위원회는 이 노조를 설립하기 위해 초기 작업에 참여했던 수명의 교사들을 해고했다. 여기에는 초등학교 교사였던 강기철의 부인도 포함되었다.[89] 교총과「교육공무원법」이 교사들의 권리와 자율성을 보장하지 못한다는 주장에 따라, 반체제적인 교사들은 대체로 온건하고 정부가 통제하고 있는 한국노동조합총연맹(한국노총)의 지지를 얻고자 했다.[90] 그러나 정부는 노조 기획자들을 해고하면서 노조결성 움직임은 순식간에 파괴되었다.

1960년 4월 학생들이 이끈 시위로 이승만정권이 무너지고 채 며칠이 지나지 않아 1,200명의 대구 초 · 중등학교 교사들이 교사협회를 결성하였다. 이들은 교육이 정부의 간섭으로부터 자유로워지게 하는 것, 진정한 교육 자율성을 확보하는 것, 교원노조 결성과 교사 파업을 보장하는 법을 제정할 것, 사학재단의 부패를 근절시킬 것, 재직 기간 중에 부를 축적하는 교사 및 교육공무원을 면직시킬 것, 일반적으로 교사들의 사회경제적 지위를 향상시킬 것

89) Korea Times, 19 March 1959.

90) 동아일보, 1959년 3월 19일.

등의 내용을 담은 결의문을 채택하였다.[91] 더 나아가 대구 교사들은 자신들의 요구를 관철시킬 수 있는 전국적인 교사협회를 구성하고자 했다.[92]

대구에서 시작된 교사운동은 곧 부산, 서울 및 다른 도시들로 확산되었다. 5월 22일, 전국의 교사를 대표하여 200여 명의 대의원이 전국교사노조연맹(교원노조, NLTLU)을 결성하기 위해 서울로 모여들었다. 그러나 물러난 이승만 대통령을 이어 새로 들어선 민주당 정부는 신설 교원노조를 교육체제뿐만 아니라 정부에 위협이 되는 존재로 간주했다. 그 이유의 일부로는 일본에 있는 일본교원노조(일교조) 때문이었는데, 이 단체는 공산당과 연관되어 있었고 가장 극렬하게 반정부적 입장을 피력하고 있었다.[93] 한국의 관료 및 보수적인 교육전문가들은 일본 공산주의자들을 북한의 적극적 동맹자로 보면서 국가 안보의 심각한 위협이 된다고 보았으며, 새로 조직된 교원노조를 지적, 정치적으로 정부 타도를 지원하는 일본 일교조의 복사판 정도로 인식했다. 18,000명의 회원을 거느린 교원노조는 교육체제의 분권화, 교사의 정책결정과정 참여 확대, 학교운영에의 정치적 간섭 배제 등을 요구했다. 교원노조가 벌이는 시위의 격렬함, 대규모 단식 투쟁, 가끔은 과격한 시위 행태 등은 교사들이 지금까지 겪어 온 절망이 어느 정도였는지를 보여 주는 것이었다. 교원노조 활동은 1961년 5월 군사쿠데타로 인해 더 이상 이루어질 수 없었다. 교원노조 지도자들이 모두 체포되었기 때문이었다.

박정희와 군부는 교사들에 대한 구속의 끈을 단단히 조였는데, 1961년에서 1962년 동안 수백 명의 교사들과 640여 명의 문교부 공무원들이 반부패운동이라는 명목으로 해직되었다. 그러나 이는 부패를 일소하는 것만큼이나 정

91) Korea Times, 19 May 1960.

92) Sung-joo Han [Han Song-ju], The Failure of Democracy in South Korea (Berkeley: University of California Press, 1974), 191.

93) Duke(1973). 참조.

치적 내분을 정리하기 위한 것이었다.[94] 1949~1951년 동안 있었던 교사 숙청 캠페인의 사례에서와 마찬가지로 대부분의 해직 교사들은 다시 복직되었으며, 개혁운동은 1962년 동안 물밑으로 가라앉게 되었다. 1971년 1월, 새로운 '교육정화' 운동이 발족되었다. 원래는 판사들의 도덕적 기준을 향상시키기 위해 시작된 것이었는데, 갑자기 전국의 교사들에게 칼날이 겨누어졌다. 문교부는 이 운동을 '신교육운동'으로 확장시키고는 시위에 참석해 교사와 학생들이 검소하게 살 것이며 부정기적인 촌지를 걷지 않겠다고 서약하도록 했다.[95] 이러한 캠페인이 있었다고 해서 교육의 실제에 어떤 변화가 있었을 리 만무하다. 그러나 이러한 활동은 전국 교육전문가들에게 정부가 간섭할 수 있는 수단으로 작동했다.

이외에도 교사들을 길들이는 방법에는 정말 다양한 것들이 있었다. 정치적 신념을 공공연하게 이야기하는 교사들은 「교육공무원법」 제31조 제2항에 따라 면직되었다. 문교부는 이 법에 따라 '자신의 의무를 수행하지 못하고 소홀히 하는' 교사들을 해고할 수 있는 권한을 행사했다. 교사들을 길들이는 좀 더 일반적인 방법은 아무도 원치 않는 지역으로 전출을 보내는 것이었다. 과외가 금지되어 있는 상황에서 이 규정을 어긴 교사들은 과외비를 감당할 수 없는 가난한 시골지역으로 발령받는 것을 위협으로 여겼다.[96] 1972년 문교부는 대학교수들을 통제하는 방법으로 전출 제도를 확대하려 했다. 이에 따라 대학교수들을 각도의 국립대 캠퍼스의 필요에 따라 재임용하는 계획을 도입했다.

박정희정권이 시행했던 가장 악명 높은 것은 1975년 7월 통과된 「교육법」으로, 여기에는 교수재임용제도가 포함되어 있었다. 법이 정한 목적은 '무

94) 동아일보, 1961년 6월 10일.

95) Korea Times, 20 January 1971.

96) Ibid.

능한' 학자들을 추려 내는 것이었지만, 정권에 비우호적이라 여겨지는 대학교 · 강사들을 솎아 내기 위한 도구였다. 교수재임용 정책은 대학교수들을 압박하는 데 상당히 효과적인 무기로 작동했다. 재임용 기준은 매우 모호했고, 따라서 정치적으로 악용될 여지가 충분했기 때문이었다. 이 법이 시행되고 6개월 후, 376명의 교수가 '무능하다'고 판명되었고 결국 면직되었다. 몇몇 대학들이 저항하거나 면직 과정을 지연시키려 했었다. 그러나 정부는 각 대학교에 강한 압박을 넣어 '문제를 일으키는 정치교수'들을 다루었다.[97] 혹자는 이것이 대학의 특징이랄 수 있는 승진 및 정년의 자동적 보장을 막아 대학교수의 질을 통제할 수 있는 좋은 장치라고 주장하기도 했지만, 이것이 정치적으로 이용되고 있다는 점은 너무도 분명했다.[98] 한 교육자의 말대로, '이 제도가 불러온 부정적 효과는 결코 축소시켜 말할 수 없을 것'이었다.[99]

박정희와 그의 군 측근들은 계속해서 교사들에게 학생들을 수도 없이 많은 친정부 집회 및 반공산주의 시위에 동원하도록 했다. 이런 집회들은 종종 밤늦도록 이어지거나 심지어 일요일에도 개최되었다. 의무적으로 참여해야 하는 현직교사 직무 훈련에는 정치 세미나가 자주 강좌로 등장했으며 이러한 강좌들은 '정신교육'으로 제시되었다. 박정희정권은 교조적 반공교육을 아주 강하게 몰아붙이고 교사들을 대상으로 정치적 조작을 일삼았지만 교사의 충성을 살 수는 없었다. 오히려 안정적 정권 유지에 반하는 효과를 가져왔다. 드러내 놓고 정권에 반대하지 않는 교사들이었지만, 이들은 정부의 간섭에 강한 분노를 느끼고 있었다. 이들이 정부에 대해 갖고 있던 냉소적 태도, 정부 정책에 대한 회의감, 강한 반감 등이 당시에 학생들에게 전해지지는 않았을 리 없다. 그리고 이러한 상황에서 정부의 교육정책 효과는 제한될 수밖

97) Ibid., 12 and 17 February and 9 March 1976.

98) Kim Jongchol, "Higher Education Policies in Korea," Korea Journal 23, 10 (October 1983): 7.

99) Shin Bok Kim, "Educational Policy Changes in Korea: Ideology and Praxis," in G. Lim and W. Chang, eds., 397.

에 없었다. 그러나 정부 정책은 한국교육의 군사화에 매달렸다. 입시를 둘러싸고 벌어지는 경쟁과 마찬가지로, 학교의 군사화는 순화된 노동력을 만들어 내는 데 기여했다. 물론 이에 저항도 있었고 개개인들의 분노심도 표출하기는 했지만 말이다.

한국에서 교사는 장시간의 업무와 상당히 짧은 방학 등으로 아주 힘든 직업이었다. 1966년 실시된 조사결과에 따르면 초등교사의 28%, 중등교사의 38%가 이직을 희망한다고 답했는데, 가장 큰 이유는 적은 월급이었다. 그리고 약 41%의 초등학교 교사와 23%의 중등학교 교사들은 교사의 사회적 지위가 너무 낮다고 답했다. 가장 염려되는 것은 혹시라도 아주 살기 힘든 지역으로 전출될지도 모른다는 점이었다.[100] 1960년대 교총의 연구에 따르면, 초등학교 교사는 일주일에 58.6시간을 일하는 것으로, 중·고등학교 교사들의 경우에는 각각 55.1시간, 57시간 일하는 것으로 나타났다.[101] 언론은 교사들의 가난 및 궁핍함에 대해 자주 기사를 내보냈다. 기사의 내용을 보면 교사 자신뿐만 아니라 가족들이 잘 먹지 못해 영양실조에 시달린다는 이야기들이었다. 매년 사직하는 교사들을 연구한 보고서에는 적은 월급과 학부모들의 학대, 그리고 교사들이 필요한 것에 전혀 신경 쓰지 않는 폭력적인 국가에 대한 불만이 함께 나타나 있다. 그러나 1960년대 말에서 1970년대 엄청난 경제호황 및 이에 따른 취직 기회가 확대되었다는 점을 고려하더라도, 사직하는 교사들 수가 그다지 많은 것은 아니었다. 이는 부분적으로는 대학 졸업생 수가 항상 넘쳐 났기 때문이다. 또한 교직은 여전히 존경받는 직업이었으며 더욱이 잘 사는 도시지역의 학교 교사들은 봉급 이외의 부수입 거리가 많았기 때문일 것이다.

100) Chung Tai-si, "Problems Facing the Enhancement of the Status of Teachers in Korea," Korea Journal 6, 7 (July 1966): 15.

101) Korea Times, 16 May 1968.

교사 중 상당수는 자신들을 대표한다는 교총과 국가가 정치적 판단에 따라 아무런 목소리를 내지 않고 있다는 사실에 절망과 함께 냉소적인 태도를 보였다. 그러나 1970년대 반체제적인 급진적 교사 조직이 등장했다. 이 교사들은 다른 지식인들과 함께 야학운동에 참여했다. 야학은 낮에 학교를 다니면서 대입 준비를 하기 어려운 사람들을 돕기 위해 만들어졌다. 그러나 이들 야학은 곧 노동자들에게 인간적 권리를 가르치는 토론의 장으로 변모해 갔으며, '노동야학'이라는 별칭이 이들 야학에 붙게 되었다.[102] 결과적으로 반체제 교사들은 급진적 노동 단체들과 연계되었다. 그러나 반체제적인 교사운동이 정치력을 얻어 교육개혁의 한 세력으로 등장하게 된 것은 1980년대였다.

「교육법」에서 지방교육자치제를 명시하고 있었는데도 불구하고, 고도로 중앙집권화되어 있는 교육행정으로 인해 지방교육자치는 말뿐이었다. 실제로, 1952년 설치된 지방교육위원회는 별 이렇다 할 힘을 못 쓰고 1961년 폐지되었다. 지방교육위원회의 권한을 보호하고 증대하려는 사람들이 1950년대 지방교육자치를 적극 옹호했지만, 정부 관료들은 지방교육위원회를 기능 중복을 일으키는 괜한 낭비라 여겼으며, 내무부와 일부 문교부 관료들도 이런 비판에 가세해 지방교육위원회를 중앙정부의 교육통제를 가로막는 방해물로 간주했다. 정부는 1956년 지방행정을 중앙집중화시켜 정부를 좀 더 효율적으로 움직이게 할 위원회를 발족시켰다. 여기에는 교육구 폐지가 논의되었다. 당시 재정부장관 인태식과 부흥부장관 김현철이 공동의장을 맡게 된 이 위원회[103]는 지방교육행정을 일반지방행정에 병합시켜 직원 수를 감축하고자 했다. 이들은 또한 학교위원회가 학교재정모금에 실패하고 있으며 또한, 고액의 교육세를 학부모들로부터 걷고 있는 학교 관리자들과 지역 사친회 임원들을 제대로 관리하지도 못하고 있다며 비판하였다.[104] 한국에서 사친회

102) 유상덕. 교육개혁을 향한 한국 교사의 투쟁, 1996년 3월 5일.
103) (역자 주) 삼인위원회(三人委員會), 경향신문 1956년 7월 13일 참조.

의 가장 큰 일이 학교 재정 확보라는 점에서 이들에게 좋은 소리가 나올 리가 없었다. 그런데 이 사친회가 학교위원회와 연관되어 있었다는 점에서 이들은 모두 정부에 의해 미국교육제도를 부적절하게 도입하려는 잘못된 시도로 언급되었다.

주로 중산층 독자들의 관심을 염두에 둔 한국의 언론은 지방학교위원회를 옹호하는 입장에 섰다, 『한국일보』는 지방교육자치를 '자유민주주의의 발판'이라고 칭하면서, 한 사설에서 "우리가 학군 체제를 채택한 이유는 외국에서 좋다고 하는 형태를 무작정 따라 했기 때문이 아니라, 민주적 교육 시대를 열어 나가고자 했기 때문이었다."[105] 교총도 지방교육자치제 수호를 위한 캠페인을 개최하고 특별위원회를 소집했다. 1956년 8월과 1957년 3월 사이에 학군을 없애려는 정부 입장을 저지하고자 15차례의 전략회의가 개최되었다. 두 번에 걸친 조직의 재편 이후 1958년 9월 이 위원회는 '지방교육자치위원회'로 알려져, 이후 2년 동안 국회의원, 언론인, 정부 관료, 교사들과 지방교육자치제를 진작시키기 위한 작업을 진행했다.[106]

1961년 5월 16일의 군사쿠데타로 인하여 지방자치제와 함께 지방교육자치제도 갑작스레 종말을 고했다. 모든 교육위원회는 즉시 기능이 정지되었고 국가재건최고회의를 만든 군부의 명령에 의해 10월 6일 모두 폐지되었다.[107] 한국의 교육전문가들은 부분적으로 미국의 지방교육자치모형을 토대로 지방교육위원회 체제를 만들어야 한다고 지속적으로 주장했다. 이러한 교육전문가들의 주장에 대해 박정희정권은 듣기 좋은 말로 수긍해 주었지만, 정부가 어느 정도로 지방자치제를 지속시켜야 하는지, 만약 지속시킨다면 어느 정도로 할 것인지, 목표가 무엇인지에 대해서는 명확하게 동의하지 않았

104) Korea Times, 14 July 1956.

105) 한국일보, 1956년 7월 7일.

106) 대한교육연합회, 대한교육사 1947~1973, 137-140.

107) Korea Times, 7 October 1961.

다. 문교부 관료들은 교육을 어떻게 지방자치화 할 것이며, 자율성을 보장해야 한다는 계획을 가지고 있었으나, 동시에 내무부의 교육 개입을 최소화하려는 계획을 공유하고 있었다.[108] 지방학교위원회를 재도입하는 문제는 지방의회를 새로 구성하는 문제와 관련되어 있었는데, 군부가 이것을 없애 버린 것이었다. 박정희정부는 이 두 가지 계획을 모두 재도입하는 것에 대해 약속했음에도 불구하고 1972년 유신 개헌이 포고될 때까지 결정을 연기하고 또 연기해 왔다. 결국 유신 개헌으로 지방자치정부는 한반도가 통일된 때에야 다시 들어설 수 있을 것으로 결정되었다. 실제 지방자치단체장 선거로 인한 지방정부는 1991년이 될 때까지 다시 등장하지 않게 되었다.

지방교육자치라는 미국식 이상이 한국에서 실패한 이유에는 다음 몇 가지가 있다. 그 하나는 정부의 교육행정 시스템이 과도하게 중앙집중화된 상황에서 미국식 모델은 전혀 들어맞지 않았다. 다른 이유로는, 정부가 교육의 내용과 수준에 있어서 통일성을 갖춰야 한다는 점에 지나친 관심을 기울였다. 여기에 또 다른 이유도 있다. 국가뿐만 아니라 학부모 및 교사들도 중산층 학부모들이 자신들의 교육 관심사를 반영하겠다고 학교위원회를 장악하지 않을까 염려했다. 정말 영향력 있는 가족들이 교사 및 교육 관계자들에게 압력을 넣어 자기 자녀들에게 부수적 이익을 주게 될 것이라는 점에서, 지방교육위원회는 교육과정의 객관적 성격을 파괴할 수 있는 장치가 될 전망이었다. 그 외에도 국가가 교육 통제권을 행사하겠다는 정치적 필요성, 기술관료들이 행정 효율성을 추구하겠다는 바람, 통일된 교육수준을 만들겠다는 공무원 및 교육전문가들의 희망, 사회적 선발기재로서 교육체제를 보호해야 한다는 열망 등이 미국식 민주교육을 옹호하는 사람들과 학교에 대한 통제권을 더 크

108) Kim Kyu-taik, "Decision Making in an Inter-Departmental Conflict: The Case of the Revival of Educational Autonomy in Korea," in Inter-Group Conflicts and Political Decision Making in Korea (Seoul: Social Science Research Institute, Yonsei University, 1968), 61-65.

게 확보하려는 중산층의 노력을 넘어섰다.

교육체제에 대한 정부의 강한 통제, 학생 및 교사의 정치집회 동원은 오히려 학생 및 교사들을 정적으로 만들어 버리는 결과를 낳았다. 학생들은 학도호국단을 1960년 봄 이승만정부에 저항하는 시위 조직의 근거지로 삼았다. 이승만과 인기 없던 부통령이 재출마한 대통령 선거가 조작, 부정선거였다고 여겨지던 시기였다. 전면적 정치개혁, 이승만정부 인사들의 구속, 남북통일을 요구하는 학생시위대는 장면 총리가 이끄는 민주정부와 타협하지 않았는데, 이들의 시위는 교사들의 저항과 더불어 1961년 쿠데타로 질서를 회복하겠다는 명분을 군부에게 제공했다. 학생 시위대는 1965년부터 1979년 박정희의 저격이 있을 때까지 그를 괴롭혔다. 박정희정권의 억압과 소외의 분위기에, 1971년 이후 대학 교정에 군대를 주둔시키고 학생운동가들을 체포, 구금, 퇴학하는 것을 포함한 가혹한 탄압이 더해졌다. 따라서 학생운동 참가자들이 지하로 숨어들게 되었고 점차 좌익, 반미 사상이 득세하게 되었다.

서울의 봄과 전두환

자신의 측근인 안기부장 김재규에 의해 1979년 10월 26일 박정희 대통령이 피살되자 정치권과 교육계에서는 민주적 개혁의 희망이 솟아올랐다. 박정희의 피살 이후 1980년 4월 신군부 지도자였던 전두환 장군이 정권을 잡는 짧은 시기 동안, 한국은 '서울의 봄'이라 불리는 개방의 시기를 경험하게 된다. 이렇게 개방적인 분위기에서 교육문제가 개혁과 변화의 핵심적인 주제로 떠올랐다. 1980년이 시작하면서 한국의 주요 일간지들은 대학의 자유를 확대할 것을 요구했고, 문교부는 대학 교정에서 더 자유로운 환경을 만들도록 관련 규정을 바꾸겠다고 약속했다. 1월 문교부는 반정부 활동으로 대학에서 퇴학당한 750명의 학생들이 복학할 수 있도록 하겠다고 발표했다.[109)]

모든 종류의 개혁들이 이 짧은 기간 동안 논의되었다. 예를 들어, 지방자치 제도를 어떻게 이행할 것인지, 직접적인 선거에 의한 것이든 혹은 독립적으로 이루어진 간접 선출방식이든 학교위원회를 어떻게 구성할 것인지에 대해 정말 많은 공청회가 개최되었다.[110] '서울의 봄'이 가져다준 흥분 속에서 교육전문가들은 교육을 보다 민주화하기 위해 교육과정 개혁을 논의했다. 28개 대학교의 학장들이 2월 한자리에 교육민주화라는 목표를 놓고 모여 교과서 재발간을 요구했다. 이들은 기존 교과서가 '반민주적인' 유신헌법을 추진하도록 만들어진 것이라며 비판했다. 이들은 더 나아가 대학의 자유화를 더욱 진척시키고 개별대학들이 학비 규모 및 행정, 연구 정책을 수립할 권한을 갖게 할 것을 요구했다.[111]

전국의 모든 대학교수들은 회합을 갖고 고등교육개혁을 요구하는 선언을 발표했다. 5월 초 3백여 명이 넘는 교수들이 서울에 모여 대학행정에 대한 개혁 방향에 대해 논의하였다. 이들은 대학행정가들이 족벌주의적 행정경영을 끝내야 하며, 사학재단은 학교를 돈을 버는 수단으로 이용하지 말 것을 요구했다. 교수들은 대학행정의 민주화, 교수 평의원회의 권한 강화, 교수들의 공공 강연 제한 금지, 학생 군사훈련의 중지를 요구하였다. 유명한 역사학자였던 이우성[112] 등을 비롯한 발표자들은 대학이 '민주화의 전위부대'가 되어야

109) Korea Times, 5 January 1980.

110) Cho Chang-Hyun, "The Politics of Local Self-Government in South Korea," in *Korean Public Administration and Policy in Transition,* ed. Kwang-woong Kim and Yong-duck Jung (Seoul: Jangwon Publishing, 1993), 1:229-235.

111) 대한교육연합회, 한국교육연감 1981~1982, 15; *Korea Times,* 20 February 1980.

112) (역자 주) 이우성(1925~2017). 1925년 경남 밀양 퇴로리에서 태어났으며, 성균관대학교 문과대학을 졸업하고 같은 학교 대학원에서 박사학위를 받았다. 성균관대학교 교수 및 대동문화연구원장, 성균관대학교 대학원장, 연세대학교 석좌교수, 민족문화추진회 회장 및 이사장 등을 지냈다. 사회경제적 관점에서 고려시대사 연구에 정력을 기울여 특히 토지제도를 위시한 사회제계층의 동향에 역점을 두었다. 그 결과 고대 · 중세의 토지사유(土地私有), 부곡(部曲)의 실

한다고 주장했다.[113] 서울대학교 교수들은 문교부에 정부의 개입 없이 교수들이 직접 대학총장을 선거로 선출하게 해 달라고 청원을 넣는가 하면, 많은 대학교수들이 대학행정 관계자들의 사퇴를 요구하였다. 이러한 요구 중 가장 두드러진 것은 그토록 혐오해 마지않는 교수계약제도를 없애라는 것이었다. 이 교수계약제도는 박정희정권에서 가장 사악한 정책의 상징이 되었던 것으로 고등교육기관의 교수진들을 통제하려는 도구가 되어 왔다.[114]

한편, 초·중등학교 교사들은 교총의 개혁을 요구하던 교수들의 시위에 합류했다. 이들은 교총을 국가의 부패 도구라 부르면서 전국 교사들을 대표하지도, 전국 교육전문가들의 필요에 부응하지도 않았다고 비판했다. 다시 말하지만, 교총 지도자들의 즉각적인 사퇴를 요구하는 시위를 이끈 것은 대학교수들이었다. 결국 그해 5월, 교총 회장이었던 곽종원이 사임하게 되었다. 이 일 이후 전국 220여 명의 교총 대의원들은 비상회의를 열고 최초로 직접 선거로 회장을 선출하였다. 이 시기에 회장을 선발한 것과 달리, 1960년대 중반부터는 교총회장 선발이 문교부의 압력 없이 이루어졌다.[115]

교육기관을 국가의 통제로부터 자유롭게 하려는 움직임은, 간섭받지 않겠다고 협박하는 학생운동의 급격한 성장과 함께 나타났다. 마치 이승만정권의 멸망 이후 있었던 일과 유사했다. 학생들은 대학에서, 간혹 고등학교에서 거의 매일 시위와 집회를 열었다. 무엇보다 대부분의 시위 집회는 교수와 대학행정가들을 겨냥한 것들이었다. 전투적인 학생들은 '정치교수'들의 퇴출을

체 등을 실증적으로 논증하여 종래 일본학자들의 견해를 뒤집었다. 이후에는 조선사상사 특히 실학연구에 주력하여 실학과 개화사상의 연관관계를 밝히는 등의 업적을 남겼다. 민주화 운동에도 참여하여 4·19 직후에는 학원민주화운동에 적극 가담한 이유로 동아대학교 교수직에서 물러나야 했으며, 1980년에는 군부독재에 맞서 '361 교수성명'을 주도하고 이어 지식인선언에 참여한 이유로 구속 수감되고 성균관대학교 교수직을 4년간 박탈당했다.

113) Korea Newsreview, 3 May 1980, 8.

114) 대한교육연합회, 한국교육연감 1981~1982, 16.

115) Korea Newsreview, 10 May 1980, 10; 1997년 여름 서울에서 교육자들과의 인터뷰.

요구했다. 이 말은 박정희정권에서 친정부 활동을 했던 교수들을 일컫는 말이었다. 많은 수의 교수가 이 압력에 견디지 못하고 그만두었다. 그렇지 않은 교수들은 소위 '자기반성문'을 제출해야 했다. 이는 이웃한 중국에서 10여 년전 홍위병의 폭정하에서 교수들이 겪었던 시련을 어렴풋이 떠올리게 하였다. 열정적인 활약을 담아내려는 국가의 노력은 한편으로 혼란스럽고 다른 한편으로는 별 효과를 내지 못했다. 문교부는 학생들에게 교수들이 선택의 여지없이 정부 지침을 따라야만 했다는 것을 이해시키는 것이 아무런 도움이 되지 않는다고 한탄했다. 동년 4월까지 여러 대학의 총장 및 학장이 사퇴하는 사태가 발생하자, 문교부장관이었던 김옥길은 더 이상의 대학 총장 사퇴를 수용하지 않겠다고 발표하기도 했다.[116]

학생들은 혐오해 마지않던 학도호국단을 스스로 없애 버렸으며, 많은 대학 캠퍼스에서 군사훈련 참여를 거부했다. 4월에 문교부장관은 학생들에게 군사훈련은 자발적 활동이지만 학생들에게 참여해 줄 것을 요청했다.[117] 국가 입장에서 학생들이 보였던 행동 중에 가장 심각한 문제는 매년 군부대에서 실행해 오던 열흘 동안의 의무적 군사훈련 참가를 거부한다는 것이었다. 군사훈련 불참에 부과되는 불이익은 즉각적인 징병이었다. 문교부는 국방부에 이 규정을 반드시 실행하겠다고 약속했다. 그러나 성균관대학교 학생 1,300여 명이 군사훈련 참여를 거부하자, 이후에 참여하라고 말했다. 이렇게 되자 다른 대학 학생들 또한 그들과 마찬가지로 군부대 입소 거부를 맹세했다. 문교부는 국방부 관계자를 만나 군사훈련을 개혁할 수 있는 방법이 없는지 논의했다. 5월 초, 군사훈련은 주별 4시간에서 2시간으로 축소되었고, 군부대 입소 훈련은 잠정적으로 중단되었다.[118]

116) Korea Herald, 4 April 1980; 1997년 여름 서울에서 교육자들과의 인터뷰.

117) 대한교육연합회, 한국교육연감 1981~1982, 18.

118) Ibid., 19; Korea Herald, 2 May 1980.

그러나 군사훈련이 중단되었다고 해서 국가의 권위에 대한 학생들의 싸움이 끝난 것은 아니었다. 군부대 입소 훈련을 중단하겠다는 발표 바로 다음 날 15년 내 가장 큰 규모의 학생시위가 열렸다. 그런데 학생들의 요구가 달라져 있었다. 정부가 군사훈련 및 학도호국단을 모두 없애 버린 상황에서 학생들은 국가의 정치적 쟁점들에 집중했다. 12,000명의 학생들이 서울대학교 아크로폴리스 광장에 모여 계엄령을 해제할 것과 새로운 민주정부를 수립하라고 요구했다. 정부의 간섭이 최대한 배제된 상황에서 진행된 2일간의 집회는 학생들의 애국가 제창 및 귀가 등으로 평화롭게 마무리되었다.[119] 그러나 3일 후, 23개[120] 대학 학생대표자들이 모여 민주화투쟁위원회를 결성하였다. 김옥길장관은 공개서한을 통해 학생들에게 시위를 삼가라고 요구했으며, '강한 애국심과 든든한 국가 안보의식으로 견인되는 자유를 사랑하는 학생들의 비판 정신을 높이 치하'하지만 거리의 시위는 민주화를 위험에 빠뜨린다고 했다.[121] 장관은 학생들에게 정부는 학생들의 '정당한 주장과 요구'에 귀기울이고 있다고 말했다.[122] 대다수의 총장들이 사퇴한 이후 새로이 임명된 국립대학 총장들은 합동 성명서를 통해 학생들의 데모를 학내로 국한할 것을 촉구했다. 거의 동시에 시위대가 거리로 쏟아져 나왔다. 경찰과 폭력적 충돌도 발생했다. 5월 15일 수만 명의 학생들이 서울, 부산 및 다른 도시의 거리에 모여 시위를 벌였다. 교통은 마비되었고 시위대들은 몇몇 주요 기차역을 잠깐이기는 하지만 점거하기도 했다. 5월 16일, 국무총리는 '사회질서를 파괴하는 무모한 행동'을 막기 위해 엄중한 조치가 취해질 것임을 암시했다.[123] 시위대는 거의 학생들로 이루어져 있었기 때문에 고려대학교에서 모인 26개

119) 대한교육연합회, 한국교육연감 1981~1982, 19; Korea Times, 3 and 4 May 1980.

120) (역자 주) 원문에는 33개이나, 확인결과 23개가 맞음.

121) 동아일보, 1980년 5월 8일.

122) 동아일보, 1980년 5월 9일; Korea Herald, 9 May 1980.

123) Korea Herald, 16 May 1980.

학과 대표자들과 이화여자대학교에서 모인 55개 대학의 총학생회장들은 5월 18일 시위를 전면적으로 취소하고 '상황을 지켜보자'고 결정했다.[124]

학생들이 겨냥하는 분노의 핵심은 전두환 장군이었다. 국군기무사령관이었던 전두환이 1980년 4월 국정 통제 권한을 인수하면서, 그가 정부의 실권을 갖게 될 것이라는 점이 점차 분명해지던 차였다. 학생들의 시위와 야당 대선 후보자들의 자유선거 구호에 맞닥뜨린 전두환은 5월 17일 계엄령을 선포하고 김영삼, 김대중을 비롯한 야당 지도자들을 대거 잡아들였다. 이에 광주에서 대규모의 폭력적인 시위가 발발했다. 광주는 김대중의 고향인 전라남도에서 가장 큰 도시였는데, 전두환은 공수특전단을 광주에 보내 시위대를 잔혹하게 진압했다. 이 과정에서 수백 명이 살해되었으며 소위 '광주 사태'[125]로 알려지게 된다. 이로써 서울의 봄은 끝났다.

전두환은 학교에 대한 정치적 통제를 강화하는 방향으로 나아갔다. 교복착용 폐지와 같이 좀 더 자유로운 학교 환경을 만든다는 이름뿐인 조치들을 제외하고, 전두환은 정치에서와 마찬가지로 교육에서 권위주의적으로 일관했던 박정희의 정책을 그대로 유지했다. 전직 군 장성이었던 전두환은 1980년 여름과 가을, 또 다른 '교육정화' 캠페인을 시작했다. 이 캠페인은 '학생폭력단 및 불량학생들을 솎아 내고 불순한 학생서클을 찍어 내기 위한 것'이었다.[126] 이 캠페인은 학교에서 불법적으로 이루어지는 모금 및 부패를 방지한다는 명목과 함께 정치적으로 적극성을 띠는 학생(및 일부 교사들) 제거 및 학생정치단체 해산을 겨냥하고 있었다.

정부 내에서는 여전히 '제2경제'에 대해 관심을 기울였다. 정부의 몇몇 인

124) Korea Times, 17 and 18 May 1980.

125) (역자 주) '광주 사태'라는 표현은 이후 '광주사건' '광주폭동' 등으로 불리다가, 민주정부가 들어선 이후 법적 · 학술적 조사를 거쳐 '광주혁명' '광주항쟁' '광주민주화항쟁' 등의 호칭으로 바뀌었다. 지금은 '광주민주화운동'으로 통일되어 불린다.

126) Korea Herald, 5 August 1980.

사들은 교육이 정신교육 대신 경제성장을 너무 강조한다고 믿고 있었다.[127] 1981년 초 문교부는 '청소년들이 이념에 물들지 못하도록' 정부가 노력을 기울이겠다고 발표했다.[128] 이러한 노력은 체계화된 '국민정신교육'으로 나타났으며, 외세의 공격에 맞선 민족항쟁에 대한 공부 및 국가의 전통에 대한 올바른 이해를 통해 민족주의를 함양한다는 목표를 내세웠다. 여기에는 북한 및 공산주의에 반대하는 경계심을 갖도록 하는 내용이 포함되어 있었다.

정부 관료들은 윤리교육에 한층 더 힘을 실어야 한다고 주장했다. 그런데 실제로 이러한 주장은 모든 학교 단계에서 반공교육 수업 시수가 늘어나는 결과로 나타났다. 특히 고등학교와 대학에서 두드러졌는데, 문교부는 '교육에서 순수한 사상을 강화'할 것을 요구하면서, 전국 대학의 사범대학에 국민윤리과를 설치했다. 교사교육의 주요 학습 내용은 '민주주의' '반공주의' '한국민족주의' 등에 더 큰 비중을 두었다. 학교를 정신교육으로 다시 돌리는 일은 한국정신문화연구원(정문연)[129]이 맡았다. 이 기관은 쉽게 말해 한국연구원 정도로 해석될 수 있지만, 글자 그대로 기관의 기능을 해석해 보자면 한국정신/문화 연구 센터에 더 가깝다고 할 것이다. 1978년 박정희 대통령의 지시에 의해 설립된 한국정신문화연구원의 설립 목적은 '올바른 역사적 관점'을 창조하고, 민족윤리의 토대를 마련하기 위한 연구를 수행하기 위하여 한국의 역사를 연구하는 것이었다. 다른 말로 이야기하자면, '민족정신을 되살리기' 위하여 공식적인 국가의 역사와 이념을 만들어 내는 것이 이 기관의 목적이었다.[130] 1983년 한국정신문화연구원은 정신교육을 위한 지침서를 준비하라는 지시를 받았다. '이데올로기 비판훈련'이란 제목의 강좌를 모든 대학생은 필수로 이수해야 했다.[131] 이전 정부와 비교하여 전두환정부는 상당히 홍

127) Chong Yong-su et al., 3:191-192.

128) Korea Newsreview, 10 January 1981, 12.

129) (역자 주) 현 한국학중앙연구원.

130) 김영화 외., 185.

미로운 다른 부분이 있다. 공산주의 서적들, 예를 들어 『자본론』이나 『공산주의 선언』 같은 책을 대학의 교육과정에 포함시키는 방식으로 학생들이 읽도록 허용했다는 점이다. 관계자들의 말을 빌리자면, 과거에는 공산주의에 대해 '부정적'이라거나 '일방적'으로 전달하려 했기 때문에 학생들이 공산주의의 문제에 대해 올바로 이해하지 못했었다며 이러한 조치가 필요하다는 점을 역설했다. 그러나 다른 측면에서는 서적을 탐독하게 함으로써 오히려 학생들의 공산주의 교의에 대한 관심을 자극할 뿐이라며 반대 입장을 내세웠다. 결국 이 정책은 정부 내에서 결정이 이루어지지 못한 채 논쟁이 이어졌다.

전두환정부는 교육의 실제적 변화에 대해 화려한 미사여구를 동원하여 과장했다. 교육과정과 교과서는 거의 변화하지 않았는데, 1950년대 이래 한국 교육의 특징이라 볼 수 있는 군사적 민족주의와 반공사상이 잔뜩 담긴 교과서를 계속해서 발간했기 때문이었다. 정치적 목적으로 학생들을 동원하는 일은 '서울의 봄' 동안 잠시 금지되었다가 이후에 다시 계속되었다. 정부가 후원하는 집회 및 시위 참여로 써야 하는 시간은 상당히 바뀌었는데, 1986년 한 해 동안 서울의 한 학교에서만 학생을 동원하여 개최한 시위가 40여 차례에 이른다. 대부분의 집회 목적은 교육과는 거리가 멀었다.[132] 게다가 전두환 정부는 정기적으로 반정부적 학생 진압작전을 벌였다. 3년에 걸쳐 정부는 학생 퇴학이라는 강수를 두었는데, 1983년 11월 말 발표에서 정부는 이 결정을 번복하는 일은 결코 없을 것으로 했다. 그러나 1983년 말에 퇴학당한 학생들이 학교에 복학할 수 있도록 허용하게 된다.[133] 당시 퇴학자 중 상당수가 재입학을 거부했는데, 재입학 대상자들에게 정치활동을 하지 않겠다는 서약을 받았기 때문이었다. 서울대학교에서 퇴학당한 100여 명으로 구성된 한 단체

131) Ibid., 210-212.

132) Korea Times, 2 March 1988.

133) Korea Newsreview, 5 November 1983, 23, and 31 December 1983, 5.

는 복학심사위원회를 구성하고 학교로 복학하기 전 선행되어야 하는 요구사항 목록을 작성하였다. 물론 이 요구사항은 학교 관계자들로부터 거부당했다.[134] 그럼에도 불구하고, 전두환 대통령은 학생들을 진정시킬 방법을 강구했는데, 그 결과 1984년 대학 교정에 배치되어 있던 경찰 병력을 철수시켰다. 경찰을 철수시키면서, 이제 대학의 자유를 회복할 때가 되었다는 내용의 성명서를 발표하였다.[135] 그러나 전두환정부는 학생들의 정치적 동요와 1970년대 말 시작되어 점차 커지는 학생운동의 급진-좌파적 풍조 때문에 고생하고 있었다. 많은 사람은, 과거보다 덜하다 하고는 하지만, 정치적 동원, 군사훈련, 이데올로기 선전학습이 지속되고 있어 귀중한 공부 시간이 허비된다고 생각했다.

이승만, 박정희, 전두환 정권은 일제 강점기 이후 한국 학교교육에 뿌리 깊게 박혀 있던 군사적 특징을 지속시켰다. 이들은 보편교육을 통해 군사화된 규율이 국가적 특징이 되도록 했다. 한국의 교육발전을 설명하기 위해서는 교육의 이러한 측면이 반드시 언급되어야 한다. 군사훈련, 정치적 교화, 국가발전에 대한 대규모 학생 집회 동원 등이 도대체 어떤 사회적 영향력을 미쳤는지 따지는 것은 아마도 불가능할 것이다. 그러나 학생급진주의자라든가 급진적 교사들의 투쟁정신은 아마도 이들이 학교에서 경험한 훈련에 일부 기인하지 않을까 싶다. 이들은 너무도 자주 스스로를 국가, 교사, 특별히 학생들의 전위부대라고 칭했는데, 이들은 말 그대로 1980년대 권위주의적 통치의 막을 내리게 하는 데 주요한 역할을 했다고 충분히 말할 수 있다. 좀 더 중요한 점은, 아마도 그토록 힘든 군사훈련과 지속된 학생동원이 교육사다리의 윗단에 오르기 위해 경쟁하고 있는 한국 학생들의 훈육된 모습을 특징적으로 강화시켰다는 점이다.

134) Ibid., 4 February 1984, 5, and 18 February 1984, 5.

135) Ibid., 24 March 1984, 4.

제8장

민주화, 번영, 교육 변화

교육에 과도하리만큼 병적인 집착을 보이는 것은 이제 한국 사회의 고유한 특징이 되어 버렸다. 이러한 집착에 따라 나타난 대부분의 놀라운 결과, 즉 엄청난 교육비용, 성공을 위해 준비된 가족들의 희생, '입시광풍', 높은 사회적 지위를 향한 거의 모든 한국인의 열망은 20세기가 끝나 가는 시점에서도 전혀 변하지 않은 채로 남아 있었다. 그러나 다른 방면에서 국가는 매우 근본적인 변화 과정을 거치고 있었다. 그것은 1980년대 말에서 1990년대에 이르러 한국이 민주화와 경제적 번영의 시대에 접어들게 된 것이다. 이 두 가지의 원인으로는 최소한 교육발전을 추동했던 '교육열' 때문이었다고 할 수 있다. 1987년에 한국은 평탄하다 할 수는 없지만 보다 민주적인 정치체제로 전환하게 되었다. 이는 전체주의적인 요소가 조금은 약해진 국가체제가 힘을 갖추고 성장하게 된 시민사회와 조금 더 협응하는 방식으로 이루어졌다. 동시에, 1960년대 중반 시작한 안정적인 경제성장은 1980년대, 1990년대에 이르도록 계속되었으며, 결과적으로 한국을 근대적 산업국가의 지위에 올려놓았다. 산업적으로 발전한 지위에 들어선 것을 상징적으로 보여 주는 두 가지 큰 행사가 있었는데, 1988년 서울올림픽과 1996년 경제선진국들의 단체인 OECD 가입이다. 서울올림픽으로 한국은 국가적 발전상을 보여 줄 수 있었고, 이에 자국의 시장을 개방하는가 하면 오랫동안 금지되었던 여행 자유화 조치를 취할 수 있었다. 한국의 교육발전은 이러한 성취가 가능하도록 했지만, 그 여파로 변화된 사회의 새로운 요구사항들에 의해 도전을 받게 되었다.

학생 및 교사 운동

점차 문명화된 한국 사회는 정치적 사안에 대해 활발히 참여하지 못하게 하는 상황에 대해 분개했다. 수백만의 한국 사람들은 유럽, 미국, 일본 등지의 선진국 중에서 모방할 만한 모델을 찾았다. 잘 교육받은 대중은 이러한 사회의 일원으로 누릴 수 있었던 민주적 권리들에 대해 잘 알고 있었으며, 이러한 권리가 자신들의 성공에 중요한 요소라고 생각했다. 이러한 인식은 1980년대 가끔 들을 수 있었던, "우리는 경제적으로는 선진국이 되어 가고 있지만, 정치적으로는 여전히 개발도상국에 머물러 있다."는 구호에서 발견된다. 민주적인 대안에 대한 인식을 높이고 정치적 과정에 참여할 권리에 대해 보다 진지하게 대중들이 당당해질 수 있도록 하는 것과 함께 한국의 교육제도는 정치적 변화를 위해 전위부대로 활약할 두 조직, 학생과 교사 조직을 등장하게 했다.

이미 제7장에서 언급한 바 있듯이, 1970년대에 걸쳐 학생운동조직들은 박 대통령의 전체주의적 지배를 끝낼 것과 민주적인 개혁을 요구하며 시위를 벌였다. 정부는 즉각 이 조직들을 진압하고 수백 명의 대학생들을 감옥에 가두었다. 이에 다른 학생조직들은 지하로 들어가 조직을 형성하였다. 교사들 또한 민주주의를 증진할 방안을 찾는 지하조직을 만들었다. 몇몇 도발적인 교육자들, 대개 대학교수들은 비판적 목소리를 냈다는 이유로 체포되었다. 수면 아래의 잠재된 불만들은 서울의 봄 시기에 떠올랐다. 그러나 전두환정권에 의해 다시 지하로 숨어들어야 했다. 전두환은 전임자인 박정희보다 정치적 정당성 면에서 더 큰 결함을 갖고 있었다. 전두환이 무자비한 방식으로 권력을 움켜쥐었다는 점, 참혹한 '광주 사태'가 있었다는 점, 인간적인 면모가 그다지 볼품없었다는 점, 가족들의 부패문제가 불거졌다는 점 때문에 전두환은 그의 임기 동안 이룩한 엄청난 경제성장에도 불구하고, 점차 커져 가는 중산층들에게 인기를 잃게 되었다. 전두환은 학생 저항운동의 주요 대상이기도 했다. 1983년 말에 학생 퇴학 문제에 있어 정부차원의 입장을 상당히 유연하게 했음에도 불구하고, 학생 급진주의는 점차 커져 갔고, 이 급진적인 학생운동은 정부를 계속 괴롭혔다.

그런데 1980년대 학생운동은 점차 반미, 반자본가 태세를 취하기 시작했다. 광주 사태는 학생 급진주의자들이 미국에 대해 갖는 적대감을 점차 커지도록 했다. 미국이 이 사건에 대해 직접적인 책임이 있지는 않았지만, 한국군대가 기술적으로 한미연합사령관의 지휘를 받았기 때문에 미국은 도덕적인 책임을 면할 수 없었다. 몇 달 후 전두환은 미국의 로널드 레이건(Ronald Reagan) 대통령의 초청을 받아 미국을 방문하게 되는데, 레이건 대통령에게는 취임 후 백악관으로 초대한 첫 국가수반이 전두환이었다는 점에서 미국이 전두환정권을 암묵적으로 승인한 것으로 보였다. 어쨌든 급진주의자들이 보기에 군부와 산업계 수장들은 미국과 일본의 자본주의적 제국주의자들의 끄나풀이었다. 반미 정서는 특별히 한국에게 치명적으로 보였는데, 이유는 한국이 자국을 방어해 주는 미국과 경제성장을 지탱해 주도록 하는 미국 시장에 크게 의존하고 있기 때문이었다. 미국은 한국 수출품의 절반을 담당해 주었으며, 물론 이러한 추세가 1980년대가 되면서 서서히 줄어들기는 했지만, 중요한 것은 미국이 일본에 이어 한국의 가장 중요한 외국 투자와 기술협력의 근원이었다는 점이다.

1980년대에는 영어로는 번역하기 어려운 민중사상이 정치적으로 적극적인 대학생들에게 영향을 끼쳤다. 이 말의 문자적 의미는 '군중'이라고 할 수 있지만 한국의 많은 사상가들에게 민중이란 말은 넓은 의미로 '한국 사람들'을 의미했다. 즉, 사회의 엘리트 계층은 제외되지만 특정 사회적 계급에 국한되지 않고 모두를 포괄하는 말이었다. 민중사상가들은 한국인들이 전근대사회에서는 양반들에 의해, 일제 강점기에는 일본인들에 의해, 1945년 해방 이후에는 초강대국과 주요 산업국가들(주로 미국과 일본)에 의해 착취와 핍박을 받은 희생자라고 보았다. 민중사상에 따르면, 국가는 소외된 억압적 기구로서 신식민주의적 해외권력과 대기업과 정부고위관료들의 작은 엘리트들을 섬기는 역할을 담당했다. 마르크시즘, 해방신학, 심지어 왈러스타인(Wallerstein)의 세계체제론도 민중사상에 영향을 끼쳤다. 민중사상에는 아주 강한 민족주의적 색채가 자리 잡고 있었으며, 한국의 무속신앙과 같은 전통을 영감의 원천으로 여기기도 했다.[1] 부분적으로 민중운동은 산업화와 한국이 세계경제로 편입되는 과정에서 발생한 급격한 변화에 대한 자민족 보호차원의 반응이었다. 그러나 이 민중운동은 주로 교육받은 중산층 한국인 엘리트들에 의해 주도된 것으로 이들이 찬양해 마지않는 민속 문화와는 아주 멀리 떨어져 있는 사람들이었다. 급진적 노동자와 교사를 포함하여 1980년대를 주름잡던 많은 저항단체에게 민중사상은 한국이라는 국가와 사회를 비판적으로 바라보게 하는 기본 이념이 되었다. 학생들은 대체로 전제주의 국가가 만들어 내는 급격한 변화에 불편함을 느끼는 많은 한국인들과 조화를 맞추어 갈 수 있었다. 이들은 한국이 민족적 정체성을 잃게 될 위험에 처해 있으며 더욱이 경제와 군사적 지원에 있어 미국과 일본에 지나치게 의존하고 있다는 두려움에 맞서 투쟁에 임했다. 학생그룹은 가끔 저항하는 교사그룹

1) Kenneth M. Wells, ed., *South Korea's Minjung Movement* (Honolulu: University of Hawaii Press, 1995), 4-23. 참조.

들과 연대하여 자신이 속한 학교들을 비판하는 데 민중사상을 활용하기도 했다. 그들이 보기에 교육체제는 국가와 국가에 봉사하는 신식민주의적 권력자들을 위해 순종적인 노동자를 양산하려 사람들을 훈육하고 통제하는 데 봉사하는 역할을 담당하고 있을 뿐이었다.

이와 같이 새로운 이념으로 무장한 학생운동은 전국적인 조직망을 갖춘 학생운동권으로 옮겨 가기 시작했다. 이 시작은 1985년 삼민투(민족통일 · 민주쟁취 · 민중해방투쟁위원회)의 결성에서 비롯되었다. 1986년 봄, 삼민투는 서울대에서 결성된 민민투와 서울대와 고려대에 기반을 둔 참민투로 갈라졌다. 후자인 참민투는 나중에 좀 더 급진적 이념에 기반하여 '노동자대중' 해방전선으로 나가게 된다. 학생운동이 이러한 그룹에 의해 조직된 이후, 학생들은 1985~1986년에 걸쳐 횟수와 규모에 있어서 점차 커져 갔고, 1987년 봄에 시작된 대규모의 시위에서 정점에 이르렀다.[2] 학생 투쟁가들은 1985년 봄 서울에 위치한 미국문화원을 습격 · 점거했다. 이 사건과 몇몇 다른 사건 이후에도 공격 위협이 있었다. 이후 미국 대사관과 다른 기관들은 장벽을 설치했다. 아마도 한국 여론에 있어 가장 충격적이었던 점은 전두환정권에 대항하는 학생들의 투신 및 분신 사건이었을 것이다. 이러한 사건들은 급진적인 청년들 사이에서 극단주의적 경향이 커져 가고 있다는 점을 잘 보여 주는 것으로, 대중들로부터 연민을 사기보다는 오히려 경악하게 했다.

대체로 이러한 학생단체들의 이데올로기는 일반 대중들의 이념보다 훨씬 과격한 것이었다. 그러나 급진적인 학생 조직들은 전두환정권에 맞선 저항운동의 최전선을 이루었다. 1987년에 이르러 한국 정치발전에 새로운 전기가 마련되었다. 전두환정부의 집권은 1985년 국회의원 선거에서 한층 강

2) Namhee Lee, "The South Korean Student Movement, 1980~1987," Chicago Occasional Papers on Korea 6, 6 (1994): 204-225; Seongyi Yun, "Contributions and Limitations of Student Movement in South Korea Democratization, 1980~1987," Korea Observer 3, 3 (Autumn 1999): 487-506; 한용 외(1989), 80년대 한국 사회와 학생운동, 서울: 청년사, 23-29.

화된 듯 보였다. 이때 여당인 민주정의당은 정부여당에 유리하게 짜여져 있는 선거체제에서 대부분의 의석을 확보했다. 그러나 이 선거에서 야당이 도심지역 의석을 더 많이 차지하게 된 것이다. 곧 야당 지도자들은 정부를 향해 더 강경한 투쟁 노선을 취하기 시작했다. 이듬해 야당 지도자들은 대통령 직접선거를 골자로 하는 헌법개정 운동에 돌입하였다. 이어 헌법개정뿐만 아니라 전두환의 퇴진을 외치며 대중시위를 벌이기 시작했다. 학생들도 이에 동조하여 시위에 나섰다. 이때 1987년 1월 경찰의 고문으로 한 학생이 죽는 일이 발생했고, 이 사건은 점차 떠들썩한 대규모 반정부 시위로 연일 이어지게 하는 신호탄이 되었다. 7년의 전두환 대통령 임기가 다해 가면서 정치적 긴장은 최고조에 이르렀다. 1987년 4월 전두환은 공개적인 대통령 선거 요구를 거부하고는 정부가 인선한 통일주체국민회의에서 다음 대통령을 선출하겠다고 발표했다. 후임 대통령 지명자는 전 육군장성의 노태우였다. 그는 전두환집권에 공헌한 쿠데타 지도자 그룹의 한 명으로 1988년 서울올림픽 준비위원회의 위원장으로 신뢰를 쌓고 있었다.

이러한 결정이 보도되자 한국 역사상 가장 큰 가두시위가 시작되었다. 처음에는 주로 학생들의 시위대가 주를 이루었었지만, 6월이 되자 수십만 명의 중산층 시민들이 이 시위행렬에 가담했고, 국가는 암운이 짙은 혼돈 속으로 빠져들어 갔다. 점차 커져만 가는 소요로 인해 서울올림픽의 진행이 불투명해지는 상황에까지 처하게 되자, 노태우는 1987년 6월 29일 자유선거, 정치사상범들의 석방, 언론방송 검열의 폐지 등을 골자로 한 6·29 선언을 발표하였다. 공개적인 대통령 선거가 그해 12월에 시행되었다. 정부의 철권통치가 느슨해지게 하는데 결정적인 압력을 가했던 것은 학생들이었다. 그러나 이 선거에서 두 명의 야당 지도자, 김영삼과 김대중은 개별적으로 출마, 선거에 임했고 여기에 더해 제3 야당의 대표인 김종필까지 후보로 나섰다. 이로써 반정부 표들이 분산되면서, 총 투표의 37%를 얻은 노태우가 대통령에 당선되었다. 노태우정부는 대중 여론에 좀 더 민감하게 대응할 수밖에 없었다.

더욱이 이듬해 치러진 국회의원 선거에서 야당이 원내 다수 의석을 차지하게 되었다. 노태우정권 시기 언론은 좀 더 자유로워졌고 노동계는 정부 통제로부터 벗어나 독립적으로 단체를 조직하거나 파업 등의 노조활동을 할 수 있게 되었다. 그리고 야당 후보자들 또한 언론과 방송에 나설 수 있게 되었다.

서울의 봄 시기, 교사들 또한 정부 통제로부터 자율성를 공개적으로 논의했다. 그러나 1980년 5월의 사건('광주민주화운동')과 이어진 제반 저항세력들에 대한 국가의 무자비한 진압으로 조직적 활동이 탄압받게 되었다.[3] 전두환정권하에서도 여전히 소규모이기는 하지만 그 수가 점차 늘어 가는 교사 활동가들이 있기는 했다. 느슨하기는 했지만, 이들을 중심으로 '교육 민주화를 위한 교사운동'이 조직되었다. 국가는 초기 단계의 이 활동에 관여된 교사들을 체포, 조사해 시 · 도교육청의 '징계위원회'에 회부하였다. 이들은 대부분 교직에서 해임되거나 혹은 아주 형편이 어려운 시골지역으로 전출되었다. 그러나 점점 심해지는 탄압으로 대담함이 커져 가면서, 1987년 정치적으로 적극적인 교사들이 더 공개적으로 저항운동을 펼치기 시작했다. 부산 시내에서 시골지역으로 옮기게 된 교사들은 그해 2월 말에 시위를 일으켰는데, 이들은 자신들의 전근을 '정당성 없는 국가의 억압'이라고 했다.[4] 몇몇 교사들은 수업 시간에 중 · 고등학교 학생들에게 반정부 시위에 대해 설명해 주기도 했다.

1981년 주로 젊은 교사들이 주축이 되어 YMCA 중등교육자협의회를 조직하였다. 이들 중 일부는 이념적으로 마르크스주의자였다. 다른 사람들은 그다지 이념적인 경향을 띠지는 않았지만 단지 국가의 전체주의적 상황에 불만이 가득했다. 이들은 국가가 목매듯 강조하고 있는 경제성장 이데올로기에 환멸을 느끼면서 가난하고 소외된 사람들을 위한 사회복지의 부족에 관

3) 김인회 외(1980), 한국교육 1980년대의 과목, 새교육 32, 1(1980년 1월호): 24-55.

4) Korea Times, 1 March 1987.

심을 기울였다. 이들 또한, 급진적인 교육개혁을 강구하며 교사들에게 더 높은 자율성을 부여할 것, 교육체제의 분권화를 보다 강화할 것, 정부정책 옹호를 위한 시위에 교사와 학생동원을 금지할 것, 군사훈련 및 '정신교육'을 중단할 것을 요구했다. 이 모든 요구는 정치개혁과 맞닿아 있는 것들이었다. 1986년 5월 10일, 800명의 교사와 이미 해임된 교사들이 만나 '교육민주화선언'을 발표했다.[5] 이 문서는 두 가지 점에서 중요성을 갖는데, 우선 소위 '민주적인 교육운동'이라는 기본적인 목표를 확인했다는 점, 그리고 다음 시기의 한국교육이 가야 할 길에 아주 큰 영향을 끼쳤다는 점이다. 이 선언은 교육의 정치적 중립성, 임의적 파면, 전출, 강등으로부터의 교사보호, 교육행정의 자유화, 지방교육자치 이행 등의 요구사항을 담고 있다.[6] 대체로 이러한 내용의 요구사항은 해방 후 새교육운동 개혁가들이 부르짖었던 목표와 똑같았다. 그리고 민중 어법이 사라진 이후 한국교육에 대해 지속해 이어져 온 민주적이고 진보적 비판을 다시 확인한 것이었다. 이 운동은 하향식 교육행정제도를 멈출 것을 요구했다. 학부모, 교사, 학생, 대중은 사회의 필요와 요구에 따라 정책을 결정하고 직접 교육을 수행하고자 했다. 이 선언은 교사뿐만 아니라 시민의 권리를 보호할 것을 요구했다. 그리고 이 운동의 지도자들이 명확하게 밝힌 바와 같이, 교육을 민주화하는 것은 사회의 민주화 과정과 분리해서 생각할 수 없다는 신념에 기초해 있었다.

체제저항적 성향의 교사들의 조직적인 운동이 시작되었던 시점은 1987년 정치적 혼란 직전이었다. 노태우가 6·29 선언을 통해 검열의 철폐를 발표한 이후, 이들의 활동은 공개적 운동으로 전환되었다. YMCA중등교육자협의회는 전국 모든 지역 교사들과 연결된 교육자연합을 조직했다.[7] 대통령 선거가

5) 유상덕, 6.

6) 이창원, 80년대의 교사 운동, ed. 김진경 외., 113-115.

7) Ibid., 118-119.

한창 치러지고 있던 1987년 9월 27일, 공식적인 첫 교사 단체인 전국교사협회가 한국신학대학교(한신대학교)에서 창립되었다. 수백 명의 교사 및 해직 교사들이 전교협 창립 행사를 진행하고 있는 동안 경찰은 행사가 진행되는 건물을 에워쌌으나, 건물 내로 진입해 행사를 가로막지는 않았다. 곧 전교협 회원은 20,000명에 이르게 된다. 1989년 반체제 교사들은 자체적으로 전국교원노동조합(전교조)을 조직하였다. 전교조는 수개월 만에 전국적으로 15,000여 명의 조합원과 150개에 이르는 지부로 구성되었다. 이러한 조합원 수의 증가추세는 교육부가 전교조 참여를 금지하고 조합원들의 경우 즉시 해임하겠다고 협박하면서 잦아들었다. 많은 수의 교사들은 실제 조합원이 되지 않았지만, 비공식적으로 가입하여 전교조 주최 행사나 관련 동호회 활동에 참여하였다. 대략 전국 교사의 12% 정도가 전교조와 어떤 형태로든 관련되어 있었다.[8] 전교조는 반체제 교사들과 함께 지속해 정부 정책에 비판적인 입장을 견지하고 민주주의를 향한 진전이 지지부진한 것에 대해 신속하면서 격렬하게 저항했다.

교육의 민주화

한국교육은 1987년, 정치적 분위기가 한층 자유로워진 상황에서 점진적인 '민주화', 즉 민주적 사회체제에 걸맞는 교육행정의 분권화, 단위학교의 의사결정 자율성 신장, 교육과정 개편이 시행되었다. 민주화 시기 교육정책은 대중 여론에 보다 민감하게 대응했다. 노태우정권은 취임 후 단행한 첫 조치 목록에 학부모와 학생들이 그토록 싫어했던 학생동원 중단을 포함시켰다. 교육부는 교육행정가들에게 교육적이지 않은 이유로 학생동원을 금하도록 했다. 비록 지방교육위원회가 승인했다고 하는 일에 대해서도 말이다. 교육부

8) 이는 단지 추정된 수치이며, 전교조와 문교부 보고서를 모두 참조하고 이를 기반으로 하였다.

는 공부를 방해할 수 있는 그 어떤 활동도 일어나지 않도록 하겠다고 약속했다. 결과적으로 학생동원은 점차 줄어들었다. 그러나 1993년이 되어서야 학생동원 금지가 제대로 이행되게 되었다.

한편, 중산층 시민들은 많은 시민단체를 조직하게 되는데, 이들 중 다수는 교육개혁에 로비를 하게 된다. 1989년 학부모들로 구성된 참교육을 위한 전국학부모회(참학)가 결성되었다. 이 단체는 교육정책 결정에 학부모들이 더 적극적으로 참여하도록 할 것, 학교의 부정부패를 끝내도록 할 것, 교육비를 증가시키는 데 노력할 것 등의 옹호 활동을 내세웠다. 참학은 교사에게 촌지 관행 근절 캠페인을 벌였고 육성회비 부정 사용을 들어 교육부를 고발했다. 물론 교육부를 상대로 한 이 소송에서 참학은 1992년 패하게 되는데 법원이 정부를 편들고 있기 때문이었다. 다른 단체인 '학부모회'는 성적에 목매지 않고 보다 아동중심적인 교육을 만들도록 하기 위한 교육개혁 운동을 전개했다.[9] 이렇게 새로이 결성된 시민단체들 중 많은 수가 시험제도 개혁을 위해 로비에 나섰고 값비싼 사교육을 금지할 방안들을 내세웠다.

반체제적인 교원노조는 교육개혁에 앞장서는 시민단체의 하나로 자리 잡게 되었다. 노조 가입이 금지되고 위원장은 교직에서 해임되었지만, 전교조는 교육정책 결정에 대단한 영향력을 유지했다. 전교조 지도자들은 회원들의 회비와 배우자의 경제활동으로 후원받았는데, 서울 남부에 전교조 본부 사무실을 설치하고 압력단체로 활약하였다. 전교조는『우리교육』이라는 국가 교육체제를 비판적으로 분석한 고급월간지를 1990년 2월부터 발간했다. 대부분의 한국 교사들은 전교조에 대해 양면적인 태도를 보였다. 그들이 보기에 전교조가 취하는 전략은 너무도 전투적이었고 이데올로기는 급진적이었다. 그러나 자신들의 업무 환경을 개선하기 위해 이들이 보여 주는 역할을 즐기는가 하면 고마워하지 않을 수 없었다.[10] 공식 조직인 한국교원단체총

9) 김영화 외., 259-262.

연합회(교총)는 1987년 이후 재조직화되었고 민주적 개혁을 거쳤음에도 불구하고, 여전히 정부의 앞잡이로 여겨졌다. 교육의 이상을 실현하는 데 전교조의 역할은 생각보다 훨씬 컸다. 한 교사는 교총은 교육정책에 미치는 영향력에 있어 "회원 수는 열 배가 많았지만, 그 영향력은 10분의 1에 지나지 않았다."고 언급했다.[11] 야당 또한 전교조에 대해 양면적인 입장을 취하고 있었다. 김영삼은 처음에 전교조를 지지하는 입장이었지만 1990년 자신이 이끄는 당이 정부 여당과 통합한 이후 기존의 호의적인 태도를 바꾸었다. 그리고는 1993년 대통령에 당선된 이후에는 전임 노태우정부가 취했던 태도, 즉 전교조 합법화문제라든가 해임 교사들의 복직문제에 엄격히 반대하는 입장을 그대로 이어받았다. 결국 1999년 7월, 새로이 들어선 김대중정부에 이르러 전교조를 합법화했다. 김대중은 그 자신이 이전부터 반체제 정치노선을 취했었고, 권위주의적 교육방식에 비판적이었다. 이로써 전교조는 교육체제를 위한 압력단체의 하나로 학생, 교사, 학부모들의 요구에 더 적극적으로 대응해 공개적인 활동을 수행할 수 있게 되었다.

교육의 민주화가 조금 더 진척된 분위기에서 국가는 교육 자율성을 보장해주는 방향으로 한 단계 진전된 조치를 내렸다. 대통령직속 교육개혁위원회의 권고에 따라 교육부는 국립대학교에서 의사결정 책임을 더 갖도록 하는가 하면 교수들이 직접 총장 후보자를 선출할 수 있도록 권한을 위임하였다.[12] 개정된 일련의 법령에 따라 각 시·도교육위원회의 행정권한은 더 커졌다. 그런데 교육위원회의 구성 및 역할은 선출된 지방정부의 출현으로 바뀌지 않을 수 없었다. 한국은 1991년, 30년 만에 처음으로 시·도위원을 선거로 뽑았다. 이어서 시·도위원회는 4년 임기로 시·도교육위원회 위원들을 선출

10) 이 말은 교사들과 교육자들과의 1996년 5~6월, 1997년 7월에 있었던 인터뷰에서 기초한 것이다.

11) Kim Kyong-song, interview with author, Seoul, June 1996.

12) William Boyer and Nancy E. Boyer, "Democratization of South Korea's National Universities," *Korea Studies* 15 (1991): 87-90.

하였다. 규정에 따라 교사들은 위원에 선출될 자격이 없었는데, 이는 정치적으로 적극 활동하는 교사들에게 논쟁 명분을 주었다. 그러나 시 · 도위원회는 교육 경력을 가진 사람들을 위원으로 뽑았는데, 퇴직한 교사라든지 교수 등이 이에 해당되었다. 두 번째 지방선거가 1995년 치러졌는데, 이승만정부에서 일어났던 지방선거위원회를 둘러싸고 벌어진 큰 논란과는 대조적으로 투표참여율과 선거에 대한 관심이 상당히 낮았다. 선거에 대한 무관심은 교육위원회가 행사할 수 있는 권한이 제한적이라는 사실에 대해 대중들의 인식이 반영된 결과였다. 교육부 관료들이 여전히 학교생활을 세세하게 규제하는 각종 명령과 지시를 내리고 있었다.

교육정책의 변화는 상당히 느린 속도로 이루어졌다. 교육부는 1980년대 말에서 1990년대에 걸쳐 박정희 및 전두환 정권에서 일했던 관료들로 채워졌다. 물론 이들 정권의 시기가 그만큼 길지는 않았지만 말이다. 교육정책은 이전 시기보다 대중들의 압력에 좀 더 반응하기는 했지만, 여전히 하향식으로 전달되었다. 정부는 급진적인 학생조직으로 인해 교육에 대한 통제가 혹여 느슨해질 수 있다는 위험성을 경고하면서, 안정적인 기구들로 거대한 조직을 유지할 명분을 주장하였다. 여기에 더해 국가는 여전히 '생활지도'와 '윤리교육' 개념에 헌신적이었다. 예를 들어, 1991년 교육부는 '생활지도'를 위한 또 다른 캠페인을 발족하였는데, '민주시민교육'으로 명명된 이 캠페인은 모든 교사가 민주적인 사회에서 협동 정신과 질서 잡힌 민주적 과정에 대한 존중을 계발할 것을 주문하는가 하면, 교장에게는 교육을 지도하는 교사들의 능력을 강화할 수 있는 눈을 키우도록 했다. 이를 위해 각 시 · 도는 '윤리교육과 민주성 증진계획'의 개발을 요청받았으며, 교육부는 이 과업을 수행하기 위해 교사와 교장들을 위한 많은 자료들을 준비하였다.[13] 당시 정부는 정치적 교화를 보다 정교하게 다듬었다. 예를 들어, 당시까지 강하게 내리누르

13) 김영화 외., 230-231.

던 반북한 기조를 내려놓고 대신 북한 정권이 스스로 입장을 표명할 수 있도록 유도했는데, TV로 북한영화 장면을 보여 주거나 북한에서 발행한 사실 정보 및 선별된 자료들을 공개하는 방법을 사용하였다.

교육을 고도로 군사화하거나 군사적 요소를 갖도록 했던 것에서 벗어나도록 하는 일련의 경향들이 특히 김영삼정부에서 진행되었다. 김영삼정부는 군사훈련을 축소하고 1995년 대학 내 ROTC 훈련을 폐지하였다.[14] 정치적 목적으로 학생들을 동원하던 일들도 결국 끝이 났다. 박정희 대통령이 충성과 복종의 서약으로 선포한 「국민교육헌장」은 교육부가 직접 '민주주의 시대와는 어울릴 수 없는 전제주의적 기술들이 가득한'이란 비판과 함께 폐기되었다. 「국민교육헌장」은 1994년부터 교과서에서 빠졌고 이를 낭독하는 행사들 또한 더 이상 열리지 않게 되었다.[15]

앞선 두 명의 선임 대통령이 보여 준 방식대로 김영삼은 1994년 2월, 대통령직속 교육개혁위원회를 설치하고 교육체제의 주요 점검을 위한 가이드라인을 제공하도록 했다. 그리고 대통령직속 교육개혁위원회가 내놓은 제안 중 단위학교에 자율성을 더 신장시키도록 하라는 것이 있었다. 특별히 대학의 신입생 선발 정원 및 학과의 규모를 스스로 정하게 하는 방안도 마련하라고 주문했다.[16] 물론 이러한 내용의 제안들은 지난 40여 년 동안 이어 온 정부 시책에 반하는 것들이었다. 정원 조정 및 학생의 전공 배치 문제에 있어 더 자유로워질 것이라는 생각에 홍분한 대학들은 이러한 권고를 환영했다. 여기에 더해 정부는 고교 정책을 결정하는 데 좀 더 많은 여지를 주자고 논의했다. 이에 따라 고교에서 선택교과가 늘어났고, 덜 획일화된 교육과정이 탄생하였다. 즉, 서로 다른 고등학교에서 서로 다른 선택교과를 선택할 수 있도록 허용한 것이다.[17]

14) Korea Herald, 23 April 1995.
15) Ibid., 2 December 1995.
16) Ibid., 5 February 1995.
17) Ibid., 15 December 1995.

1994년 김영삼정부는 제6차 교육과정개편을 시작하여 새로운 민주주의 시대에 걸맞는 교과서를 쓰도록 했다. 게다가 김영삼정부는 자신이 천명한 세계화 정책의 일환으로 교육과정의 '세계화'를 이야기했다. 사실 김영삼 대통령이 말한 내용이 정확히 무엇인지는 분명하지 않다. 그러나 추측해 보자면, 그는 한국의 교육을 내용 및 방법 면에서 선진 민주주의 국가들의 것과 비슷하도록 개선할 것과 교육과정에 국제사회의 내용을 좀 더 포함할 것을 요구한 것으로 보인다. 교육과정 개정에 이어 1995년 새로운 교과서가 발행되었다. 이 교과서들에는 반공을 다룬 기술이 현저히 줄어들었고 자유민주적 이념에 대한 설명에 주목하도록 했다. 중학교 도덕교과서는 민주주의 사회를 위한 윤리, 동료시민들에 대한 존중, 한반도 평화통일의 필요성 등을 강조하였다. 고등학교 사회교과서에서는 반공 관련 내용이 다수 없어지고 공산주의 사상을 세계 사회문화를 광범위하게 조망하면서 논의하고 있다.[18] 노태우정부에서 공산주의 교과서를 소개하려는 정책은 고등학교로까지 확대되었는데, 1995년 북한의 주체사상이 여기에 포함되었다. 이러한 조치들은 이미 방송에서 북한을 솔직하게 보도한 것들을 보조하는 역할을 했다. 근현대사 내용 또한 교과서에서 수정 · 변화되었다. 이승만정권을 무너뜨린 1960년 4월 19일 학생봉기는 '4월 혁명'으로 재규정되었으며, 박정희가 권력을 잡게 된 1961년 5월 16일, 군사혁명은 '5 · 16 군사쿠데타'로 강등되었다.[19] 교육과정 개정은 여전히 중요하다고 인정되기는 하지만 그렇다고 급진적이지는 않았다. 부분적으로 어떻게 다룰지 합의하기가 여전히 너무 민감했던 주제들이 많았기 때문이었다. 예를 들어, 역사교과서 개정을 자문했던 9인의 교수로 구성된 위원회는, 1979년 10월 26일 박정희 대통령 저격 사

18) 서울대학교사범대학; 강상균 외(1995)., 고등학교 사회문화. 서울: 두산동아; 채현섭 외(1995), 고등학교 사회문화, 서울: 한샘출판. 문교부(1995), 고등학교 교련, 서울: 문교부.

19) Korea Herald, 1 September 1994.

건 및 전두환이 권력을 장악하게 되는 동년 12월 12일, 군사쿠데타를 어떻게 다루어야 할지 결정할 수 없었다.[20] 역사 개정에 대한 문제는 당시 교육부 장관이었던 김숙희가 미국의 해군전쟁아카데미(The Naval War College) 연설에서 한 말로 인해 불거진 소란을 보면 잘 알 수 있다. 김숙희는 이 연설에서 한국전쟁은 불필요한 것이었다고 말했는데, 이 일로 그녀는 장관 퇴진 압력을 받게 되었다.[21]

교육과정 개편 논의는 한국에서의 정치적 · 경제적인 여건이 변화하고 있다는 점을 반영하고 있다. 우리는 한국에서 교육이 오랫동안 국가의 정당성을 세우는 수단으로 활용되었다는 것을 상기할 필요가 있다. 새로 들어선 김영삼정부는 이러한 문제를 제대로 인식하지 못했는데, 그 이유는 한국인들 대부분이 김영삼이 대통령직을 수행할 수 있는 정당성에 대해 의문을 갖지 않았기 때문이었다. 한국의 빠른 경제성장과 이로 말미암아 1980년 말 이후 산업노동자들에 대한 획기적인 임금 인상, 국가차원의 외교적 고립 탈피는 한국이라는 국가가 정치적이고 사회적인 질서가 유지되게 되었다는 긍지를 심어 주었을 뿐만 아니라 국제신용을 높이는 효과를 가져왔다. 이는 이전 정권들에서는 갖추지 못했던 부분이었다. 급진적인 학생운동 조직들을 제외하고 북한의 공산주의 제도가 한국의 대안적 사회체제라고 보는 사람들은 드물었다. 대중 사이에서는 한국이 미국, 서구유럽, 일본과 같이 성공적인 국가라고 일컬어지는 범주에 진입하고 있다는 생각이 자리 잡게 되었다. 한국은 더 이상 하류 국가가 아니었고, 미국의 그늘에서 벗어나 자력갱생의 정신으로 새로운 민족주의를 만들어 갔다.

이전보다 훨씬 강력한 정치적 안정과 교육내용에 대한 국가적 자신감이 가져다준 효과는 복잡했다. 한국인들은 교육을 민주화하고 국제화하는 데 열

20) Korea Newsreview, 10 September 1994, 12.

21) Korea Herald, 13 May 1995.

성을 쏟았다. 그런데 후자, 즉 교육의 국제화는 영어교육 증진 및 초등학교 영어교육 도입 열풍으로 그려졌다. 영어는 민주적인 국가들의 언어였고 동시에 전지구적 상업, 과학, 기술, 문화를 매개하는 언어였다. 더불어 한국인들은 민족적 문화유산에 대해 자부심이 컸던 만큼 전통적 가치는 국력을 키우는 데 중요한 자원이 된다고 보았다. 그러나 이러한 자부심의 다른 한편에는 빠른 국가의 근대화로의 진입 과정에서 문화적 정체성이 상실되지 않을까 하는 우려도 있었다. 보수주의자들은 국가와 가족에 대한 충성이 사회의 핵심적 가치로 살아 있어야 하며, 한국이 서구문화에서 보게 되는 물질주의 만연과 이기적인 개인주의를 피하도록 해야 한다고 주장했다.

문화적 정체성을 보호하고 지켜야 한다는 우려는 1995년 한국교육개발원에서 교육의 청사진을 담아 발간한 '세계화된 한국교육의 비전 수립'이란 보고서에 등장하였다. 이 보고서에서 저자들은 전통문화와 가치를 연구해야 한다고 강조했는데, 그 이유는 '학생들에게 국가 정체성에 대한 감각들이 반드시 내면화되도록 해야 하기' 때문이라고 했다.[22] 한국교육의 세계화를 주창하는 상황에서 김영삼 대통령은 자라나는 청소년들이 앞선 세대와 노인들에 대한 효도와 존경의 태도를 보이는 것이 중요하다고 강조했다. 한국교육개발원 연구원들과 이후 언론에서 계속된 교육적 논의들은 온갖 모순적인 사안들이 드러나는 장이 되었다. 즉, 국제화를 진전시키자는 말은 '민족정신'을 강화해야 한다는 또 다른 말과 충돌했고, 민주주의와 개인의 자유를 증대해야 한다는 요구는 충성, 규율, 가족과 사회의 필요에 개인을 복종시키라는 또 다른 요구와 대립하였다. 이제 정부가 노골적으로 교육을 좌지우지했던 시절은 끝났지만, 어떻게 민주적이고 세계화된 사회를 만들 것인지와 한국적 정체성의 의미를 지켜 나갈 것인지에 대해서는 아무런 합의가 없었다.

1997년 12월 대통령 선거에서 반정부 인사였던 김대중이 대통령에 당선되

22) 강무섭 외(1995)., 교육의 세계화 구상, 서울: 한국교육개발원, 12.

었다. 그는 오랫동안 교육이 국가의 정치화에 동원, 이용되는 상황에 비판적 이었던 사람이었다. 한국 역사에서 완전히 평화로운 정권 이양이 이루어진 첫 사건으로 김대중의 당선과 대통령직 인수는 민주주의로의 국가적 전환을 가능하게 하는 또 하나의 일대 전기가 되었다. 전교조를 합법화하고 이후 교과서에서 과격하게 서술되어 있던 반공 관련 내용을 없애고, 비록 명문화하지는 않았지만 학교교육의 분권화를 위해 힘쓰겠다는 내용은 교육의 민주화가 더 이상 후퇴하지 않을 것이란 점을 보여 주었다. 즉, 한국인들의 교육열과 함께 교육이념 및 실천에 있어 강한 평등주의적 기질이 크게 기여했다.

신경제시대의 교육

한국이 근대적인 산업국가로 전환하면서 교육발전에 몇몇 변화가 일어났다. 1990년대가 끝날 즈음, 한국의 인구 변화가 거의 완성되었다는 점이 그 중 하나이다. 학령기 아동의 수가 더 이상 늘어나지 않는다는 점과 더불어, 상당히 오래 지속된 베이비 붐이 사라졌다. 결과적으로 가구당 평균 자녀 숫자가 2명 밑으로 감소하게 되었다. 1980년대부터 초등학생 숫자가 급격하게 줄었고, 1990년대에 이르면 중학생 숫자가 점차 줄어들었다. 따라서 교육자들과 교육 관료들이 보기에 대학생 정원을 대폭 축소하거나 아예 대학 정원을 폐지하지 않으면, 21세기 초반의 대학생 숫자가 점차 줄어들기 시작할 것으로 보았다. 취학생 수의 감소는 전국적으로 과밀학급 문제를 해결할 수 있는 기회였다. 초등학교의 평균 학급당 학생 수는 1970년 56명에서 감소하기 시작해 1998년 35명이 되었다. 이러한 학생 수 감소 현상으로 인해 교수학습의 질 개선이 이루어져야 한다는 주장에 관심이 모아졌다.[23]

23) Korea Herald, 26 July 1999.

그러나 교사 1인당 학생비율과 학교시설의 수준은 여전히 선진국에 비해 한참 뒤처져 있었다. 이는 한국이 1996년 OECD에 가입하면서 주목받게 된 사항이었다. 이러한 연구가 시행된 바로 그해, OECD는 권고안을 내서 서울시에 학교시설과 학급규모의 개선 목표를 정하고 언제까지 달성할 것인지 정하도록 했다. 이 권고안에 따라 정부는 '교육환경개선계획 1996~2000'을 작성하고 학생 수용에 부적절한 시설을 개선하고자 했다. 두 번째 OECD 조사연구가 1998년 실시되었고 같은 내용의 권고안을 다시 내놓았다. 즉, 정부가 학교시설 개선과 과밀학급 해소 문제를 더욱 진척시켜야 한다는 내용이었다.[24] 이에 교육부는 학급규모 축소를 위한 장기적인 계획을 수립해야 했다.[25] 1996년 초등학교 학급당 평균 학생 수는 36명이었으며, 중등학교의 경우는 48명이었다. 교육부는 이 숫자를 초등학교의 경우 2010년까지 30명으로, 중등학교의 경우 2020년까지 24명으로 줄이겠다고 했다. 이렇게 하면 서구유럽 국가들의 학교 학급규모에 근접해지는 것이었다. 대학의 교수 1인당 학생 비율은 비교가 불가능할 만큼 상황이 좋지 않았다. 4년제 대학교의 교수 1인당 학생 비율은 1:34로 영국의 교수 1인당 8.4명, 일본의 교수 1인당 9.9명에 비해 상당히 열악한 상황이었다.[26] 당시에는 비록 목표한 계획을 달성하더라도, 대학에서 미국, 일본 및 서유럽 국가에 비해 강의당 학생 수가 훨씬 많은 상황이었다.

한국이 선진 산업국가로의 지위를 가지게 되면서 직업교육 문제 또한 변화하게 되었다. 1997년 발표된 대통령직속 교육개혁위원회 보고서에 따르면, 교육과정이 산업사회의 변화하는 요구를 제대로 반영하지 않았기 때문에 직업교육이 제대로 이루어지지 못했다. 빠르게 변화하던 한국 경제에서 요구

24) OECD, Reviews of National Policies for Education: Korea (Paris: OECD, 1998).

25) Korea Herald, 13 April 1998.

26) Korea Newsreview, 1 June 1996, 13; Kim Heung-ju, "Korea's Obsession with Private Tutoring," Korea Focus 8, 5 (September-October 2000): 76-89.

되는 기술 또한, 빠르게 변화하고 있었지만, 교육의 변화는 상당히 느리게 진행되었고 교수법은 시장의 요구에 전혀 부응하지 못하고 있었다. 이에 교육개혁위원회는 직업기술교육기관들이 긴밀히 협력하며 학교 간, 학교-기업 간, 다양한 학교급 간 종합적인 네트워크를 만들 것을 요청하였다.[27]

그러나 교육이 당면한 주요 과제는 한국의 경제적 기반이 중공업에서 벗어나 첨단기술과 지식기반산업으로 이동하고 있다는 데 있었다. 더욱이 한국은 1990년대까지 주로 기술이전 전략에 의존해 왔었는데, 이제는 이렇게 수입기술에만 의존한 경제만으로는 어렵다는 점이었다. 이를 대신하여 미래 성장은 자체의 원천 기술 노하우를 개발하는 데 의존해야 했다. 정책결정자들은 교육이 연구와 창의성을 증진시켜야 한다고 주문했다. 젊은이들의 창의성 부족, 혁신성의 부족과 국가적 연구 기관 및 시설이 부족하고 뒤처졌다는 상황에 대해 상당한 우려와 고통이 뒤따랐다. 심지어 최고의 대학이라는 서울대학교의 연구시설 및 과학, 공학, 기술교육에 있어 서유럽 및 북미의 주요 대학에 한참 못 미치는 실정이었다.

한국의 교육은 기초 단계에서는 가장 강했지만 최고 수준에서는 가장 약한 모습을 보였다. 전국 186개의 4년제 대학 중 대부분이 사립대학이었으며 이들은 1990년대 말에 일제히 등록금을 인상했다. 80% 이상의 사립대학들은 대학 재정을 등록금에 의존하고 있었다. 대학의 학비는 정부에서 규제하고 있었는데, 이는 가난한 가정의 자녀들이 대학에 접근하는 기회를 차별당하지 않도록 하기 위함이었다. 따라서 아무리 명문대학교라 하더라도 좋은 시설과 교수진을 적절히 확보하기 위해 등록금을 인상할 수는 없었다. 결과적으로 대학 도서관과 연구실은 극심히 가난했고 규모가 큰 강의실이 많았다. 실제로 대부분의 대학이 심한 재정적 어려움을 겪고 있었다. 평범한 수준의 많은 대학은 정원을 맞춰 모집하는 것도 힘들었다. 대부분의 학생이 그저 그런

27) OECD, 31, 53-61에서 재인용.

평판에 그치는 대학에 입학하기보다는 대입을 다시 준비하는 쪽을 선택했기 때문이었다. 재정 구조에 있어 최악이었던 점은 아무리 최고의 대학이라 할지라도 최고 수준의 프로그램을 시행할 수 없었다는 점이다. 이외에도 학교의 수준을 낮추는 데 기여한 몇몇 요인들이 존재했는데, 가장 악명 높았던 것은 대학들이 자대학 출신을 주로 교직원으로 임용하는 경향이었다. 실제 주요 대학의 교수진을 살펴보면 대부분이 그 대학의 동문들이었다. 모든 대학에서의 교수들은 한번 임용되면 거의 정년보장이 이루어졌고, 연구와 실적 생산의 압박으로부터 자유로워졌다. 선배에 대한 맹종은 교수 개인의 진취적 기상을 숨 막히게 했다. 특히 그 선배가 자신을 가르친 경우라면 더욱 심했다. 이러한 문제로 인해 많은 개혁안이 제시되었는데, 교육부는 교수 임용 시 해당 학교 졸업생의 임용 숫자를 제한하는 규정을 발표했고, 성과에 따라 교수 평가를 실시하도록 요구했지만, 근본적인 재정문제는 그다지 심각하게 다루어지지 않았다.

한국에서 자주 찬사를 받고 있는 교육연구기관 중 하나인 한국고등과학기술원(KAIST)은1981년 대학원대학교로 설립되었다. 1989년 KAIST는 한국과학기술원(KIST)으로 통합되어 소위 종합교육연구기관이 되었다. 포항공과대학교(POSTECH)는 연구자 교육 및 연구 수행에 집중하는 또 다른 교육연구기관으로 1986년도 포항제철에 의해 설립되었다. 이 두 연구기관은 이후 아시아에서 가장 우수한 명문대학으로 발전하게 된다. 몇몇 한국인들은 일반적으로 이 두 대학이 고등교육의 모델이 되어야 한다고 주장하기도 했다. 대학은 두 가지 유형으로 구분되었는데, 하나는 주로 교육에 집중하는 대학, 다른 하나는 연구에 초점을 두고 있는 대학이었다. 이러한 변화를 가져온 것은 몇몇 대학들이 소위 연구중심대학으로 분류하게 되면서부터였다. 이들 대학이 과학기술 프로그램의 개발을 위한 재정지원을 받게 되었기 때문이었다. 이에 더하여 새로운 대학들을 설립하게 된 것 또한 하나의 이유였다. 즉, 정부의 재정지원과 장학금을 통해 신설 대학들이 가장 우수한 학생들을 모집, 선

발, 교육할 수 있었기 때문이었다.[28]

한국은 1997년과 1998년 사이에 금융위기를 겪게 되면서, 국가가 과연 미래의 경제적, 기술적 도전에 준비가 되어 있는가에 대한 문제의식이 점차 커져 갔다. 이에 정부는 좀 제목이 이상하기는 하지만 두뇌한국 21(Brain Korea 21: BK21) 프로그램을 만들어 내게 되었다. 이 프로그램은 재임기간 동안 많은 논쟁을 일으켰던 반체제 정치 인사 중 한 명이었던 이해찬장관에 의해 시행되었다. BK21에 따라 한국정부는 상당한 양의 재정지원을 연구중심대학들의 공학, 과학, 기술 연구에 투자하게 되었다. 재정지원금의 3/4은 오로지 대학원생들을 지원하는 것으로 한정되었다. 이 엄청난 예산지원을 얻어 내기 위해 83개 대학에서 443개의 연구팀들이 학과 및 연구팀을 구성하였다. 서울대학교가 정부 지원금을 가장 많이 수주했고, KAIST와 POSTECH이 그 뒤를 이었다.[29]

아무런 연구지원 혜택을 얻지 못한 대학들은 필사적으로 저항했다. 예를 들어, 고려대, 연세대와 같은 최고 사립대학들에 대한 지원은 많지 않았고 나름 명문대학이라 불리는 곳 중에서도 아무런 재정지원을 받지 못한 대학들도 있었다. 소수의 몇몇 대학에 집중적으로 지원을 하게 된 결정을 통해 다른 많은 대학을 쇠퇴시키면서 몇몇 엘리트 최첨단 대학만을 키우는 결과를 가져왔다. 심지어 전혀 살아남지 못하는 대학도 생길 판이었다. 많은 대학의 학생들은 이 재정지원계획에 대해 반대하는 시위를 전개했다. 대부분 지방의 대학에 소속된 1,500여 명의 교수들은 서울 도심 한복판에 위치한 명동성당에서 시위를 이어갔다. 명동성당은 반정부 시위를 개최해 온 꽤 유명한 곳이었다. 시위에 가담한 교수 및 학생들은 교육부의 이러한 방침은 균등한 교육 수준을 해칠 것이며, 안 그래도 낮은 지방 대학의 평판을 더욱 악화시키고 인문 ·

28) Korea Newsreview, 7 March 1999, 14-15.

29) Ibid., 9 April 1999, 10.

예술계열 학문을 소홀히 하게 될 것으로 비판했다. BK21을 옹호하는 입장에서는 현대의 최첨단 기술교육을 받고자 하는 학생들이 외국으로 유학을 가지 않게 되면 이러한 문제점들이 해결될 수 있을 것으로 보았다. 이들은 또한 한국이 다른 선진국의 기술 수준을 따라잡을 수 있게 하는 합리적 방안이라고 주장했다. 대학들은 연구지원금을 받기 위해 다른 대학들과 컨소시엄을 형성하는 것이 더 좋은 방법이라거나 유망한 학생 및 우수한 교수진을 확보, 혹은 민간연구지원금을 확보하는 것 또한 필요하다고 했다. 서울대학교는 지원금을 받게 되기는 했지만, BK21 프로그램에 따라 학부 정원을 감축해야만 했다. 결국 서울대학교는 신입생 정원을 줄이겠다고 발표했다. 대학 순위에 있어 서울대학교가 가장 높은 위치를 차지하고 있었기 때문에 대학입학의 문턱이 높아지게 되었다는 사실은 많은 학부모의 분노를 샀다. 이 책을 쓰고 있는 1999년 말에는 BK21이 얼마나 성공적이었는지 판단하기는 어려웠다. 최근의 역사에서는 많은 문제점이 제기되었다. 국가는 교육에 대한 재정적 지원을 주저했는데, 너무나 오랜 기간 교육투자를 사용자와 민간산업에 의존해 왔기 때문이었으며, 교육에 충분한 재정적 지원을 하지 않는 것이 마치 관행처럼 되어 버렸기 때문이었다. 미국식 세금 혜택에 익숙하지 않은 탓에, 대학 졸업생들이 거액을 기부하는 전통 또한 발전시키지 못했다. 게다가 정부의 재정지원 혜택을 입은 대학들이 과학 및 기술에 비해 인문학에 기울어져 있던 오랜 관행을 극복해 낼 수 있을 것인지도 장담할 수 없었다.

형평성과 기회라는 이념에 대한 도전

BK21이 엘리트주의를 고양시킨다는 비판은 의미심장하다. 한국의 교육정책은 언제나 통일된 기준과 동등한 기회보장을 추구해 왔다. 몇몇 연구에 따르면, 한국은 다른 나라들에 비하여 부의 배분과 인구의 사회적 이동이 더 평등하다. 그리고 사회경제적 계층 간의 차이와 도농 간의 차이에 따른 교육 기회와 소득의 차이가 다른 나라에 비해 낮다. 그러나 대부분의 한국 사람들은 경제사회적 불평등을 최악의 사회적 특징 중 하나로 인식하고 있다. 이들의 이러한 판단에는 나름 이유가 있다. 노동조합에 대한 탄압과 국가의 남동쪽에 집중된 경제발전 정책은 대단한 경제적 불평등을 야기했다. 그런데 다른 부류의 개발정책이 불평등을 만들어 내는 이러한 경향을 가로막았다. 박정희의 새마을운동, 정부의 농가수곡가 지원, 정부의 수입물품 제한 등의 조치는 시골과 도시의 소득격차를 줄였고, 1980년대 말 산업노동자들의 급격한 임금 상승으로 공장노동자와 사무노동자들 사이의 임금 차이가 대폭 줄어들었다. 재벌 자녀들 간의 결혼 풍토 등의 몇몇 경향은 이전 시대 양반계층과 같은 새로운 동족결혼에 따른 신엘리트 계층이 등장하는 것이 아닌가 하는 문제를 던져 주었다.[30] 그러나 통계수치에 따르면 1980년대 말에서 1990년대 초 가계소득의 배분 구조에는 큰 변화가 없었다.[31]

이미 언급했듯이 기회의 형평성을 요구하는 것은 미군정 시기 이후 한국 사회의 교육체제로 자리 잡아 왔다. 일본, 대만, 싱가포르 등의 동아시아 국가들과 마찬가지로 한국에서는 교육이 순차적인 방식으로 팽창해 왔으며, 이는 모든 학생에게 고급 단계의 학습 이전에 기초적인 기준을 충족시키게 했다.[32] 한국인들은 여전히 '엘리트' 학교 체제를 만들려는 시도에 대해 무척 경계하고 있다. 국가뿐만 아니라 대중들로부터 교육의 형평성에 집중하고

30) Choong Soon Kim, The Culture of Korean Industry: An Ethnography of Poongsan Corporation (Tucson: University of Arizona Press, 1992), 77.

31) Republic of Korea, National Statistical Office, Statistical Indicators in Korea 1995 (Seoul: National Statistical Office, 1995), 50.

32) Paul Morris, "Asia's Four Little Tigers: A Comparison of the Role of Education in Their Development," *Comparative Education* 37, 1 (March 1996): 95-109; 다른 아시아 국가와 비교하려면, World Bank, The East Asian Miracle: Economic Growth and Public Policy (Oxford: Oxford University Press, 1993), and Morris and Sweeting, eds., 244-258. 참조.

있다는 것을 보여 주는 사례로는 1970년대 실시된 고등학교 평준화정책, 일반 교사들의 순환전보제도, 중 · 고등학교 추첨입학제도, 엄격한 표준교육과정, 표준화된 학교시설 등이 있다. 또한 대한민국은 서울과 지방 시도지역의 교육 수준과 기회의 격차를 줄이도록 하는 데 최선을 다하고 있다. 모든 시 · 도대학의 수준을 향상시키기 위해 특별교부금 및 장학금을 지원하고 있다. 그렇다고 모든 지방대학이 2류라는 대중의 인식이 바뀌지 않는데도 말이다. 게다가 정부는 모든 학교의 학생들이 속한 내신 등급에서 가난한 농촌지역이 혜택을 보도록 배려한다. 특히 대학입학전형에서 이들의 성적에 가중치를 부여하는 것이다. 마치 모든 중등학교가 학업성취도 면에서 등급이 같다고 가정하듯이 말이다. 농어촌 및 산간지역의 학생들을 대상으로 차별철폐정책을 실시하여 대학이 반드시 이들을 일정수 이상으로 선발하도록 하였다. 1996년에는 이들의 선발 비중이 늘어나게 되었다.[33]

교육부 관료들은 초 · 중등학교의 학력 수준이 교육 기회의 평등을 보장할 수 있을 만큼 충분히 일관성이 있어야 한다고 강조했다.[34] 대입 고사 결과 통계에 따르면, 학교별로 아무런 차이가 없지 않다. 이러한 각 학교들의 성공 여부가 비밀로 지켜질 수 없지만 결과는 공표되지 않았다. 여전히 대중들은 어느 고등학교가 명문대학교에 얼마나 많은 수의 졸업생을 보내고 있는지 잘 알고 있었다. 학교 내신 성적이 대학 입학에 여전히 더 높은 가중치가 부여되고 있었기 때문에 학교의 질이 무엇보다도 중요했다. 고등학생들은 15등급에 따라 성적이 부여되었다.[35] 보다 면밀한 학생평가를 위해 교육부는 1996년 봄, 학생평가를 100분위로 등급을 구분해 시행하자고 제안했다. 그러나 이러한 등급제는 중등학교 수준에서 드러나고 있는 수준 차이를 제대로 반영하지

33) Korea Times, 12 April 1996.

34) 1996년 서울에서 교육부 입시제도 관료(임형, 김진규)와의 인터뷰.

35) (역자 주) 당시 내신제도는 1~15등급으로 상대평가를 하고 있었다.

못했다. 좀 더 좋은 학교의 학부모들은 수능성적의 반영 비중이 줄어들어 수준이 낮은 학교 학생들이 이득을 보는 것을 불공정하다고 생각했다. 결국 정부는 원래의 계획에서 한발 물러나 대학이 직접 입학생들의 자격을 평가하는 데 좀 더 자율성을 가질 수 있도록 했다.[36]

국가가 시도했던 몇몇 교육개혁은 균질한 수준과 기회의 형평성을 만들고자 했던 오랜 목표와 종종 충돌하였다. 예를 들어, 대학에게 고교 및 학생내신 수준을 직접 판단하라고 허용하였는데, 이는 국가가 각 학교가 중등학교 수준의 불균질성을 정당화할 수 있도록 문을 열어 버린 것이었다. 비평가들은 이러한 조치에 대해 각 학교가 대학 입학생들을 많이 배출했다는 것 때문에 좋은 평판을 갖게 되는 것뿐만 아니라, 이들이 얻게 된 좋은 평판으로 인해 더 많은 졸업생들을 명문대학에 보낼 수 있게 될 것으로 보았다. 좀 사소해 보일 수도 있지만, 정부는 1990년대 교육의 획일성에서 벗어나려 했다. 예를 들어, 교육부는 1994년 고등학교 내신성적 산출방식 기준을 없애기로 결정했는데, 이로써 대학마다 각자의 내신반영기준을 만들어 낼 수 있게 되었다.[37]

획일성과 형평성은 관료, 학자, 언론 내에 점차 증가한 자유시장주의자들에 의해 도전을 받게 되었다. 이들은 국가가 직접 교육의 자잘한 것까지 지나치게 사사건건 간섭하려 한다면서, 교육이 정부의 통제로부터 자유로워져야 한다고 주장했다. 이런 부류의 비평가들에 따르면 교육은 경쟁력 강화를 위해 경제원칙을 따라야 하고, 학생과 학부모들은 선택의 자유를 더 폭넓게 누릴 수 있어야 했다. 이런 사고의 흐름에서 보자면, 한국교육은 고등학교가 학생모집을 위해 경쟁할 수 있어야 하고 학생모집과 비중을 정하는 데 더 자유롭게 권한을 행사할 수 있도록 해야 비로소 국제적 수준에 도달할 수 있었다. 이러한 시각이 대통령직속 교육개혁위원회 내부의 주류를 형성했으며, 이를

36) Korea Herald, 4 October 1994.

37) Ibid.

마땅찮게 여기는 교육부를 압박해 평준화정책을 깨뜨릴 수 있는 개혁적 실험을 하도록 했다. 교육부는 서울을 제외한 시 · 도교육위원회에 고등학교 학생 선발 권한을 허용할 수 있도록 했으며, 실제 몇몇 시도에서 이를 시행하기 시작했다. 이때 몇몇 시 · 도교육위원회는 사립학교들이 신입생을 선발할 때 특정 지역으로 제한할 수 있도록 허용하도록 했다. 1995년 서울시 교육위원회는 이러한 조치에 따라 사립학교들이 1998년부터 신입생 선발 시 10개 학군 내에서만 뽑겠다는 제안을 허용했고, 선발 기준은 고등학교입학시험점수 없이 학생들의 중학교 내신성적에 의해서만 가능하도록 했다. 교육위원회의는 획일적인 입학제도가 '학력 수준을 하향평준화'했기 때문에 이러한 조치가 필요하다고 역설했다.[38]

이 결정과 이에 따른 고등학교입시의 변화는, 여전히 불법단체였던 전교조를 포함해 다양한 시민사회단체의 반대에 부딪혔다. 이들은 고등학교 단계에서 학생선발권이 허용되어서는 안 된다는 캠페인을 전개하였다. 이러한 변화에 반대하는 사람들은 명문고등학교에 입학하기 위해 걷잡을 수 없는 경쟁이 발생할 것이고 지금보다 훨씬 이른 시기에 과외수업으로 인한 재정적 부담을 더 크게 지울 것으로 보았다.[39] 이 조치로 인해 학교교육의 비용에 대한 부담이 악화되고 학생들이 밤 늦게까지 공부하느라 심한 압박을 받게 되는 것뿐만 아니라, 교육 기회의 형평성 원칙을 허물게 될 터였다. 비싼 입학시험준비와 과외수업을 감당할 수 있는 사람들에게 불공평한 혜택을 가져다준다는 점에서 말이다. 1949~1951년「교육법」을 둘러싸고 논쟁이 벌어지던 시기, 학력별로 학급을 이른 나이에 편성하자는 제안은 거부되었었다. 그리고 1969~1971년 사이 중학교 입학시험(나중에는 고등학교입시까지)이 폐지되었다. 매 순간 정부가 선택하는 정책으로 인하여 교육에 접근할 수 있는 아이

38) Ibid., 27 January 1995.

39) 1996년 6월, 서울에서 전교조 부위원장이던 유상덕과의 인터뷰.

들의 수가 증가하게 되었다. 그런데 이제는 좀 더 평등한 교육체제를 만들어 온 패턴이 위협받게 된 것이다. 물론 그 폭은 많이 제한받기는 했지만 말이다. 이 계획의 시행은 연기되었지만 고교평준화의 결점이 드러나게 되었다.

교육부는 다양성과 실험을 확대하기 위해 단순-획일적인 교육과정을 벗어나기 시작했다. 1989년 제5차 교육과정개정으로 작은 움직임이 있었다. 이 개정을 통해 학교위원회는 교수학습내용의 일부를 변경할 수 있도록 허용되었다. 1995년 제6차 교육과정개정은 이보다 좀 더 나아가 15개 시 · 도교육위원회가 학습과정을 '지방화'할 수 있도록 허용했다. 예를 들어, 각 시 · 도는 초등학교 4학년에게 지방 역사를 한 단위 가르칠 수 있도록 했다. 도교육위원회는 초등학교 5학년과 6학년 교육과정의 거의 절반에 해당하는 내용을 결정할 수 있게 되었으며 초등학교 교장은 4학년에서 6학년 시기에 34시간의 교과수업을 추가로 편성할 수 있게 되었다. 초등학교보다는 덜하다고는 하지만, 중등학교 교장들에게도 교과목들을 추가로 개설할 권한이 주어졌다.[40] 하지만 1990년 말 당시에도 한국의 학교에서는 거의 엄격한 국가교육과정이 운영되고 있었으며 고등학생들에게 선택과목이란 것은 없었다.

학교교육의 획일적 관리체제에서 좀 더 시장지향적인 경쟁적 체제로 옮겨가야 한다는 주장의 일환으로 기업이 교육에 투자하도록 하자는 방안이 대두되었다. 교육에 있어 기업이 좀 더 개입해야 한다고 옹호하는 사람들은 이를 계기로 교육시설이 개선되도록 민간재원이 투입되게 될 뿐만 아니라 학교 전체에 기업가 정신이 스며들게 될 것이란 희망을 이야기했다.

이에 1990년대 말 두 개의 서로 경쟁적인 교육사조가 등장하였다. 국가가 주도적으로 교육을 통제하여 통일되고 형평성 있는 체제를 만들 것인가 아니면 선택의 자유를 확대하고 시장중심적인 경쟁을 도입할 것인가? 여기서 선택의 자유란 시스템을 좀 더 유연하게 만드는 것을 의미했다. '열린교육'이

40) OECD, 32-33.

라 불린 정책에 따라 교육부는 각 대학이 나이와 상관없이 학생들을 입학할 수 있도록 하는 평생학습체제를 촉진하고자 했다. 이 방안은 새로운 현상을 만들어 냈다. 비전통적인 학생이라는 개념 말이다. 그러나 기존 대학입시제도 아래 어떻게 학생들이 입학하고 또 복교할 수 있도록 할 것인지에 대해서는 여전히 분명하지 않았다. 유연성은 교수 방법으로 확장되었다. 1990년대 중반 몇몇 시범학교에 도입된 계획에 따라 교실은 학생들이 개별적인 속도로 학습할 수 있도록 재구조화되었다. 곧바로 여러 문제가 제기되었다. 이러한 변화에 저항하는 교장들이 있는가 하면 교실의 변화와 함께 이에 반대하는 교장들로 인하여 교사들의 혼란은 커져 갔다.[41] 근본적인 변화가 생기게 된 또 다른 개혁이라면 '교육과정 2000'일 것이다. 학생들은 10년 동안 제한된 수의 선택교과를 통해 공통기초교육을 받게 된다. 만약 어떤 학교에서 특정 선택교과를 제공해 주지 못하게 된다면, 학생들은 다른 학교에서 수업을 들을 수 있게 된다. 유연성을 더 폭넓게 마련하고 직업교육을 신장시키기 위하여 직업기술교육강화 방안이 마련되었다. 이에 따르면 직업계 고등학교 졸업생들은 언제라도 전문대학에 입학할 수 있었고 전문대학 졸업생들은 4년제 대학교에서 학사과정을 마칠 수 있도록 했다.

형평성과 통일성에 대한 관심 때문에 개인성과 창의성이 제대로 길러지지 않는다는 의견도 있었다. 과거를 돌아보면 미국 영향을 강하게 받은 교육자들은 좀 더 민주적인 사회를 만들어 내기 위해 교육을 통해 개인성을 증진시켜야 한다고 주장했었다. 이즈음에 이르자 관료, 학자, 일부 언론인들이 경제적 경쟁성을 실현하는 방편으로 개인성을 주장하게 되었다. 교육개혁을 위한 대통령위원회는 1994년 학교의 다양성을 증진하고 학부모들에게 선택의 자유를 더 갖도록 하는 방안을 제안했다. 이러한 방안들은 중등학교를 좀 더 경쟁적인 공간으로 바꾸었다. 그러나 한 가지 개별 학생들이 자신의 필요에

41) 한국교육개발원, Research Abstracts 1996, 5-6; 송경희와의 인터뷰, 1997년 7월.

가장 적합한 학교를 찾게끔 했다. 교육개혁을 위한 대통령위원회는 각 학교가 특성화되도록 허용되어야 하며 그에 따라 수업료 또한 조정할 수 있어야 한다고 했다. 이 말인즉, 사립중등학교는 완전히 자립하도록 하고 의미 있는 선택을 할 수 있도록 해야 한다는 의미였다.

그러나 김대중 정부는 교육 기회의 형평성이란 이념을 결코 포기하지 않았다. 김대중 대통령 자신이 가난한 집안에서 태어나 자랐던 만큼 저소득 가정 자녀들에게 교육지원을 하겠다는 계획을 세웠다. 1999년 제안된 계획에 따르면 저소득층 가정의 40만 명의 중등학교 학생들과 20만 명의 유치원 학생들에게 수업료 및 등록비 면제혜택이 주어질 것이며 정부는, 그 수가 제한되기는 하겠지만 30만 명의 남녀 대학생들에게 저리의 대학 학자금 융자를 실시하겠다는 내용이 포함되어 있었다.[42] 한국 대중은 여전히 기회의 형평성을 가로막는 경제적 격차에 대해 문제를 제기하였다. 1997~1998년 경제위기는 일시적이기는 했지만, 대규모의 실직자를 양산해 냈고, 이후 10여 년 넘게 노동자 부족 문제를 야기했다. 대규모 금융위기사태는 한국의 중산층 혹은 꽤 많은 노동계층을 불안정하게 했으며, 이 시기 동안 부자들은 더 많은 혜택을 받았다. 이러한 위기상황은 평등한 사회에 대한 고민을 깊게 해 주었다.

교육개혁을 위한 대통령위원회와 전문가들이 내놓는 방안의 일반적인 경향들이 한국교육의 근본적인 것들에 대해 도전하는 듯한 상황에서, 경제적 격차에 대한 관심이 치솟아 오르고 있었다. 사회이동을 최대치로 허용하도록 구조화되어 왔던 교육체제가 가능했던 이유의 일부는 교육의 보편화와 표준화라는 큰 흐름을 유지할 수 있었던 국가의 전체주의적 특성도 한몫을 했다. 그러나 비평가들은 한국이 만들어 온 교육이 너무도 평범하다고 비난했다. 한국의 교육은 충분히 높은 기초 문해력, 산수능력, 과학적 지식을 전달했지만 진짜 재능을 숨 막히도록 막아 놓고 있었다. 한국의 교육은 빌 게이츠

42) Korea Herald, 20 August 1999.

혹은 노벨수상자를 배출해 내지 못했으며, 21세기에는 아마도 엘리트 지위를 향한 쟁탈이 치열한 상황에서 대부분의 한국인들이 목격했던 승자의 모습을 더 이상 보지 못하게 될지도 모른다.

획일성을 벗어나 유연성을 키우겠다고 시도되는 온갖 임시적인 방안들이 정부 관료로부터 하향식으로 제안되거나 혹은 부과되었다는 점은 상당히 흥미로운 지점이다. 김영삼정부 시절과 심지어 다음의 김대중정부 동안 한국 교육은 초중앙집중적이었으며 교육과정 표준, 교과내용 및 교수 방법 등에서 획일적이었다. 교육부는 여전히 학사일정, 학급운영에 있어 아주 세세한 규정들을 내려보냈고, 교사들은 규격화된 높은 수준의 교육연수를 받았다. 재직 교사들을 대상으로 한 연수프로그램은 교사들이 재교육에 참여하는 것을 의미하지만 흔히 주기적으로 국가의 교육정책에 맞추도록 교조화되는 것을 의미하였다. 정부 관료들은 명백히 국가의 사회경제적 발전을 관리하고 방향을 정하는 것에서 손을 떼고 싶어 하지 않았다. 1990년대 말 대한민국은 전체주의적 가부장주의 체제와 강력하고 관료주의적인 국가였다. 정부는 이전에 비할 수 없을 만큼 공적 책무성과 대중의 압력에 개방적이었지만, 이 상황에서 국가는 시민들로부터 두 가지 모순적인 메시지를 전달받게 되었다. 교사, 교장/감 및 몇몇 학부모 단체는 정책결정에 있어 더 많은 자율성을, 그리고 교수학습의 유연성을 요구하였다. 그러나 몇몇 교사단체, 학부모단체, 언론인, 학자를 포함한 시민단체 등은 변경되는 기준들이 사회의 특정한 계층에게 불공정한 혜택을 주지 않도록 형평성 있고 공정하며 중립적인 정책 일관성을 요구하였다. 한국의 대중은 여전히 개인 성장, 사회정의, 형평성, (열심히 일하고 공부해서 부와 사회적 지위를 향상시킬) 가족의 권리 등 이전과 똑같은 문제들로 인해 활발한 논쟁을 벌였다. 이런 모든 이념과 문제들을 고려해 보면 한국의 교육체제는 그 어떤 급진적인 변화도 일어나고 있는 것 같지 않았다.

젠더와 교육 형평성

한국이 평등한 교육에 골몰해 오기는 했지만, 사실 인구의 절반인 여성들에게는 그다지 잘 적용되지 않았다. 그러나 여성들 또한 민족적 교육열정에서 예외는 아니었다. 1990년대 말이 되면 최고 수준의 고등학교, 대학(교) 진학을 위해 벌이는 경쟁에서 여성들이 차지하는 비중이 남성들과 비슷해지기 시작하였다. 대부분의 여성에게 취업 가능성은 여전히 각박했고 이에 따른 교육비용은 하늘 높은 줄 치솟았지만, 여성들의 학교 취학률은 점차 증가해 왔다. 그러나 여학생들의 대학원 진학률은 남학생에 비해 상당히 뒤처져 있었다. 1990년 대학원생들 중 여성이 차지하는 비중이 22%였는데 1995년이 되자 27%로 약간 높아지게 되었다. 이 당시 학부생들의 남녀 진학률 격차는 점차 좁혀지고 있었지만 말이다.[43]

여성들은 일반적으로 임시 고용인 정도로 비춰졌는데, 결혼하게 되면 퇴직할 것이라 여겨졌다. 일의 종류에 있어서도 주로 관리직이 아닌 비서직에 더 어울리다고 여겨졌었다. 산업 선진국들에게 있어 여성들 또한 대거 전문직으로 진출하고 실제 모든 직장경력에서 찾아볼 수 있지만, 한국에서는 이것이 너무도 느렸으며 심지어 일본보다도 느리게 진행되었다. 1994년 당시 50대 기업에 고용된 여성 대졸자들은 2,741명이었다. 이 수치는 대학 졸업생 중 당해연도에 입사한 전체 인구의 8.6%밖에 안된다. 일부 정부의 압력이 있기는 했지만, 1995년도에는 이 숫자가 4,353명으로 같은 기준에 따르면 11.3%가 되었다.[44] 1995년 여성 노동자 소득의 중간값은 남성 노동자의 58% 정도밖에 안 되었다. 여성 전문직의 경우에는 평균보다 훨씬 낫기는 했

43) 교육부(1996). 교육통계연보 1996.

44) Korea Newsreview, 5 November 1996, 11.

지만, 이들 소득의 중간값은 1996년 기준으로 남성의 83% 정도였다. 물론 이 수치는 1985년에 비하면 상당히 높아진 것인데, 당시에는 여성 전문직의 소득이 남성 전문직 기준으로 68% 정도밖에 되지 않았었다. 여성 전문직 인구가 워낙 작았으며 임금이 올라가는 것보다 여성 전문직 인구의 비중이 상승하는 속도는 상당히 느렸다. 1997년 조사에 따르면, 전체 전문직 인구 중 여성이 차지하는 비율은 27%였으며, 이들 인구 비중은 교육계에서 가장 높았고 법조계에서 가장 낮았다.[45] 1997년도 말 한국이 금융위기에 따라 경제침체기에 들어가면서 그나마 여성들에게 실현된 작은 성취들이 위협받게 되었다. 많은 대졸 여성들이 전문 관리직과는 거리가 먼 구직행렬에 나섰다. 예를 들면, 1993년 대전엑스포에서 '도우미'가 한때 유행했다. 이들은 물건을 홍보하기 위해 회사에 고용된 모델이자 안내인이었다. 실제 학사학위를 가진 젊은 여성들에게 이 일자리는 상당히 선호되는 직업이 되었다.[46]

교육체제 및 사회에서 여성들을 차별하는 경향은 여전히 강했다. 1996년 1월 여중생 학부모들이 다양한 여성 관련 단체의 대표격인 여성협회(여협)를 찾아가 불만을 토로하였다. 서울 지역 4,300명의 여중생은 고등학교 입학이 거부되었다는 내용인데, 이유인즉 이들의 고입학력고사 성적이 이미 입학이 결정된 남학생들보다 높았음에도 불구하고 고입에서 탈락한 것이었다. 이 사건에 대해 교육부는 여학생들의 입학을 허용하도록 명령하였다. 그럼에도 불구하고 이렇게 발생한 일을 보면, 여성이 남성보다 덜 중요하다는 오래된 태도를 예시하고 있었다.[47] 실제 여성보다 남성을 더 선호하는 한국 사회의 편견은 많은 여자 태아들을 임신중절 수술로 없애 버리는 결과를 낳았다. 대부분의 한국인이 한 자녀 혹은 두 자녀만을 원하고 있기 때문에 여자아이들

45) Ibid., 1 November 1997, 32-33.

46) Korea Herald, 10 September 1994.

47) Korea Times, 21 January 1997.

은 덜 환대받았고 임신한 여성들은 의사들에게 불법적으로 태아의 성별을 알려 달라는 부탁을 하곤 했다. 결과적으로 1995년 초등학교의 52%가 남학생들이었다.[48] 한국에서의 남아선호 사상에 근거한 임신중절문제는 중국에 비해 그다지 심각한 편은 아니었다. 그러나 젠더 불균형은 경고로 받아들이기에 충분히 염려스러운 일이었다.

여성들을 위한 교육은 대체로 결혼과 관련 있었다. 취업할 기회라든가 혹은 높은 지위에 올라갈 가능성이 낮은데도 불구하고 부모들은 딸들을 위해 고등교육의 기회를 찾아 주고자 했다. 이는 딸아이들에게 좋은 혼처를 마련해 줄 수 있다는 기대 때문이었다. 일반적으로 결혼이 중매로 이루어지는 국가들의 경우, 잘 교육받은 며느리는 '교육 어머니상'에 딱 맞는다거나, 혹은 좀 더 유행하는 말로 '치맛바람'을 일으켰다. 1996년 한국교육개발원에서 수행한 조사에 따르면, 아들을 가르치는 이유가 '좋은 직업을 얻게 해 주는 것'이라 답한 학부모가 딸의 경우에 비해 3배나 많았다. 그 반대로 딸을 교육하는 이유가 '결혼에 유리하기 때문에'라는 답변을 내놓은 학부모가 아들의 경우에 비해 4배 많았다. 대학을 졸업한 학부모들의 경우 자기 딸을 교육하는 이유가 '결혼에 유리하기 때문에'라고 답한 경우가 적기는 했지만, 딸을 교육하는 이유로 직업이라던가 혹은 경력을 이야기하는 것보다 결혼을 언급하는 경우가 더 많았다.[49]

여성들에게 전문직 기회가 부족한 상황은 국가의 '교육열'과 아주 복잡한 방식으로 서로 연결되어 있었다. 이런 현상을 주목한 몇몇 사람은, 여성들에게 기회가 부재한 상황 때문에 어머니들이 아이들에게 자신의 야망을 투영하는 결과가 나타났다고 주장했다.[50] 그와 동시에 아이들의 교육을 감독하는

48) 교육부(1996). 교육통계연보 1996.

49) 한국교육개발원(1996). 한국의 교육지표. 서울: 한국교육개발원, 20-23.

50) Geir Helgesen, Democracy and Authority in Korea: The Cultural Dimension in Korean Politics (New York: St. Martin's Press, 1998), 150.

'치맛바람'의 역할은 엄청난 시간을 쏟아붓게 했다. 어머니들은 아침 일찍 일어나 아이들을 살며시 깨우고 학교 갈 준비를 하게 한다. 아이들은 자기 엄마가 마치 종처럼 자기들을 위해 기다리고 있는 상황에서 아무런 잡스런 일도 하지 않는다. 예를 들어, 학생들이 공부하는 동안 음료수와 간식이 담긴 쟁반을 들고 공부방으로 가져간다. 어머니들은 과외와 사설 학원의 정보나 시간을 확인해야 하고, 담임교사와 면담하느라 긴 시간을 투입하고, 언제건 공부하고 있는 아이들이 원하는 시간에 도와주기 위해 하루 24시간 대기하고 있다. 이 모든 일은 전일제 일을 하는 사람들에게는 아주 힘들 뿐만 아니라 엄마이자 아내로서의 일도 유기하도록 만든다.

여성들에게도 직업의 기회가 조금씩 넓어지게 되면서 김대중정부는 교육 형평성에 대한 문제를 새로운 방식으로 제시했다. 차별을 없애기 위해 교육부는 1998년 새로 생기는 중 · 고등학교를 모두 남녀공학으로 만들도록 했다. 1998년 당시까지만 해도 중학교의 50%, 고등학교의 46%만이 남녀공학이었다. 이에 더해 새로운 지침을 통해 모든 교과서의 내용이 남녀차별이나 편견을 담지 않도록 했다.[51] 정부는 교직이 남성 중심이라는 사실에 비춰 또 다른 문제를 제기했다. 고등교육 이전의 교사 중 여교사가 차지하는 비중이 대략 50%인데, 단지 교감의 6%, 교장의 5%만이 여성이었다. 더욱이 여교사들은 고학년을 담당하는 비율이 지극히 낮았다. 이에 교육부는 1999년 새로운 지침을 정하고 더 많은 수의 여성들이 교육행정직에 오를 수 있도록 했다. 한국 정부가 나서 젠더 평등을 실현하려던 노력은 1997~1998년 경제침체 시기에 가장 두드러졌다. 이 시기 구직에 나선 대졸 여성은 같은 조건의 남성에 비해 엄청나게 줄어들었기 때문이었다. 이에 상응하여 결혼중매업체를 찾거나 혹은 성매매알선업체를 찾는 여성의 수가 급증한 것으로 보도되었다.[52]

51) Korea Newsreview, 12 September 1998, 13.

52) Ibid., 20 March 1999, 22.

교육을 향한 동력

1945년 일제 강점기가 종식된 이후 대중들의 끈질긴 교육에 대한 수요는 한국교육발전의 주요 동력이었다. 이러한 수요는 1990년이 되어서도 줄어들지 않았고, 오히려 상위 학교로 진학한 학생 수가 큰 폭으로 증가하면서 기대가 더 높아졌을 뿐이었다. 실제로 모든 학부모가 자녀의 대학진학을 갈망했다. 이러한 희망이 단지 희미한 수준에 머무는 것이었다고 보아서는 안 된다. 거의 모든 부모는 자신의 자녀가 대학진학이라는 목표를 이룰 수 있도록 엄청난 노력을 기울였다. 최고 명문대학에 진학하는 것, 그리고 이를 위해 가능한 한 공부 성적이 좋아야 한다는 압력은 대학 졸업자가 과잉공급되고 대졸-고졸 간의 임금격차가 감소되고 있었음에도 불구하고 결코 줄어들지 않았다. 1990년대 중반의 취업 기회는 대졸이 아닌 사람들에게 훨씬 더 유리했다. 1995년 대졸자의 61%만이 졸업 후 6개월 이내에 취업에 성공할 수 있었다. 이 당시의 상황을 보면 경제 호황이 이어지고 있었고 심지어 노동자 부족이 만연한 문제였음에도 불구하고 말이다. 여성들의 경우에는 남성들보다 훨씬 상황이 좋지 않았다. 70% 정도의 남성 대졸자들이 취업하는 상황에서 여성들의 경우에는 겨우 절반만이 취업할 수 있었다. 이러한 차이는 과거보다는 많이 개선된 편이라 할 수 있다. 그러나 이러한 개선을 논하기 이전에 실업률이 연중 2% 이하로 낮은 상황에서 경제가 확장되고 있었다는 상황이 고려되어야만 한다. 이와 대조적으로 실업계 고등학교 졸업생들의 첫 직장 취업률은 97%에 이르렀다. 저숙련 노동자 부족 문제가 심각한 상황에서 공장 노동직 및 단순 노동직에 종사할 외국인 노동자들이 유입되는 현상이 나타났다. 앞서 지적한 대로, 대학교육의 투입대비 산출 비중은 작아졌다. 1980년대 중반 대졸자들은 고졸자들보다 평균 2.3배의 수입을 올렸다. 그러나 1980년대 말이 되면 공장 및 서비스업 종사자들의 임금은 사무직 종사자들보다 빠

표 8-1 한국의 교육 수준에 따른 임금 수준 차이, 1976~1994

	중졸자	고졸자	전문대졸자	대졸자
1976	59.1	100	145.3	229.7
1979	65.9	100	147.6	230.7
1982	69.9	100	129.8	226.5
1988	74.7	100	128.1	202.7
1991	84.6	100	117.4	179.2
1994	88.9	100	108.0	150.5

출처: Chon Sun Ihm(1976~1991), "South Korea Education", in Morris and Sweeting eds., 143; 한국교육개발원(1994), 한국의 교육지표, 133.

른 속도로 높아졌다. 1994년이 되면 대졸자의 임금은 고졸자의 약 1.5배에 지나지 않게 된다.[53]

전문대학의 인기가 보여 주고 있듯이(〈표 8-1〉 참조), 교육에 대한 요구가 시장의 요구를 전적으로 나 몰라라 한 것은 아니었다. 1990년대 초·중반에는 전문대 졸업자가 급격하게 늘어났는데도 불구하고 졸업자의 83~85% 정도가 원하는 곳에 취업할 수 있었다. 결국 대학입학에 실패한 많은 학생과 심지어 대학을 졸업하고도 취업에 실패한 일부 학생들이 전문대학 입학 경쟁에 나섰다. 1995년 전문대학의 경쟁률은 3.8대 1이었는데, 이는 누구도 예상하지 못했을 정도로 높은 수치였다. 이러한 현상에 발맞춰 정부는 10개의 전문대학을 더 설립하겠다고 발표하였다.[54] 그러나 전문대학이라고 문제가 없었던 것은 아니었다. 전문대학들은 적절한 자격과 전문성을 갖춘 교수요원이 부족하거나 교육부 지침에 따른 시설 및 기자재를 제대로 갖추지 않고 있거나 점차 확장되고 있는 산업계 및 서비스업의 요구에 미치지 못하고 숙련도가 낮

53) Chon Sun Ihm, "South Korean Education," in *Morris and Sweeting*, eds., 140-143; Korea Newsreview, 15 June 1996, 24-25.

54) Korea Herald, 2 February and 12 October 1995.

은 기술자들만을 양산하고 있다는 비판을 받고 있었다. 그리고 전문대학은 4년제 대학입학에 대한 압력에 단지 작은 흠집만을 내고 있는 실정이었다.

고학력자들의 수익률이 점차 감소하는 상황에서 혹자는 대학 경쟁률이 점차 줄어들지 않았을까 기대할 수 있다. 그러나 이 점에 있어 괄목할 만한 차이는 발생하지 않은 듯하다. 만약 어떤 변화가 있었다면 1990년대 들어 명문대 졸업장을 향한 경쟁이 더 치열해졌다는 점이다. 여전히 학력별 수입 격차는 교육에 투입하는 비용을 상쇄할 만큼 충분히 컸다. 그러나 교육의 요구를 증진하는 데 더 중요하게 작용했던 것은 시장과는 상관없는 수익률이었다. 선비 전통이 여전히 큰 힘을 발휘하고 있었던 것이다. 이는, 곧 대학의 학위를 취득하는 것 자체가 개인과 가족에게 사회적 지위와 영예를 가져다주는 것을 의미했다. 한국은 1950년대 이후 1990년대에 이르도록 사회 · 경제적으로 엄청난 변화를 겪었다. 대부분의 사람이 진흙벽 초가집에서 살던 국가에서 1인당 GDP가 수십 배 높아지고 고층 아파트에 거주하는 사람들이 모인 어리둥절할 정도의 도시화된 사회로 탈바꿈했다. 그럼에도 불구하고 한국인들이 가진 가족과 사회적 지위, 교육 목적에 대한 전통적 태도는 신기할 정도로 바뀌지 않고 강하게 남아 있었다. 부모들은 성인이 된 자녀들에게 여전히 상당한 권위를 행사하고 있고 가족의 각 구성원은 경제적으로 서로 의존하며 의무감을 지운다. 교육은 여전히 가족의 집합적 노력으로, 자녀 교육을 위한 모든 재원이 모이는 분야였다.[55] 학교교육에 대한 전통적 태도가 얼마나 강하게 남아 있는가는 1994년 한 연구에서 잘 드러난다. 이 연구에 따르면 대부분의 부모는 교육의 목적이 인격을 키우고 교양을 계발하는 것에 있다고 생각했다. 36% 정도의 부모들만이 좋은 직장을 얻는 것이 무엇보다 중요하다고 답했다. 흥미롭게도 학력이 높은 학부모일수록 학교교육이 좋은 직장을 얻

55) 이 언급은 1996년과 1997년에 한국인들과의 인터뷰에 기초한 것인데, 가능한 한 더 좋은 학위를 얻기 위해 자녀교육에 모든 재원을 긁어모은 가족의 이야기는 이전 세대의 이야기와 비슷했다.

도록 하는 데 중요한 수단이 된다는 생각을 하는 빈도가 낮았다.[56] 교육은 여전히 사회적 지위를 판단하는 주요 잣대였다. 결혼도 사회적 지위를 획득하는 주요 방법이기는 했지만, 이 또한 교육과 깊은 연계성을 갖고 있었다. 대부분의 국민조사가 보여 주고 있듯 배우자의 적합도를 결정하는 상위 첫 번째, 혹은 두 번째 요인은 상대의 학력이었다.

교육이 사회적 지위를 결정한다는 대중적 관점은 경험연구에 의해서도 뒷받침된다. 여전히 제대로 된 학교에 진학하는 것이 성공의 열쇠였다. 국가의 고위관료들을 대상으로 조사한 양성철의 연구에 따르면 장 · 차관 이상의 경력을 거친 1,708명들에게서 가장 중요한 성공의 요인은 학연이었다. 게다가 이들의 선발 및 승진의 양상을 살펴보면 엘리트 명문학교, 특히 서울대학교 졸업생들이 대부분을 차지하고 있었다. 1964~1972년 자료를 보면 정부 고위관료들의 34%가 서울대학교 졸업생들이었고, 1972~1980년이 되자 이 비율은 51%로 높아졌다. 김영삼정부의 첫해 동안에는 65%까지 높아졌다.[57] 경제계에서도 선발과 승진에 있어 기술보다는 학력이 훨씬 중요한 기준으로 남아 있었다.[58] 대학 학위가 없는 사람들은 기업 승진체계에서 고위직으로 거의 승진하지 못했다. 명문학교들의 졸업생들이 사회를 좌지우지하는 현상이 한국만의 특이한 현상이라 할 수는 없다. 일본의 동경대 졸업생들, 영국의 옥스퍼드대 및 캠브리지대 졸업생들, 프랑스의 국립명문대 졸업생들도 같은 수준의 사회적 영향력을 행사하고 있다. 그러나 한국에서 이러한 경향은 높아지고 있다. 사회적 엘리트가 되는데 군대의 영향력이 감소하면서 한국의 유명대학 졸업생들이 정부, 기업 및 각종 기관의 좋은 자리를 차지하는 '능력주의 사회'가 되어 왔다. 따라서 한국인들의 교육열은 적어도, 교육적 성취를

56) 한국교육개발원, 한국의 교육지표, 21-22.

57) Sung Chul Yang, "South Korea's Top Bureaucratic Elites, 1948~1973: Their Recruitment Patterns and Modal Characteristics," Korea Journal 34, 4(Autumn 1994): 18-19.

58) Choong Soon Kim, 88-89, 103-109.

통해 사회경제적인 성공을 쟁취할 수 있다는 정확한 인식에 근거한다는 점에서 일면 합리적이라고 볼 수 있다. 사회적 지위에 대해 한국인들이 갖는 전통적인 관심사, 지식을 갖춘 신사를 추구하는 유교적 이념의 지속, 해방 이후 상대적인 개방성과 함께 명문대학의 졸업장을 획득하겠다고 앞다투어 경쟁하는 현상은 이해할 만하다. 왜냐하면 그 대가가 크기 때문이다.

결론

1998년 OECD가 한국교육에 관해 수행한 연구는 마치 1954년 UNESCO-UNKRA 한국교육계획사절단의 작성한 보고서를 떠올리게 하였다. 두 보고서 모두 과밀학급, 암기위주의 학습방법, 엄격하고 융통성이라곤 찾아볼 수 없는 교수법, 기술교육의 부족, 지나치리만큼 중앙집중적인 교육행정 시스템, 창의력과 독립적인 사고력을 가로막는 교육문제를 담고 있다. 그럼에도 이 두 보고서에서 큰 차이점이 있다. OECD 보고서에는 만연한 부정부패를 날카롭게 비난하는 내용과 뻔뻔하게 정부가 학교체제에 정치적 간섭을 일삼는다는 점, 교사훈련이 부족하다는 점은 언급되어 있지 않다. 일반적으로 OECD 보고서는 분명히 한국의 학교교육체제를 아주 인상적인 발전적 성취로 인식하고 있다. 게다가 이 보고서에는 UNESCO-UNKRA 사절단 보고서에서 보였던, 국가건설이라는 과업을 위해 진력하고 있지만 미덥잖게 보이는 가난한 사회에 대해 제1세계 전문가들이 가진 보호자적 태도가 담겨 있지 않다. 그러나 OECD 보고서는 다음과 같은 글을 담고 있는 UNESCO-UNKRA 사절단 보고서의 목소리를 그대로 전하고 있다. "한국인 사이에서 볼 수 있는 강한 교육열은 이 세계 어디에서도 찾아볼 수 없을 것이다." 이러한 교육열은 한국 사회에서 학력이 갖는 중요성 때문이라고 이 보고서는 판단한다. 가장 중요한 졸업장을 갖는다는 것은 '취업, 결혼, 비공식적인 대인관계에서 대체

로 가장 중요한 판단 기준이' 된다.[59]

도대체 교육을 향한 한국인들의 열망을 어떻게 설명할 수 있을까? 1990년대 한국 사회를 연구한 드니스 레트(Denise Lett)는 교육열을 한국 사회의 '양반화'라는 개념으로 설명할 수 있다고 보았다. 그녀가 보기에 점증하는 한국의 중산층들은 이전 시대 양반들이 구가했던 전통적인 엘리트 사회적 지위를 획득할 수 있었다. 이전 시대처럼 세습적 특권을 누릴 수는 없었지만 더 이상 조상의 계보는 중요하지 않았다. 사회적 지위를 결정하는 기준은 소유한 재산, 좋은 결혼, 무엇보다도 어디에도 내놓을 수 있는 학력이었다.[60] 한국의 부모들은 아이들에게 양반 태도를 갖도록 가르치는데, 이는 도덕적 권위와 특권에 대한 태도를 물려주는 것이 교육이고, 육체노동은 수치스러운 것이라는 생각을 갖도록 하는 것이다. OECD 보고서에서도 한국의 이러한 전통적 가치가 교육에 지대한 영향을 미치고 있다고 했다. 한국인들은 위계적이고 등수에 민감한 세계관을 물려받아 교육이 사회에서 한 개인의 지위를 확고히 하는 수단으로 작동한다고 본 것이다. 1950년대, 1960년대, 1990년대에 이루어진 조사를 통해 살펴보면, 한국인들은 교육이 갖는 실질적이고 경제적인 가치를 인지하고 있으면서도, 실제로 교육이 한 개인의 사회적 지위를 높이고 도덕적 권위를 획득하는 데 가장 중요한 요인이라는 인식을 놀랄 정도로 일관되게 유지하고 있었다.[61]

경제발전에서 문화적 요인의 무엇인지 실타래 풀 듯 밝혀내는 것은 어렵지만, 한국의 최근 역사를 살펴보면 교육의 사회적 요구는 이 국가의 전근대

59) OECD, 27.

60) Denise Potrzeba Lett, In Pursuit of Status (Cambridge, Mass.: Harvard University Press, 1998), 207-212.

61) See Sung Chick Hong; see also Solomon Rettig and Benjamin Pasamanick, "Moral Codes of American and Korean University Students," *Journal of Social Psychology 50* (1959): 65-73; Kim Ki-ok, "Kajong kyosa wa pumo wa kyosa" [Tutors, parents, and teachers], Sae kyoyuk 15, 11 (November 1963): 85-91; Lee Man-gap, interview by author, Honolulu, 1992; Lett, 161.

적이고 문화적인 유산에 의해 만들어져 왔다는 것을 알 수 있다. 1950년대 말과 1960년대의 연구자들은 한국인들이 교육의 목적을 여전히 도덕성 발달 및 인격과 덕성의 계발로 보았다고 확인해 준다. 이들의 연구에 따르면 이러한 가치들은 또한, 사회정치적 리더십과 관련이 있었다. 흥미롭게, 이러한 태도는 사회의 모든 영역에서 공히 공유되고 있었다.[62] 한 세대 이후 한국교육개발원에서 수행한 연구에 따르면 응답자들은 교육이 필요한 이유를 좋은 직업을 얻기 위한 것이라는 좀 더 솔직한 대답을 얻게 된다. 그러나 인격계발은 여전히 교육을 받는 중요한 이유로 여겨지고 있었다. 게다가 대학을 졸업한 학부모들은 대학을 졸업하지 않은 학부모들보다 도덕성 발달과 인격계발을 교육의 가장 중요한 목표로 내세우는 경향이 있었다.[63]

한국이 민주주의로 전환하는 과정을 살펴본 연구들은 이렇게 전통적이고 문화적인 가치가 20세기 말 얼마나 강하게 남아 있는지를 보여 주고 있다.[64] 신도철은 1988년에서 1997년 사이에 실시된 6개의 조사결과를 바탕으로 한 연구에서 대부분의 한국인은 민주주의와 정치적 형평성이라는 사상에 경도되면서도 여전히 유교의 권위주의적 가치가 강하게 남아 있었다. 1997년 실시된 한 여론조사는, 한국인들이 도덕적으로 고결한 지도자들의 결단을 민주적인 과정에 의한 결정보다 더 중요하다고 여기며, 정치사회적 다원주의보다 사회적 조화를 더 중시한다는 점을 다시 확인시켜 주었다.[65] 이와 유사하게 1990년과 1995년 조사에서 가이어 헬게젠(Geir Helgesen)은 한국인들의 정치

62) David Ashton, Francis Green, Donna James, and Johnny Sung, Education and Training for Development in East Asia: The Political Economy of Skill Formation in East Asian Newly Industrialized Economies (London: Routledge, 1999), 57-58.

63) 한국교육개발원, 한국의 교육지표, 20-23.

64) See Helgesen; see also Doh C. Shin, Mass Politics and Culture in Democratizing Korea (New York: Cambridge University Press, 1999); Larry Diamond and Byung-Kook Kim, eds., *Consolidating Democracy in South Korea* (Boulder, Colo.: Lynne Rienner, 2000).

65) Shin, 260-261.

에 대한 태도가 여전히 유교적 관념에 의해 강하게 영향받아 만들어지고 있다고 보았다. 예를 들어, 한국인들은 지도자들을 잘 신뢰하지 않으면서도 좋은 지도자는, 전통적인 말로 표현해서 "정직하고, 도덕적이며, 자비롭고, 지식이 풍부하고, 겸손하고, 그러면서도 열정적이고 덕을 겸비하고 있어야 한다."고 생각했다.[66]

한국인들의 경험에 있어 아마도 가장 멋진 것은 학교교육에 대한 사회적 요구가 어느 정도 사회의 모든 영역에 스며들어 있다는 점이다. 만약 한국이 '양반화'되었다면, 이 과정은 단순히 몇몇 중산층에게 국한되지 않고 모든 사회 속에 스며들었을 것이다. 이런 현상은 뒤이어 한국 사회의 모순과 맞닥뜨리게 되었다. 즉, 한국인은 위계와 서열을 중시하는 만큼 평등한 관계에 몰입한다는 뜻이다. 이 두 가지 서로 대조되는 것 사이의 역동적 긴장은 근현대 한국 사회를 이해하는 데 핵심적인 열쇠와도 같다. 교육적 요구의 보편성은 1990년대 조사연구들에서도 그대로 나타났다. 한 연구에서는 98%의 응답자들이 대학교육이 자녀 교육의 최상위 목표라고 대답했으며, 이러한 수치는 미국이나 다른 서구 유럽에 비하여 비교할 수 없을 정도로 높은 것이었다.[67]

지치지 않고 교육을 밀어붙인 결과, 한국은 중등학교 및 대학교 진학률에 있어서도 대부분의 개발선진국을 따라잡았다(〈표 8-2〉 참조). 문해력은 이미 보편화단계에 들어섰고 중등학교교육 또한 보편화되었다(〈표 8-3〉 참조). 다양한 교육기관에서 실시한 국제비교평가에서 한국의 중등학교 학생들은 수학과 과학에서 거의 최상위 성적을 거두었으며, 미국을 포함하여 거의 모든 개발도상국 그리고 가끔은 일본보다도 모든 영역의 평균 성적이 높았다.[68] 한국은 전 세계적으로 중도탈락률이 가장 낮은 국가군에 속해 있다(〈표 8-4〉

66) Helgesen, 248.

67) Korea Newsreview, 7 January 1995, 28.

68) 저자 서문 참조.

표 8-2 취학률 비교표, 1990

국가	초등교육	중등교육	고등교육
한국	100	88	38.7
미국	99	80	69.5
일본	100	98	31.3
싱가포르	100	70	-
프랑스	100	88	39.6
네덜란드	95	76	17.6
태국	90	33	16.3
터키	100	40	13.2
멕시코	100	46	15.2
이집트	101	81	19.2
모로코	57	28	10.2
브라질	88	16	11.6
인도네시아	98	38	8.7
필리핀	111	54	26.4

출처: UNESCO Statistical Yearbook 1993 (Paris: UNESCO, 1993).

참조). 여기에 결석, 지각률, 그리고 학교폭력 사건 등의 비중도 작다. 한국의 교사들은 정말 잘 훈련받았고 또 스스로 전문성에 대한 자각이 상당히 높다. 초·중등학교의 실험실, 도서관, 컴퓨터 실습실과 같은 시설은 아직 웬만한 선진국에 비해 뒤떨어져 있지만 20세기 말에 이르러서는 상당한 수준으로 향상될 것이다. 대학교육은 일반적으로 미국, 서구유럽, 일본과 비교하여 학문 수준이 낮은 편이다. 특히 연구설비는 아직 충분하지 않다. 교사 1인당 학생비율은 다른 선진국에 비해 여전히 높은 편이다. 질적인 면에 있어 한국교육은 초등학교 중등학교에서는 높은 편이지만 고등교육 수준에서는 별로 인상적이라 할 만한 것이 없다. 한국의 정부와 기업들도 이러한 상황을 잘 인식하고 있다. 따라서 고등교육 수준의 향상이 지식정보사회의 중심에 선 한국

표 8-3 한국의 학교별 취학률, 1965~1989

연도	중학교	고등학교	고등교육기관
1965	48.8 (40.8)*	81.1 (71.6)	25.9
1970	63.8 (53.4)	70.9 (70.3)	34.5
1975	76.9 (69.0)	75.6 (70.1)	33.1
1980	96.8 (95.0)	84.8 (80.1)	47.1
1985	99.1 (98.7)	88.8 (84.9)	59.1 (40.6)
1989	99.5 (99.3)	90.1 (85.2)	50.2 (40.7)

출처: 교육부, 교육통계연보, 1990.
*표시는 이전 학교급 졸업생 중 바로 진학한 학생의 비율을 의미하며, 괄호 안의 숫자는 여학생들의 비율을 의미함.

표 8-4 한국의 중도탈락률, 1970~1995

연도	중학교	고등학교	전문대학	대학교
1970	2.5	3.7	16.8	14.1
1975	2.2	2.3	16.2	11.2
1980	1.2	2.1	5.2	9.7
1985	1.2	3.0	14.9	13.4
1990	1.0	2.3	16.1	15.5
1995	0.8	2.1	15.9	16.8

출처: 한국교육개발원, 한국의 교육집요, 1996.

에서 더 큰 과제로 다가오고 있다. 한국의 경제는 이제 더 이상 남의 기술을 모방하는 데 의존할 수 없게 되었기 때문이다.

그러나 이러한 모든 성취에도 불구하고 전 국민에게 나타나는 교육에의 집착은 많은 문제들을 양산해 냈다. 교육을 전통적인 유교, 좀 더 정확하게 이야기하자면 양반, 즉 사회적 지위의 개념과 연계하는 것은 직업기술교육을 어렵게 해 왔고 꾸준히 인문학, 사회과학 전공자들을 과잉공급해 왔다. 교육의 성공을 위한 강한 압박은 학교교육을 시험준비로 돌려 버린 매우 경쟁적인 입시제도를 만들어 냈다. 어린 학생들에게는 과도한 압박을 주었고, 교육적 혁신을 시도하는 것을 막아 버렸다. 가족은 경쟁에서 우위를 차지하기 위한 끊임없는 노력을 기울이며, 수입의 많은 부분을 학원, 개인교습, 다른 많은 교육비용으로 지출해 왔다. 이는 대부분의 가정에 엄청난 부담이 되었을 뿐만 아니라, 경제에 여러 가지 왜곡을 가져왔으며, 평등주의적 이상과 부와 재원의 불일치라는 현실 사이의 갈등을 초래했다. 경쟁적 성격의 교육, 명문대 학위를 향한 열망, 과도한 재정 지출은 전통적인 암기 위주의 교육 방식을 지속시키는 데 도움을 주었고, 많은 이들의 창의적 의견을 억압했다. 학교교육을 어떻게 하면 창의적인 기술을 발전시키게 할 수 있는가는 교육자들이 고민해 온 주요한 문제 중 하나였는데, 이 문제는 한국교육제도에 상당한 영향을 준 일본과 한국이 똑같이 고민하는 문제였다.[69]

한국의 교육제도를 계속해서 괴롭혀 온 여러 문제는 한국인들로 하여금 자신들의 성취에 찬사를 보내기보다는 자신들의 학교교육이 아직 문제점이 많다고 비판하게 했다. 가령, 고비용 교육제도의 문제, 교육 기회의 평등을 보장함으로써 뚜렷하게 구분된 사회계층의 출현, 입시제도에 대한 불합리한 집착과 이로 인해 어린 학생들에게 과도한 압박감, 교육과 경제적 수요의 조화, 교육열을 어떻게 생산적인 방법으로 전환시킬 것인지에 대한 문제, 그리고 교육제도를 어떻게 하면 최소한 권위주의적 전통을 가진 국가에 의한 정치적 남용의 대상이 아니라 민주적 사회를 위한 토대 역할을 하는 제도로 만들어 낼 수 있을 것인가 등등, 지난 반세기 동안 이어진 오래된 문제들과 딜레마가 계속해서 한국인들을 괴롭히고 있다.

69) Christopher P. Hood의 Japanese Education Reform: Nakasone's Legacy (London: Routledge, 2001)를 보면, 일본은 한국교육제도의 많은 기초적인 부분을 제공했으며, 시험에 대한 과도한 집착과 높은 사교육 비용, 경직된 중앙집중적 시스템, 명문대학교 학위에 대한 관심, 그리고 독립적이고 창의적인 생각보다는 암기에 의존하는 교육 방식 등 비슷한 문제들을 공유하고 있다.

그러나 이러한 문제를 해결하는 것은 단순히 정부에게만 달려 있지 않다. 언제나 교육정책을 만드는 과정은 혼란스럽고 불안정하며 강렬한 사회적 욕구뿐만 아니라 개발지향적 국가의 요구를 반영해 왔다. 한국의 교육은 유산으로 남은 전통적 가치의 영향을 받았고, 최근의 역사적 경험을 통해 만들어졌다. 이 교육제도의 진화는 권위주의적이고 관료적인 국가와 학부모, 학생, 교사 간의 갈등에 의해 두드러졌다. 1990년대에는 독립된 노조와 환경보호 및 기타 여러 이슈를 주장하는 다수의 시민단체가 출현했다.[70] 실제로 1996년 미시간 대학교의 한 연구는 1981년부터 1995년 사이, 43개 조사대상 국가 중 한국이 자발적인 사회, 종교, 문화 및 정치적 단체의 회원 증가율이 가장 높다는 것을 발견했다.[71] 교육 역시 학교교육에 관심을 기울이는 학부모와 시민단체의 확산을 반영하기 시작했다. 이것은 또한 1999년 전교조의 합법화로 인해 교사들이 교육정책 수립에 있어 더욱 중요해지고 정치체제는 여론에 더 민감하게 반응하게 되면서 국가가 과거에 가지고 있던 교육에 대한 영향력이 점점 더 약화되는 것처럼 보인다. 21세기에 접어들면서 국가는 점점 더 민주화되었고, 시민사회는 더 복잡해졌으며 권력의 중심에 위치하게 됨에 따라 보다 합의된 정책 형성의 필요성이 분명하게 나타났다. 명백한 것은, 한국이 권위주의적 정부를 가졌던 개발도상국에서 제1세계 경제와 민주적인 사회로 옮겨 가면서, 어떠한 교육을 준비해야 하는지에 대한 합의가 필요하다는 것이다.

1998년 인기를 끌었던 〈여고괴담〉이라는 영화는 한국에서 교육을 소재로

---

70) 이 문제는 "Civil Society in South Korea: From Grand Democracy Movements to Petty Interest Groups?" Journal of Northeast Asian Studies (Summer 1996): 81-97, and Yong Rae Kim, "Emerging Civil Society in the Development of Interest Group Politics in Korea," Korea Observer 30, 2 (Summer 1999): 247-268에 잘 요약되어 있다.

71) Francis Fukuyama, "Falling Global Trends and U.S. Civil Society," Harvard International Review, Winter 1997/1998, 60-64에서 재인용.

한 공포영화 장르를 개척했는데, 교사를 학생들을 때리고 성희롱하는 잔인하고 부패한 불량배로 묘사해 교총의 분노를 불러일으켰다. 의심할 여지없이, 이 영화에서 묘사된 모습은 한국 교사의 왜곡된 그림이지만, 이 영화는 한국의 학교교육이 갖고 있는 참혹함, 즉 강압적인 시험준비의 축소판을 그려 냈다. 한 장면에서 교사는 학생을 때리면서 "네가 이 반의 평균 점수를 깎아먹고 있어."라고 소리친다.[72] 실제로 비싼 비용과 높은 압력, 경직된 교육체제가 문제가 되고 있다. 경쟁에서 우위를 점하려는 노력과 교육제도의 불합리성은 학생들의 '탈한국(엑소더스)'을 불렀고, 1998년 133,000명으로 추정되는 유학생을 만들어 냈으며, 이 중 절반은 미국에서 공부하고 있다.[73] 이 학생들 중 일부는 고국에서 거부되었던 생의 두 번째 기회를 외국에서 찾아 나섰는데, 한국에서 원하는 대학 및 학과에 입학하지 못했기 때문이었다. 실제로 좀 더 낮은 비용의 교육 기회는 한국인들이 미국 및 캐나다와 같은 국가로 이주하는 가장 중요한 동기가 되고 있다.

그러나 대부분의 한국인은 교육에 대해 '흔들림 없는 신념'을 보여 주고 있다. 2000년 초 한국의 갤럽조사에 따르면 조사에 응답한 대부분의 한국인은 국가의 미래를 결정하는 데 가장 중요한 요인이라고 생각했으며, 교육재정을 위해서라면 기꺼이 세금을 더 많이 낼 것으로 답했다. 대학 졸업장을 향한 한국인들의 열병과도 같은 추격이 곧 사라질 것 같지는 않다. 83%에 이르는 엄청난 수의 응답자들이, '대학 학위는 미래에 더 중요해질 것'이라고 답했다.[74]

한국의 '교육열'은 근대사에서 가장 극적인 사회 변혁을 불러일으켰다. 비문해 및 반문해 농사꾼과 작은 수의 도시 중산층이 모여 살던 국가가 전 세계적으로 가장 '잘' 교육받은 국가로 거듭나게 된 것이다. 20세기의 끝자락에서

72) Korea Herald, 17 June 1998.

73) Ibid., 29 October 1998.

74) Ibid., 3 January 2000.

대한민국과 대중은 학교교육체제를 개혁하고 명문대학의 졸업장을 따기 위한 집착적 열정을 담아내기 위해 다양한, 그러면서도 가끔은 당차고 혁신적인 생각들을 놓고 논의해 왔다. 그러나 교육이 사회적 지위와 폭넓은 의미에서 연관되어 이해되는 한, 이러한 개혁들은 그다지 성공할 것 같지는 않다. 좀 더 개연적인 추측을 해 보자면, 사회적 성공을 향한 교육적 사다리에 대중이 필사적으로 매달려 있는 상황은 끊임없이 계속될 것이다. 어쩌면 한국인들이 만들어 온 교육체제는 전 세계에서 가장 비싸고 가장 압박감이 심한 채로 남아 있을지 모른다. 그러나 이 국가의 교육은 전 세계에서 가장 문해율 높고 경쟁적이고, 또한 야심 찬 시민들을 쉼 없이 배출해 낼 것이다.

참고문헌

〈역자 참고문헌〉

김영화, 이인효, 박현정. 한국인의 교육열연구. 서울: 한국교육개발원, 1993.

김용숙. 교육열의 허와 실. 새교육. 대한교육연합회, 1985.

김우영, 문옥표 역. 조상의 눈 아래에서: 한국의 친족, 신분 그리고 지역성. 서울: 너머북스, 2018.

김희복. 학부모문화연구: 부산지역 중산층의 교육열. 박사학위논문. 서울대학교, 1992.

신선미. 학교교육에 대한 희망과 좌절: 도시빈민지역 주민들의 자녀교육에 관한 문화기술지적 분석. 석사학위논문. 서울대학교, 1990.

이종각. 교육열 올바로 보기: 그 정체는 무엇이며 어떻게 다루어야 하나? 서울: 원미사, 2003.

이종각. 교육열을 알아야 한국교육이 보인다. 경기: 이담북스, 2011.

이종각. 부모, 학부모 교육열에 대한 새로운 생각, 새로운 정책. 서울: 원미사, 2014.

현주, 이재분, 이혜영. 한국 학부모의 교육열 분석 연구. 서울: 한국교육개발원, 2003.

〈원저 참고문헌〉

Abe, Hiroshi. "U.S. Educational Policy in Korea." *East-West Education* 6, 1 (Spring 1986).

Adams, Donald K. "Educational Change and Korean Development." In G. Lim and Chang, eds., 370-382.

_______. "Education in Korea 1945-1955." Ph.D. diss., University of Connecticut, 1956.

Amsden, Alice. *Asia's Next Giant: South Korea and Late Industrialization*. New York: Oxford University Press, 1989.

An Ho-sang. *Minjujok minjongnon: Hanbaeksongju ui iron* [Democratic nationalism: Hanbaeksong theory]. Seoul: Omun'gak, 1961.

_______. *Minjujuui ui yoksa wa chongnyu* [Democracy and its varieties]. Seoul: Ilmin Ch'ulp'ansa, 1953.

_______. *Uri ui purujijum* [Our cry]. Seoul: Munhwadang, 1947.

An Yong-hyon, ed. *Han'guk chonjaeng pisa* [Critical history of the Korean War]. Seoul: Kyongin Munhwasa, 1992.

Ashton, David, Francis Green, Donna James, and Johnny Sung. *Education and Training for Development in East Asia: The Political Economy of Skill Formation in East Asian Newly Industrialized Economies* (London: Routledge, 1999).

Bae Chong-keun. "Education Top Reason behind Rapid Growth: Schooling for Economic Takeoff." *Koreana* 5, 2 (July 1991): 58.

Bahl, Roy, Chuk Kyo Kim, and Chang Kee Park. *Public Finances during the Korean Modernization Process*. Cambridge, Mass.: Harvard University Press, 1986.

Bang, Harry [Pang Hung-gyu]. "Japan's Colonial Education Policy in Korea, 1905-1930." Ph.D. diss., University of Arizona, 1971.

Barnes, Elaine Milam. "The Schools of Taegu, Kyongsang Pukto Province, Korea, in 1954-1955: An Investigation into the Interaction between Culture and Education." Ph.D. diss., University of Maryland, 1960.

Boyer, William, and Nancy E. Boyer. "Democratization of South Korea's National Universities." *Korea Studies* 15 (1991): 83-98.

Brandt, Vincent. *A Korean Village, Between Mountain and Sea*. Cambridge, Mass.: Harvard University Press, 1971.

Chang I-uk. *Na ui hoegorok* [A record of my recollections]. Seoul: Saemt'o, 1975.

Cho, Chang-Hyun. "The Politics of Local Self-Government in South Korea." In *Korean Public Administration and Policy in Transition*, vol. 1, ed. Kwang-woong Kim and Yong-duck Jung. Seoul: Jamgwon Publishing, 1993.

Cho, Jae Hong. "Post-1945 Land Reforms and Their Consequences in South Korea." Ph.D. diss., Indiana University, 1964.

Ch'oe Hyon-sop et al. *Kodung hakkyo sahoe munhwa* [High school society and culture]. Seoul: Hansaem Ch'ul'pan, 1995.

Choe, Yong-ho. *The Civil Examinations and the Social Structure in Early Yi Dynasty Korea, 1392-1600*. Seoul: Korean Research Center, 1987.

_______. "Commoners in Early Yi Dynasty Civil Examinations: An Aspect of Korean Social Structure, 1392-1600." *Journal of Asian Studies* 33, 4 (August 1974).

Chon Tok-kyu, Han Pae-ho, Kim Hak-chun, Han Song-ju, and Kim Tae-hwan. *1950 nyondae ui insik* [Understanding the 1950s]. Seoul: Han'gilsa, 1981.

Chong Chae-ch'ol. *Ilche ui taehan'guk singminji kyoyuk chongch'aeksa* [A history of imperial Japan's colonial education policy toward Korea]. Seoul: Ilchisa, 1985.

Chong Mi-suk. "Han'guk mun'gyo chongch'aek ui kyoyuk inyon kusong e kwanhan kyoyuk sahoe hakchok punsok, 1948-1953" [Educational and social analysis of Korean educational structure and ideology, 1948-1953]. Master's thesis, Yonsei University, 1987.

Chong Yong-su et al. *Han'guk kyoyuk chongch'aek uinyon yon'gu 1960-1979* [An examination of educational ideals in major educational policies in Korea, 1960-1979]. 3 vols. Seoul: Han'guk Kyoyuk Kaebalwon, 1986.

Chongmyohoe. *Paek Nak-chun: Hakhoe kirok* [Record of Paek Nak-chun]. Seoul Chongmyohoe, 1952. *Chosen Nenkan* [Korea yearbook]. Keijo (Seoul): Keijo Nippo-sha, 1937-1945.

Chu Ki-yong. "Kyoyuk chaegon" [Educational reconstruction]. *Sae kyoyuk* 2, 2 (March 1949).

Chung Tai-si. "Problems Facing the Enhancement of the Status of Teachers in Korea." *Korea Journal* 6, 7 (July 1966).

Chungang Hakto Hoguktan. *Hakto hoguktan sipnyonji* [Ten-year record of the Student Defense Corps]. Seoul: Chungang Hakto Hoguktan, 1959.

Chungang Taehakkyo Pusol Han'guk Kyoyuk Munje Yon'guso. *Mun'gyosa* [History of the Ministry of Education]. Seoul: Chungang Taehakkyo Pusol Han'guk Kyoyuk Munje Yon'guso, 1974.

Cole, David C., and Princeton N. Lyman. *Korean Development: The Interplay of Politics and Economics.* Cambridge, Mass.: Harvard University Press, 1971.

Cumings, Bruce. *Korea's Place in the Sun: A Modern History.* New York: W. W. Norton, 1997.

______. *The Origins of the Korean War.* Vol. 1: *Liberation and the Emergence of Separate Regimes, 1945-1947.* Princeton, N.J.: Princeton University Press, 1981.

______. *The Origins of the Korean War.* Vol. 2: *The Roaring of the Cataract, 1947-1950* Princeton, N.J.: Princeton University Press, 1990.

Deyo, Frederic C., ed. *The Political Economy of the New Asian Industrialism.* Ithaca, N.Y.: Cornell University Press, 1987.

Diamond, Larry, and Byung-Kook Kim, eds. *Consolidating Democracy in South Korea.* Boulder, Colo.: Lynne Rienner, 2000.

Dodge, Herbert Wesley. "A History of U.S. Assistance to Korean Education: 1953-1966." Ph.D. diss., George Washington University, 1971.

Dong, Won-mo. "Japanese Colonial Policy and Practice in Korea, 1905-1945." Ph.D. diss., Georgetown University, 1965.

Drake, Henry Burgess. *Korea of the Japanese.* London: John Lone and the Baldy Head, 1930.

Duke, Benjamin. *Japan's Militant Teachers.* Honolulu: University of Hawaii Press, 1973.

Eckert, Carter. *Offspring of Empire.* Seattle: University of Washington Press, 1991.

______. "Total War, Industrialization, and Social Change in Late Colonial Korea." In *The Japanese Wartime Empire, 1931-1945,* ed. Peter Duus, Ramon H. Myers, and Mark R. Peattie. Princeton, N.J.: Princeton University Press, 1996.

Educational Planning Mission to Korea. *Rebuilding Education in the Republic of Korea: Report of the UNESCO-UNKRA Educational Planning Mission to Korea.*

Paris: UNESCO, May 1954.

Fisher, James Ernest. *Democracy and Mission Education in Korea*. New York: Columbia University Press, 1928.

Fukuyama, Francis. "Falling Global Trends and U.S. Civil Society." *Harvard International Review*, Winter 1997/1998, 60-64.

Goslin, Williard E. *Han'guk kyoyuk e isso ui munje wa paljon* [Development and problems of current Korean education]. Seoul: Combined Economic Board, 1958. Government-General of Chosen. *Annual Reports on Reforms and Progress in Chosen*. Keijo (Seoul): Sotokufu. Annual, 1910/1911-1937/1938.

Grajdanzev, Andrew. *Modern Korea*. New York: Institute of Pacific Relations, 1944.

Haggard, Stephan, and Chung-in Moon. "Institutions and Economic Policy: Theory and a Korean Case Study." *World Politics* 17, 2 (January 1990): 210-237.

Han, Sung-joo [Han Song-ju]. *The Failure of Democracy in South Korea*. Berkeley: University of California Press, 1974.

Han Yong. *80nyondae han'guk sahoe wa haksaeng undong* [Korean society and student movements in the 1980s]. Seoul: Chungnyunsa, 1989.

Han'guk Hyongmyong Chaep'ansa P'yonch'an Wiwonhoe. *Han'guk hyongmyong chaep'ansa* [History of the Korean Revolutionary Tribunal]. 3 vols. Seoul: Han'guk Hyongmyong Chaep'ansa P'yonch'an Wiwonhoe, 1962.

Han'guk Kyoyuk Chaejong Kyongje Hakhoe. *Kwaoe wa sa kyoyukpi* [Tutoring and private educational fees]. Seoul: Han'guk Kyoyuk Chaejong Kyongje Hakhoe, April 1997 and June 1997.

Han'guk Kyoyuk Kaebalwon (Korean Educational Development Institute). *Han'guk ui kyoyuk chip'yo* [Index of Korean education]. Seoul: Han'guk Kyoyuk Kaebalwon, 1996.

_______. *Research Abstracts 1996*. Seoul: Han'guk Kyoyuk Kaebalwon, 1996.

Han'guk Kyoyuk Sipnyonsa Kanhaenghoe. *Han'guk kyoyuk sipnyonsa* [Ten-year history of Korean education]. Seoul: Han'guk Kyoyuk Sipnyonsa Kanhaenghoe, 1959.

Han'guk Kyoyuk Yon'guso. *Han'guk kyoyuksa kunhyondae p'yon* [Studies of modern and recent Korean educational history]. Seoul: Han'guk Kyoyuk Yon' guso, 1994.

Hanyang Hagwon P'yonch'an Wiwonhoe. *Hanyang hagwon osipnyonsa* [Fifty-year history of the Hanyang Educational Foundation]. Seoul: Hanyang Taehakkyo Ch'ulp'ansa, 1989.

Helgesen, Geir. *Democracy and Authority in Korea: The Cultural Dimension in Korean Politics*. New York: St. Martin's Press, 1998.

Henderson, Gregory. *Korea: The Politics of the Vortex*. Cambridge, Mass.: Harvard University Press, 1968.

Hong, Sung Chick [Hong Sung-jik]. "Values of Korean Farmers, Businessmen and Professors." In *International Conference on the Problems of Modernization in Asia: Report*. Seoul: Asiatic Research Center, Korea University, 1965.

Hong Ung-son. *Kwangbokhu ui sin kyoyuk undong, 1946-1949, choson kyoyuk yon'gu rul chungsim uro* [The New Education Movement after liberation, 1946-1949, centered on the Choson Education Research Society]. Seoul: Taehan Kyogwasosa, 1991.

Hood, Christopher P. *Japanese Education Reform: Nakasone's Legacy*. London: Routledge, 2001.

Hwang Sok-chun, ed. *Yoktae kukhoe uiwon ch'ongnam* [Comprehensive biography of former lawmakers]. Seoul: Ulchisa, 1982.

Hwang Un-yuk. "*Ipsi-pop ui chindan kwa haekyol ch'ak ul wihan mosaek*" [The evil influence of the entrance examinations and its solutions]. *Sae kyoyuk* 20, 4 (April 1968): 47-54.

Hyojae Kungmin Hakkyo. *Hyojae kusibinyonsa* [Ninety-two-year history of Hojae Elementary School]. Seoul: Hyojae Kungmin Hakkyo, 1987.

Ihm, Chon Sun. "South Korean Education." In Morris and Sweeting, eds.

Im Hanyong. "Korean Private Education." In Korean Commission for UNESCO.

International Monetary Fund. *International Financial Statistics* 14 (January 1961).

"Ipsi munje" [The entrance exam problem]. *Sae kyoyuk* 8, 2 (February 1956): 27-43.

Johnson, Chalmers. "Political Institutions and Economic Performance: The Government-Business Relationship in Japan, South Korea, and Taiwan." In Deyo, ed., 136-164.

Joon, Park. "Hwasin Village." In Mills, ed.

Kang Kil-su. *Kyoyuk haengchong* [Educational administration]. Seoul: P'ungguk Hagwon, 1957.

Kang, Kun Pyung. "The Role of Local Government in Community Development in Korea." Ph.D. diss., University of Minnesota, 1966.

Kang Mu-sop et al. *Kyoyuk ui sekyehwa kusang* [Envisioning globalized education in Korea]. Seoul: Han'guk Kyoyuk Kaebalwon, 1995.

Kang Sang-gyun et al. *Kodung hakkyo sahoe munhwa* [High school society and culture]. Seoul: Tusan Tonga, 1995.

Kehoe, Monika. "Higher Education in Korea." *Far Eastern Quarterly* 7 (February 1949): 184-186.

Kennedy, Edgar S. *Mission to Korea*. London: Derek Verschoyle, 1952.

Kim, C. I. Eugene, ed. *A Pattern of Political Development: Korea*. Seoul: Korea Research and Publication, 1964.

Kim Ch'ong-su. "Chibang chunghaksaeng ui soul chonip e kwanhan yon'gu" [Study of middle school transfer students in Seoul]. Master's thesis, Yonsei University, 1976.

Kim, Choong Soon. *The Culture of Korean Industry: An Ethnography of Poongsan Corporation*. Tucson: University of Arizona Press, 1992.

Kim Hak-chun. "*Taegu maeil sinmun* p'isup sagon" [The *Taegu maeil sinmun* attack incident]. In Chon Tok-kyu et al.

Kim, Hee-don. "The Social Mobility and the Effects of Schooling in Korea." Ph.D. diss., Korea University, 1988.

Kim, Heung-ju, "Korea's Obsession with Private Tutoring." *Korea Focus* 8, 5

(September-October 2000): 76-89.

Kim In-hoe et al. "Han'guk kyoyuk 1980 nyondae ui kwamok" [Topics for Korean education in the 1980s]. *Sae kyoyuk* 32, 1 (January 1980): 24-55.

Kim, Jin Eun [Kim Chin-un]. "An Analysis of the National Planning Process for Educational Development in the Republic of Korea, 1945-1970." Ph.D. diss., Harvard University, 1975.

Kim, Jongchol [Kim Chong-ch'ol]. *Education and Development: Some Essays and Thoughts on Korean Education*. Seoul: Seoul National University Press, 1985.

_______. "Higher Education Policies in Korea." *Korea Journal* 23, 10 (October 1983).

_______. "Impact and Problems of the Middle School No-Examination Admission Policy." *Korea Journal* 11, 10 (May 1971).

Kim Ki-ok. "Kajong kyosa wa pumo wa kyosa" [Tutors, parents, and teachers].

Kim Kuk-hwan. "Ilche singminji ha kodung kyoyuk chongch'aek e kwanhan yon'gu" [Study of higher education policy under the imperial Japanese colonial rule]. Master's thesis, Yonsei University, 1977.

Kim Kyu-taik. "Decision Making in an Inter-Departmental Conflict: The Case of the Revival of Educational Autonomy in Korea." In *Inter-Group Conflicts and Political Decision Making in Korea*. Seoul: Social Science Research Institute, Yonsei University, 1968.

Kim, Myung Han. "The Educational Policy-Making Process in the Republic of Korea: A Systems Analysis." Ph.D. diss., North Texas State University, 1974.

Kim, Shin Bok. "Educational Policy Changes in Korea: Ideology and Praxis." In G. Lim and W. Chang, eds., 383-403.

Kim Song-jin. *Ch'oesin ilban sahoe* [General social studies]. Seoul: Minju Segwan, 1974.

Kim, Sunhyuk. "Civil Society in South Korea: From Grand Democracy Movements to Petty Interest Groups?" *Journal of Northeast Asian Studies* (Summer 1996): 81-97.

Kim, Sung-il. "A Study of Certain Aspects of Educational Policy in Korea." Ph.D.

diss., Syracuse University, 1961.

Kim Tong-gil. "Minjok minjujuui ranrun inyom" [The educational ideology known as democratic nationalism]. *Sae kyoyuk* 13, 2 (1964).

Kim Un-ju. "Taehan chegugi ui kyoyuk kundae kwa kwajong e kwanhan yon'gu" [Study of the process of modernization of education during the Taehan Empire period]. Master's thesis, Yonsei University, 1987.

Kim Yong-ch'ol et al. *Kodung hakkyo p'yongjunhwa chongch'aek ui kaeson pangan* [Plans for the reform of the high school equalization policy]. Seoul: Han'guk Kyoyuk Kaebalwon, 1996.

Kim Yong-hwa. *Han'guk ui kyoyuk pul p'yongdung* [Education and inequality in Korea]. Seoul: Kyoyuk Kwahaksa, 1993.

Kim Yong-hwa et al. *Kukka paljon eso ui kyoyuk ui yokhal punsok yon'gu* [The role of Korean education in national development]. Seoul: Han'guk Kyoyuk Kaebalwon, 1996.

Kim Yong-il. *Han'guk kyoyuksa* [History of Korean education]. Seoul: Sungmyong Yoja Taehakkyo Ch'ulp'ansa, 1984.

Kim, Yong Rae. "Emerging Civil Society in the Development of Interest Group Politics in Korea." *Korea Observer* 30, 2 (Summer 1999): 247-268.

Koo, Hagen, ed. *State and Society in Contemporary Korea*. Ithaca, N.Y.: Cornell University Press, 1993.

Korean Commission for UNESCO. *Korean Survey*. Seoul: Tonga Publishing, 1960. *Korea Newsreview*. Seoul.Weekly since 1974. *Korea Review*. Seoul. Monthly, 1900-1906.

Kukhoe Samuch'o. *Kukhoesa* [History of the National Assembly]. 2 vols. Seoul: Kukhoe Samuch'o, 1971.

_______. *Kukhoe sokkirok* [Minutes of the National Assembly]. Seoul: Kukhoe Samuch'o.

Kungmin Taehakkyo Samsipnyonsa P'yonch'an Wiwonhoe. *Kungmin taehakkyo samsipnyonsa* [Thirty-year history of Kungmin University]. Seoul: Kungmin

Taehakkyo Ch'ulp'ansa, 1976.

Kwak Byong-sun. "Examination Hell in Korea Revisited: An External Malady in Education?" *Koreana* 5, 2 (1991): 45-55.

Kyonghui Isipnyon P'yonch'an Wiwonhoe. *Kyonghui isipnyon* [Twenty years of Kyunghee University]. Seoul: Kyonghui Taehakkyo Ch'ulp'ansa, 1969.

Kyoyuk (Education). Seoul: Soul Taehakkyo Sabom Taehak Kyoyukhoe. Since 1954.

Kyoyuk sinbo (Education news). Seoul: Taehan.

Kyoyuk yonhaphoe. Weekly, 1957-1960.

Lee, Ha Woo [Yi Ha-u]. "The Korean Polity under Syngman Rhee: An Analysis of the Culture, Structure and Elite." Ph.D. diss., American University, 1973.

Lee, Man-gap, and Herbert R. Barringer. *A City in Transition: Urbanization in Taegu, Korea.* Seoul: Hollym Corporation, 1971.

Lee, Namhee. "The South Korean Student Movement, 1980-1987." *Chicago Occasional Papers on Korea* 6, 6 (1994): 204-225.

Lee, Yung Dug. *Educational Innovation in the Republic of Korea.* Paris: UNESCO, 1974.

Lett, Denise Potrzeba. *In Pursuit of Status.* (Cambridge, Mass.: Harvard University Press, 1998.

Lim, Gill-chin, and Wook Chang, eds. *Dynamic Transformation: Korea, NICs and Beyond.* Urbana, Ill.: Consortium on Developmental Studies, 1990.

Mason, Edward S., Mahn Je Kim, Dwight H. Perkins, Kwang Suk Kim, and David C. Cole. *The Economic and Social Modernization of the Republic of Korea.* Cambridge, Mass.: Harvard University Press, 1980.

McCune, George, and Arthur L. Grey, Jr. *Korea Today.* Cambridge, Mass.: Harvard University Press, 1950.

McGinn, Noel F., Donald Snodgrass, Yung Bong Kim, Shin-bok Kim, and Quee-young Kim. *Education and Development in Korea.* Cambridge, Mass.: Harvard University Press, 1980.

Meyer, John W., Francisco O. Ramirez, Richard Robinson, and John Boli-Bennett. "The World Educational Revolution, 1950-1970." In Meyer and Hannan, eds., 37-55.

Meyer, John W., and Michael T. Hannan, eds. *National Development and the World System*. Chicago: University of Chicago Press, 1979.

Migdal, Joel S. *Strong Societies and Weak States: State-Society Relations and State Capabilities in the Third World*. Princeton, N.J.: Princeton University Press, 1988.

Mills, John E., ed. *Ethno-Sociological Report of Three Korean Villages*. Seoul: United Nations Command, Community Development Division, Office of the Economic Co-ordinator for Korea, 1958.

Morgan, Robert M., and Clifton B. Chadwick, eds. *Systems Analysis for Educational Change: The Republic of Korea*. Tallahasee, Fla.: Department of Education Research, Florida State University, 1971.

Morris, Paul. "Asia's Four Little Tigers: A Comparison of the Role of Education in Their Development." *Comparative Education* 37, 1 (March 1996): 95-109.

Morris, Paul, and Anthony Sweeting, eds. *Education and Development in East Asia*. New York and London: Garland Publishing, 1995.

"Musihomje" [The no-exam system]. *Sae kyoyuk* 11, 5 (May 1959): 8-30.

Nam, Baek Kyu. "Napunto Village." In Mills, ed.

Nam, Byung Hun. "Educational Reorganization in South Korea under the United States Army Military Government 1945-1948." Ph.D. diss., University of Pittsburgh, 1962.

Nathan, Robert R., Associates. *An Economic Report for Korean Reconstruction*. New York: United Nations Korea Reconstruction Agency, 1954.

No In-hwa. "Taehan cheguk sigi kwanhan hakkyo, kyoyuk ui songyon'gu" [Study of the characteristics of education in the schools of the Taehan Empire]. Ph.D. diss., Ewha University, 1989.

O Ch'on-sok. "Chongyunyon kyoyukkye ui chonmang" [The prospects for the education of the world in 1957]. *Sae kyoyuk* 9, 1 (January 1957).

_______. *Han'guk sinkyoyuksa* [A history of the new education in Korea]. Seoul: Hyondae KyoyukChipsa Ch'ulp'ansa, 1964.

_______. *Minju kyoyuk ul chihyang hayo* [Toward a Democratic Education]. Seoul: Hyondae Kyoyuk Ch'ulp'ansa, 1960.

OECD (Organization for Economic Cooperation and Development). *Reviews of National Policies for Education: Korea*. Paris: OECD, 1998.

Oh, Byung-hun. "Students and Politics." In *Korean Politics in Transition*, ed. Edward Reynolds Wright. Seattle: University of Washington Press, 1975.

Oh, John Kie-chiang. *Korea: Democracy on Trial*. Ithaca, N.Y.: Cornell University Press, 1968.

Osborne, Cornelius. *The Koreans and Their Culture*. New York: Ronald Press, 1951.

Pae Chong-gun. "Ilbon-ha minjok kyoyuk ui pyongch'on e kwanhan yon'gu" [A study of changes in Korean national education under Japan]. Master's thesis, Yonsei University, 1984.

Paek Hon'gi. *Kyoyuk haengjong-hak* [Educational administration]. Seoul: Uryu Munhwasa, 1962.

Paek Nak-chun. *Han'guk kyoyuk kwa minjok chongsin* [Korean education and the national spirit]. Seoul: Han'guk Munhwa Hyophoe, 1954.

Pak, Chi-young. *Political Opposition in Korea, 1945-1960*. Seoul: Seoul National University Press, 1980. Institute of Social Sciences, Korean Studies Series 2.

Pak Mun-ok. *Han'guk chongburon* [Principles of Korean government]. Seoul: Pakyongsa, 1958.

Palais, James. *Politics and Policy in Traditional Korea*. Cambridge, Mass.: Harvard University Press, 1975.

Park, Bu Kwon. "The State, Class and Educational Policy: A Study of South Korea' s High School Equalization Policy." Ph.D. diss., University of Wisconsin-Madison, 1988.

Park, Sung Jae. "Physical Education and Sport as an Instrument of Nation Building in the Republic of Korea." Ph.D. diss., Ohio State University, 1974.

Reeve, W. D. *The Republic of Korea: A Political and Economic Study*. London: Oxford University Press, 1963.

Republic of Korea, CERI (Central Education Research Institute). *A Study for Solving the Problems of Compulsory Education*. Seoul: CERI, 1967.

Republic of Korea, MOE (Ministry of Education). *Education in Korea*. Seoul: Mun' gyobu. Annual, 1963-1996.

_______. *Entrance Examination Policy for Colleges and Universities in Korea*. Seoul: Mun'gyobu, 1981

_______. *Kodung hakkyo kyoryon* [High school ethics]. Seoul: Mun'gyobu, 1995.

_______. *Kyoyuk kibon t'onggye* [Basic statistics on education]. Seoul: Mun'gyobu, 1974.

_______. *Kyoyuk t'onggye yonbo* [Statistical yearbook of education]. Seoul: Mun' gyobu, 1964-1995.

_______. *Mun'gyo kaeyo* [Outline of schooling]. Seoul: Mun'gyobu, 1958.

_______. *Mun'gyo sasimnyonsa* [Forty-year history of the Ministry of Education]. Seoul: Mun'gyobu, 1988.

_______. *Mun'gyo t'onggye yoram* [Outline of educational statistics]. Seoul: Mun' gyobu, 1963.

Republic of Korea, National Statistical Office. *Statistical Indicators in Korea 1995*. Seoul: National Statistical Office, 1995.

Republic of Korea, Office of Information and Research. *Korean Report: Reports from the Cabinet Ministries of the Republic of Korea*. Vol. 1, 1948-1952. Vol. 3, 1954. Vol. 4, 1955. Vol. 5, 1957. Vol. 6, 1958. Washington, D.C.: Korea Paci□c House, 1952-1959.

Rettig, Solomon, and Benjamin Pasamanick. "Moral Codes of American and Korean University Students." *Journal of Social Psychology* 50 (1959): 65-73.

Rhee, Yoo Sang [Yi Yu-sang]. "Korean Education, 1956-1965." *Journal of Social Sciences and Humanities* 31 (December 1969): 25-45.

Rim, Han Young [Im Han-yong]. "The Development of Higher Education in Korea during the Japanese Occupation." Ph.D. diss., Columbia University, 1952.

Sae kyoyuk [New education]. Seoul: Taehan Kyowon Yon'haphoe. Since 1948.

Sasanggye [World of thought]. Seoul: Sasangyesa. Since 1946.

Seki, Eiko. "An Endeavor by Koreans toward the Reestablishment of an Educational System under the U.S. Military Government." *East-West Education* 5, 1 (Spring 1986): 39-47.

Shin, Doh C. *Mass Politics and Culture in Democratizing Korea*. New York: Cambridge University Press, 1999.

Shin, Yong-ha [Sin Yong-ha]. "The Establishment of the First Modern School in Korea." *Korean Social Science Journal* 5, 1 (1978): 127-141.

So Ton'gak. Chongch'i-kyongje [Politics and economics]. Seoul: Popmunsa, 1974.

Son In-su. *Han'guk kaehwa kyoyuk yon'gu*. [A study of Korean enlightenment education]. Seoul: Ilchogak, 1980.

_______. *Han'guk kyoyuksa* [History of Korean education]. 2 vols. Seoul: Munumsa, 1987.

_______. *Han'guk kyoyuk undongsa* [History of the Korean educational movement]. Seoul: Munumsa, 1994.

_______. "Yoktae mun'gyo changgwan ui chuyo sich'aek kwa opchok" [An outline of achievements and policies of successive ministers of education]. *Kyoyuk p'yongnon* 2 (1972).

Song Chong-a. "Kodung hakkyo kuksa kyogwaso ui ch'eji wa naeyong punsok yon'gu" [The study and analysis of the content and structure of Korean high school history textbooks]. Master's thesis, Ewha University, 1993.

Sorensen, Clark W. *Over the Mountains Are Mountains: Korean Peasant Households and Their Adaptation to Rapid Industrialization*. Seattle: University of Washington Press, 1988.

Soul Taehakkyo Sabom Taehak. *Chung hakkyo kyoyuk* [Middle school ethics]. Seoul: Soul Taehakkyo Sabom Taehak, 1995.

Soul T'ukpyolsi Kyoyuk Wiwonhoe (Seoul Board of Education). *Taehan kyoyuk yon'gam* [Yearbook of Korean education]. Seoul: Soul T'ukpyolsi Kyoyuk Wiwonhoe, 1948-1961.

Spencer, Robert F. *Yogang: Factory Girl*. Seoul: Royal Asiatic Society-Korean Branch, 1988.

Taehan Kyoyuk Yonhaphoe (Korean Federation of Educators' Associations). *Han'guk kyoyuk yon'gam* [Yearbook of Korean education]. Seoul: Taehan Kyoyuk Yonhaphoe. Since 1962.

_______. *Han'guk ui kyoyuk* [Korea's education]. Seoul: Taehan Kyoyuk Yonhaphoe, 1956.

_______. *Taehan kyoryon sasipnyonsa* [Forty-year history of the Korean Federation of Educators' Associations]. Seoul: Taehan Kyoyuk Yonhaphoe, 1987.

_______. *Taehan kyoyuksa, 1947-1973* [History of Korean education 1947-1973]. Seoul: Taehan Kyoyuk Yonhaphoe, 1974.

Takahashi, Hamakichi. *Chosen kyoiku shiko* [Survey of Korean education]. Keijo [Seoul]: Chosen Sotokufu, 1927.

Tan'guk Samsipnyonsahoe. *Tan'guk samsipnyonsa* [Thirty-year history of Tan'guk]. Seoul: Tan'guk Taehakkyo, 1978.

Tonga Taehakkyo. *Tonga hakkyo samsipnyonsa, 1948-1978* [Thirty-year history of Tonga University, 1948-1978]. Pusan: Tonga Taehakkyo Ch'ulp'ansa, 1976.

Tsurumi, Patricia. "Colonial Education in Korea and Taiwan." In *The Japanese Colonial Empire: 1895-1945*, ed. Ramon H. Meyers and Mark R. Peattie. Princeton, N.J.: Princeton University Press, 1984.

Umakoshi Toru. "Dokuritsugo ni okeru kankoku kyoiku no saiken to amerika no kyoiku enjo" [Rebuilding Korean education after independence and U.S. educational assistance]. *Han* 112 (1988): 67-100.

Underwood, Horace H. *Modern Education in Korea*. New York: Columbia University Press, 1926.

UNESCO (United Nations Educational, Scientific, and Cultural Organization).

Bulletin of the UNESCO Regional Office for Education in Asia.

______. *Long-Term Projections for Education in the Republic of Korea*. Bangkok: UNESCO Regional Office for Education in Asia, 1965.

______. *Statistical Yearbook 1993*. Paris: UNESCO, 1993.

United Nations Statistical Office. *United Nations Statistical Yearbook 1961*. New York: United Nations, 1962.

United States Department of the Army. *Educator's Guide to Korea*. Seoul: Reports and Analysis Branch, Civil Affairs Division, 1 April 1948.

______. *Report of the Staff of the Teacher Training Center*. Seoul: Reports and Analysis Branch, Civil Affairs Division, 1 April 1949.

United States Operations Mission/Korea. *Technical Assistance in Public Administration*. Seoul: United States Operations Mission/Korea, 1967.

USAMGIK (United States Army Military Government in Korea) *Official Gazette*.

______. *Summation of the U.S. Army Military Government Activities in Korea*. Nos. 6-22, March 1946-July 1947. Seoul: General Headquarters, Commander-in-Chief, U.S. Army Forces, Pacific.

Vicante, Russell Anthony. "Japanese Colonial Education in Korea, 1910-1945: An Oral History." Ph.D. diss., State University of New York at Buffalo, 1987.

Voice of Korea. Washington, D.C.: Korean Affairs Institute, April 1946-April 1960.

Watanabe, Manabu. *Kintai chosen kyoiku kenkyu* [Study of the modern history of Korean education]. Tokyo: Yuzankaku, 1969.

Wells, Kenneth M. *New God, New Nation: Protestants and Reconstruction Nationalism in Korea, 1896-1937*. Honolulu: University of Hawaii Press, 1990.

______, ed. *South Korea's Minjung Movement*. Honolulu: University of Hawai'i Press, 1995.

Wilson, Elizabeth Cecil. "The Problem of Value in Technical Assistance in Education: The Case of Korea, 1945-1955." Ph.D. diss., New York University, 1959.

Woo, Jung-en. *Race to the Swift: State and Finance in Korean Industrialization*. New York: Columbia University Press, 1991.

Wood, C. W. "Post-Liberation Problems in Korean Education." *Phi Delta Kappan* 39 (December 1957): 116-118.

World Bank. *The East Asian Miracle: Economic Growth and Public Policy*. Oxford: Oxford University Press, 1993.

Yang, Sung Chul. "South Korea's Top Bureaucratic Elites, 1948-1973: Their Recruitment Patterns and Modal Characteristics." *Korea Journal* 34, 4 (Autumn 1994): 8-19.

Yi Chae-o. *Haebang hu han'guk haksaeng undongsa* [A history of the Korean student movement after liberation]. Seoul: Hyongsongsa, 1984.

Yi Chang-won. "80nyondae ui kyosa undong" [The 1980s teachers' movement]. In *Minjung kyoyuk* [Minjung education], ed. Kim Chin'gyong et al. Seoul: P'urun Namu, 1988.

Yi Chin-jae et al. *Uri nara sihom chedo ui p'yonch'onsa* [The history of the change in Korean school entrance examination systems]. Seoul: Chungang Kyoyuk P'yongkawon, 1986.

Yi Chong-sik. *Haksaeng undongsa* [History of the student movement]. Seoul: Toso Ch'ulp'ansa, 1993.

Yi Hae-song. "1950 nyondae ui kukka kwalyok kwa kyoyuk kwa hakkyo kyoyuk: Saeroun iron chongnip ul wihan nonjaeng koridul" [National authority in the 1950s and education]. In *Han'guk kyoyuk-ui hyondankye* [Current stage of Korean education], eds. Kim Sin-il et al. Seoul: Kyoyuk Kwahaksa, 1990.

_______. "T'ongch'i ch'eje ui musun gwa hakkyo kyoyuk ui chongch'i sahoehwa kinung" [Contradictions in the political system and the ability to politically socialize school education]. Ph.D. diss., Yonsei University, 1987.

Yi Hae-yong. "Taehak iphak chongwon kyolchong ui sahoejok tongan e kwanhan yon'gu" [An analytical study of the social dynamics determining higher education enrollment quota]. Ph.D. diss., Seoul National University, 1992.

Yi Hui-gwon. "Choson chon'gi ui konggwan yon'gu" [Student protests in early Choson]. *Sahak yon'gu* 28 (December 1978): 1-30.

______. "Choson hugi ui konggwan kwondang yon'gu" [Student protests and strikes in early Choson]. *Sahak yon'gu* 30 (June 1980): 31-64.

Yi Ki-ha. *Han'guk chongdang paldalsa* [A history of Korean political party development]. Seoul: Uihae Chongchisa, 1961.

Yi Kwang-ho. "Han'guk kyoyuk ch'eje chaep'yon ui kujujok t'uksong e kwanhan yon'gu, 1945-1955" [Study of the special characteristics of the reorganization of Korean education, 1945-1955]. Master's thesis, Yonsei University, 1990.

Yoo, Jong Hae [Yu Chong-hae]. "The System of Korean Local Government." In *Korea under Japanese Colonial Rule: Studies of the Policy and Technique of Japanese Colonialism,* ed. Andrew Nahm. Kalamazoo, Mich.: Western Michigan University, Institute for International and Area Studies, Center for Korean Studies, 1973.

Yoon, Eul Byung. "Naejongja, Hampyong-gun, Cholla Namdo," in Mills, ed., 6-8.

Yu Sang Duk [Yu Sang-dok]. "Korean Teachers' Struggle for Educational Reform." Unpublished manuscript, March 1996.

Yu, Si-joung. "Educational Institutions." In Man-gap Lee and Barringer, eds., 423-453.

Yu Sok-ch'ang. *Choyanghan hyongmyong ui hayo* [For a quiet revolution]. Seoul: Toso Ch'ulp'ansa, 1987.

Yun, Seongyi. "Contributions and Limitations of Student Movement in South Korea Democratization, 1980-1987." *Korea Observer* 3, 3 (Autumn 1999): 487-506.

Yun Tae-yong. "Chunghakkyo ipsi munje" [The problems of the middle school exam system]. *Sae kyoyuk* 2, 2 (March 1949): 52-59.

찾아보기

인명

내용

저자 소개

Michael J. Seth

미국 버지니아주의 제임스 메디슨 대학교의 역사학과 교수이다. 하와이 대학교에서 근대사를 연구하여 박사 학위를 받았으며, 1998년부터 한국근대사, 동아시아사, 세계사를 가르치고 있다. 주된 연구 주제는 한국의 근현대 교육발전과 경제발전이며, 최근 북한에 관한 연구를 시작하였다. 이 책의 원서인 『Education Fever』 이외에 『A Concise History of Korea(Second edition)』(2016), 『North Korea: A History』(2018), 『He is the editor of the Routledge Handbook of Modern Korean History』(2016), 『co-editor of A History of Korean Education』(2015) 등의 저서가 있다. 대학 공동체를 넘어 국제인권단체 및 개발도상국 교육개발프로젝트에 참여하고 있다.

감수 소개

심성보(Sim, Seong-bo)

교육철학 박사로 부산교육대학교 명예교수이다. 한국 사회 근현대교육의 질곡을 그대로 껴안은 삶을 살았다. 특히 민주시민교육의 철학과 민주시민교육 방법을 통해 대한민국의 민주시민성 향상에 평생의 학문적 관심을 기울여 왔다. 현재는 한국교육연구네트워크 이사장, 한국교육개혁전략포럼 대표, 마을교육공동체 상임대표 등으로 민주시민교육을 주축으로 한 교육개혁운동을 대표하는 교육가로 살아가고 있다.

역자 소개

유성상(Yoo, Sung-sang)

서울대학교 교육학과(학부, 석사)를 졸업하고 UCLA에서 교육학(국제비교교육) 박사과정을 마쳤다. 현재 서울대학교 교육학과 교수로 재직 중이다. 교육이란 이름으로 국제사회가 움직이고 또 움직이지 않는 이유에 관심을 기울이고 있으며, 또 교육이란 이름으로 좀 더 나은 세상을 만드는 방법에 대해 궁금해한다. 교육의 이름으로 보다 나은 미래를 만들 수 있는 실마리를 얻는 데 지난 역사적 사실을 성찰하는 것이 중요하다고 믿는다. 교육을 희망으로 읽고, 희망을 교육으로 실현하고자 애쓴다.

김우영(Kim, Woo-yeong)

한국외국어대학교 사범대학 불어교육과를 졸업하고 서울대학교 교육학과에서 석사학위를 받았다. 현재 미국 애리조나 주립대학교(ASU) Mary Lou Fulton Teachers College 박사과정에 재학 중이다. 해방 후 한국의 교육정책이 동아시아와 미국과의 교류 속에서 어떻게 변해 왔는지에 대해 관심을 갖고 있으며, 교육사절단과 교육프로그램 교류의 역사 등에 대해 연구 중이다.

한국교육은 '왜' 바뀌지 않는가

20세기 한국 학교교육의 역사, 1900~2000

Education Fever: Society, Politics, and the Pursuit of Schooling in South Korea

2020년 3월 10일 1판 1쇄 발행
2021년 6월 1일 1판 2쇄 발행

지은이 • Michael J. Seth
옮긴이 • 유성상 · 김우영
감 수 • 심성보
펴낸이 • 김진환
펴낸곳 • (주)학지사
04031 서울특별시 마포구 양화로 15길 20 마인드월드빌딩
대표전화 • 02-330-5114 팩스 • 02-324-2345
등록번호 • 제313-2006-000265호

홈페이지 • http://www.hakjisa.co.kr
페이스북 • https://www.facebook.com/hakjisa

ISBN 978-89-997-2054-3 93370

정가 20,000원

이 도서의 국립중앙도서관 출판시도서목록(CIP)은 서지정보유통지원시스템 홈페이지(http://seoji.nl.go.kr)와 국가자료공동목록시스템(http://www.nl.go.kr/kolisnet)에서 이용하실 수 있습니다.
(CIP 제어번호: CIP2020006314)